国家林业和草原局普通高等教育"十四五"规划教材

积极心理学与大学生成长

符　丹　主编

中国林业出版社
China Forestry Publishing House

图书在版编目（CIP）数据

积极心理学与大学生成长 / 符丹主编. — 北京 ：中国林业出版社，2023.12（2025.7 重印）
国家林业和草原局普通高等教育"十四五"规划教材
ISBN 978-7-5219-2618-7

Ⅰ.①积⋯　Ⅱ.①符⋯　Ⅲ.①大学生–心理健康–健康教育–高等学校–教材　Ⅳ.①G444

中国国家版本馆 CIP 数据核字（2024）第 027797 号

责任编辑：高红岩　曹潇文
责任校对：苏　梅
封面设计：睿思视界视觉设计

出版发行：中国林业出版社
　　　　　（100009，北京市西城区刘海胡同 7 号，电话 83143626）
电子邮箱：cfphzbs@163.com
网址：http：//www.cfph.net
印刷：北京中科印刷有限公司
版次：2023 年 12 月第 1 版
印次：2025 年 7 月第 3 次印刷
开本：787mm×1092mm　1/16
印张：19.75
字数：481 千字
定价：49.00 元

《积极心理学与大学生成长》
编写人员

主　编　符　丹

副主编　李国龙　刘洪超

编　者（按姓氏拼音排序）

　　　　阿衣努尔·米克来（新疆农业大学）

　　　　艾孜买提·艾尔肯（西北农林科技大学）

　　　　代江燕（西北农林科技大学）

　　　　窦　龙（西北农林科技大学）

　　　　冯　邦（西北农林科技大学）

　　　　符　丹（西北农林科技大学）

　　　　郭成洋（西北农林科技大学）

　　　　金　花（西北农林科技大学）

　　　　李　洁（西北农林科技大学）

　　　　李国龙（西北农林科技大学）

　　　　李明月（西北农林科技大学）

　　　　刘洪超（陕西师范大学）

　　　　芦银迪（西北师范大学）

　　　　牛雅杰（西北农林科技大学）

　　　　欧渊博（西北农林科技大学）

　　　　曲云峰（西北农林科技大学）

　　　　苏　蓉（西北农林科技大学）

　　　　田金艳（新疆农业大学）

　　　　王盼盼（新疆农业大学）

王淑珍(西北农林科技大学)

肖燮宇(西北农林科技大学)

杨欢欢(陕西财经职业技术学院)

张　璐(西北农林科技大学)

赵　静(西北农林科技大学)

郑文倩(西北农林科技大学)

前　言

党的二十大报告中明确指出，要"推进健康中国建设"，要"把保障人民健康放在优先发展的战略位置，完善人民健康促进政策"，特别强调要"重视心理健康和精神卫生"。2023 年 4 月，教育部、国家卫生健康委员会等 17 部门联合印发《全面加强和改进新时代学生心理健康工作专项行动计划（2023—2025 年）》，提出要"培育学生热爱生活、珍视生命、自尊自信、理性平和、乐观向上的心理品质和不懈奋斗、荣辱不惊、百折不挠的意志品质，促进学生思想道德素质、科学文化素质和身心健康素质协调发展"，标志着将心理健康教育上升为一项国家战略。

心理健康对大学生成长发展的重要作用毋庸置疑。与传统心理学致力于"帮助人减少或消除痛苦"的目标不同，积极心理学提倡积极的人性论，聚焦人类的正向行为、优势和美德，将"幸福"和"美好生活"等人类福祉作为发展使命。它继承了人本主义和科学主义心理学的合理内核，主张关注人们的正向力量，注重对积极品质的培育与强化，以构筑生命中美好的东西，并采用科学的方法来研究如何让人获得幸福。作为心理学领域的一场革命，积极心理学在全世界范围内的发展势如破竹，尤其是近十年来，积极心理品质培育研究成为高校大学生心理健康教育的研究热点。通过大力培育学生积极心理品质、提升学生的心理健康综合素养，进而提高其应对心理困扰的能力，是新时代高校心理育人的重要任务，也是一个极具时代性、前瞻性与迫切性的研究课题。

本教材立足于中国国情和本土文化，以积极心理学理论为指导，将新时代高校心理育人使命在"大学生成长成才的底层竞争力和核心素养"这一更广阔的视野中谋划，致力于将大学生心理健康教育的重点从"助人"转向"育人"，面向群体从"有问题的少数"转向"全体学生"，目标从"减少或消除痛苦"转向"提升获得幸福的能力"。教材主要分为两大部分，第一章至第七章主要围绕自我意识、人格发展、情绪管理、人际关系、挫折应对等理论进行深入阐述；第八章至第十章主要围绕精神疾病与危机干预、生涯规划以及幸福的方法等实践性较强的主题展开，内容侧重于实践方法、路径和练习方案等。本教材适用于各类本科及高职院校的大学生群体，符合教育部对高校大学生心理健康教育课程的教学大纲要求。我们希望本教材能够拓展和丰富高校心理健康教育教学的视角与内容，帮助大学生从积极心理学视角切入，更好地理解心理健康内涵，培育和强化自己的积极心理品质，提升心理健康素养。

本教材由符丹负责全书体例设计与统筹推进；李国龙、刘洪超负责审定、统稿。具体分工如下：第一章由符丹、欧渊博、王盼盼编写；第二章由代江燕、芦银迪、冯邦编写；第三章由金花、艾孜买提·艾尔肯、苏蓉编写；第四章由符丹、李洁、王淑珍编写；第五章由符丹、代江燕、牛雅杰编写；第六章由张璐、阿衣努尔·米克来、田金艳编写；第七章由窦龙、曲云峰、肖燮宇编写；第八章由郑文倩、杨欢欢、张璐编写；第九章由赵静、郭成洋、李明月编写；第十章由符丹编写。

"萤火微光，愿为其芒"。感谢本教材编写团队每一位老师的辛勤付出！大学生心理健康教育工作任重而道远，作为新时代高校心理育人的一线工作者，我们怀揣对学生的满腔热情以及对实现美好生活的坚定信念共聚于此，希望借此书引领大学生：向美而生，逐光前行。

本教材在编撰过程中，参考和借鉴了诸多专家、学者的研究成果，在此郑重致谢。教材内容难免存在不足、疏漏，恳请大家批评指正。感谢同学和老师们的信任，感谢您的选择！希望本教材能为您的学习和生活带来更积极的影响和改变。

编　者

2023 年 6 月

目 录

第一章

积极心理学与大学生发展

【本章重点】

积极心理学是一门研究人类正向心理行为规律的科学，以发展个体的优势、潜能和积极品质为主要目标。

与传统心理学相比，积极心理学倡导关注人性中积极的一面，旨在探讨和促进人的自我实现和幸福感提升。

积极心理学的三大使命：心理治疗不能只关注修复受损部分，更要关注人的正向力量；注重对人类积极品质的培育与强化以构筑生命中美好的东西；发现和发展人类的潜能与优势，致力于人生价值实现与幸福感追求。

金钱更多或者痛苦更少都不能为人们带来真正的幸福，人们需要的不是如何避免更差，而是如何变得更好。

真实的幸福源于发现自己的优势和美德，并在生活中充分发挥它们。

——马丁·塞利格曼

第一节　什么是积极心理学

你是否想变得更幸福？怎样才能拥有积极和乐观的精神状态？

你是否有许多内心冲突，希望找到自己前行的正确方向？

你是否迷茫困惑，想要探寻人生意义，获得更加蓬勃的生命力？

你是否会思考这样的问题：什么是真正的成功？我的人生使命为何？

……

如果你也探寻过这些问题的答案，积极心理学或许能为你揭示一些不一样的答案，带来一些新的启发。本章将围绕积极心理学的发展，对这门事关人类幸福的科学做一些阐述和讨论。

一、积极心理学的提出

著名的心理学家艾宾浩斯曾这样描述心理学发展的过往和现状：心理学有着漫长的

过去，但只有短暂的历史。心理学界普遍将 1879 年冯特在德国莱比锡大学建立第一个心理学实验室作为科学心理学诞生的标志。在此之前，心理学由于缺乏严谨的实验论证并未被科学界认可，也没有和哲学以及其他学科区分。如此算来，心理学作为一门独立的学科的确相当年轻，而积极心理学则是 1998 年前后开启的新领域。在长达 140 多年的心理学发展史中，相当长的一段时间里，心理学家们的研究重点都聚焦于人类负面的心理活动，如抑郁、焦虑和恐惧等心理，心理咨询与治疗也曾经是心理学的重点研究课题。正因如此，人们对心理学的理解经常会定义为"病态"或者"问题"等负面的事件或情绪。

本书将从积极心理学的视角，从大学生发展的方方面面做一些阐述和讨论，包括生命教育、积极情绪、积极人格、积极关系以及学习、职业发展、抗挫力和幸福感等，旨在为大学生揭示与传统心理学不一样的内在世界，从正向的一面来研究健康、成功以及幸福的规律。

（一）积极心理学的研究缘起

积极心理学是近 20 余年心理学研究发展的一个全新领域。它将研究的重点转向人类的优势、美德以及其他正向的心理活动等，倡导用积极视角和积极思维模式理解人类的心理发展与行为规律，重视人类的积极天性，关注人类对幸福的追寻与自我实现。

"积极心理学"中的"积极"一词，来自拉丁语 positum，具有"实际"或"潜在"的意思，包括"潜在的内在能力"和"正向"两层含义。因此，积极心理学并不是通俗意义上理解的强打鸡血或心灵鸡汤式的"正能量"，而是基于对客观现实的接纳，呈现出的潜在能量或正向的生命力。早在第二次世界大战之前，诸多心理学者已经开始对人性的积极层面进行研究，其中戈特曼教授关于天才和婚姻幸福感的探讨以及荣格关于生活意义的研究一直都被视为积极心理学的早期探索。伴随第二次世界大战的爆发，心理学家们迫于当时的形势，暂时搁置了原先关于人类积极行为的研究任务，转向处理战争带给人们的心理创伤和痛苦等问题，积极心理学刚刚燃起的火苗也几近熄灭。直到 20 世纪五六十年代，随着人本主义思想的广泛流传，人性的善良与积极品质重新被重视，心理学家们的目光回到了"人类如何才能更幸福"这一深邃的主题，为积极心理学的崛起奠定了关键性基础。

作为一个新的研究领域，"积极心理学"被首次正式提出，是在 1998 年的美国心理学会（American Psychological Association）主席演讲中。著名心理学家马丁·塞利格曼呼吁对心理学的研究焦点应该转向研究和促进人类行为好的一面。塞利格曼提出，传统的心理学过多关注缺陷和减轻人类痛苦，没能对优势和健康促进给予足够的关注。他倡导积极心理学能够帮助拓展心理学的范围，从疾病模型转向对健康人类功能的研究和理解。2000 年，塞利格曼和米哈里教授在《美国心理学家》上发表了《积极心理学导论》一文，"积极心理学"一词正式进入全球公众视野。之后，积极心理学的研究领域不断拓展，涵盖了幸福、优势、目标、心流和自我效能等多个方面，其主要观点包括：①心理治疗不能只关注修复受损部分，更要关注人的正向力量。②注重对人类积极品质的培育与强化以构筑生命中美好的东西。③发现和发展人类的潜能与优势，致力于人生价值实现与幸福感追求。

由此可见，积极心理学倡导心理学的积极取向，关注人类的积极心理品质、健康与幸福、和谐发展等研究，是一门研究人类幸福的科学。其目标不仅是帮助人类消除疾病、消除不幸福，还要过得有意义、有目标并获得满足，即"如何生活得更好、更幸福"。积极心理学不只是对幸福的探讨，还是采用科学的原则和方法研究人类的积极心理品质，探讨、培育和界定美好生活的个人品质、生活环境、个人选择以及与他人的关系等。

(二)积极心理学的发展历程

积极心理学的起源可以追溯到 20 世纪 50～70 年代：人本主义心理学家如亚伯拉罕·马斯洛和卡尔·罗杰斯等提倡关注人的潜能和发展，为积极心理学的产生奠定了基础。一些心理学家如尼尔在教育心理学的研究中也涉及积极心理学，社会心理学家班杜拉则对"自我效能感"展开研究等。如今，积极心理学已经蓬勃发展了 20 多年，作为心理学一个新开辟的领域，积极心理学将研究的重点转向人类的优势、美德以及对美好生活的追寻。

1. 马丁·塞利格曼与积极心理学

积极心理学是传统心理学研究的新方向，它秉承"致力于研究普通人的活力与美德"的初心，采用目前已比较完善和有效的实验方法与测量手段，研究人类积极的品质，充分挖掘人潜在和正向的力量，以促进个人和社会的发展。积极心理学的理念和方法在教育、职业发展、心理咨询、组织管理等领域已得到广泛应用，为个人和团队的幸福、满足和成长做出了卓越贡献。马丁·塞利格曼是积极心理学的奠基人之一，对积极心理学的发展做出了巨大的贡献，被誉为"积极心理学之父"。以下是他在积极心理学中取得的主要研究成果和一些观点。

2002 年至 2010 年，塞利格曼教授出版《积极手册》，对积极心理学在 2002 年之前取得的研究成果进行了详细汇总，为积极心理学后续研究奠定了重要基础。塞利格曼和彼得森教授还共同设计了品格优势测评(VIA)，总结 6 类美德及其包含的 24 项具体特征，主张通过鉴别人的美德与积极品格，并利用这些人格力量来获得积极的心态，对抗逆境和实现自我。此外，在米哈里和梅德提出的"积极人格"基础上，塞利格曼教授提出了"积极品质"的概念，并认为美德与品格是个体积极品质的核心，具有缓冲器的作用，是战胜心理疾病的有力武器。此后，对美德和特质的考察成为积极心理学研究的重点内容，"积极心理品质"的概念逐渐清晰。

2011 年以来，塞利格曼教授对人类的健康和幸福展开了一系列研究，他指出，收入不再是衡量人们幸福感的唯一标准，幸福感是多维的，应从积极情绪、社会参与度、人际关系、人生意义和个人成就 5 个维度进行衡量。2012 年，塞利格曼教授将美国宾夕法尼亚大学心理韧性项目(PRP)应用于中学生，结果显示心理韧性可以有效改善中学生的抑郁症状。同年，塞利格曼提出了幸福 2.0 理论(PERMA)，并在《持续的幸福》一书中进行了详细论述。随后，塞利格曼教授提出新观点，认为人类的行为是面向未来的，而不是被过去所驱动的。也就是说，人类对未来的展望与预测是感官、认知、记忆、动机和行为的综合运用，这为解决心理障碍和开展心理治疗提供了新思路。此外，塞利格曼教授还将快乐、投入和意义作为个体幸福感的独特预测因子，并探讨了它们和幸福之间的关系。在健康的研究方面，塞利格曼教授将积极心理学与人类健康进行了关联研究，并证实积极心理学可以辅助降低人类心血管疾病的发生概率。

拓展知识

马丁·塞利格曼的幸福五部曲

《真实的幸福》：塞利格曼教授集大成之作，中央电视台《读书》栏目曾连续5天推荐，是积极心理学关于"幸福感"研究的奠基作品。该书以科学严谨又通俗的语言阐述了"什么是真正的幸福以及如何变得更幸福"，是提升幸福感不可不读的心理学经典。

《持续的幸福》：再造积极心理学经典，是《真实的幸福》的升华版。该书进一步总结和完善了《真实的幸福》的理论，阐释了构建幸福的"具体方法"，专注于"如何建立幸福感并让幸福感持续下去"，强调一个人的幸福感来源于个人的优势，以及"如何成就最蓬勃、丰盈的人生与社会"，充满思辨与哲理，能增加幸福感，让人生绽放光彩，值得反复品读。

《活出最乐观的自己》：销售量累计达到200万册，是一本彻底改变悲观人生态度的心理宝典。该书通过大量令人信服的实验，从积极心理学的角度阐明"乐观是可以培养的，任何人都可以掌握它"，强调人们要有意识地改变自己的思维模式，从悲观思维转变为乐观思维，获得更有意义的人生体验。

《认识自己，接纳自己》：涉及心理学、生理学、人类学、化学等科学，通过严谨的科学实证和跟踪研究阐明心理学原理，畅销全球20年。塞利格曼教授从改变的可能性和生物局限性出发，专注于"能够改变"的特性，在此基础上找到一条自我提升的有效途径。全书运用专业术语阐明了"如何与坏情绪共处"，以及清楚地认识自我。该书是达成自我完善的经典心理指南。

《教出乐观的孩子》：塞利格曼教授集30年研究之精华著成的教育经典，是中央电视台《读书》栏目五期联读的幸福经典系列作品。该书彻底颠覆传统教育理念，倡导用科学、理性的ABCDE法则教出乐观的孩子，为中国教育及家庭教育提供更为理性、科学的思想方法，旨在帮助父母、老师及整个教育系统教会儿童"习得乐观"。

2. 其他心理学家的相关研究

（1）对积极情绪的研究。长期以来，人类过于重视对消极情绪的研究，忽视了对积极情绪力量的发掘。当然，积极心理学并非否定过往的心理学研究，消极情绪也通常与人类的安全和生存需求相关，可以帮助人们躲避伤害，在情绪的进化中具有重要的价值和意义。但现代社会已经不再有那么多的安全风险，人们自我发展的需求显得格外迫切，因此，如何增加积极情绪体验成为更迫切的话题。

美国北卡罗来纳大学芭芭拉·弗雷德里克森是研究积极情绪的著名专家，她认为幸福的人也会有消极情绪，但是大多数时候都处在一种积极的感觉和状态当中，当个体的积极情绪是消极情绪的3倍时，才能真正获得幸福体验。弗雷德里克森于2009年出版了著作《积极情绪的力量》，她在书中写道："积极情绪包括诱发积极情绪的乐观态度以及由此带来的开放的思想、柔和的性情、放松的肢体和平静的面容。它们通过帮助你创造最佳的生活状态，改变着你的身心。"例如，积极情绪带来的认知效应，会把知识进行转化，使其进入应用领域，帮助人们获得更多的积极体验，这样他们就可以收获那些情绪带来的好结果。除此之外，积极心理学对积极情绪的研究在治疗创伤后应激障碍中也取得重要突破。

（2）对人际关系的研究。人际关系包括亲子关系、亲密关系，以及朋友、同事等多种关系。积极心理学关注人际关系对幸福的影响，发现一个好的社交网络、满意的恋人和亲密的友谊都会对人产生积极的作用。

美国心理学家迪尼尔通过一系列的实验发现，幸福的人社交能力更强，与不快乐的人相比，他们会花费更多的时间在聚会上，有良好的亲密关系及人际关系。研究人格的心理学家梅尔认为，如果一个人每天用一部分时间和伴侣或者朋友进行有效的交流，能够显著地提升主观幸福感。梅尔研究发现，无论男女，处于稳定婚姻关系中的人比单身或离异状态的人要更幸福，而最不幸福的是处在分居状态但尚未离婚的夫妇。此外，家庭关系好坏直接影响到每个家庭成员的社会关系。

（3）对身心健康的研究。神经科学与积极心理学联合研究发现，幸福和神经递质、迷走神经系统、杏仁核等联系非常紧密，许多研究已经证实，人类的心理状态对生理健康及寿命有着重大影响，积极心理学对人类身心健康具有重要意义。例如，利维等人研究发现，那些对衰老有更积极的自我认知的老年人，比那些对衰老没有那么积极的自我认知的人要多活七年半。相关研究还发现，积极的情绪、情感可以提升生活满意度，并与创伤亲历者的心理弹性存在显著的正相关。

3. 积极心理学在中国的研究发展

积极心理学是心理学领域里非常年轻的一个分支，我国学者对积极心理学的研究与推广，主要以清华大学彭凯平教授领导的积极心理学研究中心在国内推广和实践积极心理学的理论和方法为代表；而积极心理学在高校教育中的实践应用，前期主要是清华大学樊富珉老师在大学生团体心理辅导方面的探索，整体来说，积极心理学在我国的发展尚处于起步阶段。

（1）早期的积极心理学理论研究与推广。2003 年，张倩等人提出人们要以积极心理学的方式来解决问题，要用新的方法和思维看待人类的生存和问题的解决，同时要把人文关怀和科学精神融入积极心理学的研究当中。2004 年 8 月，第 28 届国际心理学大会在北京举行，国内学术界逐步开始重视对积极心理学的研究和探索。2005 年，崔丽娟等对积极心理学的概念、产生背景、基本内容和研究价值等进行了阐述，并对积极心理学在中国未来发展方向提出了展望。2006 年，周嵌等从积极心理学的理念与传统主流心理学的关系出发，论述了积极心理学在中国未来的发展。同年，任俊在《积极心理学》一书中提出，积极心理学要从"积极的体验、积极的人格、积极的社会制度、积极的心理治疗、积极的心理学的价值意义"5 个角度进行分析。

我国积极心理学的早期研究，更多是引入和介绍国外积极心理学的研究成果，尚没有在实践中充分发挥积极心理学作为一个应用型科学的价值。同时，国内积极心理学的研究还停留在理论层面，立足于中国本土文化的积极心理学实践探索，尤其是应用于大学生心理健康教育方面的系统研究并不多。因此，积极心理学如何扛起新时代高校心理教育的实践大旗，应当引起国内教育工作者的重视。

（2）积极心理学在中国的本土化及发展。如果说，让世界知道积极心理学的人是塞利格曼教授，那么毫无疑问，让积极心理学在中国生根发芽的人首推清华大学彭凯平教授。作为中国积极心理学发展的主要倡导人和发起人，彭凯平教授于 2009 年便担任了中国国际积极心理学大会执行主席；2014 年，彭凯平教授发起创建了清华大学社科学院积极心理学研究中心(由美国宾夕法尼亚大学塞利格曼教授和加州大学伯克利分校达契尔·克特纳教授担任该中心荣誉主席)并担任主任。此外，彭凯平教授一直致力于中国本土文化下对积极心理学的推广和实践，先后担任清华大学幸福科技实验室联合主席、北京积极心理学学会理事长、国际积极心理联合会(IPPA)以及国际积极教育联盟(IPEN)中国理事等。2017 年 10 月，中国心理学会积极心理学专业委员会经常务理事会批准筹建，并于 2020 年 8 月正式设立。2020 年 12 月 6 日，中国心理学会积极心理学专业委员会学术年会正式开幕。

多年来，彭凯平教授及其团队致力于积极心理学在中国本土的理论推广和教育实践探索，取得了丰硕的成果。2013 年和 2014 年，彭凯平教授所授"心理学概论"成为中国 MOOC 最受欢迎的课程，彭凯平教授也连续两年代表中国在"联合国国际幸福日"纪念大会上做报告。

拓展知识

彭凯平的积极心理学著作

《吾心可鉴：澎湃的福流》：该书首次提出了"福流"的概念，畅谈幸福的极致体验，将"生活体验、科学干货、真知灼见"融为一体。幸福是人类永恒的话题，它是我们个人的感受，是身、心、灵完美融合的状态。有些事物，会让你产生浓厚的兴趣，使你专注且沉浸其中，物我两忘，知行合一，始终被一种愉悦的力量所推动，不断为之奋斗、创造和探索，这种神奇的体验就是一种幸福的极致状态——福流。该书从生活、工作中常见的爱情、亲情、友情等切入，将国际心理学界最前沿的积极心理学研究成果，以中国读者喜爱的方式进行解读，让积极心理学融入中国文化。

《吾心可鉴：跨文化沟通》：不同文化之间不仅有着语言和风俗上的差异，还有着文化心理上的差异。该书从文化和心理学的双重视角，诠释文化作为人类心理活动的载体和环境，对跨文化沟通的情境、过程、风格及结果的影响，为大家提供更为适用的跨文化沟通技能。该书从心理学研究出发，细述跨文化沟通的语言障碍、风格障碍、认同感障碍和文化心理障碍的心理学基础，并阐述如何理解他人、说服他人和影响他人，掌握语言、非语言沟通的技巧，以及跨文化沟通中的冲突解决和谈判艺术。

《活出心花怒放的人生》：彭凯平教授结合 20 余年的心理学研究实践，对比了中西方文化看待幸福的差异性，为中国人重新解读幸福。该书可以作为中国青年的幸福枕边书，它直击工作、爱情、婚姻、人际、亲子等人生课题，运用理性思辨的语言、丰富接地气的实验案例，揭开关于幸福的六大谜题，展示幸福的 28 条法则。

《孩子的品格》：彭凯平教授总结近 30 年的研究成果，提取了积极教育培养孩子品格优势的核心要素，写成这本给家长的积极心理学图书。该书针对中国家庭现状，提出了更适合中国家长的积极养育方案，同时用积极心理学原理，帮助孩子发挥内在优势，应对现实挑战，凭借自身努力活出生命的价值，是一本"有效帮助家长和孩子共同成长的行动指南"。

尽管积极心理学在国内的推广与实践时间并不长，但依然涌现了一批致力于在中国本土教育中应用积极心理学的专家学者，赵昱鲲教授便是国内最早思考用科学方法来追求幸福教育的学者之一。赵昱鲲教授师承"积极心理学之父"塞利格曼教授，任全球华人积极心理学协会副主席。2013年至今，他先后担任清华大学幸福科技实验室副主任、积极心理学研究中心办公室主任，致力于用积极心理学的科学方法，开发出适合中国人的幸福方案，是中国积极心理学应用的领头人之一。

在中国版幸福课中，赵昱鲲教授从自我探索、积极关系、行动方法和持续快乐4个维度为大学生系统讲授了积极心理学，使积极心理学课程在大学生中得以普及。赵昱鲲还曾于2013年在微博发起"日行一善"活动，每天用1小时时间在线答疑，并号召每一位受助的人将这份善意辐射传递出去，在社会上引起强烈反响。此外，他还翻译出版了塞利格曼教授的著作《持续的幸福》，并著有《消极时代的积极人生》，致力于传播世界积极心理学最新的研究成果和理念，探索适用于中国人的幸福心理学方法。

拓展知识

赵昱鲲的积极心理学著作

《消极时代的积极人生》：该书是一本为中国人量身定制的、非常实用的积极心理学著作。书中汇集了十几位世界著名心理学家数十年的研究成果，并立足于中国本土文化，将西方的积极心理学研究成果进行了中国化实践与创新，书中整理了15个简单、新颖、贴近生活的幸福练习，可操作性强，帮助读者提升幸福力。

《自主教养》：该书是写给中国父母的一本积极心理学读物，聚焦当下"中国式养育"父母们普遍存在的问题，从心理学的角度进行了深入的解读，阐述了过度焦虑、心理控制和自主性成长的底层逻辑。同时结合日常生活和中国父母关心的现实问题，提供了可操作的指导方法，帮助他们科学养育孩子，获得从容的勇气。

《幸福的科学》：该书由赵昱鲲教授与曾光博士合著，是积极心理学在教育中的应用探索。该书将积极教育所提倡的"非认知教育"与当代关注"智力、知识、技能"的认知教育相结合，旨在将当代教育与积极心理学有机融合，帮助每位老师体验职业幸福感，引导学生探寻和丰盈内在自我，以创建积极和谐的校园环境，是教育工作者、父母及积极心理学爱好者们的理想读物。

综上，积极心理学是传统心理学的积极发展，也是心理学领域的一场革命。它继承了人文主义和科学主义心理学的合理内核，是人类社会发展史中的一个重要里程碑。在过去的20年，积极心理学逐步成熟，在世界范围内蓬勃发展，成为现代心理学研究的新方向。

二、积极心理学研究的主要内容

积极心理学是心理学的一个分支，它与传统心理学的不同之处在于，积极心理学更注重于研究正面的情感、特质和机能，而不是病理和心理障碍。传统心理学在人们的心理困扰和精神疾病方面取得了巨大的成就，也让心理健康的理念深入人心。但现代社会和科技的快速发展，使人们对幸福感的追求远不止于尽可能地消除或减少痛苦，对美好生活的追寻成为全人类发展的共同愿景。因此，积极心理学将心理学研究的视野从"小众痛苦"转向"大众幸福"，观念从"消极"转向"积极"，主要的任务也从"减少痛苦"转向"培育优势"。它并不否定对创伤或痛苦的研究，只是将积极方面与消极方面一视同仁，赋予积极视角，挖掘积极力量，倡导积极成长。可以说，积极心理学是对人类潜能、动机和能力研究更为全面、开放的视角，是对传统心理学更科学全面地发展和完善。积极心理学也在人类潜能发挥与幸福感获得等研究方面焕发了新的生机。正如积极心理学研究的结论：金钱更多或者痛苦更少都不能为人们带来真正的幸福，人们需要的不是如何避免更差，而是如何变得更好。基于此，积极心理学作为一门研究幸福的科学在全世界蓬勃发展，以一种更加开放、欣赏性的眼光看待人的潜能、动机和能力，其研究的内容涵盖个人优势和美德、积极情绪、积极关系、人生意义和目的、成就与成就感、复原力和适应能力以及幸福和生活满意度等广泛的课题。

（一）关于优势理论的研究

积极心理学相关研究证明，发挥个体优势与提高幸福感密切相关。当个体能够充分发挥自己的优势时，他们更有可能体验到成就感、自主感，提高生活满意度，从而达到更高的幸福水平。关于个人优势和美德的研究在积极心理学领域中占有重要位置，相关研究主要包括米哈里的心流理论、塞利格曼与克里斯托弗·彼得森共同提出的品格优势测评（VIA）以及盖洛普公司的优势识别器。优势理论的核心观点是关注和发展个体的优势和天赋，而不是过分强调补救弱点。优势理论认为，每个人都具有独特的优势和潜能，可能表现为才能、技能、兴趣或道德品质，它们是个体在某个领域表现出色的基础。优势理论主张将注意力从个体的弱点转向优势，鼓励个体在学习、工作和生活中积极运用和发挥自己的优势，从而提高个体的成就感、自信心和满意度。以下是优势理论的几个主要观点：

（1）每个人都有独特的优势组合。优势理论认为每个人都有一系列独特的天赋和优势，这些优势定义了我们是谁，以及我们在何处能够最好地贡献。

（2）优势是建立在天赋基础上的。优势被视为在个体的独特天赋之上发展出来的复杂特质，它们可以通过学习和经验得到进一步的增强和完善。

（3）发展优势比改正弱点更能提高绩效。优势理论认为通过发展个人的优势来提升其绩效和满意度，相比之下，仅仅关注并试图改善弱点的效果要差很多。

（4）优势可以促进个人和组织的成长。在组织环境中，识别和利用每个成员的优势可以提高团队效率、提升工作满意度，并促进更为积极的工作环境。

（5）优势的使用与幸福感有关。积极心理学研究表明，当个人在日常生活和工作中使用其优势时，他们将更有可能获得幸福感和生活满意度。

（6）优势需要有意识地培养和运用。虽然优势部分基于个人的天赋，但它们需要通过不断地实践、学习和挑战来发展。人们需要识别自己的优势，并在生活的不同领域中有意识地应用它们。

（7）优势不等同于技能。技能往往是指通过练习和学习获得的特定能力，而优势则是更为广泛和深层的，它包括个人的情感、动机和行为倾向。

（二）关于情绪的研究

积极情绪是指伴随需要的满足而产生的愉悦的主观体验。积极情绪是积极心理学研究的一个主要方面，它主张研究个体对待过去、现在和将来的积极体验。例如，对过去的幸福和满足，对当下的愉悦和幸福体验，对未来的希望、乐观和期待等。通过研究这些积极的情绪，探索积极情绪如何增强人免疫系统的功能并建构有效应对压力和生活挑战的心理和社会资源。主要的观点包括以下几个方面。

1. 积极情绪：不只是快乐

积极情绪是需要被满足时所产生的愉悦感，这种愉悦感可以促进人的积极性和活动能力。积极情绪和快乐都能带给人愉悦感，但积极情绪远远不只快乐。快乐是一种可以被感知的活力、轻快的内在情绪体验，它是积极情绪的一种。塞利格曼认为快乐是与现在相关的积极体验，除此之外，人类还有对过去的(幸福和满足)，以及对未来的积极体验(希望和乐观)。

积极情绪有各种不同的类型，它们所包含的内容远不止生理快感或模糊的幸福感。2009年，弗雷德里克森教授列出了10种最常见的积极情绪：快乐、感恩、宁静、兴趣、希望、自豪、幽默、激励、敬佩和爱。这10种积极情绪是人们在生活中最常体验到的，却也是高度个人化的，也就是说每个人对同一事物的感觉可能完全不同，这些不同更多地取决于个体的内在理解，而不是外部环境。

2. 消极情绪与积极情绪相互独立

积极心理学对情绪的研究证实，减少消极情绪与增进积极情绪是两个独立的系统，前者并不必然导致后者，但是增进积极却有助于激发个体的潜力，使其实现完善与超越。因此，在当今时代下，减少消极情绪可以尽可能降低情绪对我们的侵袭强度，但显然，拥有积极情绪时，我们才可能生活得更美好。所幸，积极心理学的研究也证实，我们每个人都拥有重塑生活，使它更加美好的能力。积极情绪可以通过学习和训练得到提升。

3. 积极情绪能够拓展人的思考和行为

弗雷德里克森教授提出了积极情绪的拓展理论，她认为，积极情绪可以拓宽个人的思考和认知，使人能够看到更多的可能性和选择。当人处于积极情绪状态时，其"认知—行为资源库"会得到扩展，表现出更为开放、灵活的认知与行为，使得个体持久的发展资源得以建构。也就是说，当人们体验到积极情绪时，更可能进行探索、创造和尝试新事物。

(三)关于人格的研究

积极心理学对人格持有积极的观点，认为人类拥有许多积极的优势和美德，如勇敢、活力、善良、创造力等，以下介绍积极心理学对人格发展的一些观点。

(1)人格的多面性。人格被视为一个动态的、多面的结构，不仅包括稳定的性格特质，还包括情境下的行为表现和自适应策略。积极心理学鼓励个体在不同情境中灵活运用自己的优势。

(2)正向特质的培养。积极心理学强调培养诸如乐观、希望、感激、韧性、勇气等正向特质，这些特质有助于个体面对生活中的挑战，增强个体的幸福感和生活满意度。

(3)自我实现和成长。积极心理学借鉴了亚伯拉罕·马斯洛的自我实现理论，强调个体实现最佳潜能的重要性。它认为个体不仅受生物性和环境因素的影响，也可以通过个人意志和积极行动来塑造自己的人格。

(4)正向情绪与人格的关联。积极情绪不仅仅是幸福感的结果，它们也是形成和维持积极人格特质的重要因素。例如，经常感到快乐的人可能会发展出更为乐观和外向的人格特质。

（5）人格可以发展和变化。尽管一些人格特质在很大程度上受到遗传因素的影响，积极心理学认为人格是可以通过后天努力发展和改变的。人们可以通过教育、自我反思和积极的生活经历来塑造和改善自己的人格特质。

（6）自我超越。积极心理学也关注个体超越自我利益，追求更广阔的生活意义和目的。这通常与深层次的人格成长相关，如利他、社会贡献和精神发展。

积极心理学的这些观点为人格发展提供了一个更为全面和积极的视角，鼓励个体识别和利用自身优势，促进个人幸福感，以及实现自我成长和完善。

（四）关于人际关系的研究

弗雷德里克森认为人际关系中的关键优势是爱，爱使我们带着关怀、关注和同情去整体地看另一个人。在积极的关系中，个体能够感受到爱、理解、支持和尊重，这有助于增强个体的自我价值感和归属感。此外，积极关系还可以促进个体的个人成长和发展，通过与他人的互动和交流，个体可以获得新的视角和启发，不断学习和成长。积极心理学的研究表明：当我们与他人的积极互动得到表达时，会促进我们的健康；建立和维持积极的人际关系可以提高个体的生活满意度，增强心理韧性，并有助于应对生活中的压力和挑战；具有丰富和积极人际关系的个体往往更加乐观，能够在面对困难时获得更多的社会支持和帮助。

（1）亲密关系中的积极互动。研究发现，幸福的伴侣关系往往包括高比例的积极互动。约翰·戈特曼的研究指出，稳定和满意的伴侣关系中，积极与负面互动的比例大约是 5∶1。

（2）共情与理解。能够理解和共情伴侣或朋友的感受是建立积极关系的关键。积极心理学研究表明，共情能力强的人更能建立和维持满意的人际关系。

（3）感激与欣赏。在人际关系中表达感激和欣赏不仅能够加强个体之间的联系，还能提高彼此的幸福感。研究表明，表达感激可以增强关系的满意度和持久性。

（4）正向沟通。有效的沟通技巧，特别是在冲突解决中的正向沟通策略，对于建立积极关系至关重要。积极心理学鼓励采用建设性的沟通方式，如非暴力沟通。

（5）支持性的行为。在艰难时期提供支持和安慰是加强关系的关键行为。支持性的行为可以提高人们对于关系的承诺和满意度。

（6）共同的成长和目标。拥有共同的兴趣和目标能够加深人际关系的连接。积极心理学研究表明，当伙伴一起努力实现共同目标时，他们的关系会变得更加紧密和满意。

（7）宽恕与和解。宽恕是释放过去伤害和冲突的一种方式，对于维护长期关系至关重要。学习宽恕可以帮助人们克服负面情绪，修复和加强关系。

（五）人生意义、成就、心理弹性与幸福感

积极心理学在探索人生意义和目的的研究中，关注的是个体如何发现和确立其存在的重要性和方向。主要包括：个体的价值观和信念如何指导他们找到生命的意义；个体对某一领域的贡献；如何设定并追求有意义的个人目标，帮助个体体验到生活的丰富性和深度；如何与他人建立深刻联系和感受到社会归属感对于个体发现生活意义的影响等。

相关的研究表明，拥有清晰的人生意义和目的与更高的幸福感、更好的健康状况和长寿相关联。

在成就与成就感的领域，积极心理学家研究个体如何设定目标、追求成功并从中获取满足感。这方面的研究包括：动机与目标追求，如自我决定理论系统阐述了内在动机和外在动机在成就目标过程中的作用；毅力与坚持，如"坚韧""勇敢"等对持续追求长期目标的重要性和影响；成就与自我效能，如相信自己有能力达成目标的个体更有可能获得成功和满足感。

在个体的适应能力方面，积极心理学的研究集中于个体如何应对压力、如何从逆境及挫败中恢复，主要是对心理弹性的研究，探讨个体为何能够在压力下保持积极态度和有效的行为模式，在经历困难后如何恢复到原来的状态甚至从逆境中获得学习和成长。探讨哪些应对策略有助于人们更好地管理压力和挑战；个体如何管理自身的情绪反应，以促进适应性行为和思维；以及社会支持如何帮助个体提高适应压力的能力等。

积极心理学被誉为"幸福的科学"，作为积极心理学研究的核心内容，幸福被认为是一种能力，可以通过练习而获得。它采用科学的方法来研究"如何让人活得更幸福"，致力于让幸福成为全人类都可以追求、学习和获得的东西。为了探寻幸福的真谛，心理学家投入了大量的时间和精力，试图通过科学的研究了解幸福的真谛。积极心理学家用科学的方法证明了关于幸福的许多规律和结论，如金钱买不到幸福；成功者未必幸福，但幸福本身就是一种成功；幸福是有意义的快乐等。

积极心理学采用科学的方法对人类的积极正向行为展开了全面而深入的研究，在如何帮助人们发展积极情绪和亲密关系，发现、探索和发展优势以及优势与人类成就感和幸福感之间的密切联系等均取得了许多成果，这些成果使人们对幸福的追求变得更加理性和现实。

三、积极心理学的理论基础

积极心理学作为心理学发展的新阶段和新领域，既是对传统心理学的发展和完善，也充分汲取了多领域学科的最新研究成果，以下主要从人本主义心理学、认知行为理论和神经科学的相关研究做介绍。

(一)人本主义心理学相关研究

人本主义心理学是继行为主义和精神分析学派之后发展起来的一个心理学分支。人本主义心理学家认为，前两种学派过于侧重病理学，忽视了人的主观体验和潜力，特别强调人的正面本质和价值(非问题行为)，主张人的成长和发展(即自我实现)。人本主义心理学家们相信，心理学的目标应该是研究和促进那些帮助人们达成多产和健康生活的条件。卡尔·罗杰斯和亚伯拉罕·马斯洛是人本主义心理学最著名的代表，他们的理论和研究对心理咨询、教育、组织管理以及其他领域均产生了深远影响，用心理学界流传的一句话来形容人本主义的贡献：如果说弗洛伊德为我们提供了心理学病态的一半，马斯洛则将健康的那一半补充完整。

1. 对人性的积极观点

人本主义心理学对人性的本质持积极看法，认为人的本质是善良的，人们天生具有爱、同情和友善的倾向，当环境条件支持时，这些特质能够自然展现出来。这一观点的基础在于人本主义对人类潜能和内在善良的坚定信念。人应该被视为一个整体，包括他们的情感、认知、行为和人际关系等各个方面，不能仅仅从行为或者潜意识动机来理解。人本主义心理学还强调人内在成长的动力，认为人类不仅受到环境的影响，还拥有自我更新和自我修正的能力，有向更积极、更健康方向发展的内在动力。

2. 自我实现是人类的最高需求

人本主义心理学强调所有人都有一种基本的倾向和内在动力去实现自身的潜能和自我实现，而不是被环境或基因所决定，强调成长和自我完善的可能性。基于这一观点，马斯洛提出了著名的需求层次理论，认为人们内在有一个成为更好自我的驱动力，而当其他层次的需求都得以满足时，人类便会追求最高层次的需求——自我实现。自我实现是人们追求幸福和生命意义的根本动力，通过实现自我，人们可以达到个体成长和发展的最高境界。

3. 注重积极的人际关系

人本主义非常注重人际关系的重要性，认为良好的人际关系是实现自我价值和幸福的关键组成部分，对个体的发展和自我实现至关重要。在心理治疗中，人本主义强调以来访者为中心，对来访者的共情、无条件的积极关注和真诚，认为每个人都是独一无二的，他们的观点、情感和经历值得被听见和尊重，鼓励个体在感到安全和被支持的情况下探索和表达自我。

这些原则不仅在治疗关系中至关重要，也被应用于个人的日常生活中。人本主义心理学家认为，在人际关系中应表现出真实的自我，与他人开放和真诚地互动，有助于建立信任，并促进人与人之间更深层次的联结。高质量的人际关系能够帮助个体在面对生活挑战时保持一种积极和健康的态度，促进个体的成长和个人实现。

4. 关注当下

与精神分析关注童年经历和创伤不同，人本主义心理学更关注个体的当下，认为人们需要关注当前的经验、需求和目标，而不是被过去的经历和回忆所束缚。人本主义治疗通常集中于个体的当前感受和思想，治疗师会鼓励个体全神贯注于当前的感受和经历，以促进自我认识和个人成长，关注当下的立场被认为是自我认识和改变的起点。人本主义心理学提供了一种平衡的视角，将个体的发展放在时间的连续体中考虑，其目标是帮助个体成为他们选择成为的人，并实现他们的全人潜能。这种观点鼓励个体活在当下，并以此为基础去创造他们希望的未来。

5. 强调个体的自由意志

人本主义心理学强调了自由意志在个体的心理发展和自我实现过程中的核心地位。人本主义心理学家们认为：个体有自由意志的选择，有能力做出自己的决定并对自己的行为负责，强调内在驱动的重要性，认为个体的动机和行为更多地是由内在价值和需要推动的，而不仅仅是外界因素影响的结果。这些核心观点反映了人本主义心理学对人类自我认知、自我实现和生命意义的探索和理解，认为每个人都需要通过探索自我、培养个人能力和实现个人目标来实现幸福感和满足感。这是对传统心理学中人类本质和行为的一种修正和补充，这些观点在积极心理学中得到了许多应用和拓展，特别是在探讨人类自我实现和幸福感方面。

人本主义心理学消解了传统心理学过于偏重问题的片面性，充分体现了以人为本的思想，是对传统心理学研究的平衡、创新与超越，极大推动了积极心理学的发展，主要表现在 3 个层面：一是强调个体的自我实现需求。人本主义心理学强调人类的自我实现是一个重要的生命目标和需要。这种以人为本的思想，在积极心理学中体现为充分关注个体内在需求和自我实现，得到深刻的发展。二是强调人类内在的潜能。人本主义心理学认为每个人都有实现自己潜力的能力。这种积极的观点在积极心理学的理论和实践中得到了创新和超越。三是强调人际和情感的联结。人本主义心理学认为人类需要与他人建立和谐的人际关系，以满足自我实现的需求。这种关注人类情感和人际关系的思想，为积极心理学的实践提供了重要的借鉴和启示。

（二）认知行为理论相关研究

认知行为理论在心理学领域具有广泛的影响。认知行为理论将认知用于行为修正的思路，为积极心理学核心理论的发展提供了重要的科学支撑。认知行为理论是认知理论和行为理论的整合，主张通过改变思维（或信念）和行为的方法，来改变不良认知。该理论认为，个体的情绪和行为都与他们的想法和信念密切相关，因此可以通过改变个体的想法和信念，从而改变他们的情绪和行为。认知行为理论最具代表性的有埃利斯的合理情绪行为疗法、贝克和梅肯鲍姆的认知行为矫正技术等，其核心观点包括以下 3 点。

1. 情绪和行为源于个体的想法和信念

认知行为理论认为，人们的情绪和行为不是由外部环境直接引起的，而是由个体对环境的认知和解释所导致的。认知受"自动化思考"机制的影响，形成相对固定的思考和行为模式。因此，如果个体的想法和信念存在问题，他们的情绪和行为也会出现问题。

2. 想法和信念可以改变

认知行为理论认为，个体如果想改变行为，需要将一些不假思索采取的问题行动重新带回个体的思考范围中，帮助个体从理性层面开始发生改变；个体可以通过改变想法和信念，来改变情绪和行为。个体可以通过识别和纠正错误的思维和信念，来增强他们的自我控制能力。

3. 行为可以被学习和改变

认知行为心理学家们认为，个体的行为可以通过学习和训练来改变。通过培养适当的行为模式和技能，个体可以更有效地应对挑战和压力，并改善他们的生活质量。因此，认知行为理论强调认知在心理或行为问题中的作用。该理论将认知用于行为修正上，强调认知在解决问题过程中的重要性，强调内在认知与外在环境之间的互动。这些理论能帮助人们修正一些认知上的错误假定，包括过度概括、选择性认知或归因、过度责任或个人肇因假定、自我认错或预罪、灾难化思考、两极化思考等。这为积极心理学的干预和矫正提供了强有力的方法论支撑。

认知行为理论强调了个体的认知思维和自我控制能力的重要作用，具体包括 4 个层面的观点：一是思维与情绪相互影响。基于此，积极心理学注重积极情绪与积极思维之间的相互促进作用，通过培养积极思维和有效管理情绪，可以提高人们的心理弹性和幸福感，帮助人们更好地应对生活的挑战。二是自我效能和自我评价是核心。自我效能和自我概念是积极心理学研究的核心内容，当个体相信自己有能力完成一项任务时，他们的自信心和自我肯定感会增强，从而更有可能取得成功。三是行为可以强化。基于此，积极心理学关注人们的正向行为如何强化，认为人的行为不仅受到外在动机的影响，更要重视内在动机的作用。四是自我调控系统对行为的监管。从积极心理学的角度看，自我监控可以帮助个体更好地理解自己的行为和情绪反应，并通过调节自己的思维方式和行为来改变不良的行为和情绪。

（三）神经科学相关研究

神经科学是指寻求解释神智活动的生物学机制，即细胞生物学和分子生物学机制的科学，包括脑科学、神经生物学、神经病理学、行为遗传学等领域。21世纪，神经科学（特别是脑科学）迅猛发展，通过研究人类大脑的结构和功能，揭示了人的积极情感和行为背后的神经机制，为积极心理学提供了神经科学的理论支持。神经科学的蓬勃发展为人类心理发展提供了全新的视角：一是人类如何感受周围世界、如何实施行为，又如何从记忆中找回知觉，并对知觉的记忆有所作用。二是人类情绪发生发展的生物学基础，情绪与认知和行为之间如何互相影响等。

1. 神经可塑性

神经可塑性是指大脑神经元和神经回路能够随着经验和学习而改变和重塑。通过积极的体验和思维模式的改变，大脑可以因神经可塑性改变神经回路，从而提高神经效率，进而反哺积极的情绪体验。

2. 幸福感与大脑特定脑区密切相关

神经科学研究表明，心理幸福感与大脑区域密切相关，如前额皮质、杏仁核、海马体等都与心理幸福感和情绪稳定性密切相关。基于这些研究结果，积极心理学尝试用干预、刺激这些区域的活动，来提升幸福感和情绪稳定性。如美国著名心理学家里克·汉森提出的 HEAL 自我疗愈法，正是通过不断重复某些积极的经历来塑造大脑回路，从而强化某种积极体验。

3. 积极特质的神经机制

研究表明，当人们表现出善意、慷慨和同情心时，大脑会释放多巴胺等神经递质，产生积极的情绪体验。通过积极心理学的训练，可以激发这些神经机制，进一步提高人们的善意、慷慨和同情心。

4. 冥想和正念训练的神经机制

研究表明，冥想和正念训练可以改变大脑的神经回路和结构，这些区域涉及注意力、情绪和自我意识的调节。通过正念训练，可以有效激活"默认模式网络"，帮助人们在没有沉思、没有担心、没有过去、没有未来的意识中，沉浸当下，充分觉知自己的情绪和思维，从而更好地进行管理，提升幸福感和情绪稳定性。神经科学的研究有助于人类更好地理解大脑和行为的基本原理，启发和支撑了积极心理中大脑自我疗愈的积极修正视角，为积极心理学提供了科学的证据和理论基础，对深入了解人类大脑的功能和如何提高幸福感、情绪稳定性等心理素质具有重要贡献，主要表现在以下4个方面：一是探索了积极心理学的神经基础。例如，对快乐和满足感的神经机制的研究，有助于我们更好地理解积极情绪和心理状态的本质；神经科学的脑成像技术有助于我们了解不同情绪状态下大脑的活动模式，进而研究积极心理状态的生物学基础。二是证实了积极情绪对身心健康的积极影响。研究表明，积极情绪可以促进大脑区域之间的连接和信息传递，对身心健康有积极的影响。这些影响体现在提高免疫力、延缓衰老、减轻焦虑抑郁和提升自尊自信及创新能力等方面。三是提供了新的治疗和干预方案。神经科学技术(特别是神经反馈、神经调节和神经可塑性技术)的不断更新与迭代,帮助心理学家更好地了解关于人类思维和行为的联动关系,被广泛应用于治疗情绪障碍和其他心理问题,帮助心理学家探索了通过调节大脑活动来改善患者的精神和身体状况的有效方案,为积极心理品质和积极情绪的开发、治疗、干预等方案提供了新思路。四是拓展了心理学研究的领域。神经科学帮助人类更好地认识和理解记忆、思考、决策等一些复杂的心理现象,并为深入探究这些心理现象的本质,让我们更好地了解人类的情感和行为,提供了更多有效的干预和治疗方法。

第二节　积极心理学如何促进大学生发展

经历十几年的寒窗苦读走进大学,我们无须怀疑任何一个年轻人对成功的向往与热情,但大学中现实存在的"躺平"与"摆烂"现象也着实让人扼腕叹息。曾经以为考上大学就拥有了美好的未来,事实上所谓的"美好"并不存在一个确切的标准,任何一种美好的体验都是在过程中感受而非是一个简单的结果,大学也是如此。本节从积极心理学的视角,探讨如何帮助大学生实现充实、满意和蓬勃的生命状态。

一、优势理论在大学生发展中的应用

对于大学生来说,大学阶段是他们人生中的一个关键转折点,往往伴随着对自我、未来和职业生涯的深入探索。积极心理学对大学生的自我成长和发展具有重要意义,主要表现为对自我探索和目标设定两个方面的促进。在大学生的优势发展方面,积极心理学围绕优势理论的研究提供了有力的支持,它主张关注和发挥个体的优势和潜能,以促进个体的成长、发展和幸福。借助积极心理学的研究成果,可以帮助大学生科学准确地了解自己的美德和优势,这有助于他们做出更有意义的职业和生活选择。

优势发展对大学生个人成长和职业发展有着重要的指导意义。一方面,它们是大学生自我探索的重要工具,可以科学地指导大学生了解自己的兴趣和潜力,有助于他们选择更适合自己的工作岗位,使他们在职业生涯中充分发挥潜力,更具竞争力;另一方面,发展并运用自己的优势更能帮助大学生走向卓越,有助于大学生建立自信。

在关注个体的品格和美德、培养积极心态、满足基本心理需求以及设定并追求有意义的目标等方面,优势理论为青年学生提供了一条清晰的、能够实现积极情绪发展的途径和具体方法。这些方法中既有可量化的操作性测评[如品格优势测评(VIA)]来帮助大学生更深入地认识自我,也有体验性活动(如"三件事"练习)帮助个体感受美德和优势带来的积极的身心状态,进一步促进积极自我的发展。同时,还有一些系统的培训方案(如宾夕法尼亚大学的"心理韧性"项目),引导大学生从成长的角度鼓励个体改变对困难的认知,并通过积累成功经验在挫折情境中增强自我效能感,重塑信念体系。

在积极心理学的框架下,优势理论为大学生提供了一种全新的发展路径,它强调要重视发展和运用自己的优势,为个体创造更多的成功经历和幸福感。这种理论不仅适用于个人,还适用于企业和社会组织等。通过指导大学生发现、发展和发挥自己的优势,我们可以为大学生提供更科学有效的成长路径,帮助他们实现更高的学术、职业和生活目标。

15

二、积极情绪对大学生的促进作用

情绪也是积极心理学研究的主要内容之一，其代表人物是芭芭拉·弗雷德里克森。她认为，积极情绪能够扩展个体的认知和行为资源，提高创造力和应对压力的能力，有助于人们更广泛的思考和行动，从而提高他们在学习、工作和人际关系等方面的适应力。塞利格曼在其建立的幸福模型中，将积极情绪作为提高个体幸福感的 5 个关键要素之一，强调了积极情绪对于发展幸福感的重要作用。

基于大量的研究和实验，积极心理学为我们提供了一个全新的视角来探索如何发展积极情绪，这对如何提高大学生的心理适应能力、增强人际关系和实现生活目标等成长性问题具有重要的实践意义。

积极情绪与个体的心理发展、人际关系、自我效能感都有密切关系，可以促进大学生的心理发展，提高大学生心理的愉悦性，帮助他们更好地应对困难，构建更多的社会资源以及建立良好的人际关系，对于提升大学生心理健康水平和生活满意度具有重要意义。通过调整认知模式、重塑积极信念以及发展和体验积极感受等方式，大学生可以有更多的幸福感和满足感，这对于他们的学术、职业和人际关系发展尤为重要，有助于他们更加积极主动地应对挑战，实现全面发展。

三、积极人格对大学生的促进作用

与传统心理学对人格的研究不同，积极心理学并不致力于如何消解各种潜在的人格问题，而是关注积极人格特质的发展与培养。积极心理学强调研究和发展人类的积极特质和美德与优势，认为每个人都有独特的优势和美德，构成了我们人格的基础。通过认识和发展这些优势，个人可以更好地实现自己的潜能。积极心理学中关于积极人格发展的研究，有助于大学生培养积极心态、提高自我认知和情感智力、提高自我效能感，从而更好地应对学习和生活中的各种挑战和压力，促进个人发展和成长。

(一)感恩

感恩是对生活中遇见和拥有的美好产生的一种认识和感激。感恩的人会不断思考他们在生活中得到的一切并愿意向外部表达这种感激。因此，拥有这种特质的人会更加关注和珍惜他们所拥有的，也更倾向于建立更为积极和健康的人际关系，更容易感受到幸福和满足感。

积极心理学认为，美德之巅是"感恩"，拥有爱的能力才能衍生出感恩的感觉，它是幸福最深层的动力，也是一个人信任自身美好的基础。感恩会让我们感到内在的富足，因此它与慷慨常常联系密切；感恩帮助我们不断确定，我们值得拥有美好。正是日常生活中对美好事物的希望和信任，帮助我们度过逆境并有效地抵制迫害感。感恩的力量帮助我们对他人总是表达出由衷的欣赏和善意的心态，同时，也将遇见美好变为一种循环的资源和能力，越感恩，越幸运。

(二)希望

希望促使人将视角转向未来而非停留在过去，使人对未来充满乐观并抱有美好的期待，充满希望的人会相信，为未来目标所做的一切努力将会使他们收获成果。这种力量使人做事时充满热情，期望自己和他人都能做到最好，并极其容易感染和影响周围的人，为团队带来积极的情绪和正向的行为，激励大家共同为美好的理想去努力。

希望这一积极特质与多种指标相关，如快乐、满意、积极情绪以及良好人际等。同时，希望被心理学家公认为是心理指标发生积极变化的一个基本因素。希望为人们提供了追求美好生活所需的动力，人们愿意关注未来，而未来导向使人们确立清晰的目标，并设想出必要的途径，以规划并确保这些目标顺利完成，同时帮助人们更有信心地完成当下任务以及应对困难。

(三)乐观

乐观是一种兼具遗传可能性和环境可塑性并在社会化过程中不断发展起来的稳定的人格特质。彼得森和塞利格曼将乐观作为 24 项性格优势之一，认为乐观与希望都是指向未来的认知、情绪与动机心理层面的积极特质。无论是希望还是乐观，都是对未来实现目标的信念，对预期结果产生的一种信心。乐观的人期待未来有好事情发生，倾向于在困难面前看到机会，在问题中看到可能的解决方案。乐观有助于个体更好地应对压力，保持积极的心态，也有助于增强个体的适应能力和心理韧性。通过积极的思维方式，乐观的人能够更好地面对生活的不确定性，保持内心的平静和稳定。

在积极人格特质中，研究者关注最多的是乐观。早期的一些心理学家认为乐观是人的一种天然本性。但塞利格曼、艾布拉姆森、彼得森等人的研究表明，乐观主要还是后天形成的一种人格特质，认为与"习得性无助"相对应，是一种"习得性乐观"，这也进一步验证了人格的可塑性。乐观的人具有积极的心态和行为，因此也更容易获得成功。积极心理学还对乐观人格特质进一步进行区分，把它分为现实性乐观人格和非现实性乐观人格。泰勒等人的研究认为对未来不现实的乐观信念能使个体免于疾病。他们在研究中发现，保持乐观的病人比面对现实的病人的症状出现晚，活得也久。通过分析表明，不现实的乐观在原则上并不会与现实相抵触，反而会使病人更可能多地接受治疗和获得社会支持。这些对乐观的研究使人们的生活更有意义和更美好。

四、积极关系对大学生的促进作用

积极关系被视为幸福感和心理健康的重要来源。积极心理学对积极关系的研究集中在如何建立和维持健康、满意和支持性的人际关系，并在关系中建立信任和安全感。通过这些研究，积极心理学不仅提供了关于如何建立积极关系的理论指导，还开发了具体的干预措施和技巧。

马克思说过："人的本质是一切社会关系的总和。"人是社会性生物，其成长也是在关系中得以发展。大学生的人际关系，既包括师生、同窗、伙伴等社交关系，也包括亲情、友情、爱情等亲密关系，积极关系是帮助大学生建立积极社会支持系统的核心所在，可以帮助大学生更好地适应学习和生活中的各种挑战和压力，提升归属感和幸福感。

在大学这个关键的人生阶段，学生不仅在学术上寻求成长，也在社交和个人发展方面面临挑战。积极关系对大学生的支持和促进主要表现在以下几个方面。

(一)社会支持

良好的人际关系为大学生提供了必要的社会支持，这种支持可以帮助他们应对学业压力、生活变化和情绪波动,提升面对生活挑战时的心理韧性。这些社会支持基于各种人际互动,具体表现在情感支持、信息支持、物质支持和评价支持等多个方面。例如,大学生活中,同伴和导师的情感支持可以帮助学生在遭遇情绪低落或学业挫折时找到安慰和动力。来自师长和同学的学习资源和建议等信息支持,可以帮助学生克服学业难关。家人和亲友的物质支持为学生提供生活和经济保障。评价支持则涉及来自他人的反馈和建议,帮助大学生正确评价自己的能力和成就,增强自信心。这些社会支持的层面相互作用,共同增强学生的心理韧性,使他们更有能力面对生活和学业中的压力和挑战。

(二)情绪健康

情绪健康是大学生个人发展的重要组成部分。积极的社交联系能够改善情绪状态,减少孤独感和抑郁症状,提升幸福感和生活满意度。良好的人际关系可以为大学生提供一个分享个人感受和经历的安全环境,帮助他们释放情绪压力,得到他人的理解和支持,发展更多积极的心理体验,从而减少孤独感和抑郁症状。此外,参与社交活动本身是一种积极的情绪体验,这可以直接提高幸福感和生活满意度。通过积极参与校园生活,建立有意义的人际关系,学生可以增强自身的情绪稳定性和心理适应能力。

(三)认同感和归属感

与他人建立深入的联系能够增强大学生的认同感和归属感,这对于新环境适应特别重要。对大多数大学生而言,进入大学是一个全新环境的开始,他们可能会面临着身份和角色的转变。与他人建立深入联系,可以帮助大学生在这个新环境中找到自己的位置。加入学生社团、参与志愿服务或加入学习小组可以使大学生感到自己是社区的一部分,这种归属感对于大学生的心理调整至关重要。当大学生感到自己被接纳并且是一个群体的一员时,认同感随之增强,从而促进了自我价值的确认和社会适应。

(四)团队合作与成长

大学阶段是大学生建立和发展丰富的人际关系网络,在团队中拓宽视野和发展价值观的关键时期。在多元化的大学环境中,与来自不同背景和文化的人建立联系以获得团队合作的能力,大学生不仅能学习到新知识,还能够学会尊重和欣赏文化多样性。这种接触和交流促进了批判性思维、开放性和文化敏感性的发展。在团队项目中共同解决问题、分享成功和失败,不仅有助于大学生在学术上成长,也有助于他们在情感智力、人际交往能力以及解决复杂问题的能力上得到提升。通过这些体验,大学生能够更好地理解自己的优势和兴趣,形成更成熟的价值观和世界观。

五、其他相关研究对大学生的发展促进

在积极心理学中,人生意义、成就感、适应力和幸福感被视为促进个人幸福和心理健康的重要因素。对于大学生来说,这些因素尤其关键,因为他们正处于人生的一个转折点,同时也是建立未来生活基础的关键时期。

人生意义为大学生提供了明确的方向和动力,无论是在学业表现还是职业发展路径中,一个被清晰地规划和发展的人生更可能获得成功。面对困难和挑战时,作为一个内在的力量源泉,人生的意义与目标可以帮助学生维持积极态度,在追寻自我实现中激发个人

潜能。成就感能够增强大学生的自信心，当他们完成学业目标或实现个人成就时，会感到满足和自豪。积极追求成就的大学生更可能在学习中投入更多努力，因为成就带来的积极反馈是一个重要的动力。在职业准备中，成就感不仅限于学术，它还可以帮助大学生在职业准备方面建立起必要的工作经验和自我效能感。

此外，良好的心理弹性可以帮助大学生更好地管理压力，他们在面对生活变化和不确定性时保持情绪稳定并积极应对；而如何提升幸福感的相关研究能够提升大学生的生活满意度，为日后的职业生涯和个人发展打下坚实的基础。

第三节　大学生发展的积极之道

大学阶段是塑造学生个人身份、职业发展和社会角色的重要时期，是他们从青少年过渡到成年人的重要桥梁。在这个阶段获取的经验、技能和知识将深刻影响他们的未来生活和职业发展。对于大学生而言，大学不仅仅是教育的延续，更是个人成长和探索的关键时期。这一时期的学生大多处于18～25岁这个年龄阶段，许多人是第一次严格意义上的离家，在一个相对简单又多元的社会小环境中，开始一段与以往任何时候都不同的学习和生活经历，而自我管理能力在这一时期变得格外重要。

一、大学生心理发展中的挑战

发展心理学家埃里克森在其提出的人生8个阶段发展理论中，将18～25岁这一阶段定义为成年早期。在这个阶段的青年人，会面临探索个人角色与位置，并努力建立亲密关系等心理发展任务。借助这段经历，大学生要借助对自我的探索和他人反馈，逐渐建立自己的身份认同，也会面临许多成长发展中的挑战。

(一)心理断乳期的挑战

说到生理断乳期，相信每个人都不陌生。在很小的时候，我们就顺利完成了生理断乳，这是我们人生中需要经历的第一个比较大的挑战。改变出生即拥有的生存方式，从吸吮液体食物过渡到更加多元和复杂的饮食方式，对于一两岁的孩子来说并不容易。在生理断乳这个阶段，孩子们更容易受到病毒的侵袭，但在应对病毒的同时，孩子们也逐渐获得了多种机体免疫力。

心理断乳与生理断乳有很多相同的规律。18岁左右的大学新生在法律意义上已经成年，身体正处于一生中最健康的阶段，但他们的心理发展还远未成熟。在未来相当长的时间里，他们都处于自我探索和人生建设的初期，只能算是打着引号的成年人。大学对他们有着特殊的意义，这是他们步入社会前的过渡时期。学生通过大学的学习与探索去定位自己的人生方向，同时，需要做好阅历、经验技能的积累以及心理准备以应对未来可能出现的各种挑战。此外，大学生还有一个重要的心理任务——离家，即与原生家庭分离，实现真正意义上的独立。在未来的几年里，他们大多数人将组建自己的小家庭甚至为人父母，真正承担起作为成年人的责任。这些都是他们在心理断乳期需要学习的，借助这个阶段的学习和成长，他们会变得更加有力量，去追寻自己的人生目标，成为真正的自己，最终找到自己在这个世界上的价值与位置。

(二)理想空窗期和学习转型期的挑战

从大学学习的角度来思考,在过去的十几年里,学生们大部分的时间都用在知识学习。到任何一个高三教室里,问大家一个问题:你们这么努力学习是为了什么?学生们都会异口同声地回答:"考大学!""考大学"这个目标清晰而具体,他们已坚持了数年,这是家长、老师、同学甚至整个社会都认同的目标,也是每位高三学生非常真实的理想。这个时候的学习,因为学生们的目标非常清晰,迷茫和困惑自然也不多。

经过十几年寒窗苦读,"金榜题名"的理想似乎已经实现。但来到大学以后做什么?大部分学生对大学知之甚少,也没有具体的目标,处于缺乏理想支撑的空窗期,迷茫是最可能填充他们内心的东西。来到大学,学生们重新站在了一条起跑线上,谁也不能确定自己在大学里会是怎样的位置。这个时候,谁的目标确立得更早、谁准备得更充分、谁更了解大学的生活、谁适应得更好等与知识学习本身没有什么直接联系的因素,却决定着谁将胜出。毫不夸张地说,大一是真正的起跑线。大家将迎来与以往任何一个阶段的学习都截然不同的学习,大学的学习理念、内容和方式将发生全面而重大的转型,如果此时依然完全停留在过去学习的经验中,这将是非常可怕的事情。

显然,大学阶段无可避免地存在许多挑战,而大多数大学生并没有为此做好足够的准备,困惑甚至挫败几乎是不可避免的,他们唯有在不断试错中获得成长。毕竟,漫漫人生路,谁都不大可能在一两次的交锋中就大获全胜,犯错或者失败本就是再正常不过的事情。尽管这段时期学生会面临一些挑战甚至危险,也必定要付出一些代价,但毫无疑问,大家也将获得人生最重要和宝贵的能力——心理韧性与自我效能感,这正是大学生成长中最宝贵的时机。

(三)建立亲密关系的挑战

按照埃里克森的心理社会发展阶段看,大学生所处的年龄段正处于解决"亲密关系与孤独"这一核心冲突的时期。这个阶段,大学生要学会与他人建立深层的关系,包括友谊和爱情。在建立亲密关系方面,大学生既有强烈的需求,也有恐惧和不确定感。同时,大学也是大学生自我探索并形成独立自我概念的关键时期。每个大学生都要尝试从原生家庭中分化出来成为一个独立的个体,这一过程对于能否在亲密关系中同时保持个体独立性和亲密度至关重要。

因此,大学生在建立亲密关系时面临的困惑是多方面的,这些困惑既包括情感层面的挑战,也涉及认知和行为的不确定性。他们可能不清楚如何在亲密关系中设定健康的界限,如何时说"不",何时需要独处时间,以及如何平衡个人空间和共享时间。在沟通时,许多大学生并不知道如何表达自己的感受和需求,或者不确定如何有效地解决冲突而不伤害彼此。在更亲密的恋爱关系中,自我价值感和自信心的缺乏则可能导致大学生在亲密关系中感到不安,担心不被接受或担心不符合"理想伴侣"的标准。此外,在现实层面,大学生在建立亲密关系时面临的困惑往往与具体的生活环境和情境相关。生活节奏与压力、家庭环境、经济以及空间距离等诸多因素都会带来关系的不确定性。对于缺乏一定经验和技能的大学生来说,如何建立良好的亲密关系是其在大学中必须学习的一项任务。

二、大学生常见心理问题与应对策略

大学生处于快速成长和发展的阶段,在面对学业、社交、职业等方面的压力时,常常会面临各种心理问题。这些问题若得不到及时妥当的处理，容易导致一些心理冲突甚至心理障碍。但需要明确的是，这些心理困扰绝大部分属于适应性和发展性的问题，也是大学生成长的必经历程，从心理健康教育的角度，我们需要重视并积极应对，但无须恐惧或灾难化。

（一）大学生常见心理问题及原因分析

1. 学习困扰

可以肯定的是，大学生面临的学习困扰往往与智力水平没有太多关联。经历了高考的洗礼，每一位来到大学校园的学生重新站在了同一起跑线，其智力水平已经毋庸置疑。一方面，大学生的学习困扰主要表现在学习没有动力、对专业没有兴趣、学业障碍以及网络成瘾等；另一方面，大学生的睡眠和休息时间严重不足，晚睡晚起的现象普遍存在。而长期把时间和精力放在与学习无关的活动上，导致大学生普遍存在一定的学习焦虑，在对学习的掌控感和信心不断丧失的过程中，大学生极易从拖延到逃课，逐渐发展至"躺平"甚至"摆烂"，最终面临极大的学业压力和挑战。

从心理层面看，大学生学业困扰的本质并非学习态度不端正或者不思进取，而是大学生独立自主思考和自我管理能力的缺失，这些实际上都是内在的动机的匮乏。事实上，来自内心的感召和自主动机才是自主自驱学习的关键。许多大学生在大学之前的学习中高度依赖家长和老师，甚至在高考志愿和专业等重大的选择上也是顺从父母的意愿。没有人会对别人的选择负责，自我负责的前提是自己做主和自己选择，因此，大学生自我探索和规划才是破解没有目标、缺乏信心和希望、对未来人生感到困惑和迷茫等学习困境的钥匙。

2. 人际关系困扰

人类是社会性群体，几乎所有的心理困扰本质都是人际关系的困扰。良好的人际关系能使人获得安全感和归属感，给人以精神上的愉悦和满足，从而促进心理健康。相关的调查显示，约40%的大学新生对大学生活的担忧是人际关系，可见，人际关系对大学生在学习、生活中的心理适应起着重要的调节作用。大学阶段是一个多元文化交流和碰撞的时期，面对学业压力和生活环境的变化，人际交往中存在许多的认知偏差或沟通不足，大学生可能尚未发展出充分理解他人观点和情绪的能力。

从心理层面看，这些外在的冲突所表征的问题都指向了内在的心理水平：爱与被爱的能力。大学生在人际关系中普遍面临着"爱人与爱己"的割裂与冲突。事实上，他人和自己都很重要，每个人都需要关系，在关系中感受爱，在关系中爱人，在关系中被爱。

3. 情绪困扰

大学阶段是从青少年发展到成人阶段的过渡时期，这个时期的大学生面临着学业、人际、经济以及就业等多重压力，他们最主要的心理发展任务是形成自我认同。但多元的压力和负责的环境为大学生的认知发展带来更多不确定性，包括多元价值观的冲突以及对现实社会的无奈和困惑等，而大学生因为远离家乡和以往的社交网络，面临社交支持的减少，他们必须要独立面对许多压力和挑战，这会增加他们的情绪反应。正值青年初期的大学生，除了持续的压力体验和较少的社会支持，对自己和他人也容易要求过高，这些因素容易导致大学生的挫败感，从而滋生出消极情绪。

从心理层面看，大学生情绪困扰很重要的一个影响因素是内部的情绪反应和应对机制尚未发展完善。大学生正处于发展和完善情绪调节能力的关键时期，18~25岁这个年龄段的大脑前额叶，尤其是与决策和自我控制有关的区域还未发育成熟，使大学生对情绪的反应和管控能力并不稳定，随着这一区域的成熟以及大学生自我成长和社会技能的提升，对情绪的调节能力也会逐渐增强。此外，在认知发展层面，积极心理学倡导要主动发展积极情绪，并用积极的视角引导大学生以建设性的眼光看待消极情绪，将每一次困境或挫败都当作一次成长的契机，对情绪有更多的理解和接纳，才能更好地应对和管理情绪。

4. 自我发展与规划困扰

大学阶段要初步对自己的职业方向、人际网络、价值观和生活方式等做出决定，这些决定将对他们未来的生活产生长远影响。当代的职业环境比以往任何时候都更为复杂和竞争激烈。全球化为大学生提供了前所未有的机会，但同时也带来了决策的复杂性，他们必须在更广阔的世界观中思考自己的位置。面对这些困扰，大学生需要发展出更加强大的适应能力、决策能力和问题解决能力，才能帮助他们在这一重要的人生阶段实现自我成长和有效规划。

从心理层面看，要解决自我发展和规划困扰的关键在于大学生是否能发展出良好的自我认同感以及自我效能感。自我认同是自己对自己的觉察与肯定，它反映了一个人是否能够了解自己，是否有明确的人生目标以及是否在追求和逐渐接近目标的过程中体验到自我价值以及社会的承认与赞许。埃里克森认为，自我的基本功能是建立并保持自我认同感，而自我认同感的形成是青少年时期不断探索和承诺的结果。如果个体不能建立并保持自我认同感，则出现自我认同危机，既不能确定自己是谁，也不能确定自己的价值或生活方向，这正是一部分大学生迷茫与困惑的心理原因所在。而自我效能感是个体对自身能力的感觉和评价。积极心理学认为，自我效能感高的人，即便遭遇挫折或面对挑战，也会更加积极地寻找方法和调动资源，更可能做出积极的行动去应对，也更容易取得好的结果。

(二)应对大学生心理问题的策略

每一位准大学生在入校前都会努力做好各种准备，同时带着家长们的期待和谆谆嘱托，这些嘱托从学习、生活甚至到谈不谈恋爱等，家长们总是希望极尽可能、全面细致地预防或避免可能存在的问题。在长辈的观念里，少些犯错和失败也许能够更好地帮助孩子们成功。但尽管如此，长辈们能帮到的依旧非常有限，大学生必须要独自面对许多问题，而少些犯错和失败也并不能帮助自己成长得更好。因此，要探索一些具有共通性的办法帮助学生从根本上应对大学阶段的困扰，积极心理学的确是一个不错的切入点。以下是基于积极心理学的一些策略。

1. 唤醒内驱力，重新认识大学学习

爱因斯坦曾经说过："大学教育的价值，不在于记住很多知识，而是训练大脑会思考。"显然，大学学习绝不局限于知识的记忆，大学应该致力于培养学生的核心素养，如学会分析他人的观点并阐述自己的想法，不断拓展思维的广度和深度，并在不确定的未来将这些思维在多领域变现。如果说大脑如同一台性能良好的电脑，那我们学的知识和阅历经验就相当于丰富的数据。但是，再好的硬件系统和再多的数据存储，如果没有良好的软件系统，也无法创新整合出新的信息。大学的学习就如同在我们的大脑里安装和升级软件的过程，学生需要完成认知和思维的迭代升级，并慢慢融入自己独特的风格。

大学最宝贵的价值，是通过大学学习，迸发并点燃自己的思想火花，向一个未知的方向勇敢探索。正因如此，好的学习永远无法量化或遵循某一个共同的模式。大学与以往任何一个阶段的学习都不一样，追寻问题远比追寻答案更重要，它是一个更加缓慢而艰苦的过程。这意味着，大学需要自主性的内驱型学习，明确自己学什么、为何学以及怎么学。

大学是为每个人的未来而准备的。大学新生在入校之初，迷茫或者空窗是不可避免的，他们可以有一段这样的时光稍做思考和休整，但被允许的时间是有限的。对于这些年轻人来说，他们需要对大学学习做足够的了解和准备，越早越好。

2. 勇于自我探索，积极面对失败

在我国，法定的成人年龄是 18 岁，但从心理角度看，人格的完善要到 25～30 岁。往往我们都以为上大学的孩子已经足够成熟，但事实是，一个人到了 30 岁左右才能拥有真正的人生方向和对事物相对成熟的判断。"三十而立"指的正是心理上的成熟，这与人类的大脑发育高度吻合。人类独有的大脑前额叶皮层，主要负责情绪管理、冲动控制以及思考决策等理性思维，在青春期发展最快，但要到 30 岁左右才发育成熟。这也是青春期的孩子情绪起伏较大，容易做出冲动和冒失选择的原因。所以，大学生还要很长一段旅程，才能真正承担起一个成年人的责任。在这个过程中，自我探索是最实用的工具。

大学只是探索自我的一个开端，它帮助我们在校园的框架之外重新认识自己，促使我们质疑之前所有的自我认知。它帮助我们打开耳朵、拓展视野，闻所未闻，观所未观。在这个过程中，我们逐渐意识到这一生必须要做些自己真正热爱的事情，而这个过程将充满挑战和困难。大学阶段，我们不仅仅要思考自己到底想要成为什么样的人，而且还要想明白自己已经是个什么样的人。

自我探索的历程非常漫长，也许会持续一生，大学是其中最黄金的时期。年轻人在探索自我的过程中会挫折重重，但如果说思考和质疑是一种技能，犯错和失败则是智慧产生的基础。我们需要从更广义的角度去理解失败并有备而战，才能清除心中对失败的恐惧。有句话叫"虽败犹荣"，这里的"荣"，可以理解为个人的收获与成长。正常来说，每个人都会经历失败，一直成功也许并不是能力的体现，还可能是因为脆弱、恐惧而无法面对失败，主动放弃了一些本来能够成就自己更多可能性的机会。

在确保方向正确或还很年轻的情况下，犯错是完全可以容忍的。换句话说，不失败可能也意味着不学习和不成长。当你能够从更积极的视角重新审视犯错的价值和意义，就会不断战胜对犯错的恐惧，从而获得一种独特的能力——抗挫力。同时，大学也是最可能让年轻人在逆境和失败中获益的阶段，无论你遭遇怎样的挫折，几乎不会对人生造成毁灭性的打击。这是一个宝贵的阶段，能够给予大学生足够的安全和足够多尝试的机会。以这样的视角来重新看待，失败与成功本身就都有了另外的意义——"失败"将成为成功之母，而"成功"则会不断稳固成功。

3. 发展优势，培养底层竞争力

被誉为"逆商之父"的保罗·史托兹提出了"成功之树"的模型，用一棵树来比喻一个人面对逆境时的表现。我们也可以借用"成功之树"的比喻，用积极心理学"品格优势"的理论来分析一个人如何获得人生的成功与幸福。

如果用一棵树形容人的一生，果实代表了一个人取得的成就，它会吸引小鸟前来。小鸟代表了人生中遇见的贵人或获得的机会，通常我们会更容易关注这部分。但是，一棵树

想要结出累累硕果，需要叶子进行光合作用，需要繁茂的枝条来输送营养，还需要粗壮的树干抵御风雨，这些分别代表了一个人的行为表现、才干、健康和品格。此外，树根代表我们与生俱来的基因和后天的养育环境等。所以，如果我们将成功放在更大的系统中去看，我们最能掌控也最可能培育的，是树干——优秀的品格。

如何才能帮助青年发挥他们的潜力，支持他们走向卓越？回答这个问题，积极心理学也许是一个比较理想的角度。在过去几十年中，心理学家研究公众身心健康收获的最重要的经验是：治愈心理疾病虽然还没有把握，但预防却非常有效。这正是积极心理学所倡导的理念：避免或减少人们的问题固然重要，但我们不应忽略人们身上正向和美好的部分。塞利格曼和彼得森两位教授召集了一批社会科学家，致力于研究如何推动青年的积极发展，并开创性地设计了测评人类独有的积极天性的量表[品格优势测评（VIA）]，帮助人们科学测评和发现自己独特的竞争优势，并就如何充分发挥这些优势提出了建议。来自美国盖洛普公司关于优势成长的商业测评（盖洛普优势识别器），则侧重于帮助人们发现自己独特的天赋才干。二者的区别在于，前者更侧重于道德领域的品格，后者则更侧重才干和能力。

无论品格优势测评（VIA），还是盖洛普优势识别器，其本质都是帮助和支持人们充分发挥自己的所长。这两者都需要经过后天有意识地投入和练习，才能真正形成优势，是每个人通往成功最宝贵的资源，能赋予人信心和力量。在积极心理学的指导下，大学生应尽早树立"优势成长"的理念，并充分发现、发展和运用自己的优势。尽管"条条大路通罗马"，但在自己最擅长的方向精进，才是年轻人通往"罗马"最宽敞的道路。

三、大学生积极心理发展的路径

大学生正处于心理发展的关键阶段，积极心理的发展不仅有助于提升学业成绩，也对形成健全人格和未来社会适应能力具有重要意义。从心理学的角度来看，大学生应不断寻求个人与环境的最佳契合点，促进自我完善并在社会关系互动中达到和谐一致。通过"向内"和"向外"的双重路径来促进自己在大学期间的心理发展与成长。

（一）内省性成长路径

内省性成长的关键路径是发展积极的人格，主要包括自我认识和自我管理，大学生应通过反思、自我探索等方式，了解自己的情感、兴趣、优势和局限，建立积极的自我形象，增进对自我心理状态的认识和调适能力。还要有意识地进行时间管理、情绪管理和压力管理等，以提升自我效能感和内在动机，进而促进积极心理的形成。

1. 形成积极的自我认知

大学生要形成积极的自我认知，关键在于要充分和深入地进行自我探索。例如，大学生可以借助多种心理测评与咨询，尤其是积极心理学关于优势的研究成果，深入了解自己的兴趣、能力和优势。通过积极的自我探索，大学生可以更加科学全面地了解自己，并制订一些具体、可实现的短期和长期目标，在实现每一个小目标的过程中积累成功体验，增强自我效能感，进而逐步建立起积极的自我认知，为未来个人发展打下坚实基础。

2. 发展积极的情绪体验

积极情绪在大学生的心理健康和行为层面扮演着举足轻重的角色。心理健康领域的研究显示，积极情绪能显著降低焦虑、抑郁等负面情绪的发生概率，并增强个体面对压力和挫折时的心理弹性和适应性，同时与更佳的健康状况和较长的寿命有关。芭芭拉·弗雷德里克森指出，积极情绪能扩展人们的思维范围，促进创新思考，使个体更倾向于采取开放和包容的态度，这不仅有助于个人心理的成长和发展，还能在困难时刻为人提供更多的应对策略。对大学生来说，积极情绪与更高的学习动机、成就感和更优的学术表现紧密相关。积极情绪可以显著提升大学生在工作和学习中的效率，激励学生在学习中更加投入，增加持久性和创造力，它不仅影响个体的内在感受，还能在外在行为和人际互动中产生连锁反应，最终促进个人和社会的良性发展。

积极心理学在发展积极情绪、增进幸福感和生活满意度等方面的研究为大学生提供了一些可操作性的方法，这些方法在实践中已被证明能有效地提升个体的情绪状态和生活质量，简单介绍如下：

（1）感恩实践。鼓励个体定期进行感恩练习，如编写感恩日记，记录每天值得感激的事情，这样可以提升对积极生活经验的认可和感激，从而增强积极情绪。

（2）优势发掘与应用。帮助个体识别自身的优势（如同情、勇气、创造力等），并在日常生活中找到利用这些优势的方式，以增进成就感和自我效能感。

（3）正念冥想。通过正念冥想的练习，个体学会活在当下，关注并接受现实中的经历，减少对负面事件的过度反应，这能显著提高情绪调节能力。

（4）积极重构。教导个体如何重新解释和评价生活中的挑战和逆境，用更为积极和建设性的视角看待问题，从而减少消极情绪，增加积极体验。

3. 提升心理弹性水平，培育抗挫力

心理弹性是指个体在遭遇生活中的挑战、压力、变化或创伤时，能够适应、恢复和持续成长的能力。这是一种应对逆境和压力的心理素质，使人在困境中不仅能够保持稳定，还能从中学习和发展，关乎大学生的适应能力和生活质量。心理弹性对正处于青年期的大学生来说，其重要性不言而喻。借助应对逆境的过程，大学生不仅掌握解决困难的能力，还可能达到一个新的、更成熟的发展水平。

积极心理学强调个体优势和潜力的发掘与培养，提倡通过增强正面经验和培育个人积极特质来提升心理弹性，从而增强大学生的抗挫力。大学生应当设置和追求有意义的目标，一个目标导向的生活方式有助于学生维持动力，即使遭遇逆境也不轻易放弃。此外，要有意识地发展优势和美德，如坚韧、坚持、好学和乐观、感恩等积极特质的培育，这不仅能增进个人的自我效能感，也能在遭遇挫折时提供一个稳定的自我价值感来源。

（二）外拓性成长路径

外拓性成长路径关注社会关系和环境适应。如大学生应积极参与社团活动、志愿服务等，通过与人交往，锻炼人际沟通与协作能力，培养社会支持网络。此外，积极参与实习、社会实践，可以使学生更好地了解社会需求，增强社会责任感和使命感，这对心理的积极发展极为有利。

1. 发展良好的人际关系

建立和维护积极健康的人际关系是大学生重要的心理课题，在他人的支持与帮助下，大学生可以更有效地应对生活的压力和挑战。良好的人际关系可以为大学生提供有力的社会支持，包括情感支持、信息支持和物质支持等，这种资源可以帮助个体更好地缓解或应对压力所带来的伤害。积极心理学认为，社会支持的积极效果不仅表现在对压力事件的调节上，还可以促进个体身心健康，提升幸福感等。社会支持的资源价值在于其促进个体采用更多的积极应对方式，从而有助于适应和解决困难。

对大学生而言，如何适应变化，如何应对变化带来的困扰，是他们面临的一个主要问题。除了学校之外，大学生还要有意识地建立一个包括社会、家庭以及朋友等多种关系类型的社会支持系统，有助于对压力环境做出积极的评价和应对，能够增强大学生的安全感、认同感和归属感。这种积极的反应，反过来更有助于个体从环境中获取后续的社会支持，使他们更好地适应社会和维护心理健康。此外，大学生要具有主动求助的意识，如各高校都建设了条件齐备的心理咨询中心或发展教育中心，能够从现实生活中挖掘和利用社会支持资源是大学生应该具备的一种非常重要的能力。

2. 积极参与社会实践

社会实践对大学生的心理发展、专业能力提升以及社会责任感的培养都具有深远影响，大学生通过社会实践将理论知识转化为实践技能，并加深对知识的理解和现实应用。通过参与社会实践，大学生能够更好地融入社会，了解社会需求和发展趋势，这对于培养他们的社会责任感和使命感至关重要。另外，社会实践也是大学生拓展人际网络、增进社交技能的重要途径。在与不同背景的人们合作和交流的过程中，学生逐渐获得与人沟通和团队协作的能力。通过参与社会实践取得的成果，学生可以验证自己的能力和价值，从而建立起积极向上的自我形象，进而增强学生的自信心和自我价值感。为成为未来社会的栋梁之材打下坚实的基础。

以上，大学生积极心理发展的双重路径中，向内的路径强调个人内在的成长，关注自我发展和个人潜力的实现；而向外的路径则侧重于与外界社会的互动，包括与人建立联系、对社会的参与和贡献。无论哪条路径，最关键的是大学生应主动作为，在追求个人成长的同时，也能积极贡献于社会，形成良性的个人与社会互动循环。

本章作业

1. 为自己的大学生活制订一个具体和清晰的目标，并设计一个具有可操作性的目标实施计划。

2. 梳理你对积极心理学的认识和理解，并把它写下来。

本章重点检测

1. 积极心理学被誉为_____的科学。

2. 被誉为"积极心理学之父"的心理学家是_____。

3. 致力于将积极心理学在中国传播和普及的第一人是_____。

4. 积极心理学的研究内容包括_____、_____、_____、_____和_____等。

5. 大学生所处的年龄阶段在发展心理学上属于成年早期，其主要的心理发展任务是_____。

6. 大学生心理发展中的挑战主要包括：_____、_____和_____等。

第二章

大学学习与生命成长

【本章重点】

大学学习并非仅限于知识的记忆与技能的获得，更重要的是对价值观的塑造和思维体系的迭代升级。

生命教育不仅仅是生和死的教育，更重要的是生死之间这段生命旅程的教育。

生命教育的目标有3个：一是珍惜生命，延展生命的长度；二是热爱生命，发展生命的宽度；三是活出生命的意义，开拓生命的高度。

大学本科教育的价值，不是学习很多知识，而是训练大脑去思考。

——爱因斯坦

提及学习，我们首先想到的便是课堂中的知识学习。但实际上，任何阶段的学习都远不止于此。日常生活中，学习通过体验感悟、阅读书卷、行走世界、观察了解、模仿他人、探索尝试等方式随时发生着。通过学习，我们知道如何为人处世、安身立命，从而更好地适应和发展。

大学时期是青少年进入成人的过渡阶段。大学学习获取的不仅是知识和技能，还有更加健全的人格，更加清晰的自我意识、职业目标以及人生追求。大学时期也许不是唯一的成长机会，但一定是最好的成长时机，这是一生中探索"我是谁""我来自哪里""我的生命意义何在"最黄金的一个阶段。

第一节　大学的意义与价值

大学是以高层次人才培养为根本目的、具有多重属性和功能、对社会具有广泛影响的教育组织。作为高等教育的核心机构，大学不仅传授知识、培养人才、发展科学、促进社会进步，更是文化和民族精神的传承之地。大学在中国，除具备学术圣地和人才培养的功能外，还具有鲜明的社会主义性质。党的十九大报告指出要"培养担当民族复兴大任的时代新人"，深刻回答了"培养什么人，如何培养人"的根本问题，对高校提出了新的任务和要求。

一、大学的本质与使命

大学为何、大学何为，分别指向大学的本质和使命。当我们思考或讨论这一问题时，相比大学是一个怎样的实体存在，我们更关注的是大学的目标与追求，即大学的办学理念。

（一）大学的本质

大学文化在我国具有悠远的发展历史，最早可以追溯到春秋战国时期孔子的游学讲学，后蓬勃发展于宋代的书院文化。"大学之道，在明明德，在亲民，在止于至善。知止而后有定；定而后能静；静而后能安；安而后能虑；虑而后能得。物有本末，事有终始。知所先后，则近道矣。"可以说，在两千年前，中国做学问的人就已经逐渐找到了大学文化的根。后《管子·权修》道："一年之计，莫如树谷；十年之计，莫如树木；终身之计，莫如树人。"强调了培养人才的重要性。

现代大学是从西方教育逐渐演变而来的。1895 年，洋务运动催生了中国近代史上的第一所官办高等学府——北洋大学堂，正式开启了中国现代大学的建设之路。随着大学职能"传承知识—创造知识—应用知识"的演变，现代大学具有教授学问、培养人才的功能。大学的本质一直是教育家们关注并探讨的核心问题，有人认为其本职是传播知识、培植理智与自由，也有人主张大学是学者与学生构成的、竭力寻求真理事业的共同体，其本质是对人文化涵养的造就。著名教育家梅贻琦在就职清华大学校长时说："大学者，非有大楼之谓也，乃有大师之谓也。"他指出，大学的"大师"不仅教授知识，也要培养学生的精神和情操。同期马克思主义教育家蒋南翔更是明确指出"办学要讲'方向'、讲'质量'，培养学生要'全面发展，又红又专'"。这些观点虽侧重不同，却都强调了大学培养人才的重要职能。

教育是国之大计、党之大计。中华人民共和国成立后，我国高等教育进行了数次调整，如院系大调整、招生制度的改革等，始终紧扣"扎根中国大地，为国家富强、民族复兴育英才"的初心和使命。20 世纪 80 年代以来，我国高等教育发展呈现出三大趋势：一是由数量的增长、规模的扩展转向强调质量和内涵的提高；二是由追求学术卓越、研究之重转向回归育人之本、大学之道；三是从关注"教"转向关注"学"。中国教育发展的三大转变切实体现了社会各界及国家对大学高素质人才培养核心职能的重视。党的二十大报告将教育强国放在了战略性地位上，强调"教育、科技、人才是全面建设社会主义现代化国家的基础性、战略性支撑"，要坚持教育优先发展，加快建设教育强国。

由此可见，中国的大学以培养人才为基本功能，着力塑造学生为学和为人的价值观、人生观和世界观，是立足于中国优秀传统文化基础上，以西方大学模式为参照，具有中国气派和中国特色的大学。全面提高人才自主培养质量，着力培养造就大批德才兼备的高素质人才是党和国家赋予新时代大学责无旁贷的使命。

（二）大学的使命

"大学为何"之外，另一个需要明晰的问题便是"大学何为"，即大学的使命是什么？这一问题揭示了大学的理念和存在意义，大学的思想、原则和核心价值。

南怀瑾先生曾说："中国几千年教育的目的，不是为了谋生，是教我们做一个人。"廖小平教授认为："优良的大学，通过涵养健全的人性来实现自身的卓越。"不难看出，好大学是将自身学术精神根植于整个国家乃至人类文明的教化精神之中，培养德才兼备的大学生，进而在文教传统与时代问题的互动之中不断发展。习近平总书记在 2018 年考察北京大学与师生座谈时指出，"人才培养是育人和育才相统一的过程，而育人是本"。他强调教育的根本任务是立德树人，并在一系列关于教育的重要讲话中多次申述立德树人对党和国家的重大意义。可见，当代中国的大学教育，应培养以德为先，全面发展的时代新人；当代中国大学的使命，是"立德"和"树人"。

"德者，本也"，树人的根本在于立德。《左传》载："太上有立德，其次有立功，其次有立言，虽久不废，此之谓不朽。"意指人生最高的境界是实现道德理想，其次是建功立业，再次是有知识有思想、著书立说。三者均体现人生的不朽，而"立德"居其首位。道德对个人和社会都具有基础性意义，德是方向，做人做事首要的是崇德修身。当代大学生立什么德，关乎国家命运、社会乃至个人的发展。从生活领域角度，大学生的德包括大德、公德、私德 3 个部分。

1. 明大德是价值选择

"人无德不立"，要在大是大非上有正确的价值选择，即"明大德"。古时的"大德"是指儒家道德体系中最高的德，而现代的"大德"指向政治公共领域，强调个人在行为选择中始终要坚持国家之德，其作用类似个人的信仰。明大德有助于青年的个人成长，帮助青年在正确的价值观指引下更好地适应社会，维护社会的和谐稳定；更重要的是可以促使青年明确生命的意义和价值，从而实现自我。

当代中国青年需要明的"大德"就是社会主义核心价值观。习近平总书记指出："核心价值观，其实就是一种德，既是个人的德，也是一种大德，就是国家的德、社会的德。"其中，最基本的就是深厚的爱国情怀。因此，德首先要立于"国"。"大德"是对国人的价值选择具有纲领性、根本性和引领性的意义。中国人常讲气节和人格，其中，常见的就是爱国情怀。从"天下兴亡，匹夫有责"的责任担当、"闲居非吾志，甘心赴国忧"的忧国意识、"金瓯已缺总须补，为国牺牲敢惜身"的卫国志向均可以看到中华民族和中国人民爱国报国的价值追求和精神情操。爱国是为人、为学第一位的要求，是立德之源、立功之本，也是作为人最深层、最持久的情感，是个体锤炼品德、涵养人格的根本和源泉。

2. 守公德是处世之道

"人无德不立"，要立于"社会"，明白处世之道，即守好公德。"公德"指的是人在社会公共领域内的品德，是一种社会美德，它强调个体在人与人、人与社会、人与自然3 个层面应遵守的公共道德，以及对公共秩序和公共利益的维护。用老祖宗的话来理解公德其实就是处世之道，是人如何与自己所处环境和谐相处的智慧。

人是社会中的人、环境中的人，很难脱离环境而独自生存。守公德有助于维护社会秩序，构建更加和谐稳定的环境，也有助于维护公平正义，增强社会凝聚力。通过个人修养和素质的提高创建更美好的生活环境，有助于实现人与社会的和谐发展。

3. 严私德是为人之道

"人无德不立"，要顶天立地、无愧于心，要做对的事，成为想成为的人，即严私德。私德是除公德之外的一切道德，指适用于个人、家庭、朋友这 3 个私人领域的道德规范，包括个人品德、家庭美德以及与朋友交往的德。一个人的私德体现其为人之道：在与自己的关系中，体现的是个体自身人格中本我、自我和超我的关系；在与他人的关系中，则体现于与周围人交往的方方面面。因此，从大的方面来看，私德为个人确立志向、社会责任和使命提供方向，构成了个人成长成才最持久、最强劲的内在动力；而从小的角度看，私德有助于个体在日常生活中的自我管理，以及良好人际关系的建立。

严私德可通过一个有效而简单的方式进行，即每日自省"为人谋而不忠乎？与朋友交而不信乎？传不习乎？"这也是中国传统文化留下来的瑰宝。

积极心理学奠基人塞利格曼和彼得森教授认为品格特质是人的积极天性，是个体隐藏性之优势，影响着一个人的认知和行为模式，是一个人走向卓越可靠而强大的潜力。无论是大德、公德，还是私德，其实质都是一个人的品格，是一个人的核心特征。发挥好三德之力，人才能更好地立于国、立于社会、立于心。

二、大学教育的功能

我国正处于实现中华民族伟大复兴战略全局和世界百年未有之大变局的历史交汇期，培养社会主义建设者和接班人要注重人才的全面发展。大学教育在落实"以人为本"的教育理念，着重聚焦家国情怀、国际视野、人文素养的培养，充分挖掘学生的个人潜能中至关重要。

大学与大学生紧密相关，相辅相成。黄达人在其书《大学的根本》里强调，学生是大学存在的意义，大学的理想就是帮助每一个学生实现自己的梦想。也就是说，大学的存在意义就是为了培养学生。大学教育是"人"的教育，必须紧紧地围绕学生、服务学生，既要注重人的自由发展，又强调培养人的社会责任感；既要促进个人的生活，也要有利于社会的繁荣进步。因此，大学教育最主要的功能是：价值塑造、知识养成和能力提升。

(一)价值塑造：培养有责任、有情怀的人

责任担当和情怀是学生健全人格的重要部分，可帮助学生塑造积极向上的人格特质，形成健康的人生观和价值观，从而更好地适应不断变化的社会环境。

责任担当是学生成长成才的关键因素和重要表现。学生要学会对自己的行为负责，培养自身的独立性和自主性，勇于担当国家、社会、家庭赋予的责任。在大学里，学生面临多种多样的选择，伴随着这些选择的是责任，学生在做出选择时有责任意识，可以帮助学生做出更恰当的决定，也更有利于身心稳定。

情怀是学生塑造个人价值观和品格的重要过程。大学生处于价值观塑造的关键时期，情怀培养可以激发学生的归属感和责任感，促使他们更快地适应新环境，从而更有效地完成个人使命。

大学的教育必须紧跟时代步伐，并且始终做好对学生价值的塑造，培养有责任、有情怀的人。并且要将理想信念、家国情怀、民族精神和优秀文化贯穿于人才培养的全过程，激发学生的信仰、信念与信心，增强民族凝聚力，提高文化自信。

(二)知识养成：构筑知识体系，建立学科思维

大学生既是知识的学习者，也是知识的创造者。构筑完整的知识体系，建立学科思维是大学生学以致用的关键。大学生不仅仅要将知识点重复或者记忆，更要深入理解多领域的知识，探索各知识点之间的关联规律和本质，通过融会贯通与整合创新等思维加工形成

新的知识体系，最终完成知识的内化并学以致用。

每一门学科都有其独特的逻辑思维方式和解决问题的思路，通过深入地研究和探讨，大学生可构建一个完整的认知体系和思维方式，以此认识世界、改造世界。当然，建立学科思维，需要学生们全面深入地了解所学专业，同时关注其他相关学科的知识，学会运用跨学科知识解决问题，从而形成一个全面的知识体系。在此过程中，大学生可以通过阅读经典著作、参加学术讲座、参加科研项目等方式，不断丰富自己的知识储备，提高自己的思维能力。通过这样的方式，更好地适应社会的需求，为自己的未来发展打下坚实的基础。

（三）能力提升：在实践中提升核心素养

伴随科学技术的飞速发展和社会多样化、全球化带来的复杂挑战，大学教育应注重提升学生应对当代环境的综合素养和可迁移能力。这要求学生能力的提升不光局限于培养某项具体的技能，而要聚焦底层核心能力和素养的提升。

1. 关注核心素养的培养

为了明确核心素养的具体内涵，北京师范大学中国教育创新研究院基于美国21世纪学习联盟（P21）的研究，提出了21世纪核心素养5C模型，他们认为未来公民应具备以下5个方面的核心素养（表2-1）：文化理解与传承素养（cultural competence）、审辨思维（critical thinking）、创新素养（creativity）、沟通素养（communication）、合作素养（collaboration）。这些素养有助于个人的幸福生活和终身发展，以及社会的进步，是个人的"关键素养"。

文化理解与传承素养是5C素养的核心，是其他素养的价值指引，对任何国家或民族的人才培养都具有指导意义。文化理解与传承素养强调基于对不同文化内涵的共性与差异的认识和理解，在价值选择上认同并愿意传承中华民族优秀文化，并且切实践行优秀文化中所蕴含的这些价值观念。可见，文化理解与传承不仅是大学教育的重要部分，也是学生发展的核心素养。除了文化理解与传承素养外，其余4个素养各有侧重，又紧密相连。审辨思维素养与创新素养侧重于人的认知维度，前者强调理性和逻辑，后者强调突破边界、打破常规；沟通素养与合作素养侧重于非认知维度，前者强调尊重、理解、共情，后者强调为实现共同目标做必要的坚持与妥协。这4种素养相辅相成：创新离不开审辨思维，沟通是合作的基础；良好的审辨思维能够提升沟通与合作的效率，有效的沟通与合作有助于实现更高质量的创新。

表2-1 21世纪核心素养5C模型

素养	素养要素	内涵描述
文化理解与传承素养	文化理解	对文化的基本内涵、特征及其历史渊源和发展脉络、不同文化的共性与差异及其相互影响的体验、认知和反思
	文化认同	一个社会共同体的成员对特定文化环境中的审美取向、思维方式、道德伦理、行为或风俗习惯等的认可和接纳
	文化践行	一个社会共同体的成员对于其所选择和认同的生活方式、文化观念和价值原则等在现实生活中主动加以实践、传承和改造、创新

（续）

素　养	素养要素	内涵描述
审辨思维	质疑批判	既包括不轻易接受结论的态度，也包括追根究底的品格
	分析论证	强调基于证据的理性思考，能进行多角度、有序的分析与论证
	综合生成	在分析的基础上进行系统整合与重构，形成观点、策略、产品或其他新成果的过程
	反思评估	基于一定标准对思维过程、思维成果以及行动进行监控、反思、评估和改进，促进自我导向、自我约束、自我监控和自我修正
创新素养	创新人格	具有好奇心、开放心态、勇于挑战和冒险、独立自信等特质
	创新思维	通常包括对开展创新活动有帮助的发散思维、辐合思维、重组思维等
	创新实践	参与并投入旨在产生新颖且有价值的成果的实践活动
沟通素养	同理心	一种能够了解、预测他人行为和感受的社会洞察能力
	深度理解	能够正确理解沟通对象以语言、文字及其他多种形式传递的信息，隐含的意图、情绪情感、态度和价值观等以及对内容进行反思与评价的能力
	有效表达	在不同的情境下，运用语言或非语言等多种形式，清楚地传达信息、表达思想和观点，以达到沟通的目的
合作素养	愿景认同	通过讨论、分析、反思等方式，实现对小组或团队目标、使命以及核心价值取向的认同，并使之内化为自己完成任务的目标和信念
	责任分担	结合自身角色制订计划和目标，积极主动承担分内职责，并充分发挥个人能动性，以较强的责任意识和担当精神，完成本职任务或工作
	协商共进	运用沟通技能，本着互尊互助、平等协商、共同进步的原则，与小组或团队成员展开对话，并适时、灵活地做出必要的妥协或让步，有效推进团队进程，实现共同目标，促进共同发展

注：引自魏锐，刘坚，白新文等. "21 世纪核心素养 5C 模型"研究设计［J］. 华东师范大学学报(教育科学版)，2020，38(2)：20-28.

2. 注重可迁移能力的提升

可迁移能力又称核心能力、通用能力等，是一种混合了知识、技能、态度、价值观及性格等因素的素质综合体，且可以在不同环境中运用和展示。可迁移能力可以支撑学生根据事物的发展变化应对和解决问题，这些能力包括沟通能力、团队协作、创新能力、自我管理、批判性思维等。这些能力对于学生的成长和发展至关重要，能够帮助他们更好地适应社会，发挥自己的潜力，实现人生目标。为提升这些能力，学生要有意识地在建立多元的认知方式、发展成熟的情绪理解和调节能力、培养新的行为习惯 3 个方面做出努力。

（1）建立多元的认知方式。基于过往经验来建构关于某一事件和情境的一般性知识是人思维的一种特性，也就是说人的认知和记忆并非单纯复制的过程，而是一个重构的过程。矛盾的是，我们的大脑有时很懒，在遇到类似的事情时会进行习惯性的思考，想当然，偶尔还会很固执，坚守在旧有的认知中不愿改变。因此，建立多元的认知方式使我们能够从不同的角度理解和看待事物，避免构筑一面坚固的城墙将自己的思维局限起来。

大学是学生建立多元认知方式的理想场所。在大学里，学生可以通过专业课学习建立专业思维，同时还可以通过一些综合性课程，或者通过课外与同学交流、阅读经典书籍、参与各类社会实践活动等，不断丰富自己的知识体系，开拓视野。多元化的认知方式有助于培养学生的创新意识和独立思考能力，帮助他们更好地应对未来的挑战和机遇。同时，建立多元的认知方式还可以使学生更加深入地了解差异，小到个体差异，大到文化差异，使学生面对差异时更为开放，同时提升学生应对差异的能力。

（2）发展成熟的情绪理解和调节能力。情绪是指内心的感受经由身体表现出来的状态，是人对客观事物的态度体验及相应的行为反应。情绪的发展遵循一定的顺序和规律，受到人的身心因素以及社会文化等因素的影响。

相比于中学阶段，大学的环境更加丰富多元，大学生与社会互动的机会日益增多，面临的人际关系更加复杂，对大学生的独立自主能力和情绪管理能力均提出了更高要求。大学生需要发展成熟的情绪理解和调节能力：个体的情绪理解能力越强，越能形成适宜的社会反应，社会交往能力和情绪适应能力也越强；此外，发展较好的情绪调节能力可以促使个体根据具体情境来有效控制和调节各种外部情绪表现，以达成个人目标或符合社会规范。

（3）培养新的行为习惯。绝大多数大学生在中学养成的行为习惯倾向于"两耳不闻窗外事，一心只读圣贤书"，为此，他们可以少睡觉、少交际。但大学里不再有人督促，学习的目标不再局限于考试，且大学要求"以学习为本，同时全面发展"，因此许多刚到大学的同学感到不适应和迷茫。所谓"不破不立，破而后立"，这正是大学生建立新行为习惯的好时机。

新的行为习惯必须适应大学生活。大学生活不仅包括上课学习，还有人际交往、团队协作、科学研究、实践探索，以及日常事务的管理。面对丰富多样，又极具自主性的大学生活，大学生要重新规划时间，找到自己的学习节奏，做好学习安排；要学会与人沟通，处理矛盾冲突，建立好的人际关系；要学会与他人合作，积极参与团队项目，共同解决问题；要学会自我管理，如情绪管理、压力管理等，保持良好的心态，积极面对挑战；要关注身体健康，保持良好的作息，均衡饮食，适当锻炼，培养良好的生活习惯。

三、大学与自我成长

成为一名大学生，意味着学习生涯开启了新篇章，人生来到新的阶段。学生要有意识做出转变去适应新的学习和生活环境，积极探索自我、认识自我、发展自我，在适应的基础上去发展和培养进入社会所需要的能力。

（一）积极的转变

进入大学，学生要积极转变自我角色，这要求学生转变对待学习的心态，实现从考生到学生，从被动学习者到主动思考者的转变。

1. 考生到学生的转变

中学的学习任务很重，同时目标也很清晰明确：所有的学习都是为了取得好的成绩，以便能够进入好的大学。在这样的背景下，学生对于知识本身的关注其实是相对较少的。进入大学后，情况就复杂起来了。学生发展的渠道除了升学、就业，还有边工作边升学等多种选择。无论是哪一个渠道，成绩都不再是学生发展的唯一支撑。学生不再是为"考"而学，而是为了自身现在的适应和未来的发展而学。这要求学生必须明确"我是谁""我想要成为什么样的人"，并且规划好具体的实施路径，而这一部分正好是大部分学生过去从来没有思考和明确的。因此，学生来到大学，要从头开始去探索、去实践，在实践中找到自己学习的目的，明确学习的意义。

2. 被动学习者到主动思考者的转变

在《优秀的绵羊》这本书里有这样一个发人深省的问题："如果哈佛大学的录取条件是倒立，你会练习倒立吗?"这个问题的实质就是一个人是否在主动的思考。

在大学里，建立学科思维是最基本的要求，但如果学生只追求这一点，那将是比较遗憾的。大学生不是被动学习者，而是主动思考者，要知其然更要知其所以然，能够产生自己的想法和见解。爱因斯坦曾经说过："大学本科教育的价值，不是学习很多知识，而是训练大脑去思考。"真正的思考基于自主和独立，它意味着要勇于跳出常识，去洞察、质疑、批判、反思，然后提出新的问题。所以，真正的思考关键在于提出一个好问题。

(二)自我探索

自我探索是大学生成长的关键，能够帮助大学生更好地明确学习的意义，了解自己的兴趣、价值观、技能和优势，使其在面临选择和挑战时更加坚定和自信。自我探索的过程中，学生要不断反思自己的行为、想法和情绪等，不仅要认识到自己的局限，更重要的是了解和发掘自身优势，在不断地学习和成长中，完善自己，从而实现自我，收获幸福。

1. 自我探索的概念

自我探索，即自我认识，是指个体通过思考、反省和行动等方式，了解自己内心需求、价值观、优缺点等方面的内容，以此为基础来发现和实现自己的潜力和可能性。自我探索是一个持续的过程，需要不断地观察自己、思考自己、尝试新事物和挑战自己，从而逐渐认识到自己更深层次的需求和目标。通过自我探索，个体能够更好地理解自己的情感、信念和行为模式，并且能够更加清晰地确定未来的方向和目标。

自我探索包括对自身需求、信念、价值观、兴趣、技能和目标等多方面内容的感受与思考。对大学生而言较为重要的有价值观、兴趣爱好、能力和技能 3 个方面。

(1)价值观。价值观是指一个人对事物的意义、重要性、价值的看法和态度，它是一个人信念、信仰、道德观念、文化传统、习俗等的综合体现。一个人的价值观为其提供行为准则，为决策和选择提供指导。大学生大多处于成年早期，处于价值观塑造的关键时期。树立正确的价值观，有助于大学生形成良好的道德品质，培养良好的行为习惯；同时，帮助大学生形成积极向上的人生态度，更好地适应社会，实现自我价值。

(2)兴趣爱好。兴趣爱好通常指人们在自由时间中所追求的一种爱好或者喜好。它是人们在日常生活中对某种事物的情感体现，是人们自由自在地表达自己的一种方式。兴趣爱好不仅可以减轻人们的压力，放松心情，更可使人们在追求的过程中感受快乐和成就，从而陶冶情操、提升自我价值。兴趣爱好是人们探索和发现自我的重要方式，无论对身心的成长还是人生的规划，都扮演着重要的角色。积极发掘和培养自己的兴趣爱好，要全面评估自身条件，通过借鉴他人的经验和意见，找到自己最喜欢的方向。

(3)能力和技能。能力是完成一项目标或者任务所体现出来的综合素质，技能是个体运用已有的知识经验，通过练习而形成的一定的动作方式或智力活动方式。两者都可以借助有关的知识和过去的经验，经过练习和模仿达到"会做"某事或"能够"完成某种工作的水平。人们在完成活动中表现出来的不同能力，既是工作效率本身的体现，也是个人某些个性心理特征的外显。评估自己的能力和技能，了解自己的长处和短处，尤其关注和发掘自身的优势，并有意识使用自身的优势，有助于大学生选择适合自己的发展方向，提高自己的竞争力。

2. 自我探索的意义

深入了解自己，对个体建立客观的自我认知、树立自信心、提升人际关系、减少不必要的压力、实现自我价值等方面都具有积极的作用，对个体的成长和发展具有非常重要的意义。

(1)建立自我认知。自我探索可以帮助个体更好地了解自己的需求、价值观、兴趣和能力等，是自我认知的基础，从而帮助个体更好地把握自己的生活方向和目标，实现自我价值，取得更好的成就和发展。

(2)增强自信。自我探索帮助个体更好地了解自己的优劣势、价值和能力，从而帮助个体建立自信心。

(3)促进成长。通过探索，个体可以更好地发掘自己的潜力，不断拓展自己的能力和兴趣范围，从而实现不断发现自我、持续成长进步、充满生机的生命状态。

(4)帮助决策。清晰的自我认识有助于决策时做出更加明智的决策，减少决策时的盲目性和不确定性。

(5)提升人际关系。通过自我探索，个体可以更好地了解自己的情感和需求，从而更加清晰地认识自己与他人的关系，从而帮助个体建立更加健康、稳定和良好的人际关系，减少人际冲突和矛盾。

(6)减少焦虑情绪和压力感受。自我探索可以帮助个体更好地了解自己的情感和需求，从而更加清晰地认识自己的压力源和焦虑情绪，帮助个体采取有效的应对策略，减少焦虑和压力，提高生活质量和幸福感。

3. 自我探索的方法

自我探索的方法很多，如自我反思、自我评估、试错、比对和寻求专业咨询等。对这些方式进行归纳，可发现自我探索的两条互补路径：横向路径和纵向路径。

(1)横向路径。自我探索的横向路径聚焦于对自我认识的丰富和拓展。通过横向的探索，学生可以更加深入和系统地认识和了解自己，形成更全面也更客观的自我画像，如借助科学的方法对自己的个性特质、优势、认知模式和行为倾向以及兴趣爱好进行测评和思考等。

拓展知识

常见的横向探索方法

自我反思：这是人类共有的一种优势，即审慎。这种优势使人"三思而后行"，减少不必要的失误和风险。在进行自我反思时，要警惕一个误区，自我反思不是为了自我批评和否定，而是更客观地看待自己，从而避免重复犯错。

观察自我的行为：一个人的行为很多时候受个人的价值观引导，通过观察自己做了什么，做成了什么，可以帮助我们了解自己的选择、想法，以及我们的优势和能力。

社会比较：个体有评估自身能力、观点的需求与自我提高的动机，个体会自发地寻求各种信息评估自己。在这个过程中，较为客观的比较方式是既要上行比较，也要下行比较，也就是说要和比自己优秀的人比，也要和比自己差的人比。切记不要以己之短与他人之长进行对比。

观察他人对待我们的方式：这种方式简而言之就是要"兼听"，去了解别人眼中的自己是什么样的。也许有时别人眼中的自己并不会很全面和客观，但并不代表这些反馈不重要和无意义。人不是孤岛，而是社会中的个体，我们以各种方式与他人产生联结和互动，我们影响他人，也必然会受到他人影响。了解他人眼中的自己，可以帮助我们更清楚地认识自己与他人互动的模式，从而更了解自己的行为方式。

(2)纵向路径。纵向路径的自我探索侧重于对自我的深度剖析。在纵向进行自我探索时，可借用美国心理治疗师和家庭治疗师维吉尼亚·萨提亚提出的冰山模型。萨提亚的冰山模型是一种描述人心理状态的工具，它将人的内心世界比作一座冰山。这个冰山可以分为多个层次，每个层次代表着不同的心理状态。从外到内依次是：行为，包括一个人的言行举止；应对姿态，是一个人的应对策略，包括逃避、对抗、讨好、打岔或一致性；感受，主要是情绪和感受，如当一个人感到害怕时，他可能会感到恐惧或紧张；观点、期待和渴望，如一个人可能会认为他的工作应该得到赞扬，或者他应该在家庭中扮演重要角色；最底层是自我和生命力，包括一个人的生命目的、灵性需求和内在的生命力。

通过观察和探索自己冰山的不同层级，大学生可以更好地理解自己的内心世界，丰富自我的内涵，理解自己的所思、所想、所感和行为，与真实的自己在一起，勇敢地承认自己的期待与渴望，实现自我接纳和自我发展。

第二节 大学学习与核心能力发展

提到学习，你会联想到什么？可能是"头悬梁，锥刺股"的故事，也可能是"书山有路勤为径，学海无涯苦作舟"之类的名句，还有可能是巴甫洛夫的狗、桑代克的猫……大学的学习，学的不仅是知识和技能，还有学习本身。重新并深刻理解学习和大学学习的独特性，有助于我们明确大学学习的目标，改进学习技巧和方法，提高综合素质。

一、深化学习的理解

你有想过这些问题吗？你如何学会骑脚踏车，如何知道植物有光合作用，又如何知道用手摸烧开的水壶会被烫伤。在回答这些问题时，你可能会发现这些学习行为存在明显的差异：学习骑脚踏车需要大量练习，知道光合作用是听老师讲的，而知道烧开的水壶会烫伤手不一定是因为亲身经历过。由此看来，学习是一个具有丰富内涵和外延的概念。

(一)学习的概念与内涵

在心理学上，学习并不等于读书，而是具有更为宽泛的含义，主要体现为是否带来行为或心理层面持久的改变。而带来改变的方式很多，最常见的有经典条件反射、操作性条件反射和观察学习。

1. 学习的定义及特征

学习是指个体经历对其行为或心理过程产生持久改变的过程。从这个定义可以看出，学习有两个关键特征：①学习带来持久的变化。比如小时候一次痛苦的打针经历让你自那之后一想到打针就害怕，这种持久的反应变化就是学习。而膝跳反应就不属于学习，因为它转瞬即逝。②学习会影响行为。就像上面打针的例子，以后每一次打针你可能都会排斥，甚至会想方设法地逃避。由此可见，学习会带来持久的变化，且会影响一个人的行为。

2. 常见的学习形式

学习带来的变化可以是弱化或消除以往的一些反应，也可以是强化已有的反应，或者产生一些新的反应。比如你长期生活在车来车往的街边，慢慢地你就适应了这些噪声，这种学习方式被称为习惯化，即学会不对某些刺激做出反应。除此之外，最常见的学习形式有3种：经典条件反射、操作性条件反射和观察学习。

(1)经典条件反射。经典条件反射是伊万·巴甫洛夫重大的研究发现，他通过将食物与某种特定声音(中性刺激)联系起来，教会一条狗在听到原本不会引起唾液分泌的声音时分泌唾液。

拓展知识

巴甫洛夫的经典条件反射

建立联结前

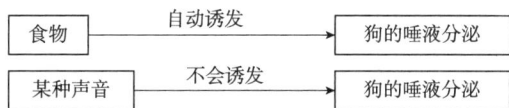

建立联结中

建立联结后

经典条件反射本质上是一种联结式学习，通过将一个不需要条件就引发内在反应的刺激与另一个中性刺激建立联结，使后者可以引发与前者同样的反应。如果你翻看餐馆菜单时，就忍不住流口水，这意味着你已经有过这种学习经历了。当然并不是任何中性刺激都能引发想要的反应，这里的反应必须是非条件的，是无须生物体学习就本能存在的反应，如狗面对食物时分泌唾液。

运用经典条件反射的学习可以帮助我们建立新的行为和反应。例如，任何时候都保持睡眠区域的安静祥和，避免在床上做睡觉以外的事情，以此帮助你学会将睡眠与放松联系起来，从而拥有更好的睡眠。再如，为自己创造一个拥有舒适椅子、整洁的、特定的学习空间，并且只允许自己在学习时才接触这些特定的刺激，这样就可以将这些正性的感受与学习联系起来了。

（2）操作性条件反射。操作性条件反射强调的是行为的后果对行为的影响。操作性条件反射的创始人、美国心理学家斯金纳认为，对行为最强有力的影响是其后果，即行为之后立即发生的事情。在操作性条件反射中，某一行为引发的奖赏和惩罚等后果影响着该行为再次出现的频率。

与经典条件反射的行为反应不同，操作性条件反射的行为出现在新刺激之后，并且是一种通过主动选择对奖赏或惩罚做出反应而自主发展出的行为。了解操作性条件反射的原理，可以运用它来帮助我们建立新的正性行为，如在完成作业之前不看手机，或者完成作业后奖励自己做让自己开心的事情。

（3）观察学习。著名的心理学家阿尔伯特·班杜拉认为奖惩不只对受到奖惩的人起作用，只是看到别人受到奖惩，也可以有效地改变我们自己的行为。他认为，行为的后果可以通过观察来间接发挥作用。这也是为何我们并不一定亲身经历就知道烧开的水壶会烫伤手。所以，学习不仅可以通过直接经验进行，还可以通过观察另一个人或榜样的行为来进行，即社会学习或观察学习。

观察学习使我们无须试错就能发展出有效的行为。事实上，无论是人类还是非人类，许多动物的行为都是观察学习的结果，如黑猩猩能够用树叶和树枝制作便于挖掘蚂蚁的工具。

3. 学习的生理基础——大脑

大脑是人成为万物之长的重要生理基础，是人体的主要调节器。因为大脑，思考和学习成为可能。美国国家精神卫生研究院神经学专家保罗·麦克里恩在 1970 年提出三脑理论，该理论认为人的大脑在进化中产生了 3 个脑区，即本能脑、情绪脑和理智脑。本能脑主要是指脑干，它负责个体一些基本的生存功能（如呼吸）、生理安全需求和身体知觉；情绪脑位于脑干之上的大脑皮层下区域，主要包括杏仁核和海马体，负责情绪、动机和情感联系，关系着社交、互惠和育儿等；理智脑主要是指边缘系统，这个脑区主要控制着人的抽象推理思维，包括语言理解、学习和记忆、推理和计划等。

脑科学的研究发现，随着大脑的逐渐进化，3 个脑区通过避免伤害、寻求回报以及亲附他人来满足人类的 3 种核心需求——安全感、满足感、关联感（表 2-2）。这 3 个系统各有一系列的能力、精神活动和行为，同时，每个系统又可以借助另外两个系统来为自身服务，三者共同决定了我们如何面对挑战。

表 2-2　人类的 3 个脑区及其对应的 3 种核心需求

系统	脑区	相关脑结构	核心需求
避免伤害系统	本能脑	脑干、迷走神经分支、副交感神经系统	安全感
寻求回报系统	情绪脑	脑皮层下区域、交感神经系统	满足感
亲附他人系统	理智脑	迷走神经	关联感

从大脑结构来看，理智脑似乎是学习得以实现的生理基础。一般我们认为学习是理智脑的功能。通过运用抽象推理思维，或者调动已有的记忆，或者对未来进行思考，从而改

变我们的行为或心理过程。但如果学习的发生真如此简单，那么很多事情也就不会发生了。如一个人处于饥饿状态或者消极情绪状态时，他很难集中注意力去完成一些认知任务，尤其是比较困难的认知任务。可见，人的生理状态和情绪状态都会对人的认知和学习产生巨大影响。也就是说，在这种情况下，本能脑、情绪脑也参与到了学习任务中。事实上，人的安全感、满足感、关联感三者缺一不可，其中任何一个缺失，学习状态都可能受到影响。只有当个体感到安全、心满意足，且有某种情感的联结时，避免伤害系统、寻求回报系统以及亲附他人系统均进入顺应模式，大脑开启"绿色"设置。此刻，个体会感受到好的情绪体验，观点变得积极，学习能力增强。反之，任一核心需求未得到满足，相应的系统就会进入反应模式，大脑开启"红色"设置。处于这种模式下，个体会倾向于关注消极的事件，产生压力和焦虑，唤起人的战逃反应，学习能力也会被削弱。

因此，要想更高效地学习，要设法调动起本能脑、情绪脑和理智脑的力量，最大限度提高学习效能，达到会学、乐学、巧学的目标。

（二）大学学习的独特性

大学的学习在学习内容、学习目标、学习方式等多个方面都与中学学习不同（表 2-3）。总体来讲，大学学习对书本知识的重视程度有所降低，学生需要学习和提升的素质和能力增多，重视综合素质的提升以及德智体美劳全面发展。

表 2-3　大学学习与中学学习的差异

	学习目标	学习内容	学习方式	学习方法	教师授课	教学环境	考试方式
中学	考上大学 应试教育 填鸭式 题海战术	内容精 课程少 10门课左右 基础知识	课堂讲授 频繁的作业 课堂提问	"手拉手"教 强调讲授 传授理论知识 死记硬背 "要我学"	内容详细 标准答案 答题套路	固定的教室 固定的座位 小班授课	方式单一 笔试为主 上课抄笔记 考前背笔记 考后扔笔记
大学	高素质人才 社会责任感 动手能力 实践能力 创新能力	内容广 课程多 公共课 基础课 专业基础课 专业课 必修课 选修课	课堂讲授减少 自学时间增加 图书馆 实验室 课外科研活动 教学实验 实习 社会调查 毕业设计等	"引导式"教 强调自主学习 "我要学" 灵活学习 勤于思考 小组讨论 潜能 合作意识 独立思考能力	介绍思路多 详细讲解少 讲授重难点 多媒体授课 抽象理论多 直观内容少 课堂讨论少 课外答疑少 参考书目多 课外习题少	流动的教室 流动的座位 流通的同桌 大班授课	方式多样 笔试/论文/展示 动手能力 自学能力 知识运用能力

大学学习更强调学生对自身学习和未来的规划和自主安排。可以说，学生来到大学需要重新了解和认识学习本身，知其然，更要知其所以然，了解学习的规律、特征，科学地学习，有效地学习，有目的地学习，并且有意识、有选择地学习，而不是稀里糊涂、人云亦云地学。

学生必须意识到大学学习的目的不仅是提高见识，更重要的是提升自我觉知。瑞士著名心理学家荣格曾经说过这样一句话："你的潜意识正在操控你的人生，你却称之为命运。"发生在我们身上林林总总的事情，多多少少都受到潜意识影响，那些我们没有意识到、也无法言说的行为大多受潜意识的支配。提升自我觉知就是对自己的所思所想、行为反应、选择等有觉察和反思。这其实是对大脑的进一步武装，而武装的方式并不是用新的知识和理论，而是开始以新的方式思考和使用大脑。提升自我觉知就是要不断地探索自我。

(三)大学学习的常见困惑

在大学学习过程中，学生可能会遇到学习目标不明确、学习方式不适应、时间管理困难、学习动力不足、学术压力过大等各种学习困惑和挑战。这些困难可归纳为 3 个意识层面的问题，即学什么、为何学、如何学。

1. 学什么

学什么是关于学习内容的问题。学习知识是学生的重要任务之一，但绝不是唯一。如果在大学只是花时间学习知识是远远不够的，大学生应该开发和启动自身的内在力量。内在力量是一个人表现出来的稳定特质，如品格、积极情绪、乐观、抗压性、自我规范及执行功能等。这些内在力量有助于一个人获得幸福、采取有效行动以及为他人做出贡献。

如果用冰山类比一个人学习的不同层次，我们可以将其分为以下几个：①最上层（最表层）是具体知识的学习，主要用于建立学科知识体系和学科思维。②中间层是核心能力的培养。③底层是品格的塑造。品格是一个人最底层的稳定特质。根据塞利格曼品格优势理论，人有六大品格 24 项优势。这些品格优势是人类共有的、可培育的积极人格特质，它会带来积极的感受和满足感，支撑着一个人获取幸福，是走向卓越的底层力量。

2. 为何学

为何学是关于学习动机的问题。大学生最常见的学习动机问题体现在动机不当上，包括动机不足或动机过强。一部分学生认为大学学习没有意义、没用，一部分学生将学习过度功利化，认为学习成绩就是好工作的敲门砖，学习是谋生的手段。

人们常说："知识改变命运。"所以，很多人将学习的目标定为靠学习实现阶级的跨越。这其实是对这句话最为浅显的理解。学习改变的命运不是世俗层面的权钱利，而是一个人安身立命的方式。庸庸碌碌地活着是一种方式，幸福地生活是另一种方式，后者与前者最大的区别就是意义感，这也是快乐与幸福最大的区别。学习最终追寻的应该是有意义的快乐。

幸福是一个老生常谈的话题，也是进化赋予我们的。什么是幸福，每个人也许有不同的理解，真正的幸福让人感到愉悦，但绝不仅仅是感到短暂的快乐，而是持久的幸福感。真实的幸福源于发现自己的优势和美德，并充分地使用和发挥它们。这要求个体专注于精进自己，提高自身的精神层次，过自己有意义的人生，而不是与别人相比。

3. 如何学

如何学是关于学习方法和学习效率的问题。学习的本质是大脑活动，一个高效的学习方法不仅需要理解、努力和勤奋等，更关键的在于大脑多脑区功能之间的协作。根据三脑理论，本能脑和情绪脑都属于人类的本能，其力量非常强大，只有在本能放下防御和对抗时，理智脑的功能才会被充分激活，即：本能脑判断安全，情绪脑才会表现出平静或轻松，理智脑才能充分调动潜能，展示出智慧的功能，主动学习。

学习金字塔理论于 1946 年由美国学者埃德加·戴尔提出，该理论认为小组讨论、实作演练、教别人或立即应用属于主动学习，其学习效果比被动学习要好。主动学习时，学生积极地参与其中，通过创建一个具体的情境，在情境中动用五感以及社交能力来实践学习的知识和内容，很明显在这个过程中本能脑、情绪脑和理智脑都被调动起来了，也是在这个过程中，我们将新的知识与旧有的知识建立联结，并在与他人互动的过程中收到即刻的反馈，其中好的反馈进一步强化我们的行为，从而带来高效的学习。

二、发展可迁移能力

大学教育很重要的一个功能就是学生能力的提升，尤其是可迁移能力的提升。大学生学习的一大重要任务也是为了提升这些能力。一个人的可迁移能力包括很多方面，不同学科的学生需要着重培养的可迁移能力有所差异，但作为具有鲜明社会属性的人，都应有意识地在思维能力、自我管理能力、创新能力和共情能力等上下功夫，帮助自身能够在复杂的社会环境中学会相互协作、共同发展，从而最大程度上实现自我价值，获取健康向上的成就感和幸福感。

（一）思维能力

思维能力是指人类在思考、推理、分析、判断和决策等方面的能力。人们在工作、学习、生活中每逢遇到问题，总要"想一想"，这种"想"，就是思维。思维能力是人类智力的重要组成部分，也是人们获取知识和解决问题的关键能力之一，其基本形式包括概括、判断和推理等。无论是学生的学习活动，还是人类的发明创造，都离不开思维，思维能力是学习能力的核心。

思维能力是人类的宝贵财富，它不仅关系个人的成长和发展，也关系着社会的进步和发展。因此，学生应不断学习和实践，培养和提高自己的思维能力。个人具备良好的思维能力有助于更好地学习和掌握知识，提高自身的综合素质和能力水平。同时，增强解决问题、应对挑战的能力，从而帮助我们在生活和工作中更好地应对各种复杂情况；而对于社会来讲，思维能力能激发人们的创造力和创新思维，为社会的创新和发展提供源源不断的动力。

（二）自我管理能力

自我管理能力是指一个人通过有效的方法和资源，主动地控制、规划和执行自己的行为、情绪和目标，以实现个人成长和发展的能力。自我管理是在面对诱惑和内心渴望时对自己情绪、想法、决策和行为的管理。它涵盖了时间管理、目标设定、情绪调控等诸多方面。自我管理能力对个人的发展和成功具有重要的影响。它可以帮助个体更好地应对挑战和压力，提高工作效率，增强自我控制和适应能力。同时，自我管理能力还对个人的职业发展和个人关系等方面有着积极的影响。

自我管理能力的核心在于个体对自己的认知和理解，能够清晰地认识自己的优势和劣势，了解自己的价值观和目标，并能够在此基础上做出明智的决策和行动。同时，自我管理能力也需要个体具备一定的执行力和坚持力，能够有效地组织和管理自己的时间、资源和任务，以实现既定目标。在大学里，学生可以通过自我反思和自我探索，定期评估自己的行为和思想，强化时间管理、学习管理、人际关系管理、财务管理、情绪管理、目标管理等多方面的能力，更好地理解自己并改进自己的行为。

（三）创新能力

创新能力是在技术和各种实践活动领域中，不断提供具有经济价值、社会价值、生态价值的新思想、新理论、新方法和新发明的能力。创新能力是国家富强的保障、经济发展的方向、民族生生不息的信仰。它能够推动科技进步和发展，增强国家的竞争力和发展动力。

在社会各方面都高速发展的今天，大学生的创新能力对于个人成长和社会发展至关重要。提升创新能力是时代赋予当代大学生的使命，也是国家发展所需。党的十九届五中全会提出，要加快构建以国内大循环为主体、国内国际双循环相互促进的新发展格局，要把新的发展理念贯穿发展全过程和各领域，实现经济社会高质量发展。"创新"不仅在新发展理念中居于首位，而且在现代化建设全局中具有核心地位。对于大学生来说，提升创新能力不仅可以提高自身的综合素质和竞争力，也是为了更好地适应社会发展的需求，为国家的繁荣和发展做出贡献。

大学生要在日常的学习中有意识锻炼和提升自身的创新能力。在培养创新能力的过程中，积极主动地学习新知识、掌握新技能，并将其应用于实际生活中。同时，注重知识整合和逻辑思维能力的培养，善于发现问题并寻找解决问题的方法。

（四）共情能力

共情能力是一种能设身处地体验他人处境，感受和理解他人情感，并相应地做出回应的能力。共情能力也称同理心，有助于社会成员之间形成关系，并促进利他行为的产生，抑制反社会行为。共情能力强的人能够深刻地理解他人的内心感受，并把这种理解传达给当事人。一般情况下，具备这种能力的个体能让他人在与其相处的过程中感到特别舒服。

共情能力是人际关系发展极为重要的衡量指标。共情使彼此的情感能够相互体验或融合，从而拉近两个或多个主体的心理距离，产生极强的信任感，从而有效推动人际关系的形成和发展。大学生需要提升共情能力，站在他人的角度思考问题，从而减少人际冲突，也需要体验与他人相似或几乎相同的情绪，从而促进利他行为的产生，强化互动意识，帮助大学生群体建立良好的人际关系。

三、构建自己的学习路径：从理论到实践

每个人具体的学习状态不同，在大学里构建出的成长路径也会不同。对于学生而言，构建自己成长路径时，重要的不是试图找到最好的那一条路，而是找到最适合自己的那一条。在这个过程中，要注重3个方面的实践，实现会学、巧学、乐学的目标。

（一）明确学习动机，了解学习策略

大学生的学习受多方面因素的影响，主要受学习动机的支配。学习动机是推动大学生学习的内部动力，对于引发并维持学习行为，提高学习效率有重要意义。

1. 动机与需要

需要是动机产生的基础，动机是内心需要的外在表现。要明确学习动机，首先要了解学习可以满足我们何种需要。马斯洛将人的需要分为7个层次：生理需求、安全需求、归

属与爱的需求、尊重需求、认知需求、审美需求以及自我实现需求。其中，前4种需求属于基本需求，后3种需求属于成长需求。大学生的学习活动毋庸置疑能满足成长的需求，并且学习在一定程度上也能为基本的安全需求和生理需求提供保障。同时，在学校这个集体中学习，也能满足学生的归属感、爱的需求。可见，学习活动能同时满足学生的高级需求与基本需求，因此激发出学生的学习动机。

拓展知识

动机的内外与强弱

1. 动机有内在和外在之分

学生有自己的学习动机，但每个人的动机不尽相同，一部分学生可能在意的是学习带来的外在结果，如得到物质奖励、获得赞赏、避免惩罚、取悦老师或家长等，这些都属于学习的外在动机。外在动机在一定时间内能够激发学习行为，但是一旦达到目的，动机就会下降，遭受到失败则有可能一蹶不振。

另一类动机由学习本身的意义和价值引起，即学习的内在动机。在内在动机的驱使下，学生在学习活动中更容易感到满足，也更可能积极参与，忍受挫折与失败。

对于学生而言，发现学习的外在动机不是难事，但真正推动学生持续投入学习活动的是内在动机。因此，找到学习的内在动机，发现自己对学习的内在兴趣与追求对学生来讲非常重要。

2. 动机有强弱之分

研究表明，动机强度与学习效率之间的关系大致呈倒"U"形曲线（图2-1），也就是说动机强度中等时，学习效率最高。动机强度过低或过高均会导致学习效率低下。根据研究，每种活动（包括学习）都存在最佳的动机水平，这种最佳水平随活动性质的变化而变化，并且具有明显的个体差异。在比较简单的任务中，活动效率随动机的增强而提高；随着任务难度的增加，最佳动机水平有逐渐下降的趋势。也就是说，动机过强或者动机不足都会成为学习的障碍，所以学生要在不断的实践过程中，找到适合自身的最佳动机强度。

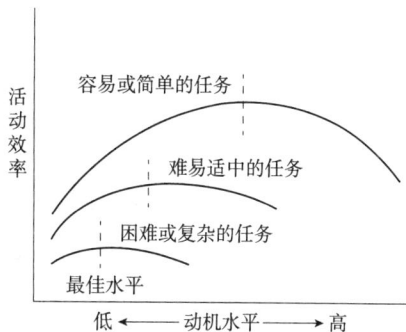

图 2-1 动机强度与学习效率之间的关系

2. 大学生的学习动机

提高学习效率，明确学习动机，首先要了解大学生学习动机的特点，一般来说，大学生的学习动机呈现出多元化趋势明显、复杂性日渐加剧、近景性动机过多，以及远景性动机缺失的特点。

（1）大学生的学习动机呈现多元化的趋势。根据调查研究，大学生的学习动机呈现出越来越多元化的趋势，主要包括提高自身素质、增强就业竞争力、实现自己的人生价值和理想、不让父母失望、继续深造等。

（2）不同年级学生的动机存在差异。学习动机会随着年级而变化，大一学生具有较强的自我实现和自我提升愿望，有较强的求知欲；大二、大三学生的个体动机水平差异较大，学习成绩会逐渐出现分化；大四学生的动机更加接近生活实际，忙于找工作、考研或保研，更多关注的是所学的知识和技能对将来的工作是否有用，学生学习的主导性动机逐渐与社会要求相适应。

（3）直接近景性动机越来越明显。近年来，大学生学习的直接近景性动机也越来越明显。很多学生学习都是为了个人获得好成绩、保送研究生、获得好的工作、得到好用人单位的认可、改善和提高自己和家人的生活质量，而对于理想、信念、抱负、社会贡献考虑得较少。这些主导性动机呈现出直接性、短期性，有明显的功利性目的的特点。

3. 快乐的大学学习

大学生应明确自己的学习动机，注重激发内在动机、远景性动机，将带功利性的动机转化为求知欲望，激发学习知识的原动力，这样可以更为持久地为学习活动提供源源不断的动力，快乐地学习。

（1）明确个人发展规划，确立学习的短期和长期目标。"凡事预则立"，对大学期间和毕业后的生活进行提前规划和准备，有助于学生在未来拥有更多的选择。大学生可以提前设想自己理想的未来生活，分析自己的能力、兴趣和特长，从而更深入地思考自己的职业生涯规划和人生发展目标。在确定了大方向后，进一步细化"小目标"，具体拟定在大学各个阶段可以做的准备，以一步步地靠近长期目标。如果在确立目标的过程中感到迷茫，可以尝试寻求辅导员和班主任、学校心理中心或就业指导中心的帮助。

（2）培养学习兴趣。俗话说"兴趣是最好的老师"，学习兴趣不仅促进人的学习行为，同时产生的愉悦情绪有利于促进人产生进一步学习的需要。培养学习兴趣，首先，要明确自身学习的社会意义和专业意义，认识到学习活动对于自己的专业学习、品行修养等方面所产生的影响；其次，要带着问题去学，广泛收集资料，通过独立思考，提出自己的看法，这往往会使自己对本专业产生强烈的学习兴趣；最后，可以创造机会，将自己所学所得应用于实践，如实习、兼职或各类勤工助学岗位，运用所学知识解决实际问题，并从中体验成功的喜悦和学习的快乐。

（3）树立正确的归因观。心理学家韦纳提出了归因理论，认为人们通常会从能力、努力程度、任务难度、运气、外界环境、身心状态6方面进行成败归因。这6方面因素又可从可控不可控、稳定不稳定、内外部3个维度划分，若学生过多将自身学习成败归因于运气、环境、任务难度等不可控因素，则易产生消极情绪，降低学习动机和行为。因此，要形成正确的归因观念，不过多地将成败归因为外界的、不可控因素。成功时应重点从努力和能力因素方面考量，以强化努力的意义与价值，同时也会增强自己的掌控感，进而提升自我效能感；失败时不应简单归结为自身能力因素，还要更加具体地考量任务本身、外界环境和身心状态等现实层面的影响，避免自己产生习得性无助。

（二）做好时间管理，提升学习效率

时间管理是指通过事先规划和运用一定的技巧、方法与工具实现对时间的灵活以及有效运用，从而实现个人或组织既定目标的过程。时间管理不仅仅是对工作和学习时间的管理，还应该包含着生活中所有时间的合理利用和支配。在大学生活中做好时间管理，对于

学习效率的提升将有很大帮助。

关于时间管理的研究已有相当长的历史，时间管理的发展也历经了4个阶段。第一阶段强调时间的增加和备忘录的利用，即通过增加付出时间以及备忘录的提醒，保证能够完成任务以及在忙碌中不会落下某些事情；第二阶段则注重规划未来的重要性，开始制订工作计划和日程表，强调各项事务的时间节点；第三阶段讲求排列优先顺序以及追求效率，即依据重要性以及紧急程度对事件进行划分，然后分别完成，将有限的时间、精力加以合理分配，争取获得最高的效率；第四阶段则强调以重要性和结果为导向，主张将重心放在内在追求的、有价值的要事上，实质是对自我的管理。基于这些理论，发展出了许多管理时间的方法，接下来为大家介绍两个常见的时间管理方法。无论是哪一种时间管理方式，都有其价值和意义，重点在我们如何更好地利用它们为我们服务。

1. 时间"四象限"法

美国著名管理学家史蒂芬·科维提出了时间管理"四象限"法，即把工作按照重要和紧急两个维度进行划分，由此分出4个象限：既紧急又重要、重要但不紧急、紧急但不重要、既不紧急也不重要。四象限管理法则的核心理念是投入更多精力和资源在第二象限，即重要而不紧急的事情上，做到未雨绸缪，防患于未然，这样还可以减少重要且紧急事件的数量。同时，要避免陷入第三和第四象限，尽量减少紧急但非重要事件的发生，避免非重要非紧急事件发生。

2. 记录时间日志、绘制"时间之花"模型

记录时间日志、绘制"时间之花"模型(图2-2)也是一种很好的时间管理方法。

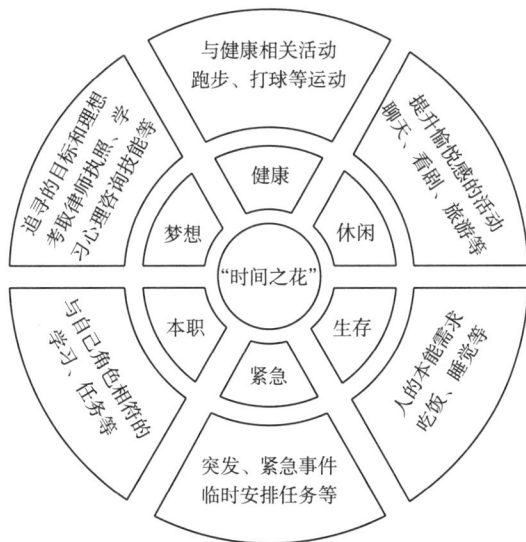

图2-2 "时间之花"模型

(1)记录时间日志。记录时间日志可以帮助我们明确自己在各项事务上所花费的时间，有助于准确了解我们的时间分配情况。你可以先追踪记录自己的一天，看看在哪些事情上花了多少时间，这样可以避免自己在绘制"时间之花"时在时间分配上想当然地做决定。

（2）绘制"时间之花"模型。"时间之花"是一种可视化工具，用于表示时间规划和任务安排。它以一个花朵形状为基本结构，将不同的任务或项目作为花瓣放置在花朵上，从而帮助人们更好地理解和规划时间。绘制"时间之花"是一种有效的可视化方法，可以帮助我们更好地规划和安排时间。通过将任务和时间段放置在花朵形状上，我们可以更直观地了解任务的紧急程度、优先级和时间安排情况。

拓展知识

绘制"时间之花"的步骤及注意事项

1. 绘制"时间之花"的步骤

①确定目标　明确你想要通过"时间之花"来表达的目标或任务。这可以是任何事情，如完成一项工作、准备一次考试、安排一个旅行等。

②确定关键任务　将目标分解成若干个关键任务或步骤。这些任务是实现目标所必须完成的工作。

③确定时间范围　确定你计划实现目标的时间范围。可以是具体的时间段，如一周、一个月或一年。

④绘制花朵形状　在一张纸上绘制一个花朵形状。你可以选择一个简单的花朵形状，如太阳花或玫瑰花。确保花朵的中心有一个圆形，表示时间轴。

⑤安排任务　将关键任务作为花瓣放置在花朵上。每个任务都应该有一个特定的时间段与之相关联。根据任务的紧急程度和重要性，将它们安排在适当的位置上。

⑥标注时间　在花瓣旁边标注任务的开始时间和结束时间。这些时间应该与你在第二步中确定的关键任务相对应。

⑦完善细节　根据需要，你可以在"时间之花"上添加更多的细节和注释。例如，你可以使用不同的颜色或符号来表示不同的任务类型或优先级。

⑧回顾和调整　一旦你的时间之花完成，回顾并调整它以确保合理性和可行性。检查是否有重叠的任务或时间段，并根据需要进行调整。

2. 绘制"时间之花"的注意事项

"时间之花"模型的绘制并非完全照本宣科，需要在绘制时注意以下4个方面。

①灵活　绘制"时间之花"模型的顺序是先计划出每天必须要支出的时间，这部分时间可以用不同颜色标注出来进行区分。比如你每天睡觉和吃饭需要10小时，那么你的灰色时间就是10小时。总数固定后，灰色时间的具体内容可以灵活调整，假如你今天状态不佳，感觉疲惫，睡觉花了9小时，就必须把三餐的时间压缩在1小时。灵活有助于我们根据自身每天的状态以及每阶段的目标进行调整。

②专注　由于我们生活的世界纷繁复杂，信息更迭迅速，时间的碎片化让专注越来越难。在这样的背景下，我们势必要对自己需要专注的东西进行选择，且可以通过切割时间，如以30分钟为一个周期来安排任务。以此提高专注力，更有效地利用单位时间完成相应任务。

③落实到行动　我们经常说："听过了很多道理却仍然过不好这一生"，或许是因为我

们经常停留在"知道"层面，而忽视了行动。改变是要通过行动去实现的，绘制"时间之花"模型也是为了更好地指导行动。因此，去做、去实践，踏出行动的第一步，才是最大的意义。

④回顾调整　没有什么事是可以一劳永逸的，记得每周选定一个时间对自己的"时间之花"进行回顾调整，这可以让你看到自己一步一步的成长轨迹，充满成就感，还可以获得及时的反馈从而及时根据自己状态调整时间分配。

(三)学会管理压力，快乐学习

在当今这个快节奏的时代，压力随处可见。每个人多多少少都有各种各样的压力。我们要学会科学管理压力，尤其是大学生更是要学会应对学习压力、就业压力、人际压力等各方面的压力。

1. 常见的学习压力源

由于生活内容的丰富性，在大学阶段，学生们面临着多种压力。这些压力可能来自学业、社交、未来规划、财务、自我期待、考试以及实习或研究等方面，大致可归纳为外在因素和个人因素两个方面。

(1)外在因素。

①学业与成绩要求　学业是大学生的最基本任务，在校期间要掌握所学专业的相关知识与技能，学习公共课必备知识等。学业的掌握程度主要通过成绩来衡量，包括作业、考试、实习等。这些任务可能需要在有限的时间内完成，从而造成一定压力。

②同伴竞争与合作　大学生希望在学术、考试或某些领域脱颖而出，而大学中人才济济，各个方面都有优秀的同学，难免会产生竞争，从而带来一定压力。

③家庭和社会期望　大学生面临着家庭和社会期望的压力，希望学业能够取得成功，获得认可，达到家人或社会对他们学业的期望，部分家庭过高的期望会给学生带来过大的压力。

(2)个人因素。

①自我期望与要求　大学生来自五湖四海，各自都曾是高中时期的佼佼者，每个人对自身的学习都有相应的期望和要求，希望在各个方面表现出色，从而产生一定的压力。

②时间管理　大学除了学业，还要学会独立生活的技能，掌握人际交往的方法，要学会提前适应社会，这比起高中时期只有学习一项任务来说，任务内容复杂了不少，因此，需要合理分配时间来平衡学习与生活。

2. 有效的压力管理策略

为了应对这些压力，学生们需要积极寻求帮助、学会自我调节和管理情绪，同时要树立正确的人生观和价值观，以积极的态度面对未来的挑战和机遇。下面介绍一些有效的压力管理策略。

①坚持运动　研究表明，运动有利于人们缓解由压力带来的不良情绪，并给我们带来精神振奋的感觉，坚持运动不仅能够增强体质，还能提高抗击挫折的能力。当感受到压力大时，去运动吧，让压力随着汗水一起排解出去。

②规律作息　保证充足的睡眠，养成规律作息，是缓解压力的重要方式。规律作息不仅可以提高身体免疫力、促进身体健康，还能提高我们的工作效率，以元气满满的精神状

态去面对每一天的任务。

③调整认知　适度的压力可以帮助我们激发动机，获得学习的动力。所以，压力并不是一无是处的。有一项追踪研究发现，在过去一年里承受非常大压力的人，死亡的风险增加了43%，但这只适用于那些相信压力是有害于健康的人；而那些即使承受很大压力，但不认为压力有害的人，死亡风险反而是最低的，甚至比那些只感受到轻微压力的人还低。所以，调整我们的认知非常重要。减压的重要方法就是改变对压力的态度，把压力看作是积极的、有帮助的，那么你的身体也会受到心理的影响，并引起激素分泌的改变，你的生理系统也会变得强大。

④维持平衡　除了学习，我们的生活还有方方面面，包括家人朋友、实践技能、娱乐放松等各个方面，如果只在某一方面投入过多时间和精力，很可能在其他方面会产生压力，所以要找到它们之间平衡的状态并维持下去。

⑤寻求支持　在感到压力大、焦虑、无助的时候，可以向家人和朋友寻求帮助。这样一来压力可以被分担，你能感受到自己不是孤军奋战。支持性的关系也能帮助我们平复心中的焦躁和烦闷。当我们觉得缺乏可以倾诉的人选时，也可以求助专业帮助，如寻求心理咨询。

第三节　大学生生命教育

每个人都无法决定自己的出生，当然也无法决定死亡，但我们可以决定如何度过生与死之间的这段历程，也就是我们所说的"人生"。

人类与其他动物相比，最宝贵也是最伟大的地方就是可以塑造自己的人生，赋予自己生命的意义。人生本身就是一个不断选择、努力和成为的过程。因此，大学生生命教育，不仅仅是生与死的教育，更是关于如何理解生命、如何面对生命中的各种问题以及如何活出生命意义的教育。

一、生命教育的内涵

生命教育是一种旨在引导人们更全面、更深入地认识和珍爱生命的教育，其核心是关于如何理解生命的意义、价值和尊严。它鼓励人们深入思考个人的存在、发展和人生目标，引导个体建立正确的人生观和价值观。对大学生开展生命教育，可以帮助大学生更好地理解生命的珍贵，更有力量面对生活的挑战，更有智慧活出精彩的人生。

(一)什么是生命教育

认识生命是生命教育的前提。关于生命的起源，从古至今便深受人们关注，如在中国有女娲造人的传说，在西方有伊甸园的故事。在探寻生命起源的过程中，人类形成了各种各样对生命的理解。

1. 对生命的理解

在中国古代，人们对生命的理解是从"生"和"命"引申而来。"生"本义是指草木从地下长出，引申为事物的产生、发展，再引申为生命的孕育。"命"的含义则有"天命"和"命运"两层含义，前者强调天生、注定和无法掌控，后者则更强调后天和人为的影响。对生命最基础的理解就是"活着"，指生命个体的存在，更指整个人类的生生不息、不断繁衍和进步。

许多学科领域从各自的角度对生命进行了界定。在医学领域，生命常常与生理功能和健康状况相联系，医学专家关注生命的维持、健康的促进和疾病的治疗。生物学家则从生物学属性来解释生命，生命通常被定义为具有一系列特性的实体，如新陈代谢、生长、适应、响应刺激和繁殖。只要人体内的蛋白质不断进行新陈代谢，生命就没有停止。在哲学领域，生命的定义通常涉及更为抽象和概念性的讨论。哲学家可能会探讨生命的意义、目的和价值，以及人类的存在和创造。在社会学领域，生命被看作是社会结构和文化背景中的个体经历。社会学家研究个体如何在社会中互动，以及社会因素如何影响个体的生活。马克思的历史唯物主义思想则认为，人的本质就是社会关系的总和，是在特定社会关系和生产关系中形成和发展的。

每个领域都从其独特的视角提供了对生命的不同理解和解释，反映了生命这一概念的多维性和复杂性。本节内容主要从心理学的角度理解生命，生命可以被看作是一个包含心理过程(如思考、感觉和知觉)和行为的连续过程，生命即意识到的自我。人作为有意识的存在，具备超越人类生物学属性的社会生命和精神生命，体现了人对理想、感情、道德、信仰和价值的追求，构成了人性的独特和伟大。

2. 生命教育的界定

朱永新教授通过研究将生命教育的界定归纳为以下3种：

一是狭义的生命教育。主要指针对生命发展中重大问题和危机开展的教育，如自杀预防、戒毒与预防艾滋病教育、生命安全教育、灾难教育、死亡教育、伦理教育等。这个层面的生命教育以治疗和预防为主，更多针对的是现实生活中出现的严重生命问题和危机，其目的是让学生热爱生命、珍惜生命、敬畏生命。

二是广义的生命教育(有学者称其为生命化教育)。广义的生命教育更像是一种教育理念，主张把对生命的关注和成全融入教育的所有环节，在教育起点上直面人的生命，在教育过程中遵循生命的本性，而在教育结果上润泽灵魂，追寻生命的意义和价值，提高生命的质量。在这个视角下，生命教育应渗透于学校所有工作、所有课程、所有活动，以尊重生命、润泽生命、发展生命、成全生命。

三是一般意义上的生命教育。这个层面的生命教育强调个体主观能动性的发挥，是面向每个人的发展性的生命教育。一般意义上的生命教育要求从人的完整生命发展需要出发，整体设计生命教育，使生命教育成为全人类的教育。这要求生命教育不仅关注生命中的重大问题，使学生认识生命、珍爱生命，还帮助他们认识生命的本质、理解生命的意义、掌握保全生命、发展生命的技能，从而帮助师生更加自觉、自主地创造生命的价值。

基于此，朱永新教授融合狭义、广义、一般意义的3种生命教育理念，提出了新生命教育的定义：以"过一种幸福完整的教育生活"为核心理念，以"完整生命"为原点，围绕自然生命、社会生命和精神生命开展教育，旨在引导学生珍惜生命、热爱生活、成就人生，拓展生命的长、宽、高，让有限生命实现最大的价值，让每个生命成为最好的自己，让每个生命都有人生出彩的机会。

(二)大学生生命教育的必要性

著名教育专家、新教育改革发起人朱永新教授曾经说过："生命和教育是一体的，教育是为生命而准备。"所有的教育都应该以生命为原点，注重生命教育。大学生正处于青春期向成年期过渡的阶段，面临着许多人生挑战和选择，容易产生心理压力和困惑，更应该重视生命教育在高等教育中的重要性。

1. 生命教育是提升大学生生命尊严和价值的必要手段

生命教育强调每个生命的独特性和无可替代性，有助于培养人们对所有生命的尊重和珍视，提高个体和社会对生命的尊严和价值的认识。近年来，大学生自杀事件时有发生，大学生自杀比例呈明显的上升趋势，大学生对生命的轻视和漠视引发人们关注。为此，很多学校强调生命教育，将其纳入心理健康教育体系，并通过心理调查、讲座、辅导、干预等各种形式采取事先预防和事后干预的工作，以预防危机事件的发生。尽管取得了一定效果，但始终治标不治本。心理学家弗洛伊德曾提出，人同时具备两股强大的力量：生的本能和死的本能，当前的生命教育中，做得更多的是致力于弱化一个人求死的力量，却忽视了强化其求生的信心——体验生命的尊严、价值和喜悦。

2. 生命教育是促进大学生心理健康发展的重要路径

大学生正处于对生命价值和意义进行探索的阶段。这个阶段既是学术上不断求索的过程，也是每个人在思想和精神上寻找自我和定位的重要时期，同时还面临许多重大的人生选择，如离家、交友、恋爱以及求职就业等。借助生命教育引导大学生对生命进行更深层次的思考和探索，能够帮助大家更好地认识自我，形成健康的自我认知和自尊；能够深入理解自己的生命价值，明确人生目标，活出有意义的人生；能够帮助个体更好地面对生活的挑战和困境，增强生命的适应能力和抗压能力，从而促进心理健康发展。

3. 生命教育可以丰盈大学生的精神世界

生命教育可以唤醒和强化个体精神层面的力量。生命教育的核心是让个体切切实实感受到生命的丰盈和美好，确认自身的独特、完整和价值，而非仅仅是意识到生命的可贵。生命教育不仅聚焦于个体的自然生命，更注重其社会生命的拓展和精神生命的丰盈。正如"现代自我心理学之父"阿德勒所言，人生是由弱小到强大、从自卑到优越不断向上提升的过程，人生的意义在于通过运用自身创造性力量，不断寻求自我超越和自我实现。如果一个人能感受到自身的成长和发展，相信自己有能力和力量去实现目标，并感受到自己是有归属的，那么他就会不惧千难万苦，积极发挥自我的能动性和创造性，积极追求并实现生活意义和人生价值。

4. 生命教育有助于大学生提升生活质量和幸福感

生命教育教导人们珍爱生命，追求生活的质量和意义，有助于引导人们形成积极健康的生活态度和方式，提升生活的幸福感。通过生命教育，可以引导个体建立正确的人生观和价值观，在珍爱生命的同时能有意识地去追求有价值和意义的事情。生命教育也会增强个体的人际联结和社会责任感，培养共情能力和社会责任感，使人们在与他人的相互关系中得到更多的支持和满足感。因此，通过生命教育引导大学生更加深刻地理解什么是更有意义的生活，并能积极地去实现自己的人生目标和愿望，有助于提升自我的成就感和幸福感。

二、追寻生命的价值

积极心理学之父塞利格曼教授认为，人类对人生意义的追求是追求幸福的第三种形式。高等教育非常重要的一个任务就是引导学生正确认识生命意义和人生价值，不断拓展生命的长、宽、高，让有限的生命发挥最大价值，活出最好的自己。因此，大学的生命教育应是一种全人教育，面向每个学生开展积极的、发展性的生命教育。

（一）生命的三重属性

不同学科对生命的理解从不同侧面丰富了生命的内涵，这些界定大致可分为三类：第一类强调生命的生物性和生理性，强调人是一个自然生命体；第二类强调生命的社会性，把人视为政治人、经济人、道德人和文化人；第三类突出生命的精神性，把人视为一个精神的存在，是人对生命的体验和省思，体现为对自己和他人生命的欣赏和热爱。就自然生命而言，生命的价值在于珍爱生命，活出生命的长度。就社会生命而言，生命的价值在于和社会积极联结和互动，发展生命的宽度。就精神生命而言，生命的价值则在于不断追寻自我实现与超越，开拓生命的高度。

以下是朱永新教授从生命3个基本维度提出的"生命的长宽高"，三者之间相互联系又辩证统一，共同构成生命的完整，见表2-4。

表2-4　生命的三重属性

生命特征	自然生命	社会生命	精神生命
标志	肉体的诞生	交往关系的存在	自我意识的觉醒
表现	个体的生物存在，身体、器官、组织等生理系统	个体与他人、社会、自然的交互中形成的社会属性	个体的情感、态度、思想、信仰等价值体系
三者关系	是社会生命、精神生命存在的前提	制约着自然生命的丰富性和精神生命的提升	是自然生命和社会生命的最终升华与定格
特点	受生物规律支配，是有限的、不可逆转的	受社会环境影响	为自我所决定

（二）生命的自我认知

生命是宇宙中最神奇、最珍贵的存在。面对生命的奥秘，我们常常陷入深深的思考：我是谁？我从哪里来？我将去往何处？这样的思考促使我们不断地追求对生命价值的自我认知。

1. 生命的独特性和无可替代性

每个人的生命都是独一无二的，拥有其特定的使命和价值。我们不仅仅是生物学意义上的生命体，更是一个拥有思考、感知和创造能力的社会个体。因此，珍爱生命、尊重生命，不仅是尊重自己的生命，也是尊重他人和其他所有生命。

2. 生命的价值在于不断地学习和成长

生命就是一个不断学习思考、不断丰富和提升自己的过程，这也是生命保持成长和活力的体现。生命的价值不仅体现在知识和技能的积累上，更体现在对世界、对生活的理解和感悟上，只有不断丰富和成长，我们的生命才能在不断地创造中彰显价值。

3. 生命的价值在于贡献

作为具有社会属性的人，为社会发展做出自己的贡献是人类亘古不变的价值追求。我们不仅仅生活在社会之中，也是社会进步和发展的推动者。我们的生命通过与社会的互动和贡献变得更加丰富和有意义。这里的贡献不仅指的是社会财富等物质层面的贡献，还包括教育活动、文化艺术创造以及道德与价值观的传播等精神层面的贡献。生命的价值正是在对人类和社会的贡献中得以彰显。

对于生命价值的自我认知是一个不断深化的过程，其本身并没有标准的答案。生命的终极价值在于追求幸福，这是每个生命体的本能。而幸福不仅来自物质的丰裕和享受，更来自心灵的满足和平静。生命的价值正是通过情感互动和自我实现的过程，感受生命的幸福和喜悦。

(三)大学生生命价值探索

追寻生命的价值是人类永恒的主题，也是每个个体所必须面对的课题。生命的价值并非一成不变，而是在我们的探索和追寻中不断被赋予新的内涵。

1. 生存价值

生存价值是个体生命意义和价值的基础，帮助我们在世界中找到自己的位置。每一个生命都独特而又无可替代，有其存在的价值和意义。我们拥有自己的思想、情感、能力和潜力，这些都是定义我们生命价值的要素，是这个世界中独一无二的存在。同时，每一个人都是因爱而生，为爱而来。爱是生命的起源和终点，我们在爱与被爱中体验生命的价值和意义，爱激励着我们对自己和对他人负起责任，并将其传递下去，这是人类生存发展的内在动力。

2. 发展价值

大学生正处在人生的黄金发展期，这一阶段是他们认知拓宽、思想成熟和能力提升的关键时期，具有极高的学习和成长潜力。在学术方面，大学生拥有完备的学术发展平台，借助大学学习不断拓宽知识领域并形成独立思考和判断的能力，为未来的专业领域做好充分的准备。同时，大学阶段是学生建立和拓展社交圈的重要时期，借助建立更广泛的社会网络，能够帮助大学生获得丰富的社会经验，并逐步形成有益于个人和社会的价值观和世界观。总体来说，大学生处在人生发展的关键期，生命的发展价值是这一时期的重点探索任务。

3. 使命价值

生而为人，必有使命。大学生是社会发展最重要的青年力量，肩负着推动社会发展和进步的重要责任；他们不仅是知识和技能的传承者，更是社会价值和文明的推动者。大学生具有较强的创新能力和探索精神，是未来各个领域的人才储备力量，可以为社会发展带来新的思维、观点和技术创新。作为未来社会的领导者和引领者，大学生还具有较为开阔的国际视野和较强的外语能力，能够在全球化背景下，为国际交流和合作做出贡献，在多个领域和层面为社会的发展和进步做出贡献，体现其生命的社会价值。

测一测

人生意义问卷

指导语：首先，请您花一点时间思考一下，"对您来说，什么使您感觉到您的生活是很重要的"。然后，根据下列的描述与您的情况相符合的程度，在1~7分中做出选择。1代表"非常不同意"，2代表"基本不同意"，3代表"有点不同意"，4代表"不确定"，5代表"有点同意"，6代表"基本同意"，7代表"完全同意"。请您尽可能准确和真实地做出回答，所有问题的主观性很强，每个人的回答都会有所不同，但无对错之分。

1. 我很了解自己的人生意义。

2. 我正在寻找某种使我的生活有意义的东西。

3. 我总是在寻找自己人生的目标。

4. 我的生活有很明确的目标感。

5. 我很清楚是什么使我的人生变得有意义。

6. 我已经发现了一个令人满意的人生目标。

7. 我一直在寻找某样能使我的生活感觉重要的东西。

8. 我正在寻找自己人生的目标和"使命"。

9. 我的生活没有很明确的目标。（反向计分）

10. 我正在寻找自己人生的意义。

问卷计分方法：第1、4、5、6、9项测量人生意义体验，指个体目前所体验和知觉自己人生有意义的程度；第2、3、7、8、10项测量人生意义追寻，指个体积极寻求人生意义或人生目标的程度。

三、生命教育与大学生成长

高等教育的价值绝非仅限于知识的传授获学到某种技能，更重要的是引导学生发展科学的价值观、生命观和人生观。生命教育是一个终身学习的过程，贯穿个体的一生，大学阶段尤为重要。

（一）大学生生命教育的主要内容

大学生生命教育的内容主要包括3个维度，分别从生理、社会、精神3个属性开展生命教育，实现生命的成长和发展。

1. 生理属性的生命教育

生理属性的生命教育主要是回答"如何活着"的问题，指的是以健康观念为主开展的生命教育。主要包括加强大学生的生理健康和心理健康两方面的教育，如作息规律，注意放松和适当的体育锻炼，保持良好的健康状态等；同时，要培养良好的心态，能够正确应对生活、学习中的心理困扰。

2. 社会属性的生命教育

社会属性的生命教育主要是回答"如何活好"的问题，指的是社会环境中的适应性、人际联结和社会责任感。人际联结是社会生活的基本组成部分，学会与他人交往、理解和尊重他人以及建立良好的人际关系等是大学生重要的成长任务，这个过程也有助于大学生在心理和情感上获得支持和满足，进而提升社会适应能力。此外，社会属性的生命教育还包括如何理解自己作为社会成员的角色和责任、积极参与社会实践以及培养公民意识和社会责任感等内容。

3. 精神属性的生命教育

精神属性的生命教育主要是回答"如何活出意义"的问题，指的是如何唤醒大学生的生命活力和实现自我价值追求。这个维度的生命教育主要着眼于内心世界的丰富和深化，重点关注如何探索生命意义，唤醒内驱力以及如何找到自己的生命方向和目标等。精神属性的生命教育，是一个全方位、多层次的教育过程，是在心灵深处探寻自我、理解生命、追寻自我价值和获得真正意义上的幸福感。

拓展知识

教育为生命而存在——拓展生命的长宽高

生命最终是否幸福完整，是由生命的三重属性共同决定的。自然生命之长强调延续存在的时间，社会生命之宽重在丰富当下的经验，精神生命之高则追求历久弥新的品质。长宽高三者的立体构筑，构成了生命这一"容器"的容量。

纵观生命的成长历程，我们不难发现这样一个基本的逻辑：肉身的诞生，是生命的自然事实；交往关系的存在，则是生命的社会事实。自我意识的觉醒，是生命的精神事实；这3个事实，构成了我们理解生命的3个基本向度。所以，新教育把生命理解为具有三重意义上的生命：自然生命、社会生命和精神生命。

自然生命是指个体的物质存在，如身体、组织、器官等身心系统。社会生命是指个体与人、自然、社会形成的交互关系。精神生命是指个体的情感、观点、思想、信仰等价值体系。人的三重生命之间互相联系、互相制约、辩证统一。自然生命是社会生命、精神生命得以存在的前提。离开自然生命，社会生命、精神生命就不可能存在。自然生命的长度，有效地保障并促进着社会生命、精神生命的继续发展。社会生命也制约着自然生命的丰富和精神生命的提升。每一个自然生命都会被时空所局限，此时社会生命的宽度，影响着人们对自然生命的认知和把握，并从很大程度上决定了精神生命的境界。精神生命则能最大限度地突破自然生命、社会生命的局限，绽放人这一特殊生命体的存在价值。精神生命的高度，是对自然生命、社会生命的最终升华与定格。

在这三重属性之中，社会生命和精神生命是人的本质属性，离开社会生命和精神生命，人的自然生命就退化为简单的动物属性，不可称其为人。所以，只有集自然生命之长、社会生命之宽、精神生命之高，才能够形成一个立体的人。这样的生命体，也才是我们认为的完整的人。

新教育认为，人的成长，或者说教育的意义，就像筑造一座金字塔般，以自然生命之长、社会生命之宽为底座，底座越牢固越庞大，精神生命之高则越可能坚不可摧，直至高耸云霄。也就是说，生命最终是否幸福完整，是由生命的三重属性共同决定。自然生命之长强调延续存在的时间，社会生命之宽重在丰富当下的经验，精神生命之高则追求历久弥新的品质。长宽高三者的立体构筑，构成了生命这一"容器"的容量。一个平常的肉身究竟能够走多远？一个普通的灵魂究竟能够创造怎样的传奇？要以生命的长度、宽度、高度3个维度观照，进行追寻。

(二)大学生生命教育的核心任务

大学生生命教育的任务不能只局限于生存，而是要引导学生从不同的视角去理解生命，对生命认识得越深刻越多元，对自己的人生也就会越尊重越好奇。在这个过程，激发大学生的自主意识和对生命意义的探寻是最核心的任务。

1. 唤醒内驱力，自主、自立并自我负责

一个人只有认识到自己是自己生命的主人时，才可能对自己的人生负起真正的责任，才可能去积极主动地创造生命，进而不断丰富和超越自我。每个人的生命都是有限的，但每个人都可以通过自身的行为丰富和改造自己的生命形态和内涵，正如司马迁所言："人固有一死，或重于泰山，或轻于鸿毛。"对生命保持觉知，才能真正自主、自觉和自为，这个过程最主要的是对生命自主意识的唤醒。

2. 重视当下与关系，在过程中探寻生命的意义

何为人生意义？意义又从何而来？事实上，人生意义并不是别人赋予的，而是需要经过相当长时间的自我探索，甚至经历许多艰难险阻才能逐渐明晰的。正如作家余华所说："活着的意义不是别的，就是活着本身。"生命就是在活的过程中去感悟，唯有自己亲身悟出的意义和道理才能真正对自己发生影响。生命的意义还需要重视当下，在关系中去感悟，生命伴随着与他人建立各种关系的过程而发展，人与人之间、人与社会之间彼此依赖和促进。漫长的一生中，每个人都与他人形成各种联结，而大学生所处的年龄阶段更是建立和发展人际社交网络的关键阶段。因此，重视每一个当下，珍惜每一段关系，有助于大学生清楚地定位自己是谁，又是怎样的人，该如何与他人、与世界互动，进而更深刻地理解自己生命的价值与意义。

(三) 大学生生命教育练习

大学生生命教育不应局限于课堂的知识传授，要以更丰富多元的方法，帮助大学生更全面地了解和体验生命的丰富性，提高学生对生命多元价值的认识，培养其感恩和珍惜当下的心态，进而促进参与者的自我探索和自我发展。以下介绍3种可以开展生命教育的练习，既适用于团体心理辅导，也可以在课堂上由学生独立完成。

1. 我的生命线

"生命线"主要通过引导大学生回顾过去、畅想未来和立足当下来思考自己的成长过程，延展自己的生命长度。通过"生命线"方法，参与者可以更清楚地看到自己的成长轨迹，更好地理解自己的过去，为未来做更好的规划。以下是实施的基本步骤和注意事项。

第一步：绘制生命线

在一张 A4 纸上画一条长长的时间线，代表人生的整个历程，并在醒目的地方写上你的名字。然后，在左面某处标注自己的人生起点——出生的时间；在右面某处标注自己的人生终点——预计的寿命；在中间某处标注自己的当下——现在的年龄和时间。

第二步：标记重要事件

继续细化，回顾过去，标记出生命中的重要事件和转折点。梳理 1~2 件对你有重大影响的事件以及当时的年龄，写在左面时间线的下方。这些经历可以包括正面和负面的经历，如取得的成功、当时的困境以及得到的帮助等。鼓励大家重点关注曾经的高光时刻或对自己特别满意的记忆。

第三步：展望未来

梳理 3 件自己最想达成的目标，按照时间顺序写在右面时间线的上方并尽量把时间注明。

第四步：分享生命线

分享自己的生命线，包括在这些重要时刻的感受和思考。小组成员可以提问或分享自己的感受和经历，建立共鸣；分享过去应对困难时自己的表现和从失败中学到的经验等；在追求梦想的过程中，肯定会有挫折和困难，也可以大略讨论下这部分，这样我们的生命线会更完整，但注意不要过分预设困难。

第五步：锁定当下具有可行性且自己最想做的事，付诸行动

注意事项：确保活动的安全性，尊重每个人的分享，避免评判和负面评论。教师在过程中给予适当的引导和支持，并根据情况灵活调整活动方式。

2. 我的小天地

"我的小天地"是借助隐喻的形式引导大学生进行自我探索，深入了解自我以及向往的生活和期待成为的样子，发展生命的宽度。借助一些隐喻的方法，可以有效地绕过潜意识层面的防御和阻抗，帮助大家明晰了解内心的真实期待和渴望，对自我做出更客观真实的定位。以下是实施的基本步骤和注意事项。

第一步：组建小组，冥想放松

在冥想的指导语下，进行6分钟左右的呼吸练习，充分放松。冥想结束时简短凝练：你是谁？来自哪里？你来这里做什么？

第二步：自由联想

每个人在纸上回答以下3个问题：

A：如果你是一种动物，你会是什么动物呢？

B：如果你是一种植物，你会是什么植物呢？

C：如果你是大自然中的一种现象或事物，你又会是什么呢？

此阶段小组间自由分享10分钟。

第三步：故事接龙

3~5人一组进行故事接龙，从第二步写出的"动物、植物或自然现象"中任选一种开始接龙，例如：

A：我是一片云。

B：如果你是一片云，那我就是蓝蓝的天空。

C：如果你是蓝蓝的天空，那我就是天空下自由生长的小草。

第四步：自由分享

以上步骤小组成员连续接龙4轮，请每个人记住自己选择的4个角色。思考这4个角色之间的联系，并在小组间自由分享感受。

注意事项：要营造安全轻松的氛围，小组活动前可以做些热身活动（如自我介绍等），促进成员间的信任和亲密；注意提醒大家对小组中的分享保持温和的好奇，不做任何评判，专注于体验。

3. 人生意义探索

以下通过"绝境求生""穿越时空"和"大富翁"3个小练习，引导大学生在互动体验中分享，表达自己对生命意义的理解和感悟，进而认识和明确自我价值与人生追求。鼓励大家唤醒自己的生命潜能与活力，朝着自我实现的方向努力，不断丰富自己的生命体验和意义，开拓生命的高度和深度。以下是实施的基本步骤和注意事项。

练习一：绝境求生

假如你们所乘的船马上就要沉了，上帝派出诺亚方舟，但只能拯救一部分人。假设每个人只有 1 分钟，向上帝陈述让自己活下去的价值。请迅速把它们写下来并在小组中分享。

练习二：穿越时空

假如 10 年后的你，穿越时空来到你面前，对你说了 3 句话，你希望他会对你说些什么？请把它们写下来在小组中分享。

练习三：大富翁

假如你刚刚得知，自己买彩票中了 1 亿元，你最想做的 3 件事是什么？请把它们写下来在小组中分享。

小组讨论： 分小组进行讨论，主题可以是"如何追寻自己的人生使命""如何实现我的生命价值"以及"我的人生理想"等。最后由小组代表分享讨论成果与感受。

注意事项： 每个活动都应该在安全、支持和尊重的环境中进行，以便学生能自由地表达自己的想法和感受。注意提醒学生真实体验和表达，讨论后要引导学生制订实际可行的行动计划，并进行后续的跟进。

本章作业

1. 个人作业：绘制自己的生命线，并写下自己的思考与感受。
2. 团队作业：任意选择一个"生命练习"在宿舍中开展，分享心得与体会。

本章重点检测

1. 大学教育的使命是_____，具体包括_____、_____和_____ 3 个部分。
2. 大学教育最主要的功能是：_____、_____和_____。
3. 常见的学习形式有_____、_____、_____、_____等。
4. 人的生命包括_____、_____和_____ 3 个属性。
5. 生命的价值主要包括_____、_____和_____ 3 重价值。

第三章

积极自我

【本章重点】

每一位大学生都应该思考：我是一个怎样的人？我想成为什么样的人？

自我效能感指的并不是能力本身，而是对自身能力的一种感知与信念，与个体的绝对能力无关。

希望的思维公式：有意义的目标+实现目标的行动+解决问题的信心+内在动力+坚持。

借口可以帮助我们保护自尊和帮助维持和谐的人际关系，但频繁找借口会降低一个人的自我控制能力和责任感，进而导致自我调节的心理机制衰退。

几百年以来，人们都在思考自我认识和感知是如何发展的，自我认知对行为有何主导作用，如何才能改变自我认知，让人们更加幸福和满足。

——乔纳森·布朗

一个人如果不能认识自己、了解自己，就无法把自己与周围相区别，也就不可能认识外界客观事物，换句话说，人只有意识到自己是谁，应该做什么的时候，才会自觉自律地去行动，一个人意识到自己的长处和不足，就有助于他发扬优点、克服缺点，取得自我教育积极的效果，就能不断地进行自我监督、自我完善，因此，积极的自我认知是认识外界客观事物的条件，是人的自觉性、自控力的前提，对自我教育有推动作用，在个体成长和发展中起着十分重要的作用。

本章我们将重点从自我认知、自我评价、自我提升 3 个方面来讨论积极自我与大学生成长。

第一节　自我意识概述

早在古希腊时期，哲学家苏格拉底就提出了"认识你自己"的问题，这是人类自我意识觉醒的经典问题。精神分析的鼻祖弗洛伊德则提出了关于意识的冰山理论，认为自我意识是属于水面上的意识部分，只有具有"我"的概念，把自己与周围的环境相区别，才有可能把外界客观事物当成对象来进行认识。

一、自我意识的理论基础

有证据表明，意识在婴儿时期就已出现。随着个体的生长，自我发生了巨大的发展，人们关于他们自身的看法在一生中都是不断变化的。这些观点能够帮助我们理解自我及其发展。

（一）什么是自我意识

自我意识由主观体验发展而来，是在周围人期待与评价自己的过程中，个体觉察到他人的态度与言语中所包含的内容，使个体的自我意识内容更加丰富并发生分化，个体从他人对自己的情感与评价的意识发展为自我态度。随着年龄的增长，在与大量的周围人们广泛交往中，个体逐渐把他人的判断内化为自己的判断，并且成为自律的东西，从而发挥出主动性和独立性。

自我意识具有一定的客观性，同时也具有主观能动性特点。个体是在跟他人接触的过程中，通过反观他人对自己的评价、态度等反馈，选择性认同、忽略或者反向否定，从而逐步形成对自己相对稳定的认识评价和情感体验。因此，在自我意识形成过程中，人们并不是简单记录外部世界的信息，而是积极地建构他们所体验到的世界，而且建构过程受到自身先前认知以及个人预期的影响。

1. 自我意识的概念

自我意识是指个体对自己存在状态的知觉和认知。自我意识包括 4 个方面的知觉和认知，一是自己的生理状况，如身高、体重、形态等。二是自己的心理特征，如兴趣、能力、性格、气质等。三是自己与他人的关系，如与周围人们相处的关系。四是自己在社会和群体中的位置与作用。

2. 自我意识的特性

自我意识具有意识性、能动性、社会性和同一性等特性。意识性是个体对自己以及自己与周围世界的关系的清晰的、明确的理解和自觉的态度，是认识外界客观事物的条件。能动性指的是自我意识是主体我对客体我的一切主观能动的反映。个体不仅会根据社会或他人评价、态度和自身反思来形成自我意识，还对个人的心理和行为具有重要的影响。自我意识还是对个体心理和社会关系特征的反映。人的发展离不开周围环境，特别是人与人、人与周围现实之间关系的制约和影响。同一性则是指对自己的认识和态度是相对稳定一致的，一方面是指认知、情绪、意志行为的内在一致性；另一方面是指自我感在时间维度上的持续性。正因为自我意识的同一性，才会使个体表现出前后一致的心理面貌，从而使自己与其他人的个性区别开来。

（二）自我意识发展的相关理论

自我意识的发生与发展过程，是个体社会化的过程。个体在社会环境发育成长的过程中，逐渐产生了对周围环境的认识，也产生了对自己的认识。

1. 皮亚杰的认知发展阶段理论

皮亚杰是认知发展研究领域最为杰出的代表人物，他认为在发展过程中个体是积极的认知建构者，在与外部环境的相互作用中，不断与外部环境实现平衡的动态过程。认知发展阶段理论最大的贡献是把个体作为发展的主体，强调主体在积极地建构自身发展。个体成长就是在适应环境的过程中不断组织自己的行动和思维，形成了不同的认知结构。他将认知发展划分为 4 个阶段。

感知运动阶段(0~2 岁)：这一阶段的儿童通过手的抓取、嘴的吸吮来适应外部环境，即通过探索感知和运动之间的关系来获得动作经验，探索世界。这个阶段的主要特点是极端的自我中心，儿童完全以自己的思想和感觉为中心。

前运算阶段(2~7 岁)：这一阶段的儿童处于自我中心时期，通过语言、模仿、想象、符号游戏和符号绘画来发展符号化的表征图式。他们的知识在很大程度上取决于自身的知觉能力，依赖具体的形象记忆而非抽象思维，思维具有不可逆性，并认为外界一切事物都是有生命的。

具体运算阶段(7~11 岁)：这个阶段的儿童在时间、空间和数字上的思维变得越来越具有逻辑性。他们开始明白守恒的含义，在数学运算上也表现出更强的理解能力。

形式运算阶段(11~16 岁)：这个阶段的标志是具有假设事件和情境的能力，具备了抽象思维，也能有效地运用归纳推理和演绎推理，这些认知技能可以让个体摆脱自我中心。

2. 埃里克森的心理社会性发展模型

埃里克森把人的一生分为 8 个阶段(表 3-1)，他假定人生的特定阶段会产生特定的需求，如果这些需求被满足了，那么个体就会顺利发展到下一阶段，如果这些需求未被满足，那么发展就会停滞或倒退。

婴儿期(0~18 个月)：婴儿从出生的那一刻起，面对的第一个问题就是信任他人的能力，尤其是对母亲的信任。当婴儿受到温暖、持续的照顾时，他就能建立起信任感；如果缺乏照料或照顾不够时，信任感就无法建立。这些最初的信任感是以后人际关系的基础。在这个阶段没有建立起良好信任感的个体在成年后可能无法与人保持亲密关系。

儿童早期(18 个月~3 岁)：这一阶段自主和控制是最重要的问题，当给予儿童自由地探索他们自身以及环境的权力时，自主感就开始发展，反之就会产生羞怯和怀疑。

学前期(3~6 岁)：这个阶段的儿童会努力去操纵环境。当允许儿童创造、构建和改变他们的世界时，他们的自发性就得到了发展，如果父母对于孩子改变环境的努力过度批评的话，就会使孩子产生内疚感。

学龄期(6~12 岁)：这个阶段的主要特点是勤奋和自卑之间的冲突。勤奋指的是努力掌握与社会相适应的工具和技能，儿童开始学习承担成年人的责任。埃里克森认为，成功地度过这个阶段的人能够获得勤奋感；他们学习"通过制造来获得认识"，反之则会获得自卑感。

青年期(12~18 岁)：青少年面临着同一性危机，那就是"我是谁"。拥有可靠和整合的特性的个体被认为是达到同一性的；无法建立稳定和统一特性的个体将会面临角色混乱。

成年早期(18~30 岁)：成人早期所面临的核心问题是建立一种亲密的人际关系，在这个阶段，许多个体开始进入一种承诺的和持久的关系，如果不能获得这种关系将导致孤独。

成年中期(30~60 岁)：个体知觉到个体是社会中具有生产力的一员，可以为社会做出贡献，为未来创造人口。这可以通过工作、志愿努力和抚养孩子来实现，与之相反的是停滞，它的特征是个体过度关心自己的幸福或认为生活是无意义的。

成年晚期(60岁以后)：个体所要面对的最后一个问题是"完整和绝望"。完整是指当个体回过头看自己所经历的人生时会有满足感，这是个体的一种信念，这种信念使他们相信"他们无可替代"，这使他们能够有尊严地面对死亡。如果遗憾成为主导，那么个体会感到绝望。

表 3-1　埃里克森的心理社会发展 8 个阶段模型

阶　段	年　龄	冲　突	人格发展任务	发展障碍者的心理特征	发展成功者的品质特征
婴儿期	0~18个月	基本的信任感对基本的不信任感	发展信任感，克服不信任感	面对新环境时会焦虑不安	希望的美德
儿童早期	18个月~3岁	自主对羞怯与怀疑	培养自主感，克服羞怯与怀疑	缺乏信心，行动畏首畏尾	意志的美德
学前期	3~6岁	主动对内疚	培养主动感，克服内疚感	畏惧退缩，缺少自我价值感	方向和目的美德
学龄期	6~12岁	勤奋对自卑感	培养勤奋感，克服自卑感	缺乏生活基本能力，充满失败感	能力的美德
青年期	12~18岁	同一性对角色混乱	建立同一性，防止角色混乱	生活无目的、无方向感，时而感到彷徨迷失	忠诚的美德
成年早期	18~30岁	亲密对孤独	发展亲密感，避免孤独感	与社会疏离时感到寂寞孤独	爱的美德
成年中期	30~60岁	繁殖感对停滞感	获得繁殖感，避免停滞感	不关心别人与社会，缺少生活意义	关心的美德
成年晚期	60岁以后	完善对绝望	获得完善感，避免绝望与沮丧	悔恨旧事，徒呼负负	智慧的美德

二、自我意识的结构

从意识活动的形式来看，自我意识表现为具有认知的、情绪的和意志的形式。属于认知形式的有——自我感觉、自我观察、自我概念、自我印象、自我分析和自我评价等，统称"自我认知"。属于情绪形式的有——自我感受、自爱、自尊、自恃、自卑、自傲、责任感、优越感等，统称为"自我体验"，以体验的形式表现出个人对自己是否悦纳的情绪。属于意志形式的有——自立、自主、自制、自强、自卫、自信等，可以统称为"自我控制"。

(一)自我认知

自我认知是指主体我对客体我的认知，如对自己身心特征的认识。通过自我觉察、自我分析，进而对自己做出的某种判断，如"我是一个相貌平平的人""我是一个善于交际的人""我是一个心理素质很好的人"等。只有在客观的自我认知的基础上，才能做出正确的自我评价，这对个人的心理、行为及人际关系都有重大的影响作用。

1. 自我认知的情境

在自我认知之路上，文化因素是第一个路标，但它却是获取自我认知的被动形式。在很大程度上，我是谁、人们认为我是谁，是由我们所生活的时代和地点所决定的。例如，要自视为争强好胜之人，我们就需要生活在具备这种条件的文化之下，并有参与竞争的机会，如果文化中没有这种概念，它就不可能成为自我的一部分。

2. 自我认知的动机

当人们积极寻找自我认知时，他们并不会表现得平心静气和不偏不倚。相反，他们心里有特定的目标，这些目标指引着他们选择性地搜索、关注和解释关于自我的信息，这种选择性是 3 种力量作用的结果。

第一种力量是自我提升动机。人们喜欢自我感觉良好，并尽量增大自我价值感，这是一种普遍的需要，在许多情境下，认为自己很有能力或比同龄人优秀能提高自我价值感。第二种力量是准确动机。有的时候，不管人们所听到的是好的还是坏的，都会想知道关于自我的真实情况。第三种力量是一致性动机。心理是一个完整的、有组织的思想系统，一致性动机能促使人们寻求和信奉与他们自己所认为的自我相一致的信息，回避与他们所想不一致的信息，以避免这种焦虑和不舒服的状态。

3. 自我认知的来源

物理世界为我们了解自己提供了手段和信息，运用物理世界中的线索获得的自我认知相对而言是比较客观的描述。例如，想知道自己的身高、体重，可以用身高尺和体重计测量而获得。

社会世界是我们了解自己必不可少的重要参考，主要通过社会比较和反射性评价两种过程为自我认识提供线索。在日常生活、学习和工作中，社会比较过程时时存在，自我概念就是在一次次、各方面的比较中逐渐形成和充实的。比如通过考试成绩排名，得以知晓自己是否比同学在某些知识点的掌握或者某些能力上更好。反射性评价则是"以人为镜"，通过他人的反馈来获得自我认识。"走自己的路，让别人去说吧"这句话虽然听起来很励志，但是现实角度上，"自己"本身就来源于别人和比较，想要脱离别人的眼光是不可能的，所以大方地承认"我很在乎别人的看法"，并且积极借此来获得更清晰和积极的自我概念似乎是更加明智的做法。

此外，自我概念可以借助心理世界来修正，这是更为个人化的过程，包括内省、自我知觉、因果归因 3 种过程，它影响着人们获得关于自身知识的方式。人们对自己的认识从来都不是单一过程，从外部线索到内部线索，从相对客观的物理线索到社会比较，再到自我觉知、内省、因果归因，这些方式越来越抽象、主观和个人化，也越来越多地体现出人们认识自我时的主动性。我们并不是单纯地、被动地被塑造，而是自己参与到建构自我概念的工作中去的。

（二）自我体验

如果客体我满足了主体我的要求，就会产生积极肯定的自我体验，即自我满意，包括自我接纳，为自己感到高兴、肯定、欣赏、自信等；反之，客体我没有满足主体我的要求，则会产生消极否定的自我体验，即自我责备，包括自我否定、自我怀疑、自卑、羞耻等。根据威廉·詹姆斯的理论，我们称这种情绪为自我体验或自我价值感。自我体验是自我意识的情感成分，是伴随自我认知而产生的内心体验，反映主体我对客体我所持有的一种态度。

1. 与自我概念有关的情绪体验

詹姆斯认为，某些情绪总是以自我为参照点，称为自我满足和自我不满，并将它们与更一般的情绪(如快乐和忧伤)进行了区分。这些与自我有关的情绪包括两个方面，一方面是骄傲、自负、空虚、自尊、傲慢和虚荣；另一方面是谦逊、谦卑、困惑、胆怯、害羞、羞耻、屈辱、悔悟、污名和绝望。詹姆斯把这些情绪视为自然本能，并且，他认为人类具有体验积极情感，避免消极情感的内在驱力。

使用具体而非模糊或笼统的情绪词汇，有助于我们表达感受。类似"好"与"坏"这样的词语很难让人明白我们的实际状态。通过建立表达情绪和感受的词汇表，我们可以更清晰明确地体会和表达自己的情绪状态和感受，有助于我们提升表达感受的能力，从而更好地与他人建立联结，允许自己表达感受、袒露脆弱，也会有助于化解冲突。

拓展知识

自我体验中的情绪词汇表

当需要得到满足时：兴奋、喜悦、欣喜、甜蜜、精力充沛、兴高采烈、感激、感动、乐观、自信、振奋、开心、振作、高兴、快乐、愉快、幸福、陶醉、满足、欣慰、心旷神怡、喜出望外、平静、自在、舒适、放松、踏实、安全、温暖、放心、无忧无虑、欣喜若狂、亢奋、欢腾、热情高涨、轻快、心花怒放、宁静、安静、自豪、入迷、惊喜、得意……

当需要得不到满足时：畏惧、烦躁、害怕、担心、焦虑、忧虑、着急、紧张、心神不宁、心烦意乱、忧伤、沮丧、灰心、泄气、绝望、伤感、凄凉、悲伤、恼怒、愤怒、烦恼、苦恼、生气、厌烦、不满、不快、不耐烦、不高兴、震惊、失望、困惑、茫然、孤独、郁闷、难过、悲观、沉重、麻木、精疲力尽、无精打采、惭愧、内疚、妒忌、遗憾、不舒服……

2. 自我价值感与自我体验

自我体验侧重于情绪感受层面，是主体我对客体我的一种审视和要求，如果客体我满足了主体我的要求，就会产生积极肯定的自我体验，即自我满足；反之，则会产生消极否定的自我体验，即自我责备。当客体我可以不断满足主体我的标准，就会获得积极的自我体验，进而帮助个体发展出"我有价值"的核心信念，并在积极的自我体验中获得真正的自我价值感。

客体我是否能满足主体我的要求，往往与自我认识水平和内在的价值标准密切相关。自我体验的内容十分丰富，如果自我认识不够坚定和清晰，就可能使个体在自信与自卑、成功感与失败感、自豪感与羞耻感等体验中对自我产生怀疑，有时肯定自我，有时又怀疑、否定甚至攻击自我。

3. 自我评价与自我体验

"自尊"这个术语可以指个体评价自己的能力和特性的方式。例如，在学校里，一个对自己学习能力持怀疑态度的学生被说成是学业自尊低，认为自己很受欢迎、被很多人喜欢的人则被说成是具有高的社交自尊，乔纳森·布朗倾向于把这些信念称为自我评价或者自我评估。

在人们面对失败、被别人轻视或者拒绝、被朋友责备或者反对等消极反馈时，在认知反应上，对一个低自尊的人来说，失败意味着整体的不胜任，自己是一个很差的人，这种挫败感会波及自我概念的其他方面；对一个高自尊的人来说，失败只不过意味着你不能做好某些事情或者你缺乏某些能力。在情绪反应上，高自尊和低自尊的人都会悲伤和失望，这种对失败的反应是可以理解的，但只有低自尊的人才会在失败以后对自己的感觉很差，他们把失败当成个人的原因，这会羞辱他们并让他们以自己为耻，长此以往，一旦面对失败，这种情感便会再次激发。高自尊的人没有表现出这样的反应，当他们失败的时候，也不会感觉自己很差。在行为反应上，低自尊者会变得相当自我保护，选择避免冒险，因害怕失败而避免再次遭受失败的痛苦，更希望虽然回报很少但很安全的结果，失败使得低自尊者把心思完全放在自己身上，他们变得自我关注，这样反过来就会影响他们的表现，因为他们的注意力并没有放在正在做的任务上，并且因为失败，低自尊者并不像高自尊者那样具有坚持性。

心理测试

罗森伯格自尊量表

指出你在多大程度上同意下列说法，并在最能描述你对自己感受的数字上画圈。

序号	感受	完全同意	同意	不同意	完全不同意
1	有时我认为自己一无是处	0	1	2	3
2	我认为自己很不错	0	1	2	3
3	总的来说，我倾向于认为自己是个失败者	0	1	2	3
4	我希望对自己能有更多尊敬(更看得起自己)	0	1	2	3
5	有时我确实感到自己很没用	0	1	2	3
6	我认为自己是个有价值的人，至少不比别人差	0	1	2	3
7	总体上，我对自己很满意	0	1	2	3
8	我感觉自己没有多少值得骄傲的地方	0	1	2	3
9	我觉得自己有很多优秀的品质	0	1	2	3
10	我可以做得和大多数人一样好	0	1	2	3

记分方法：首先把5个反向记分的项目(分别是1，3，4，5，8)的得分转换过来：选0得3分；选1得2分；选2得1分；选3得0分；然后把10个项目的得分相加。

总分在0~30分，分数越高，自尊水平越高。

(三)自我控制

想要控制或者改变你的生活，意味着需要参照自我定义的目标去调节和指导行为。也就是说，改变自我的关键能力是控制和调节情感、想法和行为，去实现重要的个人目标，这是个人成长的主要媒介，进而将带来幸福感。

1. 自我控制的具体表现

自我调控是促进目标实现和幸福的最终关键一步，具体表现为两个方面，一是发动作用，即拥有必要的资源、正确的目标和正确的动机，但有这些还不够。二是制止作用，也就是支配某一行为，抑制与该行为无关或有碍于该行为进行的行为，因为对目标完成来说，持续调节我们的行为、做出调整、克服挑战、抵挡分心的诱惑、专注于任务，这些能力都很重要。如果没有自我调节和自我控制，我们的目标就只是出现在我们脑中简单的希望或渴望，变成现实的可能很微小。

2. 自我控制的关注点

自我改变不是件容易的事。自我控制的研究关注在人类为什么会失败，同样地，它也关注人类为什么会成功。研究表明，自我控制通常都是令人感到不愉快的，我们应关注两个问题：第一，为什么失败能告诉我们如何成功。每个人的人生都会有失落，成功在很大程度上取决于我们从失败中学到了什么，做了些什么。第二，想想看那些你最满意的成就，如果没有自律、努力工作和坚守承诺的话，这些成就会有这么容易达到吗？

自我控制的挑战是要告诉我们，积极和消极是相互关联、相互依存的。因此，自我调节研究所解决的具体问题是，当人们选定好一个目标后，他们如何专注于任务来确保目标的实现。在日常生活中，重要目标的实现通常需要自律、努力工作、面对阻碍时的坚持、抵制和克服短期冲动，以获得长远满意。

3. 影响自我控制能力的因素

自我控制能力存在显著的个体差异。研究表明，造成这种差异的因素如下。一是认知和策略。如果个体能够将注意力从奖品上移开，去做其他感兴趣的事情，将使个体的等待变得轻松容易。二是榜样的作用。让两组个体观察两种榜样，一组被试者的观察对象总是选择即时得到微小的满足，这种榜样的作用驱使观察者倾向于放弃自我控制；另一组被试者的榜样总是选择延迟得到的大满足，这组观察者多倾向于等待。三是家庭教育对个体自我控制能力的影响。父母若是注重培养个体的独立自主性的、宽松而又民主的教育类型，可使个体容易抗拒诱惑形成自我控制能力；若是独裁型、惩罚型或溺爱型的家庭教育方式，则会剥夺个体练习自我控制的机会和动力，而使之缺乏自我控制能力。

三、自我意识的发生发展

根据皮亚杰的认知发展模型和埃里克森的心理社会性发展模型可以看出，自我意识起始于婴幼儿时期，萌芽于童年期，形成于青春期，发展于青年期，完善于成年期。大学阶段则是自我意识发展趋向成熟的关键时期。

(一)自我意识发展的主要阶段

奥尔波特指出，自我意识的形成大致分为 3 个阶段，即从生理自我到社会自我，最后发展到心理自我，需要二十多年的时间。生理自我大约在 3 岁之前形成；社会自我的发展大致从 3 岁至 13 岁、14 岁；心理自我的发展从青春期到成年，约需 10 年的时间。

1. 生理自我阶段(3 岁之前)

生理自我是自我意识的原始形态，主要是个体对自己躯体的认知，包括占有感、支配感与爱护感等，使个体认识到自己的存在。刚出生时，婴儿不能区分自己和非自己的东西，处于主客体未分化状态。七八个月时才出现了分化的萌芽，意识到自己的身体，听到自己的名字会做出反应。2岁左右，当掌握第一人称代词"我"时，标志着自我意识的飞跃发展。3岁的儿童，已经有了羞耻心、占有欲和自主性。3岁前儿童主要处于"身体自我"发展阶段。

2. 社会自我阶段(3岁至13岁、14岁)

从3岁到青春期是个体的社会化学习阶段，儿童通过游戏、学习、劳动等对社会角色进行练习、模仿和认同，逐渐习得社会规范，形成角色观念，依据别人的观点评价事物，认识他人和自己，了解社会对自己的期待，并根据社会期待调整自己的行动，是"社会自我"形成阶段。这个时期儿童的社会自我有自我中心的特点。

3. 心理自我阶段(13岁、14岁至25岁)

从青春期到青年后期，个体能知觉和调节自己的心理活动状态，并根据社会需要和自身发展的要求调控自己的心理与行为，是自我意识发展的关键期。期间又经过以下3个阶段逐渐趋向成熟。

(1)分化阶段。进入青春期以后，个体的视线由外向内转移，开始关注自己的内心世界和内在体验，于是自我意识开始分化，把一个"我"一分为二，分为主体自我和客体自我。主体自我起着主导作用，担任观察者、评价者和调节者；客体自我充当被观察、被评价、被调节的角色。分化意味着个体开始认识和改造自己的主观世界，进入"心理自我"的发展时期。这种分化为个体客观地评价自己奠定了基础。

(2)冲突阶段。自我意识的分化，引起了自我意识的内部矛盾。青年人感受到了儿童期从未有过的内心冲突和矛盾斗争。最突出的冲突就是理想自我与现实自我的冲突。俗话说"理想是丰满的，现实是骨感的"，就是表达青年人的主体自我希望自己是一个"理想我"，但客体自我却是一个"现实我"。虽然合理的差距有利于催人奋进，但是过大的差距会造成心理失衡，甚至还会引起自我分裂。为此，青年人常常感到苦闷、迷茫和彷徨。能否解决好这个问题，对青年期的心理发展将会产生重大影响。

(3)统一阶段。经过一段时间的冲突和矛盾，青年人会主动自觉地采取多种方式达到新的平衡，如果坚持理想我，就会努力改善现实我，力求现实我和理想我的统一；或者修正理想我，改善现实我，缩小两者之间的距离；抑或放弃理想我、接受现状等办法，力图从理想与现实的关系中调整自己、把握自己，追求自我平衡。于是自我意识在新的水平上实现协调与一致，即自我统一(也称自我同一)。大学生的自我统一不是一次完成的，而是一个循序渐进、多次调整才能达到的平衡点。如何统一、统一的性质是否积极，将是大学生自我意识发展的关键。

(二)大学生自我意识发展

青年期的发展是自我发现、自我意识形成和人格再构成的时期，是从不承担社会责任到以社会角色出现并承担社会责任的时期。在这个时期，他们要经历复杂而艰难的同一性确立和对社会生活的选择。

1. 大学生自我意识的特点

除了要经历一段时期的同一性混乱，这一阶段的青少年也会经历一个自我意识不断增长的阶段。这种提升的自我意识表现为两种形式，一是表现为对自我的关注，可以概括为埃里克森所强调的灵魂搜寻；二是表现为过度关注个体在他人心中的形象，他们认为有人在仔细地观察他们、谈论他们并且评价他们，这些感觉在青少年早期尤其敏感，当他们做出同一性承诺时强度开始减弱。

埃里克森相信，当青少年在 3 个主要的领域做出承诺，同一性问题就得到了解决：一是职业，也就是选择一个职业；二是意识形态，也就是建立一种信仰、政治倾向和一般性的世界观；三是性取向，也就是确定他们的性取向，产生与年龄相一致的性角色行为。青少年必须决定他们是谁以及他们想要成为什么样的人，否则将导致埃里克森所描述的同一性危机的出现。

2. 大学生自我意识发展的路径

一是自我探索，主动自我关注和自我探索是构成自我认识发展的内在动力。青年期有意识地通过日记、自我反思等方式倾诉自己的内心活动，描绘自我的情绪、情感体验，评价自己的个性特征和行为表现，以提高自我认识水平，并通过各种学习方式寻求对自我特征和表现的解释等。

二是透过他人对自己的评价来认识自我。他们关注他人对自己的评价，并能够综合评价以提高自我认识。可以说，认识自己的过程，也是通过来自他人的评价而发展起自我概念的过程。他们更注重教师、同学和家长对自己的评价。来自周围的这些重要人员的积极或消极评价，会激起他们强烈的情感反应，也会巩固、增强或者动摇他们对自己的认识。这些评价的影响作用不可低估。

三是通过对同龄人的认同感来认识自己。主要是通过把自己与同龄伙伴做比较，并与这些人产生心理上的认同感，进而加深对自身特点的认识和了解。确认自我认同感是青年期的重要发展任务，是动态的、毕生的发展任务。

3. 延缓偿付期

由于同一性确立和选择需要一个过程，因此，大学生们有一种避免同一性过程提前完结的内在需要，而社会也给予青年暂缓履行成人的责任和义务的机会，如大学学习期间，这个时期可以称为青年对社会的"延缓偿付期"。这是一种社会的延缓，也是一种心理上的延缓，所以也称为"心理的延缓偿付期"。有了这种社会和心理的延缓偿付期，青年便可以利用这一机会通过实践、检验、树立、再检验的往复循环过程，决定自己的人生观、价值观及未来的职业，并最终确立自我同一性。

第二节　积极自我与大学生成长

自我意识是个体对自我存在（如生理、心理与社会状态）的感知，其主要由情感、信仰、态度、人生观、价值观构成，核心是一个人的价值体系。积极自我是建立在对现实自我全面、客观认识基础上的一种积极态度，是一个人对自我的认同、积极接纳和对自我的不断完善和发展。大学生正处于自我意识发展的关键时期，发展积极自我是大学生成长中的核心任务。

一、积极自我与心理健康

自我意识的 3 个组成部分与三大核心信念的发展有着密切的联系。自我认知主要聚焦于自我评价，回答"我是谁""我是一个什么样的人"这类问题；自我体验主要倾向于情绪和感受，回答"对自己是否满意"这类问题；自我控制则要在行为层面回答"我该如何管理自己，成为理想的样子"这类问题。这 3 个问题分别对应了自我认同、自我价值和自我掌控三大核心信念系统，整合为完整的自我意识，具有相应的自我功能并影响心理健康发展水平。

（一）自我认知与心理健康

心理学家认为，正确认识自我是心理健康的一个标志，个体能真实看待自我时才会实现心理健康。如美国心理学家杰哈塔提出，精神健康的人能够相对客观和真实地认识自我，对自己的感受、能力和需要等方面有正确认知和判断；马斯洛认为，健康的个体能接受自己和自己的本性，也能接受与理想自我的不符之处。

自我认知发展较好，个体就能在客观的自我认知基础上做出正确的自我评价，能够帮助自己更好地协调工作、生活及人际关系等，心理健康水平和自我接纳程度也会比较高。同时，良好的自我认知功能会帮助个体产生"我是被人喜欢的/受欢迎的/受关注的"等积极的核心信念，在自我理解和接纳的过程中获得真正的自我认同感。

自我认识的过程，还伴随个体的需要、期待以及现实环境等许多因素的影响，事实上，对自己做出客观积极的评价是一个极为复杂的过程。每个人对自己的认识和了解都会存在一定的误差和盲区，并且在不同的发展阶段也会有不同的自我认识，因此，深入探索自我，回答好"我是谁""我是一个什么样的人"这类问题，是每个人一生的功课。很多人终其一生也不能真正了解自己，对自己做出客观、坚定又积极的评价，又如何谈得上接纳或悦纳自己呢？

拓展知识

有偏差的自我评价

美国一项对 100 万名高中生开展的调查发现，70%的学生认为自己的领导能力处于中上水平，85%的学生认为自己的交往能力处于中上水平。尽管从这样的数据中不可能知道哪些学生的自我评价是错误的，但至少约 20%的学生对自己领导能力的积极评价和 35%的学生对自己交往能力的积极评价是不真实的。

另有一项研究，让非抑郁被试和抑郁被试参与一系列 20 分钟的团体讨论，评价自己的社会能力。受过培训的研究助手在单向玻璃后面观察这些被试的人际互动，用相同的量表对每个被试的社会能力进行评价。研究显示，两组被试对自我的评价均比他人对他们的评价更积极，这一趋势在非抑郁被试中表现得尤为明显。因此，从这些研究结果中能得出的恰当结论是，很多人倾向于高估自己的优点，尤其是自我感觉良好的人，他们对自己的看法比真实情况更积极一些。

（二）自我体验与心理健康

自我体验侧重于情绪感受层面，是主体我对客体我的一种审视和要求，如果客体我满足了主体我的要求，就会产生积极肯定的自我体验，即自我满足；反之，则会产生消极否定的自我体验，即自我责备。自我体验的内容十分丰富，如果自我认识不够坚定和清晰，就可能使个体在自信与自卑、成功感与失败感、自豪感与羞耻感等体验中对自我产生怀疑，有时肯定自我，有时又怀疑、否定甚至攻击自我。当客体我可以不断满足主体我的需求，就会获得积极的自我体验，进而帮助个体发展出"我是有价值的/满意的"等积极的核心信念，在获得自信、自豪和自尊等体验中获得真正的自我价值感。因此，积极的自我体验能促进心理适应，它与更多的幸福感、更令人满意的人际关系，以及更有建设性、创造性的工作有关，拥有积极自我体验的人更善于应对面临的困境或一些创伤性事件。

积极的自我体验是一种内驱力，当个体体验到成功感时，就会产生积极的自我肯定，激励个体反复去强化获得这些体验的行为，推动个体迎难而上，不断前进。一个成熟和有力量的自我的成功感和失败感是根据个体的自我认知与自我期望水平确定的，决定于个体的内部标准，即自己定义的成功是什么。

拓展知识

积极错觉与自尊体验

积极错觉，指的是适度夸大的自我认识和自我评价，它像一个缓冲器，缓冲消极信息对我们的威胁，保护我们的自尊。积极错觉有3种表现形式：不现实的积极自我概念和乐观主义以及夸大的个人控制知觉。也就是说，我们大多数人都觉得自己很厉害，相信现在比过去好，未来将比现在还要好，相信自己对事情有足够的控制力。

生活中有许多积极错觉的例子，如情人眼里出西施，积极错觉让相爱的两人戴上了一副玫瑰色的眼镜，爱情中的双方经常放大伴侣的优点或者将缺点减到最少，将恋人理想化进而让恋情快速发展，这种情况在热恋之时尤其常见。

积极错觉还与创造性的、建设性的工作有关。研究显示，认为自己能力强、对成功有较高期望的人，比那些自我看法较为消极、谦虚的人工作更努力、更有恒心，通常在脑力和体力劳动中表现更出色，即使研究者在研究中将实际的能力水平考虑在内，结果也保持不变，这意味着，积极地看待自己的能力，即使有些不真实，也能提高成就。

在儿童期，积极错觉尤其普遍，也尤其有益。幼儿是相当自我夸大的，他们对自己完成各种任务的能力有非常积极的看法，如许多孩子期望并坚定相信自己将来会成为著名的科学家、航天员或运动员。这些积极错觉对儿童的发展起着重要作用。也有研究提出，"对自身局限性的无知，使孩子尝试更多样化、更复杂的行为，而如果他们更真实地看待自己的能力，就不会去做这些尝试……这些尝试使孩子的技能在实践中得到提高，并有可能带来长期的好处"。

（三）自我控制与心理健康

自我控制能力是个体对自己行为、思想和言语等的调控能力，即主体我对客体我的制约作用。自我控制对行为有两个作用：启动和制止。例如，在逆境或挫折之中，人们需要启动自己的力量去克服困难；面对诱惑，人们也需要节制和约束欲望，就像学生要约束自己，克服玩游戏的诱惑，去上课或认真完成作业。自我弱小，意志、行为就容易失控；而自我越强大，就越会显示出自律、自控的一面。当主体我可以有效管理和控制客体我时，个体就能发展出"我是有能力的/能掌控的"等积极的核心信念，在获得自律、自控等体验中获得真正的自我掌控感。

当自我意识的 3 个部分都能协调发展，自我认同感、自我价值感和自我掌控感就会整合形成自我意识的核心能力——自我效能感。自我效能感指个体对自我能否成功完成特定任务的信心程度。能力感和能力本身并不是绝对对应的。能力感缺失，最大的影响在于使一个人不敢走出舒适区，过度在意别人的评价，陷入故步自封的恶性循环。真正的能力感来自克服困难的过程，而不是轻易获得的成就，当你竭尽全力跨越障碍并逐一克服它们时，哪怕跟别人相比仍然存在不足，那种竭尽全力激发出全身潜力的畅快，也远远胜过你轻松击败别人的感觉。

二、积极的认知模式

毛泽东曾说，"马克思主义哲学认为十分重要的问题，不在于懂得了客观世界的规律性因而能够解释世界，而在于拿了这种对于客观规律性的认识去能动地改造世界。"认知模式是人与人之间最本质的差异，直接决定了行为模式的不同。

(一)积极认知发展的影响因素

认知模式是人们从学习、模仿以及生活的互动中发展而来，积极的认知模式可以促进人们应对解决问题时采取更积极的行为，也是后天可以习得的能力。

1. 行为因素

人们得以形成和保留积极自我观念的一种方式是只寻找关于他们的有利信息。让自己完全脱离消极反馈是不可能的，但更为适度、更具适应性的积极自我信息，的确给个体更多的积极反馈。

人们会选择性寻求自己的正向反馈。在一项研究中，首先引导被试相信他们在一个智力任务上具有较高的能力或较低的能力，然后给他们获得更多关于他们能力信息的机会，高能力组的被试对于了解自己表现出了更为浓厚的兴趣，而低能力组则显得更为矛盾。这表明，当人们得知他们的能力是正面的，他们会热心地寻求反馈，同时更愿意再次寻求机会去展示这些能力。与选择性寻求正向反馈对应的则是自我妨碍策略，指的是人们会给自己的成功设置障碍的情境。例如，学生不好好学习或毕业生不去积极主动应聘都是自我妨碍行为，这些行为使成功的可能性减小，但它们能使个体不把失败看作自身能力的不足。也就是说，对人们而言，重要的并不只是成功还是失败，而是结果是否揭示了关于自我的积极或消极方面。通过自我妨碍行为，人们可以保持某种信念，如即时失败也不能证明自己没有能力。

2. 社会因素

许多社会因素都能使个体保持关于自己的积极看法。如儿童时期得到的赞誉和鼓励，即便到了成年期依然带来积极的社会反馈，因此，父母和教师们被鼓励去尽可能发现每个孩子的闪光点，关注和重视孩子们的优势，尽可能避免给孩子消极的反馈。

保持积极自我认知一个有效的方式是选择与喜欢和欣赏我们的人交往，从而得到积极的反馈，帮助我们更积极地看待自己。此外，人们也通过社会比较来形成和保持积极的自我认知，如选择性突出自己的优点或长处。或者在与优秀的人对比中，从另一个人的优秀品质和成就认同中感受到希望和荣誉，促进自己不断认同，形成积极的认知。

3. 个人因素

使个体获得和保持积极自我观念，除了行为和社会因素外，还与个人心理过程因素有关。在这些过程中，人们处理与自我有关的积极和消极信息的方式也是不平衡的。大多数人会未加考虑地接受与自我有关的积极反馈，却仔细地审查和反驳与自我有关的消极反馈；同时，比起与自我有关的消极信息，人们更容易记住积极信息。

自我服务归因是另一个帮助人们保持积极自我观念的因素。社会心理学领域最可靠的发现之一是个体有对积极和消极结果做不平衡归因的倾向。例如，"我得了高分是因为我聪明"，这种积极结果被归因于自我稳定的、核心的性格方面，但消极结果要么归因于外部因素，如"我得了低分是因为测验很难"，要么归因于自我的非核心方面，如"我得了低分是因为我用错了复习材料"。通过否认消极结果，即便个体面对消极反馈，也能保持自我提升的信念。

（二）积极思维

心理学家一直非常关注思维的研究，积极心理学将研究的聚焦点放在积极和消极思维影响下个体不同的行为方式及后果，尤其是认知心理学更加重视认知过程对人们的影响，而大量的数据积累已经表明：思维的快乐情调是所有认知过程的潜在决定因子。其中，积极心理学家们最感兴趣的则是"希望"和"乐观"两种思维方式（心理学家还同时会将其作为一种情绪状态和人格特质展开研究，这些将分别在后面的章节中做以介绍）。

拓展知识

两种积极思维——希望和乐观

克里斯托弗·彼得森对思维方式的研究结果显示：年轻成人乐观的思维可以预测他35年后的幸福生活，尽管乐观和良好健康状况的相关在年轻时不是很明显，但在40岁左右开始显现，45岁时则达到最大值，也就是说，年轻人越是乐观，若干年后他们的健康状况良好的可能性越大。彼得森还对总统候选人表现出的乐观是否对选民和选举结果有影响开展了研究，他将20世纪中主要总统候选人在党派例会中的提名演讲编码为乐观型和消极型，同时也关注负面事件在演讲中的关注程度。从1900—1984年的22场选举中，18场选举都是更少关注消极事件、更乐观的候选人赢得了胜利。而1992年克林顿在选举中直接向美国公众发出了乐观的信息：我来自一个叫作"希望"的地方；1996年，鲍勃·比尔试图用自己的信息应对：我叫鲍勃·比尔，我是美国最乐观的人，但"希望"在克林顿口中出现的频率更高。这些有趣的现象似乎说明了一个一致的结论：美国选民更喜欢一个乐观主义者而不是悲观主义者做他们的总统。这个结论和我们日常生活中的研究是一致的——我们都喜欢一个充满希望又乐观的人。

1. 积极的选择性注意

选择性注意是指在外界诸多刺激中仅仅注意到某些刺激或刺激的某些方面，而忽略了其他刺激。人的感官每时每刻都可能接受大量的刺激，而知觉并不是对所有的刺激都做出反应。知觉的选择性保留保证了人们能够把注意力集中到重要的刺激或刺激的重要方面，排除次要的刺激的干扰，更有效地感知和适应外界环境。作为一种高级的脑认知功能，选择性注意的进化论意义在于，它保证了个体能够在有限的时间内将有限的心理资源运用于对个体生存具有重要价值的刺激或者事件的加工上，这是人类正常生活不可或缺的认知功能。

选择性注意既有消极的也有积极的，片面关注自己的缺点和不足，常常批评或否定是消极的选择性注意，久而久之就会形成消极的自我认知；而有意识地关注自己的优势和长处，多给予正向积极的反馈，则是积极的选择性注意，有利于培养自尊、自信等积极认知。所以，你只能看到你想要看到的东西——这就是心理学中"自证预言"的关键机制，你发出一个预言，为了维护这份自恋，证明自己是对的，你的注意力便集中在符合你预言的信息上，忽略不符合的，然后你就真的证实了自己最初的假设。

经典实验

看不见的大猩猩

伊利诺伊大学的丹尼·西蒙斯曾设计了著名的选择性注意实验——看不见的大猩猩实验。实验要求被试看一小段视频，视频展现的是两组队员6个人相互传球。其中3个人穿白衣服，另外3个人穿黑衣服。视频播放前告知被试要数准确穿白上衣的队员之间共计传了多少次球。视频只有几十秒，看完之后要求被试回答传球次数，再说一下视频里是否有什么让他感到意外的东西。大多数被试都能正确回答第一个问题，但无法回答第二个问题——看到一只中间出场的黑猩猩。随后，主试再给被试放一遍视频，被试不再数球，而是观察视频中的特别事件：在视频播放一半时，一个穿着黑衣服装扮成大猩猩的人穿过人群，朝镜头打了个招呼后从另一边出去了。而绝大多数认真数球的被试之前都没能注意到这只大猩猩。

2. 乐观

乐观是一种思维风格，当代心理学研究取向通常把乐观看成一种认知特征、一个目标、一种期待或一种因果归因。乐观通常与外向型和正向情绪等特征相关，许多研究已经证实乐观具有明显的好处，它既能鼓舞他人也能鼓舞自己。与之相对应的悲观，则可能导致认知障碍和无助感。心理学家泰格在其著作《乐观：希望生物学》中强调乐观促进了人类演化，因为它承有对未来的思维。泰格把乐观看成轻松思维、轻松学习和令人高兴的，现代烟花心理学家把它描述为"心理演化机制"。马丁·塞利格曼则在《习得性乐观》一书中，对乐观的解释风格做了重新界定，并描述了如何从研究人们会做错什么到研究人们会做对什么。

我们有充分的理由相信乐观会带来积极的自我认知并促进自我实现。作为一种思维模式，乐观并不只意味着开心和快乐，还需要有意识地选择自己的想法，主动去构建这种积极的思维。以下故事就形象地说明了乐观思维需要主动构建：一位老太太有两个儿子，大儿子卖盐，二儿子卖伞，老太太每天都不高兴，因为每到雨天，她就担心大儿子的盐淋湿受损失；而每到晴天，她又担心二儿子的伞卖不出去。一位智者提醒老太太，您反过来想想也许心情会好很多，每到雨天，您应该为二儿子高兴，他的伞会畅销；每到晴天，您应该为大儿子高兴，他的盐可以放心销售。如此，老太太每天都可以很开心。故事中，无论是否下雨，本身并不会改变我们的思维，但我们的认知方式则会改变思维，因此，我们都需要主动训练，有意识地去选择积极乐观的想法，形成固定的积极自我暗示，才会替换掉那些负面的、不好的想法。

3. 希望

心理学家斯奈德对希望的定义是：希望是由个体后天学习而成的一种个人思维和行为倾向，它是一种认知特征同时还是一种动力状态。他认为，希望是一种目标导向的思维，它包含个人对自己有能力找到达到目标的有效途径的认知与信念(路径思维)和个人对自己激发沿着既定目标前进的必要动机的认知及信念(动力思维)。斯奈德和他的同事们在1991年提出一种聚焦于目标达成的认知动力理论模型，即希望理论模型。该理论模型认为，希望是一种积极的认知状态，这种状态是以追求目标的路径和动力交互作用为基础的，主要包括3个成分：目标、路径思维和动力思维，"目标"是该理论模型的核心概念。

无论目标是长期或者是短期，高希望特质的人总是拥有有意义的目标。而想要达到目标，行动的计划也是必不可少的。高希望特质的人总会制订相关的计划来实现自己的目标，当一个方法无法成功时，他们也总能够寻找到适宜的其他方法来继续向目标前进。此外，高希望特质的人能够给自己源源不断的动力实现目标，他会告诉自己"我能行!"这个动力能够促使自己不断地行动，遇到阻力时为他提供灵感，并且一直激励着他不断寻求突破直至达成目标。因此，希望的思维公式可以表达为：有意义的目标+实现目标的行动+解决问题的信心+内在动力+坚持。

测一测

成人希望量表(Adult Hope Scale，AHS)

成人希望量表由斯奈德等(1991)提出，一共包含12道题目，其中4道测量动力意识，4道测量路径意识，其余4道为干扰题。被试按照 Likert 八点计分来评估题目描述内容与自己的实际情况相符的程度，得分越高，希望水平越高。

计分标准：1分，很不符合我；2分，有点不符合我；3分，有点符合我；4分，很符合我。

1. 我能想出许多途径和办法来使自己摆脱困境。

2. 我总是不知疲惫地追求我的目标。

3. 我大多时候感到很累。

4. 任何问题总会有解决的途径和办法。

5. 我容易在争论中失败。

6. 我能想出恰当的对策来处理我生活中的重要事件。

7. 我担心自己的身体健康。

8. 即使别人放弃，我也认为自己可以找到解决问题的办法。

9. 我过去的经验可以帮助有效地应对未来生活。

10. 我的生活一直很成功。

11. 我有时对一些事很担心。

12. 我实现了自己的大多数目标。

其中，路径意识测量题目为1，4，6，8。动力意识测量题目为2，9，10，12。

希望与乐观有较高的相似性和关联性，二者有许多共同的主要成分，其主要的差别是：乐观可由归因和解释训练而变，是动机性的，回避消极，而希望是对未来的主动积极预期；希望强调路径意识，有着更加宽阔的理论和实践范畴。

4. 成长型思维

成长型思维的概念源于斯坦福大学行为心理学教授卡罗尔·德韦克的经典作品《终身成长》。她认为，根据对能力发展的认知，有两种不同的思维模式：固定型思维和成长型思维。在固定型思维模式之下，一个人常常认为事物是一成不变的，人也是很难改变的。他们总是静态地、片面地去看待一个人或一件事，更习惯于去寻找消极的因素，对世界的认识也总是偏于消极。他们不相信人会改变，在面对别人的缺点与不足时，更多的是打击与否定。他们惧怕犯错，不愿接受挑战，认为人的能力与生俱来，即使努力也不会有大的提高。成长型思维模式认为，天赋只是起点，人的才智通过锻炼可以提高，只要努力就可以做得更好。在成长型思维下，人们相信自己最基本的能力可以通过努力来发展，头脑和天赋只是起点。这种观点造就了对学习的热爱和强大的适应能力，他们看待世界的方式往往非常灵活，他们相信世界上的所有事情都是可以改变的，每个人都在不断地成长与进步，努力和挫折可以不断提高自身的能力，每一次挑战都是让自己变得更强大的机会。他们更愿意看到别人身上的优点和潜力，拥有积极的人生观，能包容自己的缺点，也能欣赏他人的优点，在面对自己时自信从容，在面对他人时宽容大度。成长型思维可以使人拥抱学习和成长，理解努力对自己职业成长的积极作用，拥有面对挫折的良好适应能力。

(三)价值观驱动改变

价值观是促使一个人做出具体行动，做出人生选择的核心推动力。人要做出某种自我决定的行动，必然会在内心经历某种取舍和选择，而价值观就是那个一直影响着你做出改变、做出选择的底层驱动力。通常人在面临重大选择的时候，最能够体现他的价值观，因为选择的背后是他对不同的选项进行优先级的比较和排序，所以价值观本质上就是对于各种事物价值的排序，就是他认为什么东西是更有价值的。虽然每个人都有自己的价值观，但并不是每个人都清楚地了解自己的价值观，只有对自己的价值观有清楚的认知，他才能做好当下的每一个决策。以色列心理学家施瓦茨提出了一套价值观体系，他把价值观分为两大类，叫作成长型价值观和保护型价值观。成长型价值观是能够帮助我们丰富和拓展自我的价值观，是开放性的、鼓励成长的，如友善、超越、自主和探索等；而保护型价值观指的是那些帮助我们自我防御和避免伤害的价值观，是封闭和被动的，如物质、安全、传统和服从。保护型价值观在成长过程中越缺少，长大之后就越看重，比如说你小时候缺少安全和物质，长大后就会更看重安全和物质；但成长型价值观相反，越是在小时候得到足够的满足，越长大就会越看重，例如，小时候得到了充分的自主和探索的机会，长大之后就会更加喜欢自主和探索。

从长远来看，成长型价值观和人的幸福、健康的人际关系是正相关的，而保护型则是负相关。人的一生就像一棵树，成长型价值观让我们往上生长，保护型价值观让我们往下扎根。没有根，树就无法存活，但根基稳固之后，一棵树就应该尽可能地往上生长，开花结果，而不是为了无限地向下汲取养分。同样，一个人来到这个世界上，是为了往上成长，探索自己的无限可能，而不仅仅是活着，保护自己生存就好。正如金钱和物质导向的价值观就是典型的保护型价值观，几乎所有的研究都表明，金钱和物质与人类的幸福感没有必然的联系。因此，大学生价值观教育中要尽可能地从保护型价值观转向成长型价值观。

三、大学生自我意识提升

青少年除了要经历一段时期的同一性混乱，也会经历一个自我意识不断提升的阶段。这种提升自我意识的表现有两种形式，一是表现为对自我的关注，可以概括为埃里克森所强调的灵魂搜寻；二是表现为过度关注个体在他人心中的形象。他们认为有人在仔细地观察他们，谈论他们，并且评价他们。这些感觉在青少年早期尤其敏感，当他们做出同一性承诺时强度开始减弱。

关于自我意识提升的研究有许多理论。自我提升模型认为，人们想要对自己感觉良好，也渴望积极反馈，这种动机促使他们积极寻求相关信息。准确性模型认为，人们想要了解他们自己真实的样子。这促使他们寻求关于自身的真实信息，而不管这些信息是积极的还是消极的。自我一致性模型促使人们寻找与他们对自己的看法一致的信息，避免和否认与他们对自己的看法不一致的信息。大量证据表明，多数人并没有为主动地寻找关于自身的真实情况而付出努力，但当某些特质是人们非常想拥有的时候，他们往往会寻求积极反馈而不是必要的准确性。

(一)促进自我认知发展

尽管人们的自我认知具有一定稳定性，并不容易改变。但多年来，心理咨询师都在努力与来访者的自我观念做斗争，他们试图改变来访者不健康的自我认知，从而帮助来访者更积极地认识自己、缓解心理困扰，获得健康的心理状态。特别是在大学阶段，大学生们关于自身的认知还没有定型，许多观念和想法都是不确定的，对自我认知的可塑性还非常大。

1. 全面认识自我

古人云："人贵有自知之明。"这包含两重含义：一个人具有自知之明是非常重要的，也是非常困难的。正所谓当局者迷，旁观者清。一个人要全面认识自我，不仅要了解自己的身体，还要掌握自己的个性。不仅要认识自己的身体、相貌等生理方面的特点，也要认识自己的气质、性格、能力、兴趣、爱好、意志、品质等心理方面的特质，还要认识自己在大学生群体中的位置，了解自己在周围人际交往环境中的形象，了解自己的职业理想等。

2. 客观评价自我

自我评价是自我认识的核心，如果大学生对自己的存在价值、想法、动机、品德、个性特征以及自己的行为，有一个正确的、全面评价，就能够取长补短、接纳自我、控制自我、发展和完善自我，就能够处理好自己与他人的交往，处理好个人与社会的关系。相反，如果对自己评价过低或过高，不能全面地、恰当地评价自己的心理与行为，必然难以发挥所长，也不利于克服缺点，同时也难以处理好个人与社会、自己与他人的关系。

客观地评价自己并不是一件容易的事。大学生学习自我评价的途径大致有以下两种：一是镜像评价，是指借助他人的言行反馈来认识和评价别人和自己。大学生的自我评价能力虽然达到了较高水平，但他人评价的"镜子"作用依然起重要作用，尤其是来自亲密关系，如父母、兄长、老师和同学的反馈对个人影响最大。可以说，大学生自我评价的成熟及自我意识的发展是在他人的态度和评价中形成的。二是自省评价，大学生的自我评价并不完全以他人评价为依据，有时往往也会进行自我分析。一般而言，大学生的自省评价是通过自己的活动和行为结果来评价自我的能力和品质。如通过自己在某些方面获得的成绩及所付出的努力来评价自己的能力水平等。

3. 追求自我认同

自我认同是个人依据自己的经历所形成的，作为反思性理解的自我。个体的认同不是在行为之中发现的，也不是在他人的反应之中发现的，而是在保持特定的叙事进程之中被建构出来。如果一个人要在日常中与他人保持有规则的互动，那么其个人经历就不能全然是虚构的。因此，为了保持自我感，我们必须拥有我们来自何处，又去往哪里的观念。

自我认同包含自我了解和自我实现两部分。自我了解就是对自我所处环境的适当评估，对所扮演角色的正确认知和对于理想与现实能力的掌握。包含了以下内容：①我是谁，我的本质是什么？②我是怎么样的人，我的个性、特长与能力如何？③我想做怎样的人，我的愿望和理想是什么？④我应该做怎么样的人，我的道德和价值观是什么？现代背景下的"自我实现"是由美国著名的人本主义心理学家马斯洛最先提出来的。他认为自我实现也许可以大致描述为充分利用和开发天资、能力、潜力等。这样的人似乎在竭尽所能，使自己趋于完美。自我实现源自个人自我实现的需要、个人自我发展的需要，它是继人的生理需要、归属需要、自尊需要等基本需要的优势出现之后而产生的最大力量和最大强度的总体需要，即自我完善这一人性的需要。由此看来，自我实现乃是个人的最高价值。

4. 发展多元的自我概念

你是否考虑过以下问题：人们会有多少种不同的方式看待自己？对自己存在状态的知觉和认知越全面越好吗？心理学家林维尔提出自我复杂性的概念，用来说明人们认识自我的多样化程度，越是能够用多种不同的方式看待自己则代表自我复杂性越高，反之则代表自我复杂性较低。他认为，自我复杂性上的差异会影响人们对积极事件和消极事件的反应。个体的自我认知越简单，他对于积极事件或消极事件的反应就越极端。例如，假设你是把学习看得很重的学生，你生活的全部重心都围绕着你的学习。如果你一次考试成绩优异，你就会感到欣喜若狂，但如果你认为自己考得很差，你就会觉得受到了沉重打击。林维尔认为，这是因为你没有其他的东西可依靠；假设另外一种情境，如果你既是个努力学习的学生，又是一个爱好广泛的社团参与者、一个家庭幸福和谐的子女、一个善解人意的朋友等，在这样的情况下，一次没考好并不会让你感到深受打击，因为你还有其他的方式来缓冲这种打击。

（二）提高自我接纳程度

心理学家马斯洛认为，接纳自我是自我认知结构的一部分，是形成人格的重要因素之一。自我接纳是个体能够自发地接受、接纳他人和世界本来的样子。一个人只有肯定、认同自己，才会有自豪感、自尊感。以积极的态度认可自我，就形成自尊；以消极的态度拒绝自我，就形成自卑。心理研究表明，接纳自我度较高的人很少受到情绪的影响，也很少受到过去负面事件的影响。心理健康者更多地表现出对自己的接受和认可，而心理障碍者则明显表现出对自我的不满和排斥。只有积极地接纳自我，才有可能科学地塑造自我，确立正确的自我奋斗目标。

1. 自我接纳的内涵

接纳自我的内涵包括与自我相关的各个方面，如自我形象、身体形象、自我情感、态度、信念、价值观、生活目的、身边的人、所处的生活环境等。这些因素构成了个体的自尊心，适当的自尊心是个体接纳自我的重要因素。这意味着，一个人不因为自己的形象好坏、态度、信念的差异而感到自卑。接纳自我的人在各个方面都不会排斥自己，他们允许自己不够优秀，也愿意给自己成长的时间和耐心，他们不会因为接纳自己而停止成长，反而会因为接纳自己而更有动力成为自己。

2. 对问题的接纳

很多时候，我们之所以痛苦，是因为我们只生活在自己一个人的世界里。心理咨询中有一个常见的现象是，当咨询师告诉来访者很多人有他这样的问题时，他的困扰就减轻了很多，这也正是来访者对自身困扰有了一个基本的接纳，很多人的"问题"本身正是源于他对自己某些行为、特征的不接纳。对"问题"的理解，可以极大提升对它的接纳程度，无论是在对来访者的咨询过程中，还是对自己行为的自我分析过程中。同时，对问题的理解可以提升对"问题"的控制感，这也就是为什么精神分析式的"领悟"虽然有些时候不能带来改变，但是来访者还是会觉得有所帮助，对"问题"原因的理解可以在一定程度上降低"必须改变"的动机，增加对问题的控制感，同时也提供更多可能的改变方向，从而提升对"问题"的接纳程度。

3. 对改变的觉察

很多时候，我们没能发生真正的改变是因为没有真正的觉察。例如，当我们不接纳一些"问题"，努力地想要去改变它的时候，往往是放大了"问题"所带来的负面影响，忽视或者弱化了它的正面影响，生活中被"纸老虎"吓倒的例子比比皆是。但实际上，任何一件事情，它的影响很大程度上取决于当事人的视角，自我负面情绪较多者更多关注的是事情的消极影响；反之，自我情绪积极者更多关注的是事情的正面影响。自我接纳的一个方法，就是去发现和觉察"问题"的积极影响，发现的积极影响越多，对提升自我接纳的帮助越大。需要注意的是，改变需要过程和时间，在改变的过程中，"问题"会在一定时间内依然存在，因此对改变的过程保持整体性觉察，对提升自我接纳程度是非常有效的。

4. 合理的自我期望

自我期望也称抱负，是指一个人在做某件实际工作之前估计自己所能达到的成绩目标。自我期望水平是自我成就感的个人标准，成功和失败这两种情绪体验都取决于个人的期望水平。例如，同样是 80 分的考试成绩，对于只求及格、"60 分万岁"的学生来说，可能已是获得意外成功的惊喜，而对于一心要争第一、拿满分的学生来说，80 分则是难以接受的失败。因此，在自我认知的基础上，调整合理的自我期望值，正确面对自己的长处和不足，根据自己的专长、兴趣去选择性发展，以自己的优势来消除自己的缺点，会获得更多成功的体验。而这些成功的体验可以帮助学生树立个人的自尊、自信、进而提升自我接纳水平。

（三）提升自我效能感

自我效能感是美国心理学家班杜拉创建的社会认知理论中的一个重要概念。班杜拉特别强调人所具有的动因作用，即人的能动性。自我效能感就是人对自己作为动因的能力信念，它控制着人们自身的思想和行动，并通过它控制着人们所处的环境条件，因此，它是个体对自己能力的一种主观感受，而不是能力本身，它直接影响到个体在执行过程中的功能发挥。一般来说，成功经验会增强自我效能，反复的失败会降低自我效能。班杜拉认为每个人都是拥有一个自我系统，自我系统会对个体的思想、情感、动机产生一系列深刻的影响，会对个体的感知、行为的自我调节提供重要的参照机制和一系列次级功能。而在自我系统中自我效能居于核心位置，获得自我效能并不是一项容易的任务。

自我效能也是人格的基础之一，它让我们有机会成为自己真正想成为的人。相信自己、知道自己有能力实现某些事情，并按照自己的欲望、价值和能力工作，这些都能让人在生活中走得更远。当学生对自己的能力有信心并相信自己会取得好成绩时，他们就更有可能获得这些成绩。除此之外，自我效能感还会影响个体在活动中的努力程度以及在活动中面临困难、挫折、失败时对活动的持久力和耐力。特别是对于那些富有挑战性或带有革新性质的创造性活动而言，这种持久力和耐力是保证活动成功的必不可少的条件之一。

自我效能感高的人倾向于把成功归因为自己的能力和努力，而把失败归因为技能的缺乏和努力的不足。这种思维方式反过来促使个体提高动机水平，发展行为技能，从而有利于活动的成功。班杜拉对自我效能感的影响因素进行了大量的研究，指出可以通过以下三条途径来培养自我效能感。一是增加个体对成功的体验。自我效能感作为个体对自己与环境发生相互作用的效能的主观判断，不是凭空做出的，而是以个体多次亲身经历某一同类工作而获得的直接经验为依据的。它是获得自我效能感最重要的途径，并且也是对个体已形成的自我效能感进行验证的基本途径。多次的失败会降低个体的自我效能感，多次成功的体验则会提高个体的自我效能感。二是增加替代性经验。替代性经验指个体通过观察能力水平相当者的活动，获得的对自己能力的一种间接评估。它是一种间接经验。它使观察者相信，当自己处于类似的活动情境时，也能获得同样的成就水平。三是语言说服。指通过他人的指导、建议、解释及鼓励等来改变人们的自我效能感。当个体总能获得外界的关心和支持时，他的自我效能感就会增强。人们对自身能力的知觉在很大程度上受周围人评价的影响，尤其当评价来自有威信或对个体来说比较重要的人。班杜拉认为对个体的"无条件的积极关注"会增强个体的自我效能感。但是如果说服者的言语劝导与个体的实际能力不相一致时，一开始可能会增强个体的自我效能感，但经过验证后，反而会加剧降低个体的自我效能感。

拓展知识

自我效能感——成功才是成功之母

"自我效能感"的概念是由美国著名心理学家班杜拉提出的。自我效能感强调的是主观感受而非能力本身高低，它回答的是"我行不行"或"我棒不棒"的问题。自我效能感是获得成功的重要心理资本，可以内化为积极的自我信念——"我是有能力的/有价值的"，是行为的内部动力系统。影响自我效能感最重要的因素是个体行为的成败经验。一般来说，成功的经验会提升自我效能感，而反复的失败则会降低自我效能感。从这个角度来说，成功才是成功之母。

自我效能感决定了人们在应对问题时的选择、态度及坚持进而影响行为发生时的情绪、表现与结果。自我效能感较高的人遇事更加主动乐观，愿意迎接挑战，不会轻易放弃；而自我效能感较低的人则更容易产生畏难心理，容易回避甚至放弃，进而使自我效能感进一步降低。

第三节　自我控制能力提升

你可能碰巧会遇到真正努力的人，这些人总是尽其全力，很少会放弃，即便过程艰辛也依然选择坚持，甚至屡败屡战。你也可能认识与他们完全不同的人，这些人在遇到困难时很容易放弃、"躺平"甚至"摆烂"。为什么有些人在面对困难时会愈挫愈勇，而另一些人却会退缩和放弃？积极心理学对自我控制能力的研究不仅解释了人们为什么会失败，同样可以解释人们为何会成功。

一、与自我控制相关的研究

自我控制对我们的日常生活有多重要？美国心理学会的一项调查发现，27%的人认为缺乏意志力是阻碍他们实现目标的主要因素。无论你的目标是减肥，获得大学学位，还是戒烟，毫无疑问，实现目标只是一个控制自己行为的问题。被调查的人大多数认为自我控制是可以习得并加强的。研究者也找到了一系列提高自我控制的策略。

(一)延迟满足

美国斯坦福大学的社会心理学家米歇尔正式提出延迟满足的概念，并将其定义为"个体为了更有价值的长远结果而主动放弃即时满足的抉择取向，以及在等待过程中展现出的自我控制能力"。中国著名的思想家、教育家孔子也有"欲速，则不达，见小利，则大事不成"的类似论述，这些都反映了自我控制能力对一个人行为的深刻影响。

1. 延迟满足的范式

米歇尔认为，自我延迟满足包括"延迟选择"和"延迟维持"两个阶段。在延迟选择阶段，延迟者会基于一种更有价值的长远结果而放弃当前的即时满足；在延迟维持阶段，延迟者需要采取各种策略来维持他所做出的延迟满足选择，直至达到最后的目标。这一经典范式能有效揭示面对诱惑进行冲动控制、维持意志力的技能与策略。在生活中，个体之所以会延迟满足，有时是因为受到外界的压力，如父母、老师、纪律、规则等要求而不得不如此。有研究者因此提出"外加延迟满足"范式。根据该范式的观点，延迟满足是个体因为外界的要求而需要延迟满足，个体无需判断和选择，只需等待和忍耐。虽然目前延迟满足的研究范式众多，但最基本的是自我延迟满足范式和外加延迟满足范式。外加延迟满足范式强调了社会情境对个体延迟满足的影响，而这一点是在自我延迟满足范式中被忽视的。

2. 延迟满足的作用

延迟满足的发展是个体完成各种任务、协调人际关系、成功适应自然的必要条件，不是单纯地让个体学会等待，也不是一味地压制他们的欲望，更不是"只经历风雨而不见彩虹"，而是一种克服当前的困难情境而力求获得长远利益的能力，是自我控制的表现之一，也是个体社会化和情绪调节的重要成分，更是伴随人终生的一种基本的、积极的人格因素，是个体由幼稚走向成熟、由依赖走向独立的重要标志。

延迟满足能力强的个体，未来更容易发展出较强的社会竞争力、较高的工作和学习效率；具有较强的自信心，能更好地应付生活中的挫折、压力和困难；在追求自己的目标时，更能抵制住即刻满足的诱惑，而实现长远的、更有价值的目标。而如果延迟满足能力发展不足，在未来发展倾向上则缺乏上述品质，容易出现一些不良的行为习惯，如边做作业边看电视、上课时东张西望做小动作、贪睡懒觉不起床等；容易性格急躁、缺乏耐心，出现心理问题的人也相对较多；进入青春期后，在社交中容易羞怯、退缩、固执、优柔寡断；遇到挫折容易心烦意乱，遇到压力就退缩不前或不知所措等。

3. 学业延迟满足

学生为了追求更有价值的长远学习目标而推迟即时满足冲动机会的倾向称为学业延迟满足。大学生的学习以自学为主，自由支配时间前所未有地增加，面对的诱惑也在增多，而父母、老师的监管却大为减少。他们想要获得学业上的成功，需要强化自我控制，抵制各种诱惑。良好的学业延迟满足能力有助于大学生在学业中取得更大的成就。

在对学优生和学困生延迟满足能力比较实验研究中发现，学困生尽管想得高分，但等待策略比较贫乏，单是坐着枯等，等烦了，左顾右盼，焦虑不安，频繁地冲动性行为选择，导致得分偏低。而学优生会穿插一些小活动来缩短对延迟时间的心理觉察，以此缓解焦虑，有计划地理性选择。若把学困生和学优生放在一组测试，学困生会模仿学优生的等待策略和方法，自我控制倾向有所增加。该实验印证了米歇尔的自我控制力的实质论述——自我控制力（或延迟满足能力）不仅是"付诸意志努力去维持自己的注意直接指向困难，忍耐矛盾与枯燥，以求得目标的实现"，更是"个体通过各种策略将其面对的困难转换成富有乐趣的令人愉悦的过程，以达到自我控制，从而轻松地实现目标"。

拓展知识

棉花糖实验

在20世纪六七十年代，斯坦福大学心理学家米歇尔进行了一系列著名的棉花糖实验。他招募了几百名四五岁的儿童参与这个实验。研究人员把他们带进一个房间，房间有一张桌子，桌子上放着一颗棉花糖。研究人员告诉孩子，自己有事情要离开一会儿，如果他们回来的时候，孩子没有吃掉棉花糖，那么就可以再得到一颗棉花糖作为奖励，如果吃掉了，则没有奖励。结果是，每三位孩子中就有两位吃掉了棉花糖，有的孩子在房门关上后几秒钟就迫不及待地吃掉了，有的等了 1 分钟、有的等了 5 分钟、有的甚至等了 13 分钟。而没有吃的孩子，他们会看着棉花糖，不断往后推，或者通过唱歌、踢桌子、闭眼睛来分散自己的注意力，直到研究员回来。

这是一个跟踪实验。14 年后，他们找到了当年参与棉花糖实验的孩子，进行了后续调查，发现那些能够抵抗棉花糖诱惑的孩子，在集中注意力和推理能力上面的表现更好，在压力情景中也不那么容易崩溃。他们 SAT(美国大学入学考试，类似我们的高考)考试分数更高，大多获得了更高的学位，也更少出现犯罪、肥胖和吸毒等不良问题。至此，心理学家提出了一个重大的发现：自控力，也就是延迟享乐的能力，是决定孩子今后成就的一个关键因素。

(二)拖延行为

拖延是一个广泛存在于人类生活中的现象，拖延行为会对生活、工作和学习造成很多负面影响。已有的研究证实，自我控制能力是拖延行为的关键影响因素，在目标设置、时间管理、克服恐惧焦虑以及提高动力等方面都发挥着重要作用。

1. 拖延的心理机制

拖延的心理机制涉及多个因素，包括情感、认知和动机因素。情感因素方面，拖延行为通常与对任务失败或不完美的恐惧和焦虑有关。人们害怕任务过于困难，怕失败或担心自己不能胜任，因此开始拖延。一部分人可能使用拖延来逃避不愉快的情感，将任务推迟到"更好的时机"，但这种情感调节可能会使拖延行为更加频繁。认知因素方面，如果个体对于如何完成任务没有明确清晰的目标，或者认为任务缺乏重要性或意义，就会更容易拖延。此外，自我效能感低的人更容易拖延，他们可能会怀疑自己的能力，不相信自己能够成功完成任务。

动机因素方面，拥有内在动机的人因为对任务本身感兴趣或觉得任务有价值而更有可能及时开始和完成任务。但如果一个人的动机主要来自外部奖励或惩罚，他们可能不会感到特别有动力，更容易拖延。

综合来说，拖延是一个复杂的心理现象，其心理机制受到多种因素的影响。理解这些机制有助于采取措施来管理和减少拖延行为，如改进时间管理、应对情感焦虑、提高任务价值感等。

2. 拖延的干预策略

你什么情况下会拖延？打游戏，吃饭还是写作业？拖延行为最初源自趋利避害的本能(大脑很懒，会本能回避让自己不舒服或不擅长的事情)，当个体自我效能感比较低时，会导致做事情的驱动力和主动性降低，如果自我调控机制较弱，就容易发生拖延行为。而多次调控失败会进一步导致自我效能感降低，最终将拖延固化为惯性模式，反复发生。尽管拖延是一个普遍存在的问题，但幸运的是，有多种策略可以帮助人们克服拖延。以下是一些有效的干预策略。

(1)目标设定。设定明确、可衡量和具有时限的目标和计划，更容易抵制短期诱惑；

将大目标分解成小目标，使任务更容易管理和推进。

（2）时间管理。学习有效的时间管理技巧，包括制订任务清单、设置优先级和设定截止日期等，优先完成最重要和最紧迫的任务，并学会拒绝一些不重要或不紧急的任务，以便能够集中精力完成重要任务。

（3）恐惧管理。学会面对恐惧和焦虑，寻求支持或借助心理技巧来克服这些情感。

（4）建立奖励机制。设立奖励系统，以鼓励自己按时完成任务，并给予自己的努力正面反馈。

（5）练习冥想和放松技巧。通过冥想和其他放松技巧管理和减轻压力和焦虑。

每个人都是独特的，可能需要尝试和组合不同的策略，找到最适合自己的方法。在实践过程中，用积极和实际的方式看待任务和目标，不断调整和改进的同时，也要避免过度的完美主义。

拓展知识

拖延的代价与好处

当人们不能履行自己的义务、承诺或实现个人目标时，拖延是最常见的原因之一。对于人们为何把应该现在做的事情推迟到以后做，以及拖延的后果，泰斯和鲍迈斯特提出了一个启发性的看法。他们指出，人们往往会指责拖延，视之为懒惰和自我放纵。然而，研究显示，我们多数人至少在有的时候会对拖延有内疚感。但是拖延并非一无是处。如果你完成一个项目，并投入了一样多的时间在它上面，那么如果你晚一点完成它或是早一点完成它，又有什么关系呢？有一些人会说，在迫在眉睫的最后期限的压力下，可以使他们工作做到最好。时间压力给行为增加了情绪能量，或许产生了较好的表现。

在两个纵向研究中，泰斯和鲍迈斯特调查了拖延的可能代价和好处。为了评估拖延的影响，研究者以参加健康心理学课程的大学生为被试，比较了拖延者和非拖延者的情绪/身体健康结果及其成绩。这两个研究都耗时一个学期。根据标准化的量表，评估学生拖延倾向的得分，将他们分为拖延者和非拖延者。健康问题则通过自我报告看医生的次数来测量，每日检查表用来记录压力水平和疾病症状。在学术成绩上的数据包括学期论文的质量、学期论文上交的时间、考试成绩和最终课程成绩。

总的来说，泰斯和鲍迈斯特发现，拖延会产生短期的好处，但是会有长期的代价。在学期初的时候，拖延的学生享受着一段时间的压力减轻和较少的健康问题，而不拖延的学生在同一时间已经开始准备他们的论文和项目，遭受较高水平的压力和健康问题。然而到了快要接近最后期限的学期末，这个模式转变了，拖延的学生比不拖延的学生经历着更多的压力和健康问题。还有，之前拖延获得的好处已经被后来更多的代价所抵消。经过这整个学期，在代价方面，拖延的学生比不拖延的学生体验更多压力，且在健康上有更多的负面结果。还有，成绩测量显示，拖延一直都与低质量工作有关。拖延的学生的学期论文和考试的成绩显著低于不拖延的学生。一些人相信自己在压力下能将工作做到最好，这一信念在这个研究中没有得到支持。研究结果反而发现，推迟工作会导致低质量的工作，增加压力和疾病。泰斯和鲍迈斯特的结论是，拖延带来的结果在大多数时候是自我挫败。

(三)成瘾行为

成瘾行为与自我控制之间的关系在心理学和神经科学中是一个复杂而重要的话题。神经生物学研究显示，成瘾行为与大脑的多个区域(如前额叶和纹状体)和多种神经递质(如多巴胺)有关，在成瘾过程中，个体的自我控制能力通常会降低，因为成瘾物质或行为会影响大脑的奖励系统和决策制作能力。心理学研究发现，成瘾行为通常伴随着冲动行为和寻求及时反馈，缺乏自我控制是导致和维持成瘾行为的重要因素。因此，通过培养更好的自我控制策略，如预测和规避诱惑，可以有助于预防和治疗成瘾行为。以下是成瘾行为的干预策略。

(1)冲动控制。成瘾个体往往在冲动控制方面存在问题。他们可能会发现很难抵制即时的诱惑和满足，而忽略了长期的后果和目标。研究发现，加强冲动控制的训练有助于预防和治疗成瘾行为。

(2)自我效能。成瘾个体可能在面对诱惑和压力时，对自己的控制能力缺乏信心。增强个体的自我效能感，即对自己抵抗诱惑和控制行为的信心，是成瘾治疗的一个重要方面。

(3)目标设定和动机。成瘾行为通常会干扰个体的长期目标和价值。而清晰和有意义的目标有助于增强个体的自我控制能力。动机增强治疗是一种常用于成瘾治疗的方法，旨在增强个体改变行为的内在动机。

(4)情绪调节。成瘾个体可能会使用物质或行为来应对负面情绪，这是一种外在的情绪调节策略。学习和实践更健康的情绪调节策略，如冥想和放松练习，有助于减少对成瘾行为的依赖。

(5)预测和规避诱惑。预先识别可能的诱惑和风险情境，并制订应对计划，是增强自我控制的一个有效策略。"高风险情境"是指那些可能触发成瘾行为的情境，如特定的人、地点和情绪状态。

综上所述，自我控制作为一种多维度的心理能力，对预防和治疗成瘾行为具有重要的作用。在实际的心理干预中，可能需要综合考虑和应用上述不同的策略和方法。

二、自我调控的过程

自我调控是指个体自主调节自己的行为，使其与个人价值和社会期望相匹配的能力，它可以引发或制止特定的行为，如抑制冲动行为、抵制诱惑、延迟满足、制订和完成行为计划、采取适应社会情境的行为方式。这里的行为主要是指意志行为，往往是指向某些目标，可能是大的目标，需要长久的持续努力逐步实现，如想要获得博士学位，也可能是一个具体而小的目标，如按期完成老师安排的论文或作业。人们的心目中似乎总有一个自己想要的样子，行为目标最终可能都跟人们心目中理想自我的设想有关，行为的自我调节就是使自己的行为与理想自我相一致。

(一)行为的自我调节模型

"行为的自我调节模型"是心理学家关于行为调节的一个理论模型，试图说明个体选择做什么以及他们如何达成他们的目标，这个理论认为行为的自我调节有3个阶段：目标选择、行动准备、行为控制环路。

1. 目标选择

这个理论探讨的是意志行为，假设个体的行为总是有目标和动机的，也就是说，在人们能够有效地调节自己的行为之前，他们必须选择一个目标，确定他们想要做什么。人们总是有要去的地方，有想要去做的事，在这个前提之下，才可能来讨论如何到达。人们决定要不要去做某件事情，就是目标选择的过程，在选择目标时，是什么影响他要或者不要这个目标呢？期望价值理论是动机心理学最有影响的理论之一，该理论认为，个体在目标选择过程中会考量目标实现的可能性和实现目标对自己的价值等因素，即行为的动机强度＝期望×价值，对个人来说，目标越有价值，目标成功实现的可能性越大，就越倾向于去选择做这个事情。

2. 行动准备

行动准备是指收集信息，根据可能的结果建构情境，并实施行为预演。简而言之，就是设计和准备实施一项计划来达到自己的目的。如目标是保质保量按期完成论文作业，你可能根据老师对作业的要求、自己以往写论文的经验、最近其他的学习安排等多方面的信息，制订一个实施计划，安排好自己的时间、工作量、资源利用等。有时候我们对执行一件事情可能只是在头脑里面简单盘算，甚至有时候未经有效的考量就冲动行事，并不是每个计划都是经过充分思考的。冲动行事也就意味着没有进行有效的自我调节，或者意味着自我调节能力较差。

3. 行为控制环路

在实现目标的过程中，根据当前的信息调整进一步的行为，这就是行为控制环路。例如，你开始行动之后，观察自己的行为效果（或进度），并且会把自己的行为效果（或进度）和目标效果做比较，如果当前没有能达到目标效果，那么你可能会考量如何调整自己的行为以达到目标效果，或者你认为自己离目标效果太远了，选择放弃。这个过程中，个人对于达成目标的信心以及相关情绪反应都会影响到你最终是会继续努力还是会选择放弃。因此，良好的自我控制能力意味着有能力选择合适的目标，能够做有效的计划，在具体执行过程中，能根据行动的完成情况，适当地调整心态，做出积极的行为。

(二) 影响自我控制能力的因素

人们的自我控制能力有强有弱，有些人做事情有毅力，意志力强，总是能积极地尽全力去行动，即使遇到困难，也能坚持努力，而有些人缺乏自我管理的能力，要么不能选择一个合适的目标行为，要么不能制订有效的行为计划，要么遇到困难很快就放弃。是什么影响了人们自我控制能力？

1. 自我效能感在行为调节过程中起了重要的作用

自我效能感会影响到目标的选择确定、达成目标的决心、个体愿意花费的时间和努力。很容易理解，一个人越是相信自己有能力去做好某件事，那么他选择去做这件事情的可能性就越大，动机也越强，也越会愿意在这件事情上花费时间和努力，没有人会在自己根本完成不了的事情上下功夫，除非这件事情对他非常重要或者不做不行。

2. 自我概念会影响人们对行为的调节能力

一个人的核心价值信念对目标选择的影响重大，有什么样的自我概念，就会采取什么样的行为。特别看重自己负责任品质的人，做事情会认真负责，具有高度的社会责任感。可能自我是个体关于他们将来样子的看法，有些是积极的，有些是消极的，会影响到目标选择和行动准备。生动清晰的"可能自我"描绘会激发人们去选择与个人价值观相符的目标，而回避那些与个人价值观不相符的行为，同时，生动清晰积极的"可能自我"像榜样一样，帮助个体专注于他们的目标，以更积极的心态和更多的实际努力去获得成功。

3. 情绪在行为调节过程中起到关键性的作用

情绪也会影响认知和行为，情绪积极时，个体更容易感到有能力和自信，会愿意投入较多的时间和努力，行动更积极，意志力更坚强，也更能抵御诱惑，专注于目标。而被消极情绪控制时，更容易对自己有负面的评价，更容易自暴自弃，无法抵制诱惑。生活中，我们可能都有这样的切身体验，当压力很大的时候，容易让人疲累和烦躁，这个时候很难专注于要完成的目标任务，可能会采取拖延的策略，或者逃避任务，结果往往导致一个恶性循环，在逃避任务（追剧或者打游戏）上花费的时间越长，越是悔恨交加，情绪糟糕，导致更多的拖延和逃避。

（三）自我控制失败的日常解释

自我控制失败通常指的是个体在面对诱惑或挑战时，未能坚持自己的长期目标或价值，而做出了与这些目标或价值不符的选择。以下是对"借口"和"不可抵抗的冲动"作为自我控制失败日常解释的探讨。

1. 借口

借口通常是个体为自己的行为提供合理化解释的一种方式，即使这种行为可能与他们的长期目标不符，如一个人可能因为"太累了"或"没有时间"而没去健身，即使他们的长期目标是保持健康。在保护自尊、促进表现和帮助维持和谐的人际关系上，借口有积极的作用。但如果使用太多或者太明显的错误掩盖，借口可能会减少个体对自己行为的责任感和改变行为的动机，从而使他们更容易在面对诱惑时做出不符合长期目标的选择。长此以往，借口会破坏人们的自我调节能力、信心和效率，因为频繁地找借口会降低一个人的自我控制能力和责任感，进而导致自我调节的心理机制衰退。因此，长期找借口并不会让我们免于自尊威胁和他人的消极对待，相反，恰好会导致最初找借口想要避免的结果。

2. 不可抵抗的冲动

对控制失败的另一个日常解释是我们没有能力去抵抗诱惑和处理强烈的情绪，个体感觉自己无法控制自己的行为，而做出了与长期目标不符的选择。不可抵抗的冲动可能会导致个体自我控制丧失，在没有充分思考的情况下做出选择。但事实上，所谓不可抵抗的冲动并非是真的无法抵抗，而是自我放弃。如一个人可能因为无法抵抗甜食的诱惑而吃了过多的甜食，即使他们的长期目标是减肥。以下是对不可抵抗的冲动应对的策略。

（1）提高自我意识。时刻警觉自己可能会制造借口或被冲动所驱使，并学会识别这些模式。

（2）制订计划。预先制订应对策略，以减少在面对诱惑时依赖借口或屈服于冲动的可能性。

（3）培养自我效能。通过不断地实践和学习，增强自己在面对诱惑时保持自我控制的信心和能力。

通过认识到并理解自我控制失败的日常表现，个体可以更好地预防和应对这些情况，更有效地朝着自己的长期目标迈进。

三、提升自我调控能力的方法

提升自我调控能力是一个涉及心理、情绪和行为多个层面的过程。以下是一些方法和策略，可以帮助提升自我调控能力。

(一)制订目标和计划

制订一个全面具体的目标计划书对于实现我们的目标非常重要。因为没有可行的计划，我们很难去完成任何一个大的项目或目标。一个好的目标计划书应该包括我们想要完成的目标、为了达成该目标需要采取的步骤、可能的风险和解决方案、预算和资源，以及执行计划的一些相关问题等。

目标和计划有助于我们明确地知道自己想要达成什么目标，需要做些什么才能到达这个目标。在制订目标计划书的过程中，我们必须面对真实情况和相关数据，来确认这个目标是否具有可行性，是否现实可达，这个过程不仅在目标制订之初，而且还可以在整个执行过程中对目标进行不断的审核和升级，来保持目标的正确和可行性。同时，制订目标和计划的过程能够帮助人了解资源和预算，从而制订合理的方案，在制订计划时，需要考虑到成本、时间以及人力资源等方面的因素，可以帮助人们合理使用和管理资源，从而使计划更加可行和现实。

(二)重视行动的意义

每个人都是自己行动的结果，不管你在思考什么，你知道什么，最终会产生意义，很多时候，每个人都不缺少想法和梦想，每天都在计算着自己将来会怎样，但人与人之所以拉开距离，就在于行动力。行动力是我们对平庸生活最好的回击，不行动，梦想就只是好高骛远；不执行，目标就只是海市蜃楼；行动，哪怕是小行动，都能帮助我们重新聚焦。

我们总是在行动中体会和感受真理与知识，并积累丰富经验，在行动中找到开启人生命运的金钥匙，或者是找到生活的阳光大道，找到幸福的曙光并努力奋斗进取，这就是行动的价值、行动的真谛。

(三)做出承诺

每个人都应该为自己的行为负责任，特别是在个人发展上。承诺做出调整和改变是对自己的一种责任和义务，源于对个人发展目标的认同，由此衍生出一定的态度或行为倾向。在提升自我调控能力方面，个体若能结合自身调控目标对自己做出相关承诺，那么，个体在明确任务、着手实施、效果检验等方面，一定会更加积极有效，自我调控的结果将会逐步且更好地显现。

(四)不找借口

有时我们会为自己没有做到的、拖延的或承诺了却没有完成的事情，找各种的理由和借口，如你想要早起，结果你没有起来，如果你为自己找理由和借口，就会远离自己的目标和控制感，长期找借口并不会让人免于自尊威胁和他人的消极看待。心理学家认为，所有不愿意对自己诚实的部分，其实都是在把自己跟内在的自己分离，以及在逃避和防御着什么。不承认自己，不接纳自己，就是对自己不诚实。因此，承认自己有欲望、有喜好、有要求、有标准、有怀疑等，当一个人对自己极度坦诚和真实的时候，其实他已经开始跟别人不一样了，无论是他的成长速度，还是他对生活的这份轻松喜悦度，都会更加不一样。

（五）抵制诱惑

在自我调控的道路上，会有这样那样的诱惑，如尽管你知道自己在减肥，但每次看电视剧或电影时，你就是想吃零食，或明知道有一件事情很紧急需要尽快完成，但你还是好多次拿起手机看消息、刷视频等。抵制诱惑的能力是意志力的一部分。研究表明，长期睡眠不足的人，脾气暴躁、注意力难以集中，最容易被诱惑；能够更好地控制自己意志力的人，活得更加幸福，他们的生活更快乐、家庭更和谐、恋情更长久、收入更高、事业更成功。他们也能很好地应对压力、解决冲突。那该怎样做才能提高意志力，加强抵制诱惑的能力呢？

当你面临诱惑时，可通过呼吸实现自控，如你现在意识到自己已经玩了一会儿手机，不妨试着放下手机开始深呼吸，把注意力放在自己的呼吸上，感受自己的吸气和呼气，放慢你的呼吸节奏，慢慢你会发现你的欲望没那么强烈了。或者进行绿色锻炼，如走到阳台上，做简单的伸展活动，或找到一片绿色空间，放一首最喜欢的歌，又或者行动起来进行慢跑、打球等体育运动，不但能快速抵制诱惑，还能通过运动改善学习状态、情绪状态以及促进身体更加健康。

（六）学会坚持与放弃

有人说坚持就是胜利，有人说坚持不如放弃，作为大学生应该怎么去理解。在追求理想的过程中，也应该从实际出发，制订符合自身条件的目标，不可好高骛远，对于不切实际的想法，要勇于放弃，有舍有得，才能真正获得。从哲学角度讲，事情都有其两面性。塞翁失马焉知非福，"当我抓住你手的时候，我什么都没有，当我松开你手的时候，我拥有了全世界"。在我们生活中，应该学会转换角度看待问题。

放弃需要勇气。很多事实都告诫我们，在面对超越了生命极限的事情时采取放弃是一种美，这远比坚持更完美，坚持是人类一笔宝贵的财富，拥有它，便成功了一半，而放弃是一种艺术，大智慧的美，古往今来很多坚持与放弃的事例，如鹬蚌相争，渔翁得利。因此，大学生要懂得坚持和放弃，或者说学会取与舍。我们背负的东西越少，就越能发挥自己的潜在能力，必须衡量一下怎样做才能简而易行地到达目的地。人的一生就是一个不断选择的过程，我们的不如意和不顺心其实都在得失之间。今天的放弃，正是为了明天的得到。大学生们需要在经历更多事情的过程中，去学习和把握取与舍的道理和尺度，学会坚持和放弃。

本章作业

1. 自我探索练习一："我是谁"

第一步：准备一张白纸、一支笔，找一个安静的适合思考的环境，思考"我是谁？我是什么样的？"在纸上尽可能多地写下你的答案。请至少写 20 条，越多越好。

第二步：对照我们前面所讲的自我概念的分类，将你所写下的词语或句子，分别填写到下面表格中。

现实自我	理想自我

第三步：审视表格，看看哪些是十分确定和丰富的，哪些是需要进一步探索的，尝试去完善那些不丰富和不确定的描述。

第四步：将你的表格拿去跟你的朋友、同学交流，听听他们对你的反馈（镜面自我），看看你以为的自己和别人认为的你有没有很大的差异。

第五步：进一步考虑"理想自我"与"现实自我"的差别，想想自己可以做点什么，缩小现实自我与理想自我的差距。

2. 自我探索练习二：我最自豪的时刻

请你回忆一下，在过去的生活经历中，有没有曾经你认为自己无法完成的事情，经过努力获得满意的结果，请把这段经历写下来，在小组中分享你最自豪的故事。

本章重点检测

1. 自我意识由_____、_____和_____ 3个部分构成。
2. 自我意识发展的主要阶段有：_____、_____、_____和_____。
3. 自我效能感是个体对自己能力的一种_____，而不是_____。
4. 与自我控制能力相关的行为包括_____、_____和_____等。
5. 列举提升自我控制能力的方法：_____。

附：　　　　　　　　　　　　　乐观测试

以下测试来自积极心理学家马丁·塞利格曼教授所著《活出最乐观的自己》一书，可以比较全面地测评出一个人不同维度的乐观程度，请根据自己的实际情况如实作答。

1. 你所负责的项目非常成功。　　　　　　　　　　　　　　　　　PsG
　A. 我对手下监督很严。　　　　　　　　　　　　　　　　　　　1
　B. 每一个人都花了很多心血在上面。　　　　　　　　　　　　　0
2. 你和配偶（男/女朋友）在吵完架后和解了。　　　　　　　　　PmG
　A. 我原谅了他。　　　　　　　　　　　　　　　　　　　　　　0
　B. 我通常是个宽宏大量的人。　　　　　　　　　　　　　　　　1
3. 你开车去朋友家的路上迷路了。　　　　　　　　　　　　　　　PsB
　A. 我错过了一个路口没转弯。　　　　　　　　　　　　　　　　1
　B. 我朋友给我指路时说得不清楚。　　　　　　　　　　　　　　0

4. 你的配偶(男/女朋友)出乎意料地买了一件礼物给你。　　　　　　PsG

A. 他加薪了。　　　　　　　　　　　　　　　　　　　　　　　　0

B. 我昨晚请他出去吃了顿大餐。　　　　　　　　　　　　　　　　1

5. 你忘记了配偶(男/女朋友)的生日。　　　　　　　　　　　　　PmB

A. 我不擅长记生日。　　　　　　　　　　　　　　　　　　　　　1

B. 我太忙了。　　　　　　　　　　　　　　　　　　　　　　　　0

6. 神秘的爱慕者送了你一束花。　　　　　　　　　　　　　　　　PvG

A. 我对他很有吸引力。　　　　　　　　　　　　　　　　　　　　0

B. 我的人缘很好。　　　　　　　　　　　　　　　　　　　　　　1

7. 你当选了社区的民意代表。　　　　　　　　　　　　　　　　　PvG

A. 我花了很多时间和精力在竞选上。　　　　　　　　　　　　　　0

B. 我做任何事都全力以赴。　　　　　　　　　　　　　　　　　　1

8. 你忘了一个很重要的约会。　　　　　　　　　　　　　　　　　PvB

A. 我的记性有时真是很糟糕。　　　　　　　　　　　　　　　　　1

B. 我有时会忘记去看记事本上的约会记录。　　　　　　　　　　　0

9. 你竞选民意代表，结果落选了。　　　　　　　　　　　　　　　PsB

A. 我的竞选宣传不够。　　　　　　　　　　　　　　　　　　　　1

B. 我的对手人脉比较广。　　　　　　　　　　　　　　　　　　　0

10. 你成功地主持了一个宴会。　　　　　　　　　　　　　　　　　PmG

A. 我那晚真是风度翩翩。　　　　　　　　　　　　　　　　　　　0

B. 我是一个好主持人。　　　　　　　　　　　　　　　　　　　　1

11. 你及时报警，阻止了一起犯罪事件。　　　　　　　　　　　　　PsG

A. 我听到奇怪的声音，觉得不对劲。　　　　　　　　　　　　　　0

B. 我那天很警觉。　　　　　　　　　　　　　　　　　　　　　　1

12. 你这一年都很健康。　　　　　　　　　　　　　　　　　　　　PsG

A. 我周围的人几乎都不曾生病，所以我没被传染。　　　　　　　　0

B. 我很注意饮食，而且每天都保证足够的休息时间。　　　　　　　1

13. 你因为借书逾期未还而被图书馆罚款。　　　　　　　　　　　　PmB

A. 我看得太入迷，忘记还书时间了。　　　　　　　　　　　　　　1

B. 我忙着写报告，忘记去还书了。　　　　　　　　　　　　　　　0

14. 你买卖股票赚了不少钱。　　　　　　　　　　　　　　　　　　PmG

A. 我的经纪人决定冒险试试新股票。　　　　　　　　　　　　　　0

B. 我的经纪人是一流的投资人才。　　　　　　　　　　　　　　　1

15. 你赢得了一项运动比赛。　　　　　　　　　　　　　　　　　　PmG

A. 我所向无敌。　　　　　　　　　　　　　　　　　　　　　　　0

B. 我训练很刻苦。　　　　　　　　　　　　　　　　　　　　　　1

16. 你考试不及格。　　　　　　　　　　　　　　　　　　　　　　PvB

A. 我不像其他考生那么聪明。　　　　　　　　　　　　　　　　　1

B. 我准备得不充分。　　　　　　　　　　　　　　　　　　　　　0

17. 你特地为你的朋友烧了一道菜，而他连尝都没尝。 PvB
    A. 我不是个好厨师。 1
    B. 我今天准备得太匆忙。 0

18. 你输掉了一场准备已久的比赛。 PvB
    A. 我不是一个优秀的运动员。 1
    B. 我不擅长那项运动。 0

19. 你的汽车在深夜的街道上没了汽油。 PsB
    A. 我没有事先检查一下油箱里还有多少油。 1
    B. 油量计坏了。 0

20. 你对朋友发了一顿脾气。 PmB
    A. 他总是烦我。 1
    B. 他今天情绪不好。 0

21. 你因未申报所得税而被罚款。 PmB
    A. 我总是拖延报税。 1
    B. 我今年很懒散，不想报税。 0

22. 你想与某人约会，但被拒绝了。 PvB
    A. 我那天状态非常糟。 1
    B. 我去约他时，紧张得说不出话来。 0

23. 一个现场节目的主持人从众多的观众中挑你上台参加节目。 PsG
    A. 我坐的位置很容易被选上。 0
    B. 我表现得最热情。 1

24. 在舞会上，常有人请你跳舞。 Pmg
    A. 我在舞会上很活跃。 1
    B. 那晚我表现得很完美。 0

25. 你为配偶(男/女朋友)买了一件礼物，而他并不喜欢。 PsB
    A. 我没有好好花心思去想应该买什么。 1
    B. 他是个很挑剔的人。 0

26. 你在应聘工作的面试上表现很好。 PmG
    A. 面试时我很自信。 0
    B. 我很会面试。 1

27. 你说了一个笑话，每个人都捧腹大笑。 PsG
    A. 这个笑话很好笑。 0
    B. 我的笑话说得很是时候。 1

28. 你的老板没有给你足够的时间去完成那项工作，但你还是按时完工了。 PvG
    A. 我对我的工作很在行。 0
    B. 我是一个很有效率的人。 1

29. 你最近觉得很疲倦。 PmB
    A. 我从来都没有机会休息一下。 1
    B. 这个星期我特别忙。 0

30. 你邀请某人跳舞，但他拒绝了你。　　　　　　　　　　PsB
  A. 我不擅长跳舞。　　　　　　　　　　　　　　　　　1
  B. 他不喜欢跳舞。　　　　　　　　　　　　　　　　　0

31. 你救了一个差点噎死的人。　　　　　　　　　　　　PvG
  A. 我会这种急救技巧。　　　　　　　　　　　　　　　0
  B. 我知道在危机时刻该如何处理。　　　　　　　　　　1

32. 你的热恋情侣想要冷却一阵子你们的感情。　　　　　PvB
  A. 我太以自我为中心了。　　　　　　　　　　　　　　1
  B. 我冷落了他，花在他身上的时间不够。　　　　　　　0

33. 一个朋友说了一些使你伤心的话。　　　　　　　　　PmB
  A. 他说话总是不经过大脑，冲口而出。　　　　　　　　1
  B. 他今天心情不好，把气出在我身上。　　　　　　　　0

34. 你的老板来找你，要你给他些建议。　　　　　　　　PvG
  A. 我是这个领域的专家。　　　　　　　　　　　　　　0
  B. 我很会提出有用的建议。　　　　　　　　　　　　　1

35. 一个朋友感谢你帮助他度过了一段困难的时光。　　　PvG
  A. 我很乐意协助朋友渡过难关。　　　　　　　　　　　0
  B. 我关心朋友。　　　　　　　　　　　　　　　　　　1

36. 你在聚会上玩得很痛快。　　　　　　　　　　　　　PsG
  A. 每个人都很友善。　　　　　　　　　　　　　　　　0
  B. 我很友善。　　　　　　　　　　　　　　　　　　　1

37. 你的医生说你的身体健康状况很好。　　　　　　　　PvG
  A. 我坚持运动。　　　　　　　　　　　　　　　　　　0
  B. 我非常在意健康。　　　　　　　　　　　　　　　　1

38. 你的配偶(男/女朋友)带你去过一个浪漫的周末。　　PmG
  A. 他需要休息几天。　　　　　　　　　　　　　　　　0
  B. 他喜欢去探索新的地方。　　　　　　　　　　　　　1

39. 你的医生说你吃了太多的甜食。　　　　　　　　　　PsB
  A. 我对饮食不太注意。　　　　　　　　　　　　　　　1
  B. 我不能不吃甜食，它们到处都是。　　　　　　　　　0

40. 老板指派你去做一个重要项目的主持人。　　　　　　PmG
  A. 我最近刚成功完成一个类似的项目。　　　　　　　　0
  B. 我是一个好项目主管。　　　　　　　　　　　　　　1

41. 你和你的配偶(男/女朋友)最近一直吵架。　　　　　PsB
  A. 我最近压力很大，心情不好。　　　　　　　　　　　1
  B. 他最近心情恶劣。　　　　　　　　　　　　　　　　0

42. 你滑雪时总是摔跤。　　　　　　　　　　　　　　　PmB
  A. 滑雪是一项很难的运动。　　　　　　　　　　　　　0
  B. 滑雪道上有冰。　　　　　　　　　　　　　　　　　1

43. 你赢得了一个很有声望的奖项。 PvG
   A. 我解决了一个重大的难题。 0
   B. 我是最好的员工。 1

44. 你的股票现在跌入了谷底。 PvB
   A. 我那时不了解股市行情。 1
   B. 我买错了股票。 0

45. 你中了 500 万元大奖。 PsG
   A. 我真是运气好。 0
   B. 我选对了数字。 1

46. 你在放假时胖了起来，现在瘦不回去了。 PmB
   A. 从长远来说，节食其实没有用。 0
   B. 我这次试的这个减肥法没有用。 1

47. 你生病住院，但是没什么人来看你。 PsB
   A. 我在生病的时候脾气不好。 1
   B. 我的朋友常会疏忽这类事。 0

48. 商店拒收你的信用卡。 PvB
   A. 我有时候高估了自己的额度。 1
   B. 我有时候忘了去付信用卡账单。 0

```
                      计分表

        1.PmB_____        2.PmG_____

        3.PvB _____       4.PvG _____

                   HoB_____

        5.PsB _____       6.PsG _____

        B类总分 _____      G类总分 _____

                   G~B _____
```

1. PmB（Permanent Bad，永久性的坏）
这些题旨在测查你是否认为不好的事情是永久的。0 分代表乐观，1 分代表悲观。
请将 PmB 的分数加起来，将总分写到计分表的 PmB 那一栏。
分数说明：
0 分或 1 分代表你在这个维度上是非常乐观的；
2 分或 3 分代表中等乐观；
4 分代表平均水平；
5 分或 6 分代表相当悲观；
7 分或 8 分代表处于极度悲观。

2. PmG（Permanent Good，永久性的好）
请将 PmB 的分数加起来，将总分写在计分表的 PmG 那一栏。

分数说明：

7分或8分代表你对好运的持续发生非常乐观；

6分代表中等乐观；

4分和5分代表平均水平；

3分代表中等悲观；

0分、1分或2分代表非常悲观。

注意：相信好运是永久的人在他们成功后往往更加努力，而把成功看成暂时的人常常在成功后就放弃了，因为他们相信成功只是侥幸。

3. PvB（Pervasiveness Bad，普遍性的坏）

请将PvB的分数加起来，将总分写在计分表的PvB那一栏。

分数说明：

0分或1分代表你是非常乐观的；

2分或3分代表中等乐观；

4分代表平均水平；

5分或6分代表中等悲观；

7分或8分代表非常悲观。

4. PvG（Pervasiveness Good，普遍性的好）

请将PvG的分数加起来，将总分写在计分表的PvG那一栏。

分数说明：

7分或8分代表你是很乐观的；

6分代表中等乐观；

4分或5分代表平均水平；

3分代表中等悲观；

0分、1分或2分代表非常悲观。

将这个测验中你的PvB分数加上你的PmB分数就是你的希望（HoB）分数。这项分数越低，希望水平越高，7~8分为平均水平。

5. PsB（Personalization Bad，人格化的坏）

请将PsB的分数加起来，将总分写在计分表的PsB那一栏。

分数说明：

0分或1分代表你的自尊很高；

2分或3分代表中等自尊；

4分代表平均水平；

5分或6分代表中等低自尊；

7分或8分代表自尊非常低。

6. PsG（Personalization Good，人格化的好）

请将PsG的分数加起来，将总分写在计分表的PsG那一栏。

分数说明：

7分或8分代表你很乐观；

6分代表中等乐观；

4 分和 5 分代表平均水平；

3 分代表中等悲观；

0 分、1 分或 2 分代表极度悲观。

现在可以计算你的总成绩了。

首先，将 PmB、PvB 和 PsB 的分数相加，得出你有关不幸事件的分数，填入 B 类总分栏；然后，将 PmG、PvG 和 PsG 的分数相加，得出你有关好事件的分数，填入 G 类总分栏；最后用 G 类总分减去 B 类总分，就是你的最终得分。下面是分数的意义。

如果你的 B 类总分是 3~5 分，那么你真是一个非常乐观的人；如果你的 G 类总分在 19 分以上，那么代表你对好运、好事件的想法是非常乐观的；如果你的 G~B 分数在 8 分以上，整体来说，你是个很乐观的人。

第四章

积极人格

【本章重点】

人格发展的最高水平是独立，这需要一个强大的自我来保障。

没有完善的人格，只有人格的完善。

发展积极人格的实践路径：不断进行深入的自我探索，培养积极思维，建立良好的人际支持系统和做好压力和情绪管理。

积极心理品质对积极人格起着塑造、调节、保护和促进作用。

大学生积极心理品质培育，具体的指向是提升五种能力：自我管理能力、共情力、创造力、抗逆力和利他精神，这是大学生成就自我的王者之力。

无意识操纵着你的人生，你却将其称为命运。

——卡尔·荣格

人格发展是心理学的一个重要研究领域，在心理学中，人格以其博大精深的理论体系而著称。心理学家们在不同的时期试图从不同的角度解释个体的思想、感觉和行为模式，因为不同的心理学流派和理论对人格有不同的解释和侧重点，在学派林立的人格心理学领域中，对人格的定义也有许多不同的说法。

本章要讲的是积极人格发展，具体指的是一种正向、乐观、积极进取的人生态度和人格特质。积极心理学的研究证实：具有积极人格的人常常能够更好地应对生活的挑战和压力，他们往往有较强的适应能力和应对困难的策略。

第一节 人格概述

瑞士著名心理学家荣格将人格形容为一个浩瀚而神秘的系统，而人的内心世界就像宇宙，认为人生最伟大的探索就是对内在自我的探索，这是一项持续终生的事业，发展人格最重要的目的之一，就是要使每个人都了解自我、完善自我，塑造健康人格，展示人格的力量。

一、对人格的理解

"人格"这个词，人们并不陌生，但在没有了解心理学对人格的定义之前，很多人对人格的理解都比较抽象。英文中的"人格"一词，最早由希腊语"persona"引申而来，原意为演员所戴面具，类似京剧的脸谱。这其实是一个隐喻，反映了在人生这个舞台上，每个人在不同的阶段和场所扮演的角色都不同，就像戴上了不同的面具，在心理学中转译为"人格"。面具代表了一个人所特有的行为模式，既包括他外在表现出来的种种言行，也包括他内在的人格特质，即真实自我的特征，如京剧中的红脸代表忠义，白脸代表奸诈，黑脸则表示刚强。

(一)人格的含义

心理学界对于"人格是什么"的观点也并不一致，主要有以下几个层面的理解：一是道德层面的人格，倾向于个体的品德、品格和操守等道德品质。二是社会层面的人格，主要指向一个人的尊严、价值和名誉等社会有效性，代表其社会地位和影响力。三是心理层面的人格，主要将人格理解为性格、秉性和特质类型等，指先天生物遗传(如气质类型)和后天社会环境及个体的认知模式相互作用而形成的相对稳定和独特的心理行为的倾向模式，可以表现为一个人的认知、情绪和行为等独特而稳定的特征。目前，心理学家从人格的结构、发展等不同的角度研究人格，因而形成对人格不同的解释，在人格的定义上也未达成共识，但他们公认的是，人格具有跨时间、跨情境的一致性，又对个体行为的特征性模式有独特的影响。

一般来说，心理学将人格定义为一个人持有的一组持久的行为模式、思考方式和情感反应的组合。这些特质和行为模式决定了个体与社会环境的互动方式，以及个体的自我概念。以下是一个较为综合的定义：人格是指个体在心理和行为方面的独特的、稳定的特点和模式，这些特点和模式是通过遗传和环境(包括社会、文化和个人经历)的相互作用形成的。人格影响个体的情感、动机、适应方式以及与他人的互动方式。人格是区分每个人与众不同特点的一个重要因素，也是个体在不同情境中显示出相对一致行为的基础。这个定义强调了人格的独特性、相对稳定性和综合性，也反映了人格由多方面因素共同塑造的观点。

(二)人格的结构

人格的结构主要包括4个方面：气质类型、性格、认知风格和自我调控系统。

气质是每个人与生俱来的典型而稳定的心理特征，即先天品性，如有的孩子爱哭好动，有的孩子内敛安静，这些气质差异出生时就表现出来，是人格的先天基础，受神经系统活动过程制约，没有好坏之分。

拓展知识

4种经典气质类型及其特点

气质类型	性格特点	人物特质	代表人物
胆汁质	精力旺盛，满怀理想，不易妥协情绪强而不平衡，易激动，行为容易具有攻击性	力量型 行动敏捷/"快"	张飞

（续）

气质类型	性格特点	人物特质	代表人物
多血质	思想活跃灵活，擅交际，适应力强，情绪发生迅速易变化	活泼型 行动迅速/"我"	王熙凤
黏液质	情绪稳重，有耐心，持久性强，缺乏灵活性	完美型 反应缓慢/"万一"	唐僧
抑郁质	内向，言行缓慢，优柔寡断，情绪敏感，观察力强，孤僻，刻板	和平型 行动迟缓/"无所谓"	林黛玉

性格是与社会化关系最密切的人格特征，主要体现在对自己、对别人、对事物的态度和所采取的言行上，是面对现实的态度和行为方式中比较稳定、核心的个性特征，侧重于道德成长。性格是在社会生活中后天发展形成的，同时也受个体的生物学因素影响，是人格的核心部分。性格有好坏之分，能最直接地反映出一个人的道德风貌。

认知风格即认知方式，指个人所偏爱的信息加工方式，与智力无关或相关不显著，大多是认知发展过程中形成的个体差异，是一个过程变量而非内容变量，具有跨时间的稳定性和跨情境的一致性，并且具有两极性和价值中性等特点。它既包括个体知觉、记忆、思维等认知过程方面的差异，又包括个体态度、动机等人格形成和认知能力与认知功能方面的差异。

自我调控系统是人格中的内控系统或自控系统，与自我意识发展水平相关，由自我认识、自我体验和自我控制 3 个子系统构成，其作用是对人格的各种成分进行调控，对人格发展起着调节、监控和矫正的作用，能保持人格的完整、和谐与统一。

（三）人格的特征

人格在气质类型、性格、认知风格和自我调控系统等先天、后天因素的交互作用下形成和发展，这使得人格既呈现出一些基本的性质，又表现出对立统一的特点。

1. 独特性

俗话说"人有千面，各有不同"，每一个人都有他独特的性格魅力，体现在他的一言一行中。如林黛玉多愁善感，薛宝钗端庄大方，王熙凤八面玲珑等。独特性是遗传、环境、教育等交互作用的结果，体现了个体核心的心理特征差异，形成了每个人独特的行为模式。即便是同卵双胞胎，遗传物质相同，但个体对信息的接受力、理解力不同，从小在人格上仍存在差异，他们的性格也不完全一致，每个人都因其各自不同的需要、爱好、意志和价值观，表现出独特性的行为。

2. 稳定性

俗语"江山易改，本性难移"描述的就是人格的稳定性特征。一个人的某种人格特征一旦形成，就是相对稳定的，在不同的空间、时间和情境下，一个人的行为模式不会发生大的变化。例如，一个外向的同学，他无论在家还是在学校，性格都不会有太大差异，会表现得主动、乐于沟通和表达。

3. 综合性

完整的人格是一个系统，而非各种特征的简单堆积，这些特征会依据一定的内容、秩序与规则有机组合起来，这使得人格结构的组合千变万化，表现出各种复杂的行为。也正因如此，当一个人的人格结构的各方面和谐统一时，会呈现出健全的人格，能够真实地感知世界，并做出有效的应对。反之，则可能会出现各种心理冲突，使个体很难适应变化发展的环境。

4. 功能性

人们常说的"性格决定命运"，人格决定了一个人的生活方式和行为模式，深刻地影响着一个人的命运。就如《红楼梦》中对王熙凤命运的预示："机关算尽太聪明，反算了卿卿性命"，如此悲惨的结局与她集聪慧、能干、狠毒、欲望等于一体的性格特点密切相关。当然，人格的功能性并不意味着某一种人格就一定不好，或者某种人格就一定好，它更多地体现在运用上，就像悲伤可以化为力量，也可以使人消沉。人格功能强大的人会把命运牢牢掌握在自己的手中，因为他们更擅长适应现实的环境，发挥自己人格的功能，支配自己的生活，收获成功。

需要说明的是，尽管人格具有相对稳定性，但不排除其发展和变化。积极心理学非常重视个体的主观能动性，人拥有潜能，会更积极地做出改变，不论是行为还是性格上的改变。

二、人格的主要学说

关于人格的研究，心理学家们提出了多种理论和学说。每一个流派都是由众多心理学家们发展和推进的，提供了独特的视角来理解人格的形成和发展，强调了不同的因素和过程；而每种理论都在帮助我们理解"我是谁"的问题上提供了有价值的东西。

（一）精神分析理论

弗洛伊德的精神分析理论强调潜意识和童年经历对人格发展的影响。弗洛伊德主要研究了无意识心理过程和童年经历对个体后来的人格发展和心理健康的影响。

弗洛伊德把人的心理解剖为意识、前意识和无意识3个部分，这是理解弗洛伊德理论的重要起点。意识指的是人们可觉察到的想法，包括我们当前正在思考的事物，这些是我们可以直接访问和思考的思想和感觉。前意识包括那些暂时不在我们意识中但可以轻易取回的信息和思想。例如，我们可能会暂时忘记某个人的名字，但稍后又突然想起。无意识包含了被压抑的欲望、冲突和回忆，这些内容不容易被意识到，但会影响我们的思想和行为；无意识也包括基本的生物驱动力和本能。弗洛伊德认为，无意识对我们的行为和感受有巨大的影响，我们内心想法的主体位于无意识当中；无意识的内容难以被提取进人的意识，但其内容决定了人的许多日常行为。理解无意识对行为，尤其是变态行为的影响，是理解精神分析思想的关键。

弗洛伊德很快就发现上述解剖模型在描述人格上有局限，进而提出了心理结构可以分为3个部分：本我、自我和超我。本我是源于生物本能的冲动和欲望。本我是人的原始驱动力，是出生时就拥有的，充满了基于生理需求和欲望的冲动。本我遵循快乐原则，总是寻求即时的满足和快乐，避免不快和痛苦。自我是与现实相适应的部分，是个体与现实世界的互动，在本我和超我之间起调解的作用。自我遵循现实原则，尝试在本我的冲动和外部世界的要求之间找到平衡，同时也考虑超我的规范和要求。超我代表内化的社会规范和道德标准，是个体的良心和理想自我。超我评估行为是否符合道德和伦理标准，对自我施加奖励或惩罚。

弗洛伊德认为，人格的形成和发展是一个动态过程，由本能冲动和社会规范之间的冲突推动个体的心理健康和人格发展。本我、自我和超我之间的关系如果出现冲突和失衡，可能会导致心理问题和病理行为。弗洛伊德的这一模型被广泛应用于精神分析的理论和治疗实践中。本我、自我、超我好像是一个张力三角形，3 种力量既相互补充，又相互对立。在健康人的身上，强大的自我不允许本我或超我过分地掌控人格，而是努力协调达到某种平衡状态。

（二）发展阶段理论

著名的发展心理学家埃里克森提出的人格发展理论，强调个体在其生命周期中的每个阶段都有一个特定的发展任务，要经历一些特定的心理和社会冲突。在前一章自我意识的内容中，我们介绍了埃里克森提出的心理社会性发展的八阶段模型，根据埃里克森的观点，自我的基本功能是建立并保持同一感。这种同一感包括人对自己的唯一性的认识，以及从过去到想象中的未来的连续感。他用这个词组来说明人在缺乏明确的"我是谁"的感觉时所产生的混乱和失望。人们都可能在一段时期觉得自己的价值观或生活方向不确定。同一性危机通常出现在青少年期，但不限于年轻人，许多中年人还经历着相似的探索期。本章节从人格发展的角度，重点介绍每个阶段与个体人格发展相关的特定危机或冲突。

埃里克森提出的人格发展阶段可以理解为，人人都要经历 8 个对人格发展至关重要的不同阶段，每个阶段都会遇到不同的岔路口，即不同的前进方向。在埃里克森的模型中，这些岔路口代表人格发展的转折点。他把这些转折点称作"危机"。怎样解决每个危机，决定着我们人格发展的方向，并影响我们怎样解决后面的危机。解决每个危机都有两种方式：一种是适应的，另一种是不适应的。埃里克森强调社会交往的重要性，以及每个阶段成功解决危机对个体后续发展的积极影响。他认为，自我是人格中一个相对强大而独立的部分，其目标是建立人的同一性，满足人掌控外部环境的需要。未能成功解决某个阶段的危机会影响个体在后续阶段的发展，而自我发挥着许多建设性的功能。

（三）人格特质理论

人格特质理论是一种用来描述和解释人格差异的心理学理论。特质指的是持久的品质或者特质，这些品质或者特征使个体在各种情况下的行为具有一致性。这些理论通常侧重于识别、描述和度量个体持久的心理特质，这些特质在不同的情境和时间中保持相对的稳定。近年来，心理学家在人格描述模式上形成了比较一致的共识，提出了人格的"五因素模型"，也被称为"大五"人格特质（big five personality traits），包括开放性、尽责性、外倾性、宜人性和神经质性。这是人格心理学中的一场革命，也是目前最被广泛接受和使用的人格特质模型。

1. 开放性

开放性主要涉及一个人对新经验的开放度和接受程度，代表乐于尝试新鲜事物、对新的想法和理念充满兴趣，其对立面是保守、不愿意接受改变。得分较高的人通常更有创造性，对艺术和新事物更感兴趣，也更愿意尝试新的经历和想法。

2. 尽责性

尽责性描述的是一个人的责任感、组织性和可靠性，代表有序、进取、自律性强，其对立面是杂乱无章、无目标性、冲动。得分较高的人通常更有纪律，更能完成任务，并且更加可靠。

3. 外倾性

外倾性涉及一个人的社交性和活跃度，代表主动、外向、经常体验到积极的情感，它的对立面则是内向、害羞。外向的人通常更喜欢社交活动，更愿意与他人互动，并且通常感觉更有活力和兴奋。

4. 宜人性

宜人性描述的是一个人在与他人互动时的友好性和合作性，代表关心他人、善于与人相处，其对立面是喜欢争执、竞争性强、以自我为中心。得分较高的人通常更有同情心，更愿意帮助他人，并且在社交情境中表现得更加和善和合作。

5. 神经质性

神经质性涉及一个人的情绪稳定性，代表负面情感，如忧虑、愤怒，其对立面是冷静和情绪稳定。得分较高的人可能更容易经历负面情绪，如焦虑、抑郁和敏感。

人格特质理论提供了一种框架，用以理解和描述个体间在行为和经验倾向上的差异。这5个维度被认为是描述个体人格差异的基础维度。五因素模型被广泛用于各种心理学研究和应用领域，包括人格测评、职业咨询、临床评估和心理治疗等。通过这5个维度，可以更全面和精确地了解和描述一个人的人格特点。通过理解和测量这些特质，我们可以更好地预测和解释个体的行为和心理反应。人格特质理论在职业选择、临床心理学、健康心理学等领域有广泛应用。

（四）人本主义理论

人本主义心理学是20世纪中叶兴起的一种心理学流派，强调个体的自我实现、成长和自我价值，看重个体的内在经验、自我认知和自我探索。亚伯拉罕·马斯洛是人文主义的代表人物，他的许多观点和理论都对积极心理学产生了深远的影响。马斯洛用一幅关于人类本性的乐观而令人振奋的图景取代了弗洛伊德悲观和创伤的观点。他曾这样表述："弗洛伊德向我们展示了人们心理当中悲观的一半，现在我们必须用健康的另一半来补充完整。"

以下是人本主义学派对人格发展的主要观点：自我实现论认为，人的基本驱动力是实现自我潜能和成为"最好的自我"。人们都有成为更好自我、实现个人价值的可能性和能力。自我概念论认为，人格发展与个体的自我概念紧密相关。一个人如何看待自己，以及他们的自我形象和自我评价，都影响着个体的行为和心理健康。一个支持和接纳的环境可以帮助个体发展一个健康的自我概念并促进自我实现。人本主义心理学家罗杰斯强调无条件积极关注，他认为，他人的评价和接纳方式影响个体的自我价值感和自我接纳，无条件的积极接纳和尊重有助于个体的自我发展。

人本主义注重内在动机在人格发展中的作用，认为由内在动机驱动的行为更有可能导致满足感和自我实现。同时，人本主义理论也强调了探求存在的意义和目的在个体心理健康和人格发展中的重要性。

拓展知识

亚伯拉罕·马斯洛的需求层次理论

亚伯拉罕·马斯洛提出了一个著名的需求层次理论(图4-1),包括生理需求、安全需求、社会需求、尊重需求和自我实现需求。自我实现是指一个人实现其潜能,成为他能成为的最好的自我。他认为,只有当基本的生理和心理需求得到满足时,人们才会追求更高层次的自我实现需求。而自我实现的人会展现出更多的创造性和问题解决能力,并且更加注重精神和心灵的成长。

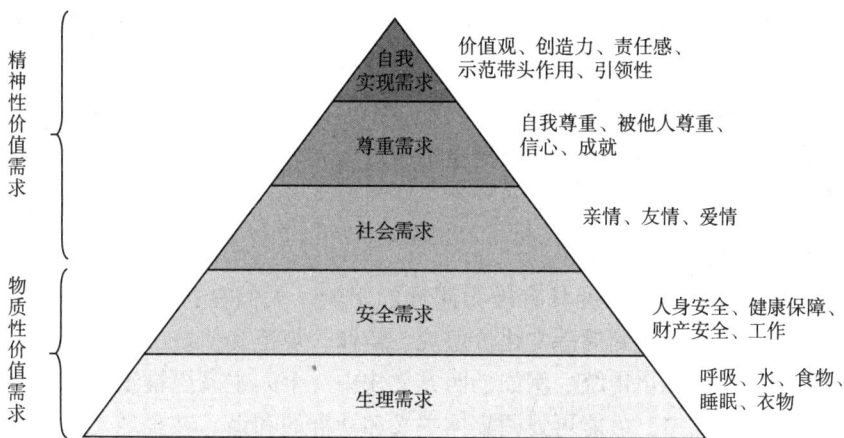

图 4-1 马斯洛的需求层次理论

生理需求。指的是基础的生物需求,如食物、水、睡眠等,这是我们转入较高层次需要前必须先足的需要。

安全需求。当生理需求得到满足时,我们就会更多地被安全需求所推动。包括身体安全、健康、财产安全等。

社会需求。指的是人与人之间的互动和联系,如友谊、家庭、爱等。大多数人可以满足基本的生理和安全需求,但这些较低层次需要的满足并不能保证幸福,对友谊和爱的需求很快就出现了。

尊重需求。包括自尊、成就感,以及他人的认可和尊重。归属和爱的需求的满足会把我们的注意转向自尊的需求。即使有金钱和朋友,但如果无法满足自尊和被赞赏的需求,将导致自卑感和挫折感。值得注意的是,这种尊重必须是实至名归的。我们不能靠谎言和自欺来得到荣誉和权威。

自我实现需求。指的是追求并实现个人的潜能和才能,达到个人的最佳状态。当所有的低级需求都得到满足之后,一种新的不满足感就会出现。我们会把注意转向自己,扪心自问:我的人生意义与价值是什么?当我们确认了真实的自我,并且充分挖掘自己的潜能时,自我实现的需求就得到了满足。

三、人格发展的影响因素

人格既是社会塑造与文化积淀的产物，又是个体适应环境、主动选择与积极创造的结果。人格的塑造与多方面的因素有关。

（一）遗传因素

遗传是人格不可缺少的影响因素，自出生之日起，个体就带着不同的遗传基因。遗传决定论的代表人物霍尔曾说过："一两遗传胜过一吨教育。"遗传因素对人格的作用程度因人格特征的不同而不同，如胆汁质的人外向、冲动，行为举止与抑郁质的人差异巨大。人格发展过程中，遗传因素可以影响人格发展的方向及形成的难易。

（二）家庭环境因素

俗话说："有其父必有其子。"表面上看这句话在强调遗传因素，但也暗含了父母按照自己的意愿和方式教育孩子，使他们逐渐形成了父母认可的某些人格特征。如富于感情的父母将会示范并鼓励孩子采取更富情感性的反应，因此也加强了孩子的利他行为模式而不是攻击行为模式。同时，孩子也会无意地模仿父母为人处世的态度和行为，家庭教育是影响孩子人格发展的核心因素之一。

（三）社会文化因素

社会文化对个体的人格发展具有极为深远的影响。人们在特定的社会文化环境中长大、生活和学习，不断地受到周围文化价值观、信仰、规范和传统的熏陶和塑造，使不同文化和地域有着不同的文化传统。例如，西方文化中，个人主义更被重视，鼓励独立和自我表达；而在东方文化中，可能更强调集体主义和社群的和谐。在全球化的背景下，多元文化越来越多地相互交融和影响，大学生需要具备跨文化的能力，能够理解和尊重不同文化的价值观和传统，也能够在不同文化的环境中保持自我并做出适应。

（四）学校教育因素

学校教育在个体的人格发展中扮演着重要的角色。首先，它为学生提供了一个系统性学习知识和技能的环境，促使他们形成持续学习和探索的习惯。这不仅丰富了学生的知识层次，也有助于塑造他们积极向上的人格特质。其次，学校教育通过与同龄人的交往，培养学生的社交能力。学生在与他人合作和交流的过程中，学会了倾听、理解和尊重，形成了良好的人际关系和社会适应能力。再次，学校通过设定规则和标准，教导学生如何自我管理和自我控制。这有助于学生形成责任感和自律性，为其未来的生活和工作打下基础。最后，学校教育还能通过多样的教学活动，帮助学生发现和认识自我，促使他们形成稳定的自我认知和自我价值，有助于人格的健康成长。

（五）人际关系因素

人际交往是维持大学生身心健康的重要保证，人际关系的范围越大，得到支持和帮助的机会就越大。如果大学生能与群体中其他同学进行广泛的交往和联系，特别是经常与兴趣相同的伙伴在一起，进行思想情感的交流与沟通，就能从中得到启发、疏导和帮助，使其感受到充足的社会安全感、信任感，从而大大地增强其生活、学习和工作的信心和力量，减少心理危机感。反之，如果大学生的交往需要得不到满足，就会增加大学生的挫折感，引发内心的矛盾与冲突，带来系列的不良情绪，久而久之会对大学生的人格发展产生不良影响。

（六）自我意识发展因素

自我意识在人格发展中扮演着至关重要的角色。自我意识涉及个体对自身思想、情感和行为的认识和理解，它是个体形成自我认知和自我评价的基础。

布特曼曾说过："每一个人都是他自己个性的工程师。"个人受到社会刺激，将其转化为个体的需要和动机，推动其行动。个体会根据自己看到、听到的不断形成自己特有的理想信念和世界观，个体已经形成的个性特征和价值信念会影响到之后个体是否接受或在多大程度上接受社会刺激的影响。

第二节　积极人格与大学生成长

积极人格是积极心理学研究的一个重要内容和概念。大学生正处于人生的关键转折点，他们开始逐渐从家庭和校园的庇护中独立走向社会，面对更多的挑战和机遇。在这一关键阶段，发展积极人格将为他们的学业和人生带来诸多益处。积极的人格可以帮助他们更好地适应大学生活，充分发挥潜能，为大学生的成长带来了无数的机会和可能性。

一、积极人格的特征与意义

"积极"（positive）一词，源自拉丁文 positum，其原意是指"实际而具有建设性的或潜在的"意思。在此解释中可以看出"积极"一词，既包含人外部的资源，也包含人内部的潜能。积极心理学中的"积极"，一般指"正向的"或"主动的"含义，因此，积极人格的理解主要有 3 个内涵：一是相对于传统心理学研究病态人格的区分。二是倡导心理学要研究人格正向、主动的方面。三是强调用积极的方式来对人格发展做出解释，并从中获得积极意义。

（一）积极人格的特征

积极人格是指个体工作、生活和学习中能够充分发挥主观能动性，具有积极、健康、乐观的心理状态和行为特征，从而使个体自身得到良好发展的一种人格。这种人格类型的人通常充满生活热情，面对困难和挑战时能保持积极乐观的态度，愿意接受并适应环境的变化。它强调个体的心理健康、积极情感和适应能力，以及对自己、他人和环境的积极态度和行为，涵盖了乐观、坚韧、自信、好奇心和感恩等多个方面。具有积极人格的人通常会展示出以下几个特征。

（1）乐观开朗。积极的人通常会对生活和未来持有乐观态度，即使面对生活的压力和困难时，也能保持积极的心态，相信自己有能力解决问题。

（2）自信。具有积极人格的人对自己的能力和价值有清晰的认知，他们对自己的能力和判断充满信心，并且愿意接受新的挑战。

（3）自我激励。积极人格的个体有较强的自我激励能力，他们通常有明确的人生目标，并且愿意为实现自己的目标和理想而持续努力，也更愿意学习新的知识和技能，不断自我提升。

(4)社交能力。积极人格的人通常社交能力较强，能够与他人建立良好的关系，也愿意给予他人帮助，容易获得良好的人际支持。

(5)适应性强。他们能够适应复杂环境的变化，具有良好的抗压能力，在不同的情况下能够保持良好的心态；遇到问题时，会积极寻找解决方案，而非消极逃避。

此外，拥有积极人格的人往往非常感恩，能够从他人的帮助和支持中感受美好，也更愿意表达感激和回馈，更容易发展出利他行为。因此，积极人格可以帮助我们在生活和工作中表现得更加出色，也更容易获得他人的喜欢和尊重。

(二)积极人格对大学生成长的重要性

发展积极人格对大学生群体具有重要的意义，是推动大学生实现学业、心理、社交和生活目标的重要动力。首先，它有助于塑造学生健康的心理状态，使他们能以更加乐观、积极的态度面对学习和生活中的各种挑战。积极的心态还可以减轻学生的心理压力，提高他们解决问题和应对困难的能力。其次，积极人格能激发学生的学习热情和动力，推动他们在学术上追求卓越，实现自我价值。在建立和谐的人际关系方面，积极的人格特质可以使学生在社会交往中感受到更多的支持和帮助，从而增强他们的社交能力和人际交往的愉悦感，进而提高学生的幸福感和生活满意度，使他们能更好地实现个人的全面发展。

1. 积极人格与心理健康

心理健康与人格发展密切相关，二者的重要关系主要体现在两个方面：一是明显的人格障碍本身就是一种心理疾病。二是不良人格特征，如焦虑、强迫和抑郁障碍等。积极人格本身就是心理健康素养较高的体现。

积极人格特质如乐观、自信和希望，帮助人们建立积极的心态，而积极心态能够降低压力和焦虑水平，使人更有信心和勇气面对生活中的挑战和困难。拥有积极人格的人具有更好的情绪调节能力。他们能够更快地从负面情绪中恢复，使人能够更好地适应生活的起伏和挑战，提升心理健康水平。此外，拥有积极人格的人容易发展出自我肯定和自尊的能力。他们能够欣赏自己的优点和成就，增强个体对自己的认同感和自信心，保持积极的自我形象，从而促进心理健康的发展。

总体说来，积极人格可以促进心理健康水平的提升，能够为大学生心理健康和全面发展奠定坚实的基础。

2. 积极人格与学业成就

积极人格对于大学生的学业成就有着显著的推动作用。拥有积极人格的大学生通常具备强烈的学习动机和坚定的学习目标，他们能够全身心地投入学习中，以乐观、积极的心态面对学业上的困难和挑战。这种积极的心态使他们在遭遇困惑和挫折时，能够保持坚韧不拔的精神，勇往直前，不轻易放弃。这不仅有助于他们在学术上取得更高的成就，也有利于他们在未来的职业生涯中持续成长和进步。在面对学业压力时，积极人格使大学生能够保持相对稳定的心态，主动管理和调节自己的情绪，有助于他们在考试和其他评估中展现出最佳状态，充分发挥自己的学术潜能，有助于他们在学术道路上走得更远，实现自我价值的最大化。

3. 积极人格与人际支持

在大学这个特殊的社交环境中，拥有乐观、自信、感恩、幽默和合作等积极人格特质的大学生往往能获得更多的社会支持和情感满足，进而提升心理健康和幸福感。例如，乐观自信的大学生更懂得如何表达自己，展示自己的长处，更容易与人建立联系和交流。由于他们总能保持一种积极和乐观的态度，这也使他们在人际交往中更具吸引力。他们的存在往往能给他人带来正能量，使周围的人感到愉快和舒适，也会吸引更多的朋友，建立更广泛的社交网络。同时，良好的人际支持又会反过来促使大学生更加积极向上，形成一个良好的正向循环。

4. 积极人格与自我效能

自我效能是指个体对自己有能力成功执行某项特定任务的信念。拥有积极人格的大学生通常具有较强的自我效能感；他们相信自己有能力完成各种任务和挑战，这种信心有助于他们在面临困难时保持冷静和自信，更有力量去克服困难。在生活和学习中，拥有积极人格的大学生通常会有更高的动机和积极性去面对挑战，他们通常更愿意积极尝试和行动而非回避，结果也往往更加理想，进而增强自我效能感。思维方式上，在面对挫折和失败时，积极人格帮助大学生用更积极的方式去评价和解释自己的经历，并将其视为成长的机会，这有助于他们保持高水平的自我效能感，也更有利于他们从中吸取经验，不断提高和进步。

因此，积极人格对于大学生群体的自我效能有着积极的推动作用。通过积极人格特质的培育，能够帮助大学生深入探索自身潜能，并在实现个人成就的过程中获得内在的能力感，能够进一步推动个人向更高目标迈进。发展积极人格可以帮助大学生更好地面对生活和学业中的各种挑战，提高他们的适应能力和心理韧性，为未来的发展打下坚实的基础。

5. 积极人格与幸福感

积极人格与幸福感之间存在着密切的联系，特别是对于身处多变而充满挑战的大学生群体。拥有积极人格的大学生通常能更好地适应大学的学习和生活，也更容易感受到幸福和满足。拥有积极人格的大学生往往更珍视生活中的点滴，愿意投入更多的热情，以积极视角关注于生活的各个方面，更容易从中找到快乐和满足，增强幸福感。许多研究都表明，个体人格特点与主观幸福感密切相关，作为个体人格中的积极心理品格与个体主观幸福呈显著正相关，也就是说，个体在人格特质上表现出越多的积极心理品格，那么就会体验到更多的幸福感，对学习、生活等各个方面均更为满意。

对于大学生来说，积极人格是一种宝贵的品质，它能够在不同方面促进大学生的个人发展，帮助他们更好地适应和应对大学生活中的各种挑战。

二、发展积极人格的实践路径

大学生心理健康教育是高等教育的重要组成部分，其核心目标是引导学生发展和保持良好的心理状态，以促进其全面、均衡和健康的成长。而积极心理品质正是心理健康的重要保障，也是大学生适应社会，实现自我价值的重要基础。指导大学生发展积极人格，可从以下几个实践路径展开。

（一）不断进行深入的自我探索

人格发展的最高水平是独立，这需要一个强大而自由的自我来保障。发展积极自我正是不断提升自我意识水平并最终获得自由的过程，这个过程并不容易。在相当长一个时期内，大学生的重要任务都是围绕自我探索展开。自我探索是一个深入了解自我，发掘内在潜能，找到奋斗目标和方向的过程，借助这个过程，大学生可以更加明确和清晰自身的特质、优势以及内在的潜能，在明确自己未来希望成为一个什么样的人之前，更重要的任务是，必须要知道自己现在已经是一个什么样的人。

1. 明确个人价值和目标

明确个人价值和目标是自我探索的重要组成部分，有助于大学生形成明确的人生方向和自我价值感。大学中充分鼓励大学生根据自己的兴趣和擅长选择适合自己的机会；鼓励大学生参加多样化的活动展示自我、认识自我，发现自己的兴趣和热情；在对自己充分的认识和探索的基础上，制订切实可行的短期和长期目标并适时调整目标。

大学生正处于人生发展的关键阶段，会面临许多重大的选择，只有尽可能多地去经历和实践，在不断的探索和经验总结中才能完成对自我价值的确认，从而获得自我效能感，这意味着既要选我所爱，更要爱我所选并为之行动。自我自由，人格独立，这是我们成长的根基，也是人生的底气。一个强大的自我对个人价值和目标追求有着坚定而清晰的认知，会在自我实现的过程中不断发展出积极的人格特征。

2. 积极开展学业与生涯规划

大学生的主要任务是学习和个人成长，二者相辅相成，良好的学业规划能为未来的职业生涯打下坚实的基础。首先，要对自己进行科学的自我评估，了解自己的兴趣、能力和价值观；可以通过各种专业的测试和咨询，更好地认识自我，明确自己的专业和职业发展方向。其次，要根据个人兴趣和专业要求，制订合理的学习计划。不断调整和完善学习计划，以适应不断变化的需求和目标。再次，要重视实习、志愿服务和社会实践等活动，在经历和体验中开拓思维，制订个人发展策略和行动计划。最后，要明确发展目标，制订实现目标的具体步骤和方法，积极主动地进行学业和生涯规划，充分发展和运用自己的潜能。

3. 重视内在动机与自驱力培养

内在动机和自驱力是一个人主动投入学习、不断探索和成长的强大推动力。内在动机可以帮助大学生有明确的方向和目标，进而激发自驱力，在努力和坚持中获得成就感和满足感。其中最首要的就是重视大学生的兴趣，兴趣是最好的老师也是最根源的力量，在兴趣的驱动下，大学生会更加主动投入，面临困难时也不容易回避或放弃。其次，要学习时间管理和任务管理等自我管理的方法，引导大学生合理安排学习和生活，培养学生的自我管理能力，使其能够有效地规划和执行任务。来自师长、朋友和自己的信任与鼓励也非常重要，适时的肯定自己才能不断强化自己的信心。最后，还要为自己设置一些具有挑战性的任务或目标，通过克服挑战，实现自我突破，增强自驱力；面临困难时，要注意关注自己的进步而非单纯的结果和成绩，有意识地增强持续努力的动力。

（二）培养积极思维

积极思维是一种积极的认知方式，能够帮助大学生以更积极的视角认识和理解问题，增强解决问题的信心和能力，也往往会采取更多的积极行动从而带来积极的结果。积极思维是积极心理品质培养的核心要素之一。一个拥有积极思维的人往往更能够有效地应对生活的挑战，更有利于个人的成长和发展。

1. 学会悦纳自己

在多元化和高度竞争的社会环境中，大学生常常面临着来自学业、就业、人际关系等多方面的压力，悦纳自己是每个大学生都需要学习和掌握的心理技能。悦纳自己，意味着接受并善待自己的优点和不足，这是自我成长和自我完善的基础。

首先，大学生应该学会理解和接受自己的情感和想法。每个人都有自己的优点和不足，都会经历成功和失败。大学生应该学会用更加理智和成熟的态度看待自己的情感和想法，不应该因为暂时的困难和挫折而否定自己。其次，在客观和准确地评价自己的基础上，要学会有意识地关注自己的优势并自我激励和自我鼓励。最后，悦纳自己也意味着对他人有更多的理解和包容，要学会用积极和开放的态度对待自己和他人，不断提高自己的能力和素质。

2. 培养积极心态

培养积极心态是一种策略和方法，也是一种生活态度。培养积极心态，意味着要保持积极的生活态度，更关注生活中美好和积极的一面。首先，积极心态的培养不仅仅是个人的事，也与周围的人和环境息息相关，在一个充满积极能量的环境中才可能结交良友。因此，大学生要多去图书馆、操场或大自然等场所为自己赋能。其次，不必过分追求完美，接受自己的不完美，也尊重他人的不完美。很多时候，完成比完美要重要很多，保持学习的心态，先完成再完美，培养一种"善待自己"的心态，能帮助我们更好地面对压力和困难。最后，还要学会感恩。对于生活中的点滴美好，我们都应保持感激之心。感恩可以使我们更加珍视现有，更加积极地看待生活。

3. 保持终身学习和成长

终身学习和成长指的是持续学习新知识和技能，保持对生活和学习的热情，不断提升自我，是一个持续不断、充满活力和创新的过程。现代社会发展和进步的速度越来越快，新的知识和技术层出不穷，终身学习有助于个体不断更新知识体系，适应社会的快速发展。它不仅限于学校教育阶段，而是贯穿个体的整个生命历程。

终身学习和成长，意味着要永葆好奇心。保持对世界的好奇心，对新知识和新事物充满热情，是维持终身学习的动力源泉。终身学习和成长，意味着要不断自我反思。经常对自己的行为和思考进行反思，有助于个体发现自己的不足，明确成长的方向。终身学习和成长，意味着要保持开放的态度。保持对不同观点和思想的开放，愿意接受新事物。持续地学习不仅仅是指知识的获取，还包括价值观、思维方式、人际交往等各个方面的不断完善。终身学习和成长是每个人都应该追求的目标。大学生应该积极寻找适合自己的学习和成长路径，不断提高自己，使自己在这个多变的社会中始终保持竞争力和活力。

4. 积极迎接挑战

当代大学生处于一个充满机遇与挑战的时代，作为未来社会的重要力量，应该识变应变，积极面对和接受各种挑战。要学会正视生活和工作中的困难，保持乐观心态，主动作为不逃避，积极寻找解决办法。要勇于跳出舒适区，接受新的挑战。只有在尝试中，才会发现自己更多的可能性。要将问题视为锻炼和提升自我的机会，而非单纯的困境和压力。通过不断的尝试和挑战，将注意力从问题的消极面转移到解决问题的过程，同时，也会在这个潜移默化的过程中培养出更积极的心态。

（三）建立良好的人际支持系统

良好的人际支持系统对于处于成长阶段的大学生极为重要。大学生的人际支持系统主要由家人、朋友、教师和其他社会关系组成，是大学生最主要的情感支持和归属感来源，也是大学生成长和发展的重要推动力。

1. 家庭关系

大学生的人格发展是一个复杂而多元的过程，其中家庭关系起着至关重要的作用。作为个体最基本的社会单位，家庭是每个人成长的起点，家庭的价值观直接影响了大学生的价值取向，家人的支持和理解是我们面对困难时最坚强的后盾，家庭关系是否和谐直接影响到大学生的心理健康和人格成熟。

首先，家庭关系的稳定性和亲密性为大学生的心理健康提供了保障。家庭成员间的相互支持和理解能够帮助大学生更好地应对生活和学习中的压力，使他们在面对困难时不感到孤单和无助。相反，家庭关系的紧张和冲突可能会使大学生感到焦虑和不安，影响他们的情绪和心理状态。其次，家庭关系的质量影响大学生的社交能力和人际关系的建立。一个和谐的家庭环境能够帮助大学生建立良好的人际交往能力，使他们在社交场合中更加自信和得体。再次，家庭的教育方式和价值观也会影响大学生的人格发展。家庭的教育方式应该尊重大学生的个性和自主性，支持他们的探索和尝试，这有助于培养他们的自信和独立思考的能力。因此，家庭关系对大学生的人格发展有着重要的影响。作为大学生，应该珍视和维护家庭关系的和谐，同时也应该努力提升自己的心理素质，使自己在家庭关系中得到正向的影响和发展。而作为家庭成员，也应该给予大学生足够的支持和理解，帮助他们健康成长。

2. 朋辈关系

朋辈关系对大学生的人格发展具有显著的影响。同龄人群体是大学生最密切的社交圈层，对大学生的心理健康、社交技能以及价值观的发展具有重要的作用。

良好的朋辈关系可以为大学生提供必要的情感支持和心理安慰。大学生在学习、生活和未来规划中可能会面临各种压力和困惑，朋辈的陪伴和支持能够帮助他们减轻心理负担，更加自信和从容地面对困难和挑战。朋辈交往中的相互理解、包容和合作，有助于提高大学生的人际交往能力，培养他们的团队合作精神和解决问题的能力。通过与来自不同背景的同学交往，大学生可以接触到更为多元和广泛的观点和想法，有助于他们开阔视野，修正和丰富自己的价值观和人生观。

同时，朋辈关系也可能带来负面的影响。例如，过度信任和依赖同样缺乏生活经验的同龄群体，可能会导致大学生忽视自主思考而盲目从众。因此，大学生在与朋辈交往中，应该珍视和维护良好的朋辈关系，但也要注意保持理智和独立思考，以促进人格的全面和谐发展。

3. 师生关系

师生关系是教育过程中最为核心和重要的部分，对于大学生的人格发展起到至关重要的作用。教师不仅是知识和技能的传授者，更是学生心灵的引导者和人格成长的促进者。

良好的师生关系能够为大学生提供一个积极健康的学习氛围。教师的支持和鼓励能够增强学生的自信心，激发他们的学习积极性和探求欲望。在这样的氛围中，学生更加愿意表达自己的思考，更加勇于接受新知识和新挑战。在大学生人格发展过程中，教师还起着榜样的作用。教师的言传身教，无时无刻不在影响着学生。教师的职业道德、社会责任感、人际交往能力等都会被学生潜移默化地学习和模仿。此外，教师还可以提供专业的职业指导和人生规划。大学生正是人生规划的关键时期，面临着未来发展方向的选择。教师的建议和指导，是学生明确职业目标、规划发展路径的重要参考。因此，我们应该重视和优化师生关系，鼓励每一位大学生在课堂内外与教师建立良好的师生关系，使之成为促进大学生人格发展的有力支持。

4. 其他社会关系

除了家庭、朋辈和师生关系外，其他社会关系也对大学生的人格发展起着重要的作用。社会关系的拓展有助于大学生形成更加丰富和多元的视野和价值观，也有助于他们更好地适应社会，成为有社会责任感的公民。

社会关系有助于大学生的社交技能的培养。通过参与各种社会活动，如志愿者活动、实习实践及其他社会活动，大学生可以多角度锻炼和提高自己的人际交往和社交技能。丰富的社会关系有助于大学生的价值观和世界观的形成。在与社会的多方交往和多元价值观碰撞中，有助于他们形成更加成熟和理性的价值观。此外，社会关系的建立还可以帮助大学生拓展自己的社会网络，这不仅有助于他们的职业发展，也有助于他们在面临困难和问题时获得更多的社会支持和帮助。

建立良好的人际支持系统，能够为大学生的成长提供丰富的资源和多元的支持，对大学生的人格发展起着重要的作用。一个丰富完善的人际支持系统，可以为大学生提供心理和社会等多个层面的支持和帮助，更有信心和力量去面对生活中的挑战，同时在人际关系的良好互动中促进人格的健全发展。

（四）做好压力和情绪管理

心理健康是大学生积极人格发展的重要基础，在大学这一特殊阶段，大学生会面临着学业、人际关系、未来规划等各种压力，学会如何有效管理这些压力和情绪，对于大学生的心理健康和人格发展具有重要意义。

1. 压力管理

压力管理是大学生积极人格发展的重要保障。压力管理是个体心理调适的重要方面，特别是对于身处多变环境中的大学生而言。有效的压力管理有助于促进大学生发展积极、健康和全面的人格。

通过对压力源的分析和管理，大学生能更好地理解自己对压力的反应方式，了解自己的压力应激状态，促进自我认知发展。压力管理也往往涉及解决问题的策略。通过有效管理压力，大学生可以学会如何面对和解决问题，增强解决问题的能力。通过合理地调节和排解压力，可以帮助大学生在面对困难和挑战时保持更为平和的心态，有助于提高大学生的抗逆能力，形成稳定、坚韧和独立的人格特质。

2. 情绪管理

情绪管理是积极人格发展的重要支撑，对人格发展具有积极的促进作用。情绪管理能帮助大学生更深入地了解自己的情绪反应和内心世界，通过了解和掌握自己的情绪，更好地理解内心真实的需求和动机，形成更加完整和成熟的自我。

情绪管理有助于大学生在面对不同情境时保持情绪的稳定。学会调控自己的情绪，可以使他们在面对挑战和压力时保持冷静和理智，是发展积极乐观心态的重要内容。情绪管理还有助于改善和优化大学生的人际交往。通过有效管理自己的情绪，合理地表达和调节自己的情绪，在社交中可以表现得更加温和自信，有助于建立和维持健康、和谐的人际关系，从而形成更加协作和友爱的人格特质。

三、发展积极人格的实践方法

没有完善的人格，只有人格的完善。大学时期阶段不仅是知识和技能学习的时期，也是个人品质和人格塑造的关键时期。积极心理学认为，只有积极正向的力量得到培育和发展，问题和消极的方面才能被真正抑制。在大学生的成长过程中，如果只是一味关注解决已经出现的心理问题而忽视内在的人格培育，只是治标不治本，无法从根源上解决问题，新的问题也会源源不断发生。因此，要更加主动地重视和培育大学生的积极人格，以下是一些具体的操作性实践方法。

（一）养成良好的生活习惯

良好的生活习惯是积极人格发展的基石，在促进人格发展方面具有重要作用。例如，规律的作息习惯有助于保持一个清晰的头脑和充沛的精力，使个体更加积极地面对各种挑战；而健康饮食和适量运动有助于保持良好的体态和心态，增强个体的自信和自我价值感。这些看起来微不足道又很容易被忽略的小事，不仅可以促进身体健康，还非常有助于帮助大学生保持一天的精力充沛和积极心态，并帮助大学生建立良好的自我管理意识和自我掌控感，进而又形成和促进积极人格的发展。

📖 拓展知识

晨间户外散步的神奇作用

阳光、新鲜空气和运动是一个很好的组合。呼吸新鲜的空气和运动本身就能降低人的焦虑水平，调节自身情绪状态。我们建议将运动时间和地点尽可能安排到早上的户外空间，这是因为阳光是调节人体生物钟的重要因素，与五羟色胺（也被称为"幸福激素"）的形成也有密切关系。

通过对视网膜的刺激，阳光可以影响大脑中负责调节生物钟的区域，显著影响到五羟色胺的合成和释放，而五羟色胺是一种重要的神经递质，对于调节心情、睡眠和食欲等生理功能有重要作用。相关研究显示，在清晨初升的阳光下散步30分钟，便足以形成维持人们一天精力充沛所需的五羟色胺；到了晚上，人体内的五羟色胺会在暗环境中合成和释放褪黑激素，这种激素对于调节睡眠-觉醒周期有着重要作用。

（二）发展积极的心智模式

心智模式是人们对世界的一种认知结构和心理模式，通过这种模式，人们解释、理解和预测周围的环境。积极的心智模式能够帮助个体更好地应对生活中的挑战和困境，发展更为健全的人格。在大学生成长发展过程中，积极心智模式鼓励个体从正面的角度看待问题和困难，有助于减轻负面情绪的影响，有助于建立和维持较高的自我效能感，使个体更有信心应对各种情况，也更愿意接受新的挑战。积极的心智模式会让个体更容易从经验中学习和成长，也能显著提高个体的幸福感和生活满意度。通过培养和保持积极的心智模式，个体能够更好地发展积极人格，更有效地应对生活的各种挑战，也更有可能实现自己的潜能和价值。

拓展知识

美德之巅是感恩

感恩无论是作为一种思维方式还是一种人格特质，对个体的心理健康和人格发展均具有重要的积极影响。感恩的心态使个体更加关注和感受到生活中的美好和积极因素，从而提升幸福感；感恩也有助于帮助人们形成和保持一种积极和充满希望的生活态度。感恩是对生活中遇见和拥有美好的一种认知模式和满足感。感恩的人会不断思考他们在生活中得到的一切并愿意向外部表达这种感激，这些感激可以指向一个特定的人，也可能只是单纯地表达事实或感受。简单地讲，感恩是一种能力，可以帮助我们感受到美好。

美德之巅是"感恩"，拥有爱的能力才能衍生出感恩的感觉，它是幸福最深层的动力，也是一个人相信自身美好的基础。感恩会让我们感受到内在的富足，因此它常常与慷慨联系密切；感恩帮助我们不断确定我们值得拥有美好。正是日常生活中对美好事物的希望和信任，帮助我们度过逆境并有效地抵制迫害感。感恩的力量让我们对他人总是表达出由衷的欣赏和善意，同时，也将遇见美好变为一种循环的资源和能力，越感恩，越幸运。

(三)树立正确的价值观

价值观是指导个体行为和决策的基本信念和原则，它在积极人格培育中起着核心的作用。价值观为个体提供了明确的目标和方向，帮助个体在复杂的社会环境中做出符合自我追求和社会期待的选择和决策。有了明确的价值观，个体在行动时能够避免盲目和冲动，更加理智地考虑问题。因此，价值观是大学生行为发展的内在驱动力，能激励个体持续地追求和努力，发展积极的人格。

价值观的形成和发展是一个非常复杂的过程，受到许多因素的综合影响。其中最重要的就是家庭教育，家庭是价值观培养的第一所学校，家长的教育方式、态度、行为以及家庭文化都会对个体的价值观产生深刻的影响。而社会环境、学校教育和同伴影响以及生活经历等也会对学生的价值观产生重要影响。

鼓励参与者选择自己心中的榜样，准备并分享他们心中榜样的故事。

【小练习】

榜样的力量

1. 通知参与者提前准备，选出他们敬仰的人物，并准备相关的榜样故事作为分享内容。

2. 每个参与者或团队进行5~10分钟的分享，内容包括：敬仰的人物及故事介绍、他们所展现的价值观、自己的感受和启发；其他参与者进行倾听，并准备提问或分享自己的感受。

3. 互动交流：组织者带领大家进行小组讨论，分享各自的感受和收获，以及这些人物价值观对自己的影响。

4. 角色扮演：模拟敬仰的人物在某些情况下会如何应对，以更深入地理解其价值观。

5. 分享：每个小组选出一名代表，将讨论的主要观点和感受分享给所有人。

6. 总结：强调价值观的重要性，并鼓励大家在日常生活中不断实践和反思。

第三节 大学生积极心理品质培育

党的十八大以来，以习近平同志为核心的党中央高度重视和关心广大学生的心理健康和成长发展，在党的二十大报告中提出要"重视心理健康和精神卫生"。2023年，教育部等十七部门印发了《全面加强和改进新时代学生心理健康工作专项行动计划（2023—2025年）》，将心理健康教育上升为国家战略，提出要"贯穿学校、家庭、社会各方面，培育学生热爱生活、珍视生命、自尊自信、理性平和、乐观向上的心理品质和不懈奋斗、荣辱不惊、百折不挠的意志品质，促进学生思想道德素质、科学文化素质和身心健康素质协调发展，培养担当民族复兴大任的时代新人"。

一、积极心理品质在人格发展中的作用

积极心理品质与积极人格发展之间存在着密切的关系。积极心理品质（如自信、乐观、坚韧和感恩等）是构成积极人格的核心元素，积极人格则是积极心理品质在个体行为和态度中的综合表现。积极心理品质能够帮助个体更好地适应环境，是人格发展的重要内在资源。积极心理品质有助于个体提升自尊、自爱和自我接纳等水平，进而发展积极的人格特质，是推动个体向前发展的内在动力。因此，积极心理品质是积极人格发展的深层、基础动力，对于个体的人格发展起着积极的推动作用。大学生正处于人格发展和完善的关键时期，同时面临着学业、就业、人际关系等多方面的压力和挑战，积极心理品质的培育显得尤为重要。

（一）对积极人格的塑造作用

积极心理品质是塑造积极人格的基础元素，是形成一个健康、成熟和完整的人格的重要构成部分，在人格发展中，主要体现在对自我认知和价值观念的塑造作用。

1. 对自我认知的塑造作用

积极心理品质有助于大学生更准确地认识自我。如内省、谦逊和自信等积极心理品质可以帮助学生更客观、真实地看待自己，接受自己的长处和不足，有助于更加准确和全面地认识自我，建立起良好的自我概念和自我价值感，形成健康的自我认知。一方面，积极心理品质能让大学生更加接纳自己，愿意展现真实的自我，不过分追求完美，能够接受自己的不完美；另一方面，积极心理品质有助于大学生更好地理解自己的需求、动机和行为，形成合理的自我期待和目标。

2. 对价值观念的塑造作用

积极心理品质对大学生的价值观发展也有重要影响。通过培养公平、正直和诚信等积极心理品质，大学生更容易明确自身的价值取向，知道自己生活的目标、意义和追求什么样的价值。在面对选择时，稳定的价值观会帮助大学生做出合理的判断和选择，不会轻易被外界所影响。

（二）对积极人格的调节作用

积极心理品质能在人的情绪和行为方面起到平衡和调节的作用，有助于个体在面对困难和压力时保持平和的心态。在人格发展中，主要体现在对情绪和行为选择的调节作用。

1. 对情绪的调节作用

一些积极的心理品质对情绪的影响非常显著。例如，乐观、自信帮助个体在面对困难时保持积极的情绪状态，从而减少压力感。在面临挑战时，乐观的人可能会看到困境中的机会和可能的积极结果，他们会感到较少的压力和恐惧；自信的人则更容易感到有能力和准备好去解决问题，减少了无助和焦虑的感觉，从而更容易保持情绪的稳定。

2. 对行为选择的调节作用

积极心理品质通过对情绪的积极影响进而推动大学生做出积极和有效的应对策略。例如，乐观更倾向于预期未来会有积极、有利的结果，因而乐观的人在面对困难和挑战时，更可能专注于解决问题的方法和可能性；自信的人对自己的能力和价值的积极评价，更相信自己有能力解决问题和克服困难，也更容易去行动而不是逃避或拖延。

（三）对积极人格的保护作用

积极心理品质作为一种内在的资源和能力具有显著的保护作用，能够帮助大学生在面对生活中的各种挑战和困难时，减轻负面影响，降低心理创伤的风险，提升其适应能力，从而维护大学生的心理健康和幸福感。这种保护作用主要表现在提高个体的抗压能力和促进心理康复的过程中。

1. 抗压能力

以坚韧和勇敢两种积极品质为例。坚韧是指个体在面对压力、困难或创伤时能够保持心理稳定，快速恢复和适应的能力。这种品质帮助个体在逆境中保持积极状态，不易受到外界负面因素的影响。在生活中，拥有坚韧品质的个体在面对生活的困难和挑战时，可以更加稳定地处理问题，不易被问题所困扰，能够更快地找到解决问题的方法。勇敢是指个体在面对恐惧和困难时能够采取积极应对的态度和行动。勇敢的个体更愿意直面问题，更可能在困境中采取积极的应对策略，如寻求帮助、制订计划和执行行动，这有助于减少问题带来的负面影响。

2. 心理康复

一些积极的心理品质有助于大学生在面对创伤和失落时更快地复原，其中最典型的是乐观和希望。乐观的个体因其独特的积极思维模式，即使在心理创伤后依然可以保持良好的心态，促进心理恢复。而拥有希望的个体愿意相信未来，这种信念可以增加人们内在的心理资源和力量，不断地尝试解决问题的方法，而非绝望或放弃行动。

（四）对积极人格的促进作用

积极心理品质不仅是个体心理健康的表现，也是推动大学生个性和人格成熟发展的动力，有助于推动学生的人格朝着更为成熟、健康的方向发展。这种促进作用主要表现在促进个性发展和社交能力等方面。

1. 个性发展

积极心理品质有助于大学生的个性得到更全面的发展和完善。例如，共情和爱心可以增强人们之间的情感支持，帮助个体建立良好的人际和亲密关系；责任感则更容易获得他人的信任，当一个人对自己的行为和承诺持有强烈的责任感时，更可能被视为值得依赖的伙伴；他们的言行一致，使得他人更愿意与他们合作。因此，积极心理品质可以促进大学生在多个维度上得到发展，也可以帮助大学生更好地认识和了解自己，明确自己的价值观和人生目标进而促进自我实现。

2. 社交能力

以共情为例，当个体能够理解和感受他人的情绪和需求时，社交中就更能得到他人的信任和认同。在人际交往中，共情可以帮助大学生更好地理解和支持他人，建立更为稳固和深入的社交关系。共情力作为人际交往中的重要桥梁，不仅能促进人们的信任和合作，还能增强沟通质量，建立更亲密的人际支持网络。

二、大学生积极心理品质培育的主要内容

积极心理学相信，每一个人的内心深处都存在着两股抗争的力量。一股力量是消极的——它代表压抑、愤怒、悲伤和贪婪等，另一股力量是积极的——它代表喜悦、平和、感恩和希望等。这两股力量都有其生存的心理环境并借助人格的力量外化为人的行为模式。因此，积极心理学倡导研究人的积极品质，发展积极人格，最终建构积极的行为模式。

（一）积极心理品质与人格发展的关系

积极心理品质是在一个人的成长中，形成的相对稳定的、正向的心理特质。积极心理品质可以增加我们自己的心理资源，面对困难和压力时有缓冲和行动的促进作用，同时还可以增进人际联结，帮助我们寻求良好的社会支持。积极心理学的研究证实，许多积极心理品质诸如感恩、希望和爱等均与幸福感密切关联。

如果把人格比作一棵树，果实代表的就是人外在的种种表现和行为，这是最容易受到关注和评价的部分；果实的生长需要树叶和树枝来输送营养，它们大小粗细不等，分布在树干的不同位置，代表的是各种人格倾向，如外向的、内向的、理性的或者感性的；强壮的树干则代表一个人的才干和能力等显性优势；而扎向大地深处的树根代表的就是一个人内在的品质，是潜藏在人格深处的力量。树根是一棵树生长的根本，决定了这棵树会长成什么样子，是一个人真正的生命力。向下扎根才能向上生长，树根（内在品质）对每个人都非常重要，但也最容易被大家忽略，因此，要发展积极的人格，必须注重培育内在的积极品质，这是人格发展的内在生命力，是积极人格发展的底层代码。

（二）培育积极心理品质的具体指向

培育大学生积极心理品质，要聚焦能帮助大学生在心理和行为层面展现出的健康、积极和建设性的心理特质，帮助大学生发展出一些核心的能力，以促进个体更好地适应环境、处理压力以及实现自我价值。这些核心能力主要包括以下几个方面。

1. 自我管理能力

自我管理能力指的是个体有意识地控制和调节自己的行为、情绪和思想，以适应环境和实现目标的能力。从心理学的角度来看，自我管理能力涵盖了自我调节、自我控制、情绪管理和时间管理等多个方面，是大学生发展成长的基础，也是适应现代社会的必要条件。

自我管理能力与大学生的学术成绩直接相关。合理规划时间，设定明确的学习目标并

有效分配学习资源的大学生，表现出更高的学习效率和学术成绩。通过自我管理，大学生还可以更好地为自己的行为和选择负责，培养独立解决问题和面对挑战的能力，为他们未来的社会生活和职业发展打下了坚实的基础。自我管理能力对大学生的心理健康水平促进非常显著。自我管理能力可以提高大学生的自我效能感，从而增强对自己能力的信心和认可；通过自我管理，个体可以更加合理地理解和表达自己的情绪，减轻负面情绪的影响，保持良好的心理状态。因此，良好的自我管理能力是大学生实现自我价值和提高生活幸福感的基本能力。

2. 共情力

共情是指设身处地理解他人想法及情感需求，共情力即能够站在他人的角度深入理解和感受他人情绪的能力，共情力强的人更容易建立良好的社交关系。心理学对共情力的论述非常丰富，并将其视为个体发展中的核心竞争力，对大学生的成长具有重要意义。

共情力能够提高人们在沟通交流中的效果，有助于建立和维护良好的人际关系。共情力强的人在沟通时可以充分理解和尊重他人的感受和观点，团队协作时也能减少许多误解和冲突，在人际互动中更容易获得他人的理解、信任和支持。共情力不仅是一种社交能力，还与大学生的心理健康有密切关系，是一种宝贵的心理资源，能够帮助大学生理解多元化的社会和文化，提升大学生的心理健康水平和社会适应能力。

3. 创造力

积极心理学认为，创造力是人类最独特的天赋，被视为个体的一种优势或潜能，具有创造力的人能够在工作和生活中提出或实施新颖且有价值的方案，是促进个体和社会发展的重要因素。创造力作为一种积极心理品质，被广泛认为是个体适应环境、解决问题、实现自我价值和推动社会进步的重要动力。

创造力在促进大学生自我实现方面具有重要意义。大学生是一个年轻活跃的群体，对世界充满了好奇心，拥有多元视野、多样化的成长环境和更广阔的自由表达空间，通过创造性的活动与实践，大学生不仅可以体验到沉浸、乐趣和成就感，还可以促进不断挑战和超越自我，进而实现自我成长与价值实现。

4. 抗逆力

抗逆力是积极心理学的一个重要概念，指的是个体在面对困难、压力和挑战时，能够保持积极态度，快速恢复、适应并从中获得成长的能力。对大学生来说，抗逆力是实现个人成长和自我超越的重要能力，它被视为一种个人优势和资源，积极心理学主要强调其在保持个体心理健康和促进自我发展中的作用。

抗逆力具有促进恢复和适应的功能，可以帮助个体在面对压力和困难时，更快地恢复和适应，减少负面情绪和反应的影响。具有较高抗逆力的人在面对逆境时，更能保持积极的心态，有助于维护和提高心理健康水平。抗逆力还有助于大学生更好地应对生活的挑战，促使其在逆境中不断学习和成长。

5. 利他精神

利他精神是指愿意为他人和社会做出贡献的态度和行为。"利他"是积极心理学中被广泛探讨的一个主题，利他被视为一种美德和人格优势，是人的一种自然和基本的社会和道德品质，它涉及个体的共情、爱和感恩等多种积极心理品质的发展。

利他是每个人与社会联结的方式，也是一种能够促进个体、社区和社会健康发展的重要力量。通过利他行为，大学生可以与他人建立联系，形成有意义的社会关系，增强社会凝聚力。研究显示，助人行为能够激发个体的正面情感，增强生活的意义感；具有利他行为的人往往会感到更加幸福和满足。

三、发展优势特质

(一)扬长避短，发展自己独特的优势

在漫长的人生中，想要探寻万千世界里无限的精彩，走向卓越，收获幸福，除了扎稳根基，还要发展自己的优势，这样才能抵御人生中必然遇见的风雨。

积极心理学关于优势的研究为我们提供了全新的视角。现在，请思考以下两个问题，你更认同哪个观点呢？

> 1. 每个人的最大弱点，正是他成长的最大机会。
> 2. 每个人最大的成长空间，在他最强的优势领域。

也许你会说，当然是第一个，每个人都应该注意弥补自己的短板。的确，在过往的教育中，我们经常会被提醒，要关注自己的弱点并努力补足，很多人也都有过弥补短板的经验。例如，有的同学可能英语基础不太好，但考研英语需要达到一定的分数线，所以只能花很多时间去补习英语。但是，花了大量的时间和精力，最后有多少同学能够把英语补成自己的优势呢？弥补短板是为了控制分数损失，不让英语成为考研的阻碍，而非靠英语成就卓越。如果你有过任何弥补短板的经验，你一定知道那个过程并不愉悦，大多时候只能靠理性和意志坚持。因此，在漫长的学习和职业生涯中，如果我们聚焦于弥补短板，无异于选择了一条最难行的路。聚焦自身所长，从事自己擅长的事情，才可能沉浸其中、持续投入，也更容易获得"心流体验"，这是非常愉悦和幸福的过程，也更可能发展出自己独特的竞争优势进而获得成功。

(二)积极心理品质与品格优势

积极心理学的创始人马丁·塞利格曼和他的同事通过研究和探讨，识别了 24 种普遍的人类品格优势，这些品格优势被归纳为六大美德类别。积极心理品质和品格优势紧密相关，这些品格优势可以视为积极心理品质的具体表现，通过识别和培养个体的品格优势，可以有效地培养积极心理品质。因此，品格优势作为积极心理品质的表现，是个体自我发展和成长的基石。通过发展这些优势，大学生可以帮助个体更好地认识自己，实现自己的潜能，进而在生活中获得更多的满足感和成就感。

培育积极心理品质强调的是发现和培养个体的优势和潜能，而不仅仅是修复问题和缺陷。品格优势是一种可以后天培养的心理能力，可以视为培育大学生积极心理品质的重要资源。通常，当人们的品格优势得以发挥时，会有以下特点：会有兴奋、投入、富有激情的感觉；会迅速成长；会反复使用，这些优势在许多新途径、新项目中都会被无意识地运用；顺应优势，即被赋能。当优势得以发挥，哪怕工作量很大，也会感到越来越兴致盎然，不觉疲惫。

测一测

品格优势测评（VIA）（简版）

塞利格曼在给品格优势与美德进行分类后，随即开发了一套可以进行测量的量表。由于原版量表是英文并包含多达240道题目，对于中国大学生来说测量比较困难，以下是其简版问卷。（问卷来自《真实的幸福》，马丁·塞利格曼，2020）

主要选项	非常不同意	不同意	中立	同意	非常同意
1. 我对世界总是很好奇	1	2	3	4	5
2. 我很容易感到厌倦	5	4	3	2	1
3. 每次学新东西我都很兴奋	1	2	3	4	5
4. 我从来不会特意去参观博物馆或其他教育性场所	5	4	3	2	1
5. 不管是什么主题，我都可以很理性地去思考它	1	2	3	4	5
6. 我经常会很快做出决定	5	4	3	2	1
7. 我喜欢以不同的方式去做事情	1	2	3	4	5
8. 我的大多数朋友都比我有想象力	5	4	3	2	1
9. 无论是什么样的社会情境我都能轻松愉快地融入	1	2	3	4	5
10. 我不太知道别人在想什么	5	4	3	2	1
11. 我可以看到问题的整体大方向	1	2	3	4	5
12. 很少有人来找我求教	5	4	3	2	1
13. 我常常面对强烈的反对	1	2	3	4	5
14. 痛苦和失望常常打倒我	5	4	3	2	1
15. 我做事都有始有终	1	2	3	4	5
16. 我做事时常会分心	5	4	3	2	1
17. 我总是信守诺言	1	2	3	4	5
18. 我的朋友从来没说过我是个实在的人	5	4	3	2	1
19. 上个月我曾主动去帮邻居的忙	1	2	3	4	5
20. 我对别人的好运不像对我自己的好运那样激动	5	4	3	2	1
21. 在我生活中，有很多人关心我的感觉和幸福，就像关心他们自己一样	1	2	3	4	5
22. 我不太习惯接受别人对我的爱	5	4	3	2	1
23. 为了集体，我会尽最大努力	1	2	3	4	5
24. 我对牺牲自己利益去维护集体利益很犹豫	5	4	3	2	1
25. 我对所有人一视同仁，不管他是谁	1	2	3	4	5
26. 如果我不喜欢这个人，我很难公正地对待他	5	4	3	2	1

（续）

主要选项	非常不同意	不同意	中立	同意	非常同意
27. 我可以让人们为了共同目标而努力，且不必反复催促	1	2	3	4	5
28. 我对计划集体活动不太在行	5	4	3	2	1
29. 我可以控制我的情绪	1	2	3	4	5
30. 我的节食计划总是虎头蛇尾，半途而废	5	4	3	2	1
31. 我避免参与有身体危险的活动	1	2	3	4	5
32. 我有时交错了朋友或找错了恋爱对象	5	4	3	2	1
33. 当人们称赞我时，我常转移话题	1	2	3	4	5
34. 我常常谈论自己的成就	5	4	3	2	1
35. 在过去的这个月，我曾被音乐、艺术、戏剧、电影、运动、科学或数学等领域的某一个方面感动	1	2	3	4	5
36. 我去年没有创造出任何美的东西	5	4	3	2	1
37. 即使别人帮我做了很小的事情，我也会说谢谢	1	2	3	4	5
38. 我很少停下来想想自己有多幸运	5	4	3	2	1
39. 我总是看到事情好的一面	1	2	3	4	5
40. 我很少对要做的事情有周详的计划	5	4	3	2	1
41. 我对生命有强烈的目标感	1	2	3	4	5
42. 我的生命没有目标	5	4	3	2	1
43. 过去的事我都让它过去	1	2	3	4	5
44. 有仇不报非君子，总要报了才甘心	5	4	3	2	1
45. 我总是尽量将工作与玩耍融合在一起	1	2	3	4	5
46. 我很少说好玩的事	5	4	3	2	1
47. 我对每一件事都全力以赴	1	2	3	4	5
48. 我老是拖拖拉拉	5	4	3	2	1

分数说明：上面这些题目，两两一组对应同一优势，例如，第1题和第2题对应"好奇心"，第3题和第4题对应"好学"，以下依次为：开放性思维、创造力、社交智慧、洞察力、勇敢、毅力、正直、仁慈、爱、社会责任感、公平、领导力、自我管理、谨慎、谦虚、美的领悟、感恩、乐观、信仰、宽恕、幽默、活力。现在，请把对应同一优势的两题得分相加，这是你在某种优势上的得分。然后，把所有24种优势按照得分由高到低进行排序，得分最高的前5种优势就是你的"显著优势"。

（三）品格优势与积极心理品质培育实践

1. 谦逊

"谦逊"是一种深刻而宝贵的品格优势，它涉及对自我能力和成就的适度评估，以及对他人和更大环境的尊重和敬畏。现代社会是一个鼓励竞争和表现个性的时代，真正做到谦逊其实是很难的一件事。作为自我管理中的一个重要品质，谦逊可以帮助我们更加有效地管理自我，实现自我提升和发展。

谦逊意味着愿意接受和面对自己的不足和错误，从而促进自我反思和改进。谦逊意味着要更加尊重他人，更好地理解和接纳他人的观点，从而增强社会支持和合作。谦逊还意味着开放思维，愿意听取他人的意见和建议，做出更加全面和理智的决策；意味着要减少自我中心的思考，愿意尊重和信任他人，客观公正地评估各种选择和可能性。

【小练习】

谦虚使人进步

1. 承认自己的错误或不完美：不害怕犯错已经是很了不起的进步，如果你还愿意承认从前犯过的错误则需要更大的勇气。这个世界上并没有完美的人存在，承认错误并不意味着你不够好，相反，这说明你是一个真实勇敢的人，一个愿意承认自己错误的人只会让别人更加尊重你。

2. 不炫耀和吹嘘自己：任何时候都不要炫耀自己取得的成就或财富，炫耀在任何时候都意味着以自我为中心。此外还要记住，任何成果都不要自己包揽所有的功劳。一个愿意将舞台和功劳与别人分享的人，才是一个真正拥有自信和内在价值感的人。

3. 欣赏别人：关注别人的积极品质而不是总在寻找他人的不足。能从别人的言行中发现美和卓越是一种能力，传递美和善意才能收获同样的东西。此外，能发自内心欣赏别人的人，也从不会吝啬赞美别人，真诚的欣赏和赞美是人际互动中最好的润滑剂。

4. 勇于道歉：如果你犯了一个错误，除了坦白承认你错了还应该向对方真诚地道歉，尽管道歉并不能挽回对别人造成的伤害，但至少可以将伤害降至最低。道歉也从不意味着懦弱或者输了，只能证明你对关系的重视和在意。

2. 人际智力

积极心理学中的"人际智力"（也称为社会智力）通常指的是个体在社交和人际关系中的智力表现，与共情力培养密切相关。人际智力在积极心理学中被视为一种重要的个人品质和优势，它对个体的心理健康和幸福感有着重要的影响。它涉及个体如何理解、评估和应对人际关系和社交场景中的复杂情况和问题。具有高人际智力的个体通常能够更有效地与他人建立和维护良好关系，更加擅长社交交往。

高人际智力主要表现为：能够站在他人的角度看待问题，具有较强的感受和理解他人情感和需求的能力；能够有效地表达自己的思想和感受，也能够有效地倾听他人的意见和感受；能够与不同类型的人建立良好的关系，并妥善处理和解决人际关系中的冲突和问题；在社交场合中能够表现得体，在团队中能够与团队成员有效合作，发挥积极作用并推动团队的发展。

【小练习】

倾听的技巧

倾听技巧是一种重要的人际交往技能，它不仅涉及听到言语字面意思，还包括理解和解读言语背后的意义和情感。有效的倾听可以增进理解，避免误解，提高沟通效率，帮助解决问题，也有助于建立和维护良好的人际关系。

1. 听什么

听内容：指言语的字面意思，听客观事实以及话语的表面信息。

听情感：指言语背后的潜台词，听对方的情绪以及想表达怎样的感受。

听关系：指内在态度，听到对方有何看法以及真实意愿。

听诉求：指心理期待，听对方内心的诉求和渴望。

2. 怎么听

要以来访者为中心，积极关注，不急于打断对方说话。

要管理好自己的经验冲动，不急于下结论。

要保持中立的态度，不评判不指责，不急于讲道理。

3. 创造力

在塞利格曼对美德的分类中，创造力本身就被视为一种重要的品格优势。它不仅仅是艺术和科学领域的专利，更是我们日常生活和工作中不可或缺的能力。创造力是推动个人和社会进步的重要动力，它能帮助我们更好地解决问题，提高生活和工作的效率和质量。具有创造力的人通常具有较强的观察和想象力，能够从不同的角度和层面看待问题。他们敢于挑战传统和常规，勇于尝试新的思考和方法。这使他们能够在面对复杂和多变的情况时，提出新颖和有效的解决方案。

【小练习】

趣味联想

创造力通常是把不同的东西创新性连接起来的结果，以下是一个练习创造力的小游戏。

第一步：随便写下身边的一件物品。

第二步：邀请身边的人也随便写下一件物品。

第三步：将两个物品自由联想，然后想出第三件物品，要求这件物品同时与你们两人写的物品之间有某种联系。在这一步中你不用固守成规，只要能将联想的物品与前两者的关系说明就好。

例如：小麦——巧克力，那么第三件物品可以是奥利奥，也可以是甜甜圈。

第四步：像这样信马由缰地可以多写一些随意搭配，看看大家能想出多少种结果，它们之间的差异有多大，或者看看在这个小游戏中有哪些有趣的内容。

这个小游戏可以帮助大家发散自己的思维，也能够创造出更多有趣的答案。

4. 坚韧

"坚韧"是发展抗逆力的重要心理资源。坚韧指的是个体在面对困难、挑战和失败时表现出的持久性和毅力，它能够帮助人们保持对成功的信念，即便是在遇到重大困难时也不轻易放弃。

坚韧意味着在追求目标的过程中会表现出持久不懈的精神。他们能够保持专注，即使面对困难和挫折也不轻易放弃。坚韧可以帮助人们适应不同的情况和环境，他们能够调整自己的策略和方法来适应外界的变化。坚韧的人通常有较强的积极应对困难和压力的能力，他们会试图找到问题的解决办法，而不是消极逃避。坚韧的人会把困难和挑战看作是成长和学习的机会，他们会从经历中吸取教训，不断提高自己。

【小练习】

坚韧训练

1. 明确动机：明确自己的动机能够提升成功的概率。如果你想锻炼自己坚韧的品质，先明确一个具体的目标：想减肥或戒烟，想拿到奖学金，或者是你想顺利通过研究生招生考试。

2. 保持专注：每次关注一个目标，这样才更可能成功。把你的目标按优先级排序，并制订行动方案。例如：假如你想减肥成功，那么你需要早睡早起，调整饮食结构及运动习惯。

3. 监督自身行为：最关键的一点，就是需要自我保持觉察，你需要知道自己的方法是否行之有效，是否需要进行调整和改进。

4. 及时正向反馈：当你达成了一个目标，要记得及时正向反馈，可以适当给自己一点奖励以作鼓励。

5. 保证充分的休息和放松：良好的休息和放松是成功提升韧性和意志力的基础。要记得好好休息，保持良好的身心状态，如果你身心俱疲，便会容易放弃。

5. 爱

在24项品格优势中，爱被归到人道主义精神美德之中，它是一种伴随着浪漫、性和情感吸引的神秘力量。有爱的人会更加依赖、珍惜、信任和自己保持亲密关系的人并甘愿为之奉献。这种力量使人们能够信任他人，并使他们在做决定时优先考虑关系，他们对彼此的相处和自己的奉献感到深深满足。

爱被视作一种强有力的情感联结，通过爱与被爱，人们可以感受到被理解、被支持和被关心，促使人们建立深厚的人际关系和社区联系。爱是双向的奔赴，人们在给予和接受爱时，都能增强个人的心理韧性和幸福感。爱还可以促使个体的成长和发展，爱可以激励那些美好的东西发生，鼓励人们表现出最好的自我，并促进个人的道德和精神成长。

【小练习】

爱的表达

爱可以通过不同的方式表达，如关心、尊重、理解、支持和无私的付出。一份被表达出来的爱才更可能被感受到，也更可能建立情感联结和亲密关系。

1. 通过肢体语言(拥抱、亲吻或者抚摸等),向至亲或朋友表达爱意。

2. 借助一段文字、一张照片或者其他具有纪念意义的物品回忆与朋友的往事,表达思念或者感谢。

3. 制作一本爱的日志,让家庭成员(或者宿舍成员)每个人每天都写 1~2 件感到幸福快乐的事情,定期记录爱,分享爱,传递爱。

本章作业

1. 制作"姓名桌牌",背面写下 3 个自己最欣赏的品质;邀请同学或亲友给一些反馈,补充他们眼中最欣赏你哪些品质。

2. 选择自己最认同的一项品格,用自己成长中具体的经历来说明它曾经怎样支持和帮助你,请把它以回忆录的形式整理下来。

本章重点检测

1. 人格的结构主要包括 4 个方面:_____、_____、_____和_____。

2. 具有积极人格的人通常表现出以下特征:_____、_____、_____、_____和_____等。

3. 积极人格对大学生带来许多积极的影响,主要表现在以下几个方面:_____、_____、_____和_____等。

4. 发展积极人格的主要路径包括:_____、_____、_____和_____。

5. 积极心理品质对人格发展具有_____、_____、_____和_____等作用。

6. 培育大学生积极心理品质的具体指向主要包括以下能力的培养:_____、_____、_____和_____。

7. 结合本章内容,探索并梳理自己的 5 个积极人格特质:_____、_____、_____、_____和_____。

第五章

积极情绪

【本章重点】

情绪的真相：没有不应该的情绪，人类亿万年进化而来的所有情绪都有其特定的心理意义与功能。

消极情绪帮助人类生存下来，而积极情绪则促进人类发展。理解并接纳所有的情绪，才能真正与情绪和谐共处并为我所用。

积极情绪是抵御消极情绪的有效解药：理智不一定能战胜消极情绪，但积极情绪可以。

生活给了我们消极情绪，创造积极情绪则是自己的事。种下积极情绪的种子，你就会收获欣欣向荣的生活。

——芭芭拉·弗雷德里克森

想象一下，一天你醒来之后发现自己丧失了所有的情绪，你的生活可能会变成什么样子？也许你会看着镜中的自己无悲无喜；不会因为食物的美味而愉悦，也不会因为难吃而厌恶；面对选择和决策时，也可能变得难以取舍。很难想象，在没有情绪的世界里，人类的生活与机器人有何区别。

情绪到底是什么，它如何影响我们？消极情绪和积极情绪对于我们人类的意义是什么？在人类漫长的进化史中，它们为什么被保留？这些问题看似简单，却透露出情绪与人类生存和发展的紧密关系。研究发现，消极情绪保障人类生存，积极情绪促进人类发展，两者相辅相成，缺一不可。

积极心理学自产生以来，一直致力于发掘人的潜能和优势，增进人的福祉。积极心理学对情绪的研究证实，减少消极情绪与增进积极情绪是两个独立的系统，前者并不必然导致后者，但是增进积极情绪却有助于激发个体的潜力，使其实现完善与超越。因此，在当今时代，减少消极情绪、增加积极情绪更有助于推动个体发展和幸福感提升。本章我们将重点从积极心理学的角度来讨论情绪与情绪管理。

第一节　情绪概述

情绪是心理学领域研究的热点话题，然而从科学的角度对情绪做出清晰具体的解读并不容易。字典中描述情绪体验的词语超过 500 个，但很少有人能完全掌握并在所有场合精准地觉察和描述自己或他人的情绪。人们对情绪的理解普遍停留在感觉或感受层面，更多关注的是消极情绪带来的困扰。但现代心理学的研究发现，情绪并不只是一种主观体验，还是一种具有社会性的心理行为，是人类社会沟通的重要信号，是人类进化的高级心理工具。与动物相比，人类最重要的竞争优势就是拥有丰富的情绪。那么，情绪是什么？情绪如何产生的？情绪存在的意义是什么？让我们走近情绪，解开情绪的面纱。

一、情绪的基本概念

因研究者们关注的侧重点不同，以及研究方法和手段的差异，"情绪"一词的界定各有不同。就大众对情绪的理解来讲，情绪最主要、最显著的特点就是主观体验和感受，其次就是因情绪所引起的可观测到的行为。当然，情绪远远不只这些。综合诸多学科和流派的研究与解释，我国学者江光荣（2020）对情绪的定义是："情绪是内心的感受经由身体表现出来的状态，是人对客观事物的态度体验及相应的行为反应。"

（一）情绪的主要结构

根据情绪的定义不难看出，情绪由客观刺激引发，不仅包括人的主观体验或感受，还涉及认知评估、生理反应以及行为倾向 3 个部分。

1. 主观体验

主观体验或感受，如愉快、平静、伤心、焦虑、嫉妒等，是基于个体过去的经历经验和认知评价产生，具有浓厚的主观色彩和个体差异，往往随着情景和需要的改变而改变。因此，不同的人面对同一刺激，或同一个人在不同的情景下，产生的情绪感受都可能不同。这些差异的产生很大部分源于我们对某一事件意义和重要性的认知差异，以及需要的不同。就像著名的"半杯水"案例：在沙漠中行走感到口渴时，偶然发现半瓶矿泉水，有的人会因为捡到了半瓶水而感到巨大的喜悦和幸运，有的人却可能会因为只有半瓶水而感到沮丧或遗憾；但如果此时你储水充裕，也许这半瓶水根本不会引起你的注意，也不会给你带来明显的情绪反应。

2. 认知评估

认知是人们对某一情境或事件的看法和解释。认知系统自动评估某一事件的感情色彩，决定触发何种情绪反应。当你在图书馆碰见一个室友，你和他主动打招呼，但对方并未理睬。如果你觉得他之所以这样做是因为没注意到你，那么你并不会因此而伤心或者生气；但如果你觉得他是故意不理睬，想让你难堪，那么你多半会气愤不已。可见，我们对一件事情的看法和解释会极大影响我们的情绪体验。

3. 生理反应

当个体体验到某种情绪时，会产生一些生理反应，如恐惧时会心跳加快、呼吸急促、血压上升、肌肉紧绷等。情绪引起的生理反应涉及广泛的神经结构，如杏仁核、下丘脑、前额皮质，以及外周神经系统和内外分泌腺等，且一般情况下很难通过主观意志控制。研究者认为，一些情绪的生理反应是不同的，而一些情绪可能会激起相同的生理唤醒。因此，通过自身生理反应来判断自己当下处于某种情绪状态有时可取，有时却令人混乱。

4. 行为倾向

行为倾向指的是伴随情绪产生的各种行为冲动，这种冲动有时可能会被抑制，有时会表现为外在的行为反应。最常见的外在行为反应就是我们的面部表情、手势姿势、身体语言和声调语气。通过这些外在的行为反应可以传递某些信息，帮助我们建立关系，有时让我们获得帮助和支持，甚至保全自己，如因悲伤而哭泣使周围人更易觉察我们的无助并提供安慰和帮助，因恐惧而逃跑使我们免于伤害等。

（二）情绪的分类

情绪的分类纷繁复杂，中国传统文化认为人有七情，即"喜、怒、哀、惧、爱、恶、欲"。心理学家根据自己对情绪不同的理解，对情绪进行了多种不同的分类。

1. 基本情绪和复合情绪

一些心理学家认为，情绪是个体在进化过程中发展出来的、对外部刺激的适应性反应。基于此，他们从进化的角度将情绪分为基本情绪和复合情绪。

基本情绪是人与动物共有的、先天的、不学而能的。每一种基本情绪都有其独立的神经生理机制、内部体验和外部表现，并具有不同的适应功能。德国心理学家普拉切克教授提出，人有 8 种基本情绪，即悲痛、惊讶、恐惧、钦佩、狂喜、警惕、愤怒和厌恶。而伊扎德提出人的基本情绪有 11 种，包括兴趣、惊奇、痛苦、厌恶、愉快、愤怒、恐惧、悲伤、害羞、轻蔑和自责。美国心理学家保罗·艾克曼则认为人类有 7 种人类共通的情绪，即喜悦、愤怒、悲伤、恐惧、厌恶、惊讶和轻蔑。

除了基本情绪之外，人类还具有一些在特定社会条件下发展的复杂情绪，即复合情绪，如内疚、嫉妒、骄傲等。这些复合情绪被认为是由多种不同基本情绪混合而成。

2. 积极情绪和消极情绪

依据能否满足人的需求，情绪被分为积极情绪和消极情绪。通常情况下，人的需求不满足时所产生的情绪是消极情绪，如悲伤、愤怒等；人的需求满足时所产生的情绪则是积极情绪，如喜悦、兴奋等。孟昭兰认为，一旦人们的需求得到满足，就会获得愉悦的主观体验，这种愉悦感可以促进人的积极性和活动能力。

积极情绪又可称为正性情绪，是积极心理学研究的主要内容之一。罗素认为，积极情绪是人们在事件发展顺利时感到心情愉悦、想要微笑的美好感觉。弗雷德里克森提出积极情绪是个人对有意义的事情的独特即时反应，是一种短暂的愉悦感。塞利格曼提出三类积极情绪：对现在的积极体验（快乐和沉浸）、对过去的积极体验（幸福和满足），以及对未来的积极体验（希望和乐观）。

从积极心理学的视角了解和认识情绪，一方面需要我们关注积极情绪及其功能和意义，另一方面也需要我们转换看待消极情绪的视角，尝试对消极情绪进行积极的转化。

![拓展知识图标] **拓展知识**

情绪家族及部分成员

愤怒：狂怒、暴怒、怨恨、恼怒、义愤、气愤、刻薄、生气、易怒、敌意等，最极端的表现为病态的仇恨和暴力。

悲伤：忧伤、歉疚、沉闷、阴郁、忧愁、自怜、寂寞、沮丧、绝望等，病态表现为严重抑郁。

恐惧：焦虑、忧虑、焦躁、担忧、惊恐、疑虑、警惕、疑惧、急躁、畏惧、惊骇、恐怖等，病态表现为恐惧症和恐慌。

喜悦：幸福、欢乐、欣慰、满意、快乐、自豪、兴奋、欣喜、享受、满足、狂喜等，极端表现为躁狂症。

喜爱：认同、友爱、信任、仁慈、亲和、热切、倾慕、迷恋等。

惊讶：震惊、惊奇、奇妙、惊叹。

厌恶：轻蔑、鄙视、蔑视、憎恶、嫌恶、讨厌、反感。

羞耻：内疚、尴尬、懊恼、悔恨、羞辱、后悔、屈辱、悔改。

(三)情绪的产生

情绪是个体需要与情境相互作用的过程，也是脑的神经机制活动的过程。人的一切心理活动都归功于我们的大脑，情绪也是不同脑区整合运作的产物。随着神经解剖学的快速发展，已有大量研究证实，情绪是由大脑中的神经元回路所控制，由这些神经元回路整合加工情绪信息，产生情绪行为。美国国家精神卫生研究院神经学专家保罗·麦克里恩将大脑分为三个脑区，其中之一就是情绪脑，又叫作"哺乳脑"，源于哺乳动物时代，指的是边缘系统，主要结构涉及杏仁核、前额叶皮层、伏隔核、下丘脑等部位。同时，情绪的神经化学研究发现，当这些脑区被激活时会释放一些神经递质，如多巴胺、β-内啡肽、5-羟色胺、催产素等。

1. 情绪的主要生理基础

(1)杏仁核。位于颞叶里面，为双侧结构，每个脑半球包含一个杏仁核，其形状如杏仁，因而得名。

杏仁核最初引起研究者的兴趣是因为杏仁核受损使个体表现出与之前不一样的言谈举止。对比包含与不包含杏仁核受损的脑损伤病人的表现，以及对因钙质沉淀导致杏仁核受损的病人进行研究，研究者发现杏仁核的激活可能与焦虑有关。另一些研究也证实有些人的杏仁核反应比其他人强烈，且这一差异与他们日常生活中的焦虑水平有关，甚至还有研究者认为杏仁核可能是"恐惧脑区"。

(2)下丘脑。位于脑干上方，较大的丘脑下方。下丘脑大概一个杏仁大小，却是身体的温控器，主要起着调整身体温度的作用：温度太高时，它激活汗腺，温度过低时，它使血管收缩，以存储热量，从而维持内稳态。下丘脑的另一个重要作用体现为它对内分泌系统的灵活控制。尤其是当个体处于心理应激中，下丘脑会引导垂体释放皮质醇，从而提升血糖水平，加速新陈代谢。由此可见，下丘脑与压力相关。

（3）伏隔核。虽然已有研究证实伏隔核与奖赏之间的关系比较复杂，但伏隔核是脑的奖赏中心已是公认的结论。人们在听一些愉快的音乐、想象美好的画面，甚至在玩游戏或者赌博时都可能激活伏隔核，并释放多巴胺。可见，伏隔核与快乐相关。

虽然已有研究证实，杏仁核与恐惧和焦虑情绪相关，下丘脑与压力相关，伏隔核与快乐相关，但这并不意味着当人们感到恐惧、焦虑、压力或快乐时这些脑区才会被激活，也就是说这些脑区可能还会参与其他的一些心理活动。

2. 情绪的进化机制

情绪激励着我们为生命中重要的事情而努力，为我们带来各种各样的乐趣。从进化的角度来理解情绪，可将其理解为人类延续以及趋利避害本能得以实现的防御机制。无论是消极情绪还是积极情绪都是人脑进化的产物，只是相较于消极情绪，积极情绪在进化的过程中出现较晚。人类的祖先在恶劣的环境下，生存下来是第一要务。这时，人类通过消极情绪带来的"抗争"或"逃避"本能反应来避免潜在的危险或损失，这是人类祖先活下来的重要机制。随着人类群居与合作的生存模式出现，只靠消极情绪应对危险和生存挑战已无法完全满足人类当下的需要，因此进化出积极情绪。

积极情绪与消极情绪的作用完全不同。弗雷德里克森认为，积极情绪在进化过程中主要的作用是扩展我们的智力、身体和社会的资源，扩充我们面临危机时可动用的储备。研究证实，积极情绪能帮助我们自我调节、促进正向发展、提升创造力。

总而言之，情绪远比我们了解的更为复杂，它在人类进化的过程中扮演着非常重要的角色。消极情绪提高人类的生存概率，是我们应对外界威胁的第一道防线，如恐惧提示着危险靠近，愤怒提示着被侵犯等。在此基础上，积极情绪使我们获得愉悦的体验，不断强化和巩固正向的行为，进而促进人类的发展。

二、情绪的相关理论

前面提到，情绪包括主观体验、认知评估、生理反应以及行为倾向四个部分，围绕这四个部分之间的相互关系以及它们如何与环境事件相联系展开研究，心理学家们形成了不同的理论体系。

（一）情绪的生理学观点

基于达尔文进化论的影响和生物科学的发展，美国心理学家威廉·詹姆士和丹麦生理学家卡尔·兰格几乎在同时提出类似的情绪理论，该理论被称为"詹姆士—兰格情绪外周学说"。该理论首次指出，情绪的发生与生理变化密切联系，对外部事件的知觉引起生理变化，对生理变化的知觉使人产生情绪，即情绪产生的直接原因是外部事件所引起的生理变化，情绪是对生理变化的知觉。

"詹姆士—兰格情绪外周学说"奠定了情绪发生机制生理学研究的基础。20世纪30~60年代，情绪研究主要集中于生理反应方面，重视生理反应在情绪产生中的作用，提出了激活和唤醒的概念。这一阶段的情绪理论主要探索了情绪的生理反应部分，几乎没有涉及情绪的主观感受方面。

（二）情绪的结构主义理论

随着认知心理学的兴起与发展，心理学家们越来越重视认知在情绪中的作用，人们认识到情绪的产生需要认知的参与。情绪的认知理论主要包括阿诺德的"评价—兴奋理论"、拉扎勒斯在其基础上提出的"认知—评价理论"以及林赛和诺尔曼提出的"信息加工学说"。

1. 阿诺德"评价—兴奋理论"

阿诺德指出认知评价、生理过程和环境三因素在情绪发生中的作用，认为情绪的产生与高级认知活动相关，情绪体验基于有机体知觉到刺激事件并对其意义进行评价而产生。例如，之所以我们在森林或动物园遇到一只熊所产生的情绪反应不同，是因为我们对情境的知觉和评价不同。她认为，知觉—评价过程基于大脑皮层与皮层下部位的相互作用，情绪性刺激在皮层上产生对事件的评估，只要事件被评估为对机体有足够重要的意义（如遇见熊），皮层兴奋会通过外导神经传至丘脑的交感神经，进而激起身体器官和运动系统的变化。此后，自主神经系统的活动上行再次通过丘脑达到皮层，并与皮层的最初评价相结合，纯粹的意识经验转化为情绪体验。当情境刺激被评定并引起情绪之后，认知和情绪的结合诱导人的动机和愿望，如从森林中逃走或接近关在笼子里的熊。因此，情绪可转化为动机，人被情绪所激活，整合并组织对当前境遇做出适当的行为反应。

2. 拉扎勒斯的"认知—评价理论"

随着认知心理学的发展，以拉扎勒斯为代表的研究者，更多地从环境、认知和行为方面阐述认知对情绪的影响。情绪认知理论的集大成者拉扎勒斯认为，情绪是综合性反应，包括生理、环境、行为和认知评价诸因素。他强调，人所处具体环境对本人的利害性质决定他的具体情绪，不同的环境对不同的人产生不同的结果，是因为它对不同人具有不同的意义，而这种意义来源于这个人的认知评价。

拉扎勒斯理论与阿诺德的理论都强调认知评价的作用，其主要差别在于：拉扎勒斯更加关注人同社会环境之间具体的相互作用，将环境事件、认知、评价、应对行为看作人社会行为的连续过程。

3. 林赛和诺尔曼提出的"信息加工学说"

林赛、诺尔曼的"信息加工学说"把情绪唤醒过程转化为一个内部工作系统，即情绪唤醒模型。这个理论既强调认知加工，又在认知加工中纳入了神经激活的干预。

情绪唤醒模型包括几个动力系统：首先，对外界输入的知觉信息进行"知觉分析"；其次，采用"认知比较器"，将知觉分析与已经建立的内部模式（包括对现在及将来的需要、意向或期望的认知）进行初步加工；最后，对认知比较进行系统加工，通过当前的知觉分析对过去储存的信息再编码，产生新的判断或预期。如果知觉分析与预期判断相一致，事情即将平稳地进行而没有情绪发生；若出现足够的不一致，如出乎预料、违背意愿或无力应付时，认知比较器就会迅速发出信息，动员神经过程，释放化学物质，改变脑的激活状态，这时情绪就发生了。

（三）情绪的功能主义理论

如果说，结构主义帮助人们认识情绪的组织构造，那么，功能主义则让人们认识了情绪的性质与作用。

1. 达尔文的情绪理论

功能主义的基本思路来自达尔文的适应原则，认为情绪是为有机体的生存服务的。达尔文认为，情绪作为人类种族进化的证据，是人类行为得以延续的机制。他在阐述物种起源和人类进化是适应和遗传相互作用的结果时指出，感情、智慧等心理官能是通过进化阶梯获得的。在《人类和动物的表情》一书中，他描述了表情在生物生存和进化中的适应价值和有用性，指出情绪是进化高级阶段的适应工具。情绪心理学发展至今，关于情绪的适应功能和信号传递作用已得到进一步的研究和证实。

2. 伊扎德"动机—分化理论"

伊扎德在达尔文情绪理论的基础上进一步地阐述并提出了"动机—分化理论"。他认为，情绪对有机体的适应和生存起着核心作用，各种情绪的适应作用有所不同，但每一种具体情绪都保证有机体对重要事件的发生敏感。具体情绪以不同的方式在不同的方向上，促使有机体提高行为的转换力，同时增强认知能力以快速做出决策和行为。这一过程凸显了情绪的驱动作用。从进化发展的观点看，每种新情绪的产生，都会使具有新特质的动机和认知、行为倾向随之增长。

功能主义与结构主义各有侧重，但也有很大程度的融合，功能主义在研究设计中必须使用情绪的某些结构成分来进行，结构主义也需要从情绪实际作用的角度来考虑。

三、情绪的功能

情绪是心理活动的重要组成部分，为我们的生存和发展服务。人类的情绪远比动物的情绪更为丰富和复杂，每一种情绪都有自己独特的心理意义，既是对客观环境的一种判断和感知，也是个体生存发展中具有特殊意义的自我沟通信号，它通过各种刺激信号来传递某些信息，遗憾的是，人们对此并没有普遍而深入的理解。

(一)情绪为生存和发展服务

虽然情绪某些时候会让我们做出不恰当的情绪化行为，但是大多数情况下，情绪对我们的影响都是正面的，它通过适应功能、动机功能、组织功能，以及信号功能，为我们的生存和发展服务。

1. 适应功能

情绪能够帮助个体做出与环境相适宜的行为反应，有助于个体的生存和发展。情绪为我们做好了应对突发重要事件的准备，不假思索就能做出反应。很多负面情绪之所以能在进化中被保留下来就是这个原因。如恐惧可以在危险时刻迅速引发逃跑或躲避反应，从而保全我们的性命。大多数情况下，我们可以通过情绪体验以及其引发的行为反应直接解决某些问题，或者至少让解决问题的概率变大，但偶尔它也可能和我们作对，令我们做出不恰当的情绪化行为，这也是我们排斥情绪的主要原因。

情绪对行为有导向作用。当个体设立的目标受到威胁、阻碍或需要调整时，会产生特定的情绪以提醒我们采取新的应对行为。如我们定下一个学习计划，但在实施的过程中发现自己产生了持续而强烈的焦虑，这时，焦虑情绪会促使我们对计划或实施方案重新进行评估，并在此基础上采取更具适应性的应对行为。

2. 动机功能

情绪是动机系统的一个基本成分，能够激发和维持个体的行为，并影响行为的效率。简而言之，情绪带来的愉悦或不愉悦体验会促使个体产生不同的趋避行为，尤其是在学习行为和道德行为上。俗话说："知之者不如好之者，好之者不如乐之者"，当一个人对学习存在强烈的好奇和兴趣时，他会采取更积极的学习行为，从而获得更好的成绩。而道德行为的激发和维持，主要是由道德情绪带来的。道德情绪是指人们在对自己或他人进行道德评价时，所产生的影响或改变道德行为的复合情绪，如羞耻、内疚、尴尬、厌恶、感激等。正是因为这些道德情绪提供的动机力量，促使人们做出更多道德行为，减少不道德行为。

3. 组织功能

情绪的组织功能体现在其对注意、记忆、决策等其他心理功能的影响。一般情况下，积极情绪起协调组织的作用，而消极情绪导致破坏或阻断。但研究表明，积极情绪和消极情绪对注意、记忆、决策的影响有好有坏，不能一概而论。如消极情绪可以提高人们记忆的准确性，但不利于言语工作记忆，而积极情绪可以提高言语工作记忆任务的成绩，但不利于空间工作记忆。

4. 信号功能

情绪的信号功能主要体现在人际关系中。从婴儿时期开始，我们就会通过情绪来传递信息，建立关系了。研究表明，婴儿生来具有应对某些特定环境挑战的情绪反应，如听到巨响后产生恐惧的表情。情绪的外部表现是我们传递信息的主要渠道。个体的身体姿势、面部表情以及语音线索都可以有效传递信息，如微笑传递积极信息，被视为一种愿意建立关系的信号。

情绪在关系建立中具有重要作用，情绪可以帮助我们获取他人的支持和力量，或者达成合作。例如，爱帮助人们在重要的人际关系中确立承诺感，保证在需要群体贡献力量时彼此积极帮助。又如，当你因自己的某一举动而表现出尴尬时，这一情绪可以让别人知道你明白自己犯了错，并且你不是故意的，你已经为刚刚的事情感到不好意思。这样的表现可以使别人更倾向于喜欢并且信任你，而不是嫌弃。

(二)四种基本情绪的功能

美国心理学家保罗·艾克曼从最简单的情绪信号——面部表情开始研究，确定了7种人类共通的、有着不同面部表情的情绪：喜悦、愤怒、悲伤、恐惧、厌恶、惊讶和轻蔑。

随着对情绪不断深入地研究，当前各学者比较一致的观点是将前4种"喜、怒、哀、惧"作为基本情绪，这是人类与动物共有的4种本能情绪反应，是与生俱来、不需要学习即可发生的情绪表现。基本情绪和原始人类的生存息息相关，每一种基本情绪都有其适应功能，并具有文化共通性。

1. 喜悦

喜悦是基本情绪中唯一的积极情绪。它是我们某种需要得到满足时，心理上产生的一种既愉悦又舒适的体验。当周围的一切既熟悉又安全，事情如意，甚至超出预期，出现意料之外的积极结果时，我们会感到喜悦。

喜悦促进人的发展。从社会化角度来看，喜悦有助于加强人际间的社会联结。快乐的面孔(如微笑)可以增加人们互相谅解和信任的可能性。从个人的角度来看，喜悦有助于增强人的自信。喜悦是一种动机力量，激励人的魄力和自信，提高其承受挫折、克服困难的能力。

喜悦带给人的美妙体验是短暂而易逝的。当我们实现一个目标时，我们感到无比开心，但那种由衷的喜悦停留一两天就会慢慢消失。

2. 悲伤

悲伤的产生往往伴随着失去、拒绝、失败，或是心爱之物的遗失。悲伤较为持久，且通常情况下与多种情绪相伴相随，尤其是痛苦。保罗·艾克曼在《情绪的解析》中提到，当人在毫无预料的情况下遭遇重大失去时，刚开始会否认，通过这种方式减缓面对事实的痛苦，经历过一段抗议性的痛苦后，会出现听天由命、无助的悲伤阶段。为了应对这种悲伤，有的人同时会愤怒，去责怪让自己遭遇失去的人或事。这种愤怒有时候是对痛苦的一种自我保护和替代；有的人可能同时产生害怕和恐惧。可见，悲伤不是一种单独存在的情绪，它的存在有助于抚平损失带来的伤害，或减轻伤害带来的折磨。

人们通常通过面部表情或者声音表达悲伤和痛苦，这会唤起周围人同样的情绪，从而获得帮助和支持。一般而言，失去的东西对我们越重要，悲伤和痛苦越重。悲伤和痛苦像一个信号，让我们更透彻地认识到经历这种失去意味着什么，从而让我们更加懂得珍惜。

3. 愤怒

《现代汉语词典》将愤怒解释为"因极度不满而情绪激动"。心理学上将愤怒定义为个体受到诸如攻击、侮辱、挫折、伤害等，或意愿被压抑时产生的一种情绪体验。

愤怒会使人产生高强度的攻击性和破坏性，有时还会伴随着行为的失控和理智的丧失。人们常常将愤怒以及愤怒产生的破坏性行为等同，将愤怒情绪看作洪水猛兽，避之不及。但从适应的角度来看，愤怒的产生源于价值感和安全感受到冲击，其核心体现的是恐惧和害怕。当面对直接威胁时，强烈的防御或攻击是解决危险最迅速的方式，尽管它存在潜在的威胁和能量消耗。因此，在这样的情况下，以这种爆发的方式才能有效保护人的安全和价值感不被伤害。

作为一种基本情绪，与生俱来的愤怒诱因来自身体受制于人的威胁。作为一种信号，愤怒告诉我们，我们的力量不足以支持我们的自尊和自信，我们需要调动体内的力量来应对当前问题。

4. 恐惧

恐惧是人在面临某种危险情境，企图摆脱而又无能为力时所产生的一种担惊受怕的强烈情绪体验。每个人恐惧的对象不同，但本质上，它是身体或心理上受到伤害和威胁时所产生的情绪。当我们感到恐惧时，意味着我们解决当前问题的资源、力量或策略不够，我们需要组织资源、调动力量，或调整策略来重新应对问题。

恐惧能够给人提供最基础的保护。感到恐惧时，我们有可能做任何事情，也有可能什么也不做。这取决于我们在过去所学到的知识经验，即遇到危险情况如何才能保护自己。相关研究表明，恐惧的时候，血液会流向双腿的大块肌肉，做好逃走的准备，但我们不一定真的会逃跑。当威胁在我们可应对的范畴之内时，我们会提高警惕，集中精力，尽可能解决当前的危机。

除此之外，恐惧可能还会带来愤怒，通过这种攻击性来吓退威胁，保护自己。在群体生活中，害怕或担忧的面部表情可以提醒他人潜伏的危机，从而使他们免受伤害，或者召唤他们前来营救。因此，恐惧不仅增加了我们个人的生存概率，同时可以保证团体或族群的安全。

(三)常见复合情绪体验的作用

除了与生俱来的基本情绪，人作为社会性动物，在特定的社会条件下还发展出许多后天学习的、丰富多样的复合情绪。这些复合情绪是经过人与人之间的交流后天习得，往往反映了人类更高级的情感和社会功能，对人的关系建立与发展有着重要影响。

1. 厌恶

厌恶是一种由不愉快的、反感的刺激引起的负性情绪体验。从进化的角度来看，它源于哺乳动物天生的食物拒绝系统，是自然选择的结果。厌恶的主观体验为反感并常伴随呕吐反应及躲避行为，这些反应让我们同潜在威胁保持距离，具有保护我们免遭疾病和污染的适应意义。

心理学家认为，厌恶还是一种典型的道德情绪，是一种高姿态的贬低情绪。随着人类文明的发展，厌恶不再只是一种存在于口腔的不快体验，而开始与人类的自我意识和行为表现相关联，即从生理厌恶上升到了心理厌恶。厌恶使个体避免做出违反自己内在道德准则或外在社会规范的不道德行为。如果个体认为自身或他人的行为不道德，如说谎、作弊、欺骗等，会产生道德厌恶，从而执行某种潜在的或外显的行为策略，如内省或回避社会交往等。

2. 惊讶

惊讶，往往发生在我们遇到突如其来、意料之外的事情时，这件事情让我们措手不及。惊讶是所有情绪中持续时间最短的。它是一种过渡情绪，转瞬之间会转变为其他情绪，如惊惧、惊喜等，或者也有可能转瞬即逝，这取决于让我们感到惊讶的对象是什么。正是因为惊讶持续的时间太短暂，因此我们很多时候对惊讶的情绪不会单独做出反应，更多是留意随后而来的情绪。

惊讶虽然短暂，但仍有其存在的意义。当我们惊讶的时候，眉毛会往上挑，视野更加开阔，同时允许更多的光线射向视网膜，从而能够捕捉更多关于意外事件的信息，帮助我们准确分析当下的情况，确定最佳行动方案。

3. 内疚

内疚，是一种典型的道德情绪，它的产生受到个体价值观、行为规范以及所处文化的准则影响。内疚一般产生于我们做出不当行为，甚至只是认为自己做错的时候。这些错误一般包括冒犯、忽视他人，或者给他人造成伤害、违反社会规范或规则。内疚被认为是一种私人体验，其特点是对自己不道德的行为思来想去。一旦我们产生内疚感，会感到持续的不快，且这种不快很难消除。正是因此，内疚会激发我们采取道歉、弥补等行动以修复造成的破坏。

内疚能够让我们把自己塑造得更好，它抑制自私自利，激励人们以道德和社会所接受的方式行动，有利于利他行为和亲社会行为的产生。

4. 感动

感动是人类特有的一种复杂情绪，也是一种社会情感。作为一种情绪，它主要与生物性需要相联系，具有情境性；而作为一种情感，它与社会性需要相联系，具有稳定性。

目前，关于感动的语言表述存在文化多样性。中文里一般表述为触动、打动、动容或者泪目等。感动是外部刺激对个体主观感受的作用，是由一些动力性强的、能够改变情感状态的事件引发的，一种非自主性的、即刻产生的情感状态。感动同时包含悲伤和快乐两种对立的情绪成分，但总体上呈现积极的情感倾向，其表达存在明显的积极情绪的二态现象，即强烈的积极体验不仅诱发了积极表达，而且伴随着原本应与消极情绪相对应的外显表现。当感动的唤醒程度较强烈时，感动的生理表现更为直观，比如哭泣、流泪，甚至抽揣等，感动的心理感觉虽不容易被描述出来，但通常是细腻的、温暖的。

感动是对承载有强烈且明显的依恋、亲社会以及理想的情境或事件做出的反应，当一个事件被认为是能够增加人际亲密度或被认为是道德的行为，且人们对这种行为表达出来的评价强度足够强烈时更容易引发感动。作为积极情感的一种重要类型，感动会产生积极的社会效应。通过感动可以进一步激发人们所共享的公共情感。研究发现，感动后的个体拥有更高水平的温暖感，可以促进合作，增强亲社会或公共行为。

以上对人类常见的情绪做以简单介绍，帮助大家更深入地理解情绪的心理意义与功能。事实上，人类具体的情绪反应极其丰富，总的来说，消极情绪帮助人生存下来，而积极情绪则促进人类的发展。没有不应该的情绪，每一种情绪都有其功能，并且每一种情绪特定的功能都是在为背后未被满足的心理期待服务(图5-1)，只有真正理解并接纳这些情绪，才可能与情绪和谐共处并为我所用。

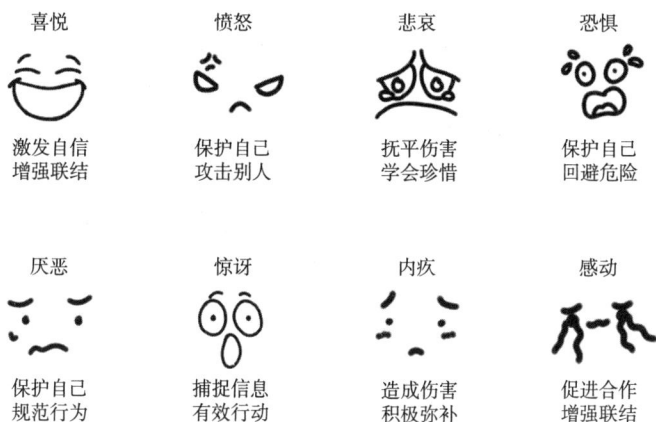

喜悦	愤怒	悲哀	恐惧
激发自信 增强联结	保护自己 攻击别人	抚平伤害 学会珍惜	保护自己 回避危险
厌恶	惊讶	内疚	感动
保护自己 规范行为	捕捉信息 有效行动	造成伤害 积极弥补	促进合作 增强联结

图5-1　常见情绪及其功能

第二节　积极情绪与大学生成长

纵观历史，积极情绪在过去一个多世纪里受到的关注并不多。随着积极心理学的兴起和发展，积极情绪的重要性越来越明显。已有研究证实，对幸福感和美好生活的追寻，其秘诀并不在于消除负面情绪，更多要在增强积极情绪方面下功夫，积极情绪也不仅仅是快乐和自我感觉良好，它有更深远的影响。

一、积极情绪概述

积极情绪并非单纯的快乐体验，而是包含多种常见的积极情绪，如喜悦、感激、希望等。所有的积极情绪都有助于拓展我们智力的、身体的和社会的资源，不仅可以帮助我们活下来，更是有助于我们活得更幸福。

(一)积极情绪：不只是快乐

积极情绪是指伴随需要的满足而产生的愉悦的主观体验。这种愉悦感可以促进人的积极性和活动能力。积极情绪和快乐都能带给人愉悦感，但积极情绪远远不只快乐。快乐是一种可以被感知的活力、轻快的内在情绪体验，包括生理反应和行为两个部分，它是积极情绪的一种。塞利格曼认为快乐是与现在相关的积极体验，除此之外，人类还有对过去的（幸福和满足），以及对未来的积极体验(希望和乐观)。

积极情绪有各种不同的类型，它们所包含的内容远不止生理快感或模糊的幸福感。2009年，弗雷德里克森列出了十种最常见的积极情绪：喜悦、感激、宁静、兴趣、希望、自豪、逗趣、激励、敬佩和爱。这十种积极情绪是人们在生活中最常体验到的，却也是高度个人化的，也就是说每个人对同一事物的感觉可能完全不同，这些不同更多地取决于个体的内在理解，而不是外部环境。

(二)积极情绪的作用

情绪可以为我们的生存和发展服务，积极情绪在里面的作用是独特的：它能拓展我们智力的、身体的和社会的资源，增加我们在威胁或机会来临时可动用的储备。当我们情绪积极时，我们更可能接受新的想法和事物，别人也更可能喜欢我们，我们也能够抵抗一些疾病的侵害。

基于对积极情绪的研究，弗雷德里克森建立了积极情绪的扩展建构理论。该理论包含两大核心主张：一是积极情绪能够扩展我们认知系统的相对范围，帮我们冲破一些思维的定势或局限，使我们的思维更加开放、灵活，更具有创造性。二是积极情绪能够建构我们的个人资源和社会资源，前者使我们有效抵御身心疾病而带来健康长寿，后者能使我们与他人建立更加亲密、信赖的人际关系，为我们营造出充满感情支持的生活和工作环境，从而促发积极的行为。由此可见，培养积极情绪不仅可以平衡、减少消极情绪，还能够促进个体的智力和社会性发展。

1. 拓展认知与思维

积极情绪的拓展功能主要体现在思维上。当人处于积极情绪状态时，其"认知—行为资源库"会得到扩展，表现出更为开放、灵活的认知与行为，使个体持久的发展资源得以建构。而消极情绪正好相反，它会窄化"认知—行为资源库"的即时范围，确保个体在危险情景下迅速而高效地调动各种应激资源以保证自身的生存。由此可见，消极情绪更倾向于保障人的生存，而积极情绪更倾向于促进人的发展。

拓展知识

弗雷德里克森关于积极情绪与视野的研究

弗雷德里克森进行了如下实验：让被试看一张图片，并让他们描述该图片上的图形，看他们是将这个图形看作一个大三角形，还是3个小正方形。同时，记录他们当前的情绪状态(图5-2)。

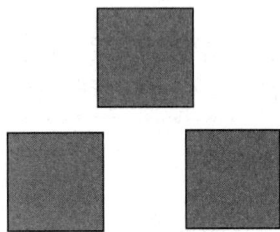

结果发现，当被试处于积极情绪中时，他们的眼界就会扩展，能看见大的画面。而当被试沉浸在消极情绪中时，他们的视野边界就会变窄，只看到3个小正方形，没有大的画面，没有连接点。这个实验提示我们：当人们感觉良好时，注意范围会得到扩展。

图5-2 积极情绪与视野

2. 促进身心健康

积极情绪对我们个人资源的建构主要体现在对身心健康的影响上。现有研究已经证实，情绪具有生理唤醒功能，并与多种疾病密切相关。长期处于不良的情绪状态，会导致行为、神经、内分泌以及免疫等系统的损伤，促发不同类型的疾病，如冠心病、高血压及消化性溃疡等，甚至可能导致心理机能的严重损伤，如焦虑症、抑郁症和创伤后应激障碍等。情绪与生理疾病之间的复杂联系已经成为现代医学多个学科领域研究的重点，心身医学对情绪的研究也取得了一定的成果，并证实了积极情绪对身心健康的巨大促进作用。

心理学家通过回溯式追踪以及前瞻设计两种方式探索了积极情绪与长寿之间的关系，结果证明积极情绪对长寿具有决定性的作用，同时，研究也为积极情绪抵御疾病、增益健康提供了证据。现有的追踪实验也已证明，积极情绪不仅有效降低正常人群患中风、心脏病、高血压、胃溃疡等疾病的风险，对患有疾病的人来说也有促进康复的积极作用。

3. 促进社会适应与关系发展

根据积极情绪的扩展建构理论，积极情绪建构我们个人资源的同时，也能促进社会适应。社会适应是个体和环境取得一种和谐关系的状态，包括个体改变自己以适应环境，也包括个体改变环境使之满足自己的需要。

积极情绪可以有效提高个体的社会适应能力。首先，积极情绪可以增加个体的人际资源(友谊、社会支持网络等)。现有的研究表明，积极情绪和社会交往相互促进。积极情绪带来更多的社会联结和社会支持，我们天生就更喜欢和积极乐观的人交往并成为朋友，而这些社会联结和支持反过来也能增加积极情绪。其次，积极情绪有助于促进和谐关系的建立，促进积极体验反复发生进而建立更加亲密、信赖的人际关系，帮助营造充满感情支持的生活和工作环境。最后，积极情绪也能增强我们的心理弹性，提高人们的社会关系质量，促进主观幸福感的获得。

4. 促发并强化积极行为

有研究认为，情绪是有机体在进化过程中为环境适应而被赋予或设置的。消极情绪通过启动特定行动趋势帮助个体应对危险和生存挑战，例如，愤怒会启动攻击模式，恐惧促发逃离，厌恶引发驱逐等。

目前，关于积极情绪如何激活行为的观点主要有两种。一种观点认为，积极情绪不同于消极情绪，只会产生一般的行动激活，而不产生具体的行动，即积极情绪只会带来行动的接近或趋近倾向，如兴趣会引发注意定向，满意会带来放松状态。这类研究证实，积极情绪虽然不伴随特定的行动，但能够促进活动的连续性，也就是说，在积极情绪状态下，个体会趋近和探索新颖事物，保持与环境主动的联结。另一种观点认为，积极情绪并不只具有一般的活动激活倾向，同时也与特定的行动倾向相联系，如快乐激发创新的愿望，兴趣引发探索、掌握新信息和经验的行为，满意产生保持现状的愿望等。

二、积极情绪对大学生成长的影响

大学生度过了"艰苦奋斗"的中学生活，在大学开启了人生新的篇章。随着生理发育以及心理发展的不断成熟，大学生必须学会使用情绪尤其是积极情绪来帮助自己处理和应对各种挑战和困难，促进身心健康，实现自身发展和成长成材。

(一)大学生的情绪特点

情绪是由大脑中的神经元回路所控制,这些神经元回路整合加工情绪信息,产生情绪行为。在整个复杂的大脑系统中有三重大脑,其中位于大脑最中央的"边缘系统"是情绪得以产生的最重要的生理基础,脑科学家称其为"情绪脑";而位于大脑前额区域的"新皮层"主管人的认知,被称为"理智脑"。人的情绪脑和理智脑并非出生就发展成熟,一般情况下,情绪脑在青春期早期才趋于完善,而理智脑大概在 20 岁出头时才能发育成熟。因此,18~25 岁的大学生在冲动控制与决策等方面正处于快速发展阶段。

当代社会竞争加剧、生活节奏加快、信息化程度加深、社会文化多元以及互联网、人工智能日趋普及,这些因素使得社会的复杂性、多变性和不确定性增加。大学生正处于人生发展的关键阶段,他们需要做出关于高等教育、职业和亲密关系等方面的重大决定,并不断调整自己以适应变化的环境。在这些身心因素和社会因素的综合影响下,当代大学生的情绪总体呈现出情绪反应强度大、变化快,情绪调控能力相对较弱,容易出现抑郁、焦虑等情绪困扰的特点。

大学生产生消极情绪很正常,但如果这些消极情绪得不到及时疏导和调节,就容易发展成情绪障碍,产生焦虑、抑郁、人际敏感等各种心理疾病,对心理健康造成不良影响。

根据大学生的情绪特点,一方面从问题角度出发,大学生要学会一些技巧有效预防和减少消极情绪的发生,确保自身在面对矛盾、冲突、挫折等一系列心理压力时,能进行合理的情绪调节和适宜的表达宣泄,保持心理平衡;另一方面要从发展角度入手,通过培养和发展自身的积极情绪,平衡和减少消极情绪,从正面促进心理健康,实现自身发展和成长成材。

(二)积极情绪对大学生的影响

心理学不只关注"如何减轻人们的痛苦",更注重"如何帮助人类追求幸福"以及"识别与培养人的优势"。要想要做到这一点并不容易,但也有方法可循。积极心理学认为,减少消极情绪与增进积极情绪是两个独立的系统,前者并不必然导致后者,但是培养和发展积极情绪,不仅有助于减少消极情绪带来的困扰,而且可以帮助大学生强化积极的自我,激发个体潜能,发展积极的人际关系。

1. 积极情绪有助于大学生抵御负性情绪困扰

进化使人的大脑更容易关注坏事情,也更擅长从坏体验中学习。从生存的角度来说,大脑这种固有的消极偏差确实让我们躲避了很多潜在的危险和损失。但由于大脑具有很强的可塑性,我们反复感觉、感受、追求和思考的一切都在缓慢地塑造着我们的神经结构。如果我们的目光总是局限于各种威胁和损失,总是关注消极的感受,那么我们的大脑会被塑造得更容易对焦虑、抑郁等情绪产生反应,甚至在不必要的情境下产生不恰当的反应。如在台上演讲却因为紧张而感到脑袋发蒙、嗓子发紧说不出话。这些消极情绪的发生是大脑自动启动防御机制的结果,单纯想靠理智去控制或说服是不可能消除这些负性情绪的:理智不一定能战胜负性情绪,但积极情绪可以。

积极情绪是抵御消极情绪的有效解药。想要减少消极情绪体验,不一定专门针对消极情绪本身工作,发展和培育更多的积极情绪以此覆盖和代替消极情绪困扰往往更加有效。当我们有意识地去发展和体验一些积极的感受时,这些积极体验也会转化为积极的神经记忆和行为反应，让我们更容易感受到安全感、满足感或归属感等，帮助我们平复消极情绪并摆脱困扰。

2. 积极情绪帮助大学生强化积极自我，提升自信心

罗伯特·所罗门认为，我们通过情绪，认识自我，调节自我，情绪作为对自我的反映而存在，它展现了一个人到底是谁，表明了一个人与其他人的不同。一些涉及自我的情绪是其自我的重要组成部分，是一个人对自我的感受，这些感受影响着他对自我的认知、行为以及态度。积极情绪一方面有助于扩展我们认知系统的相对范围，使我们的思维更加开放、灵活，更具有创造性；另一方面帮助我们建构个人资源。

借助情绪，我们与世界积极互动，且在互动过程中认识世界、改造世界，并以此为反馈，不断地革新和改造自己，以实现适应与发展。在积极情绪状态下，大学生更容易看到自身的积极方面，从而对自己产生更多的积极想法和行为。另外，积极情绪可以帮助大学生抵抗压力和困难。当他们感到快乐和满足时，他们更容易保持冷静和理性，更容易面对挑战和困难，也更容易找到解决问题的方法。这些成功的经历反过来又能强化学生对自己积极的认知，从而提升自信心。

3. 积极情绪帮助大学生提高学习效率

"积极"一词来自拉丁语，是"潜在"的意思，这里包括"潜在的内在能力"和"正向"两层意思。积极情绪如此重要绝不是因为它带来的愉悦感，而是它对人潜在能力的激发作用。

当人处于积极情绪时，大脑会释放一系列化学物质，如多巴胺和内啡肽，这些物质能够促进大脑的神经递质平衡，增强大脑的活力，提高个体的认知能力和创造力。因此，当学生感到快乐和满足时，他们更容易集中精力学习，更愿意探索新的知识和技能。这种积极的情绪状态也可以提高他们的创造力和解决问题的能力，从而提升学习效率。

4. 积极情绪帮助大学生发展积极的人际关系

人际关系包括亲子关系、亲密关系以及朋友同事关系等。一些研究者发现，与不快乐的人相比，幸福的人社交能力更强，也有更好的亲密关系及人际关系。从脑科学研究来理解，处于积极情绪状态下的个体会启动大脑的"绿色"设置。在这个状态下，人的安全感、满足感和关联感需求得到了较好的满足，人会变得更具有开放性和探索性，也更可能与周围的人、事、物产生联结。

如果大学生每天体验更多的积极情绪，整个人会表现出明显的松弛感，这时他们更愿意与他人分享自身的感受和想法，更容易建立和保持良好的人际关系。同时，积极情绪也会像一束温暖的阳光，带给身边的信心和希望，从而更容易获得积极的人际反馈和人际支持。

（三）与大学生成长密切相关的几种积极情绪

积极心理学关注积极的情绪与特质，旨在促进人们快乐地、投入地、有意义地生活，进而获得幸福感。一个重要的问题是，哪些积极情绪会促进生活发生积极的变化？它们是如何促进的？对此，积极心理学家们进行了理论研究和实践探索。以下介绍几种与大学生成长息息相关的积极情绪与特点。

1. 感恩

感恩是中华民族的传统美德，现代社会优良品质的传承和互动。俗话说"滴水之恩，涌泉相报"，学会感恩是做人的一项基本要求。感恩也是一种积极情绪，一种积极的认知和人格特质,是个体在受到恩惠时所产生的一种感激和喜悦的即时情绪感受和持续一段时间的心境。根据拓展建构理论,作为一种积极情绪,感恩能拓宽人们的思维模式,建构积极持久的社会和心理资源,也可以促进亲社会行为的产生,进而提升主观幸福感。具备感恩特质的个体能够以更积极的方式看待事物,并表现出更多的亲社会倾向,在人际交往中能更好地理解外部的互惠行为并积极影响自身的主动行为,从而构建持久的心理、生理与能力资源。

从时间维度上,感恩更多地指向过去,是过去受到恩惠时所产生的一种感激和幸福的体验,以及因此而产生的积极认知和回报行为。当我们沉浸在感恩的体验中,整个身心都会感到幸福和满足,我们会觉得自己是幸运的,会由衷地赞赏并感激给我们带来这份幸运的人、事、物,内心会有一股温暖的力量涌动,驱使我们想要去回报他人的给予与恩惠。感恩作为人类独有的一种情绪体验,可以让我们更容易感受到这个世界的善意和美好,并愿意将这份美好传递下去。在感恩的时候,人生中的美好回忆能让我们身心获益,同时,表达感激之情,也会加深我们与别人之间的关系。

2. 乐观(希望)

不同于感恩,乐观面向未来,是因个体对人、事、物持积极态度而在主观上形成的愉快、对前途充满信心的精神状态或前瞻观念。其主要特征是非客观存在(是一种主观心境或态度,与个人期望密切相关)和指向未来(影响今后一段时间人的目标导向行为、目标达成行为)。

彼得森和塞利格曼在2004年将乐观作为24项性格优势之一,认为乐观是一种可以后天习得的、指向未来的认知、情绪与动机心理层面的积极特质,体现了对未来实现目标的信念,对预期结果产生的一种信心。

个体的乐观主要体现在两个方面:以积极的方式评估自己的过去、现在和将来;对未来事件和生活存在的积极信念。乐观的人期待未来有好事情发生,并预期事件会产生积极结果。社会认知理论认为乐观是自我效能感和可察觉的社会支持融合的结果。乐观带来积极的认知与行动,而积极的认知与行动带来成功,同时,成功通过自我效能感提升进一步增强乐观体验。

与悲观相比,拥有乐观特质的人面对生活事件,其解释风格上有明显的不同:乐观的人在对坏事进行归因时,普遍倾向于认为坏事的产生是因为暂时性的、特定范围内的、非个人化的原因,而悲观的人正好相反;而对发生的好事,乐观的人又倾向于认为是永久性的、普遍的、个人化的原因(表5-1)。

表5-1 乐观与悲观者解释风格的对比

乐观风格	永久性(时间)	普遍性(范围)	个人化
好事	总是如此	普遍情况	我
坏事	有时如此	个别情况	非我
悲观风格	永久性(时间)	普遍性(范围)	个人化
好事	有时如此	个别情况	非我
坏事	总是如此	普遍情况	我

3. 快乐

快乐是一种可以被感知的活力、轻快的内在情绪体验,包括生理反应和行为两个部分。我们在体验到快乐的时候，会以各种方式表达出来，如微笑的表情、轻快的步伐等，在体验到极度的快乐时还可能做出超常的行为。

作为一种积极的情绪体验，快乐具有暂时性和习得性。一件小事或一点需要的满足就能让我们感到快乐。同时，快乐具有习得性，可以通过学习获得。塞利格曼教授认为通过学习快乐可以让我们长寿、健康、富有激情。

那么，如何学习快乐呢？有两种常见的途径：一是通过自主的精神活动努力提高自己的快乐水平。我们在生活中，可以依靠自身的经验总结与反思，通过自我分析或心理监测来调整和改变自己的想法、信念和行为，并理性做出决定采取行动，使自己处于和谐的现实环境和心理环境，从而更加轻松和快乐。二是了解并去做那些能够让我们感到快乐的事情，即找到那些能带给我们愉悦的活动。如做自己感兴趣的事情，或全身心沉浸在一份极具挑战性，又与自己能力相当的任务中。

第三节　情绪管理

情绪有积极与消极之分，却并没有好坏之别，每一种情绪都是人类正常的本能反应并有其独特的心理意义。但无论是积极还是消极的情绪都过犹不及。大多数情况下，情绪带给我们的都是正面的影响，但偶尔它也会不合时宜。有时是情绪的强度不合时宜，有时可能是情绪化的行为不合时宜，或者情绪的持续时间过久。无论是哪一种情况，情绪都变成了我们思考或行动的阻力。因此，我们需要觉察和理解情绪，并用科学的方法管理情绪，与情绪和谐相处，甚至让情绪为我们服务。

一、觉察情绪

管理情绪的第一步是觉察当下的情绪。一般情况下，我们对情绪的觉察既包括感知当下自我和他人处于什么情绪状态，也包括对自我和他人的情绪状态进行描述和命名。情绪觉察是一种能力，且可以通过不断练习来提升。

（一）情绪觉察的含义

情绪觉察是指个体感知、描述和区分自身与他人情感体验的能力。情绪觉察能力强一方面意味着能很好地觉察和理解自身的情绪体验，另一方面意味着有较好的共情能力，可以觉察他人的感受，从而选择恰当的行为方式进行反应。研究表明，情绪觉察对个体的人际关系和身心健康有重要意义。高情绪觉察有助于个体建立良好的人际关系，减轻工作负担，提升幸福感和满意度。

（二）觉察情绪的路径

1. 多维度感受情绪

管理情绪的第一步是觉察当下的情绪。如果将我们的情绪比喻成洋葱，我们可以剥洋葱式地、由外到内地一层层觉察我们的情绪（图5-3）。

（1）行为层。情绪会促发行为倾向，尤其是处于强烈情绪时，不理智的、冲动的破坏行为更容易产生。通过觉察此刻或者刚刚我做了什么（如正在摔东西，正在责骂别人或自己，正呆坐着流泪，等等），去确定当下情绪的存在。

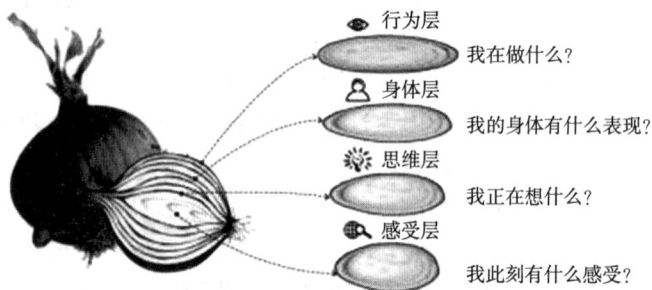

图 5-3　剥洋葱式觉察情绪

（2）身体层。情绪具有生理唤醒功能，通常伴随着身体的反应。身体是人存储情绪的器官，当情绪长久得不到有效表达或管理时，会变成身体的病症，如肠胃不适、失眠或头疼等，通过关注身体状态也有助于觉察情绪。

（3）思维层。"真正困扰我们的不是发生在我们身上的事，而是我们围绕这件事编的故事"，这句名言形象地说明了情绪由我们的认知所决定。觉察自己的情绪为何发生，有助于从自我内在更深层理解情绪。

（4）感受层。每种情绪会带来不一样的主观感受，觉察自己对发生的事情有什么感受，是感到开心还是难过，可以帮助我们确定自己对此刻情绪的态度。

当我们试着从这四个层面去觉察情绪，就可以清晰地对当下发生的情绪进行命名，即"我此刻（正在）感到＿＿＿＿＿＿＿＿＿＿＿＿＿＿＿"。

【小练习】

情绪识别与命名

闭上眼睛，做三组深呼吸，慢慢让自己放松下来。现在有意识地将注意力集中到自己身上。问自己："此时此刻，我有什么感觉？"

认真觉察自己的内心活动：刚刚我做了什么，此刻我的身体有什么感觉，我有什么想法和念头，我现在有什么感受。如果脑子里跳出一些杂念，也没有关系，重新将注意力集中到自己的感觉上就好。

试着辨识你的感觉，并用文字描述它，你可能需要不止一个词。如果你很难辨识出任何感觉，可以查阅感觉词汇表。

当你找到可以比较准确地描述你感觉的词，就可以进入下一步，去试着理解你的情绪，想想自己为何会有这样的感觉，即"我现在为什么会感到＿＿＿＿＿＿＿"。

2. 对情绪的功能保持觉察

情绪是我们忠诚的信差，它传递着我们内在的讯息。美国家庭治疗师维琴尼亚·萨提亚的冰山理论通过隐喻的方式，将一个人的"自我"比喻成一座冰山，露出海面的小部分是外部行为，水平面以下的大部分冰山代表着行为背后的内在世界（图5-4）。这些被我们忽略或没有觉察的部分，时刻影响着我们的行为。

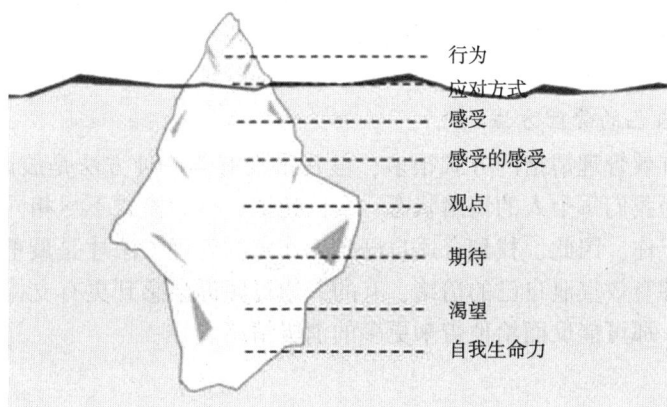

图 5-4　萨提亚冰山模型

对冰山依次向下探索，分别是我们的行为、应对方式、感受、感受的感受、观点、期待、渴望和自我生命力。情绪无时无刻不传递着我们感受背后更深层次的信息，尤其是我们内在深处的观点、期待、渴望，以及自我生命力。每一种情绪背后都隐藏着我们的需求，只有这些需求被我们理解和看见，才有可能做到真正意义上的自我接纳。

二、减少消极情绪困扰

觉察情绪是为了帮助我们理解本能发生的情绪，从而采取有效的管理策略。情绪背后反映的是我们经验、评估和判断的综合，俗话说："智者千虑必有一失"，所以产生的情绪未必是对客观事实的反应，也并不总能被理性控制，甚至偶尔会失控。因此，情绪的管理需要学习，一方面，学会接受自己在管理情绪中出现的失误，认识到偶尔的"情绪失控"对于每个人来说都不可避免。当然，以允许自己会犯错的态度面对情绪并不意味着放纵自己的情绪，听之任之，反而是更深层的接纳，即允许自己在管理情绪的经验积累中，不断地提升和进步；另一方面，要反思总结，不断提升管理情绪的能力，减少被情绪挟持的可能性。

情绪本身无好坏之别，每种情绪都有其心理意义。一些情绪之所以被称为消极情绪是因为人的偏好。前面我们提到，消极情绪的产生是需要没有得到满足而带来消极的主观体验和行为倾向。这些主观体验和行为倾向要么让人不舒服，要么给人带来低适应性的行为，因而不被人们所喜欢。

（一）正确理解消极情绪

消极情绪很难被消除，也不是任何消极情绪都会带来危害。科学家在探讨情绪的致病机制时发现情绪具有自适应性，即情绪反应是个体调节自身以适应环境的结果，只有长期或是过度的不良情绪反应才最终导致个体出现破坏性适应，甚至产生疾病。因此，管理消极情绪的目的绝不是杜绝消极情绪，而是减少消极情绪带来的困扰和低适应性的行为。

1. 消极情绪的管理宜疏不宜堵

消极情绪状态确实会削弱免疫系统的功能，且提高人们对疾病的易感性。基于此，人们可能会认为在日常生活中可以通过尽可能减弱或压抑消极情绪状态获益。事实上，压抑消极情绪可能带来一些即刻的获益，但长期压抑情绪会导致更严重的健康危害。

情绪既然是一个信号，那就应该去及时倾听并理解它所传递的信息，从而设法处理它们，从而弱化情绪的强度。但如果我们忽视它们，这些情绪不会凭空消失，而是通过身体症状或者破坏性的行为表达出来。因此，消极情绪的管理"宜疏不宜堵"。

2. 找到合适自己的管理方法

经验表明，有效管理情绪的方式很多，但几乎没有哪一种方法是放诸四海而皆准的。之所以如此是因为我们每个人的情绪状态、个性特征、行为模式不尽相同，适用于他人的方式不一定适用于你，因此，找到合适自己且无伤害的管理方法才是最重要的。例如，有的人通过运动能够有效宣泄自己的情绪，有的人通过倾诉会感到更有支持，但如果让喜欢倾诉的人去运动，那可能反而给他带来更多的消极情绪。

拓展知识

情绪的宣泄

情绪的宣泄方式很多。在我们陷入情绪困扰时，可以通过运动或者哭泣，将内心积压的感受发泄出来；我们也可以通过文字或者绘画的形式将情绪外化，或者与他人倾诉；还可以转移注意力，去做一些自己真正感兴趣的、让自己感觉轻松的事情，例如，一场旅行、看电影、听音乐等。

(二)如何与消极情绪共处

以大学生最常见的抑郁、焦虑为例，这是大学生最常见的两种消极情绪，如果深陷这两种负性情绪困扰，极易对自我造成否定和攻击。通过理解抑郁与焦虑的本质，以及它们背后的需要可以帮助我们以更合理的方式看待这两种情绪并管理它们。

1. 认识抑郁与焦虑的本质

长期处于抑郁情绪会使人产生深深的绝望感、失控感，无法感受自己的存在，其本质是个人意义感和价值感的缺失。生活中，如果一个人反复在很重要的事情上遇到挫折，并且无力应对或解决，最可能产生的情绪就是抑郁。抑郁情绪发生的过程是：期待没有被满足而失落—失落无法排解而无助—无助带来自我质疑—自我质疑引发自我嫌弃—认定自己没有存在的价值和意义—绝望感、失控感(陷入抑郁状态)。长期处于这种巨大的痛苦旋涡之中，人会出现精神崩溃甚至自残自伤等行为。

焦虑情绪作为一种复合情绪，其背后的主要情绪包括紧张、恐惧、担忧等，是现代社会中人们最普遍的一种负性情绪。但焦虑并不一定具有破坏性，它是人脑对抗潜在危机的积极行为，是一种自我保护机制，一定程度的焦虑不仅没有破坏性，反而有促进作用。例如，考前焦虑会促发积极复习等正向行为，适当的焦虑可以激发潜能，有助于应对挑战。研究表明，完全没有焦虑或焦虑过度会使工作绩效低下，而处于适当的焦虑中，人们的工作绩效最高。

2. 看见抑郁与焦虑背后的需要

情绪传递着我们的观点、期待、渴望，以及真正的自我。那么焦虑和抑郁背后传递了什么信息呢？

抑郁主要的表现是：情绪低落、认知消极、意志力减退、社会功能受损、记忆力和判断力减退、社会退缩、自我隔离。这些表现都在试图为我们传递：当前面对的问题很严重，解决的途径无效；我一个人很无助，我没有办法应对；我失去了一些东西，还有一些东西我想要却得不到。这意味着我们需要更换解决策略，需要得到关注、爱和支持，我们要正视问题的存在，更加灵活地面对问题，我们也应该珍惜已经拥有的东西。

而焦虑情绪更多源于对自我存在的不确定性，安全感和价值感双方面都受到自我质疑。当我们感到特别焦虑的时候，也许需要重新审视目标对象，降低对目标对象的重视程度或提升自己掌握目标的能力。

3. 接纳并积极地与抑郁、焦虑对话

当我们看见抑郁与焦虑背后的需要是什么后，真正的接纳才有可能发生。当我们清晰意识到当下自己在做什么，为什么这样做，以及情绪对他人和自己的影响时，我们才能回到理性层面，做出恰当的行为，即选择合适的方式来表达情绪。

接纳情绪首先必须认识到"没有不应该的情绪，消极情绪也是一种沟通信号，它本身也具有积极意义"。所有的消极情绪几乎都是为了生存进化而来，如焦虑促发我们去行动，抑郁帮助我们去觉察并获得支持。当我们感到抑郁或者焦虑时，积极地与它们对话，可以问问自己："我为何有这种情绪""我是怎么看待并处理这些情绪的"以及"我是如何归因，又是如何行动的"。

接纳情绪还需要意识到"情绪管理并不只是一个结果，而是一个动态变化的过程"。所以，情绪的管理也是需要学习的，允许自己有犯错的时候，同时也要反思总结，不断提升管理情绪的能力。情绪背后反映了我们一系列的经验、评估和判断的综合，俗话说："智者千虑必有一失"，所以情绪的发生虽然是本能，但未必是客观事实的反应，也并不总是能理性控制。我们需要学会接受自己在管理情绪中出现的失误，认识到偶尔的"情绪失控"对于每个人来说都避免不了。以允许自己会犯错的态度面对情绪并不意味着我们放纵自己的情绪，听之任之，反而是更深层的接纳，即允许我自己在管理情绪的经验积累中，不断地提升和进步。

（三）消极情绪的积极转化

消极情绪也有其适应功能和积极的意义。通过改变认知方式可以实现消极情绪的积极转化。

美国心理学家阿尔伯特·埃利斯认为，健康的情绪建立在理性或科学思考的基础上，想要健康的情绪反应，就要用更合理的观念和更有用的假设来替代原有的理论。因此，减少或者消除不健康的情绪需要建立科学的思考方式，认识到凡事没有绝对利弊，从更高的视角看待事件带来的风险与机会，建立科学的认知，进而有健康的情绪体验。

基于此，埃利斯提出"合理情绪疗法"（也称"情绪 ABC 理论"）。该理论认为，事件（A）本身不直接引起情绪，情绪（C）是由人们对事件的看法和观念（B）所致。例如，一个大学生高等数学考了 80 分会高兴还是难过，取决于他对高数考试的看法（该生若认为"60 分万岁"则会高兴，若认为"80 分不利于拿奖学金"则会感到难过）。简单来说，同样的事件引发不同的情绪反应，是因为认知和思维方式的不同。

尽管情绪不能被完全掌控，但请记得我们才是情绪的主人。我们无法决定人生中会发生什么，但我们可以选择如何思考和解释它们，而一个积极的认知方式会为我们带来理性、平和的情绪体验和积极的行为。以下我们介绍几种转变认知的方式。

1. 识别不合理的想法

在纸上尽可能详尽地写下引起自己相应情绪的事件以及想法。可参考以下常见的一些不合理信念，看看自己的这些想法是否存在不合理之处，把它们写下来。

全或无的思维方式：看事情太绝对，非黑即白。

过度泛化：将一个负性事件看成全面的失败。

思维过滤：只注意到事物的阴暗面，而忽视事物的积极面。

忽视优点：对自己的成就或优秀视而不见。

妄下断语：在没有确切证据时，就对事物下负面结论。或认为他人对自己有恶意，或认定某事将变坏。

夸大或贬低：过分夸大或贬低事件的重要性。

情绪化推理：由感觉得出结论，如"我感觉像个智力障碍者，所以我一定是"。

"应该"语句：批评自己或其他人时总是用"应该""不应该""必须""一定"等词语。

贴标签：总是对自己下结论和定义，如"我是一个失败者"，而不是"我犯了个错误"。

责备：即使是与自己无关的事，也总是将错误归因于自己，或者只是责备他人而忽视了自己应该负的责任。

2. 双重标准技术

不轻视自己，而是以同情困境中朋友的方式对待自己。问问自己："我会对困境中的朋友说这样的话吗？我会对他说什么呢？"

3. 箭头向下技术

先不要急于去质疑自己的负性想法，把它们写下来，在其下方画一个垂直的箭头，并问自己："如果这是真的，它对我意味着什么？"记录下衍生出的一系列负性想法，这些想法会引出你潜在的信念。

4. 讨论新的可能，将问题转化为资源

从积极的方面对当前的问题重新进行讨论，放弃挑剔、指责的态度而代之以一种新的观点。这种方式将思维的视角转向了更为积极的一面，从"找问题"转向"找资源"。如"畏首畏尾"也可以解释为小心谨慎、考虑周全、不冲动；"多疑"的另一面可能是自我保护意识强、富有批判精神。

以上是几种简单易行的方法，减少不合理的信念需要有意识地练习和熟悉。也许在刚开始的时候，效果并不明显，但请记住：觉察是改变真正的开始，一旦真正的觉察开启，世界将从此不同。

三、增加积极情绪体验

管理情绪的难点在于消极情绪的管理。减少消极情绪可以尽可能降低情绪对我们的侵袭强度，但显然，拥有积极情绪时，我们才可能生活得更美好，所幸，积极情绪是可以通过学习和训练得到提升的。积极心理学的研究也证实，我们每个人都拥有重塑生活，使它更加美好的能力。我们生来就有积极的情绪，也可以通过努力创造更多。如何拥有更多的积极情绪呢？为了弄清这一点，我们需要先了解大脑的可塑性特点，然后在此基础上，行动起来。

(一)积极情绪发生的脑机制

大脑是人体最重要的器官，里克·汉森认为大脑的内部运作情况决定了人的所思所感和语言行为，并且大脑具有可塑性，人可以吸收并内化日常的积极体验去重塑大脑。大脑中的神经结构遵循着"用进废退"的规律，一些强烈的、持久的或反复出现的精神活动会强化相关的神经网络，不断塑造神经结构。杰弗里·施瓦茨认为：了解大脑的操作方式，并运用思维有意识地训练，我们每个人都有能力让自己的大脑变得更好。

大脑有两种相反的操作方式：顺应和反应。当爬行脑、情绪脑和智慧脑的核心需求(安全感、满足感和关联感)基本得到满足时，这3个脑都会进入顺应模式。也就是说，当你感到安全，感到心满意足，感到某种感情联结时，3个脑系统会进入顺应模式，即进入大脑的"绿色"设置。在顺应模式下，人可以从容应对各种威胁、损失和拒绝，即使遇到一些棘手的事情，也会拥有安全感、满足感以及被关爱的感觉。顺应模式在进化中获得了令人愉悦的特性。处于这种模式之下，人会充满积极体验，也会更健康，更容易建立令人满意的人际关系和实现个人潜能。

反应模式意味着大脑处于"红色"设置，主要确保人在面对各种威胁、损耗时得以生存。当人处于消极偏激，或处于担忧、愤怒等消极情绪时，很容易进入反应模式。反应模式容易激发逃跑的本能反应，帮助人应对眼下迫切需要解决的问题，但如果一直处于这样的状态，就很难得到发展，甚至会出现耗竭。

顺应和反应模式是人类的本能，我们无法去除任何一种，但我们可以借助思维来建立顺应性的偏向。具体而言，就是体验并内化积极体验。每内化一次积极体验，就会对这一模式的神经基质起到一次强化作用。当然，接受和内化积极体验，并不等于否定或抗拒消极体验，只是在认可、享受和使用积极体验而已。

(二)发展积极情绪的两种方式

1. HEAL 自我疗愈法

大脑可以通过不断重复某些积极的经历来强化某种积极体验，HEAL 自我疗愈法就是基于这一原理。

HEAL 自我疗愈法是美国著名心理学家里克·汉森提出的，他指出，人可以通过创造积极的体验来唤醒心理上的正向能量，从而摆脱焦虑、抑郁等消极的情绪。"HEAL"是这个疗法中4个步骤的首字母，即拥有它(have it)、丰富它(enrich it)、吸收它(absorb it)和关联它(link it)。这一疗法强调找到或创造积极的体验，并和这些积极体验相处，充分地体验它，接受它成为我们的一部分，用它来抚慰和取代那些让我们感到痛苦的、有害的消极情绪。

【小练习】

回顾一下，清晨你走在校园的林荫道上，清风拂面，小鸟啾啾地叫着，阳光透过树缝扫下斑驳的光点，那一刻你感到愉悦而轻松。请保持并延长你体验这种感觉的时间，将这种感觉保持5~10秒，甚至更长的时间，专注于它，尽量保持不受干扰。尽可能丰富地在脑海中想象，清风拂过你面颊的温柔，鸟儿欢快的叫声，阳光暖暖地照在你皮肤上的感觉，让这些美好的感觉抚慰和取代那些让你感到痛苦的、影响心情的消极体验。

2. 积极自我对话

积极的自我对话是指尝试以积极的语言来描述自己的情绪和行为，其本质是转换一种思维模式，给自己一些积极的暗示。在日常生活中，通过有意识地用"我能行""我可以"的话语代替自我否定、自我批评、自我贬低的话语，以此给自己多一些鼓励和肯定，从而调动积极情绪，找到最佳行为的触发点。

积极的自我对话并非麻醉自我、忽略问题的存在，而是在困境中实事求是地找到自己能实际着手的落脚点，以为现在和未来创建更多的可能性。

对一些人来说，刚开始进行积极的自我对话并不容易，但通过不断地努力和练习，就能慢慢养成积极自我对话的习惯。

【小练习】

找到扳机点：回顾并梳理以往的消极经历，找到我们最容易产生消极自我对话的情境，仔细分析我们的扳机点是什么，也许是某一句话、某一个动作或者其他。通过扳机点的找寻有利于我们对未来可能的消极对话做出预测和准备。

切换语言模式：改变我们在自我对话时的语言模式，如用第三人称"他"来指代自己，从心理上拉远和自己的距离，从而更客观地与自己对话；用"能""可以""要"等肯定的词语代替"不行""不能"等否定的表达。

事后回顾：找一个不受打扰的时间，回顾近一周自己的自我对话情况。评估一下对话的内容是否有所改变？如果是消极的，看看这些消极的内容是否有利于我们走出困境？如果消极的内容并不利于我们解决问题，我们要如何才能改变其影响？

本章作业

1. 找到一件引发你不良情绪的事件，并参照以下步骤对自己的想法、感受、行动进行探索和分析。

(1)列出引发不良情绪的事件以及对该事件的想法和感受。

(2)找出对事件认识上的非理性观念，这些观念通常有以下特点：

＊绝对化：高考前失眠——高考肯定失利；

＊夸张、以偏概全：数学没考好——学习能力不行；

＊灾难化：高考失利——考不上好大学——找不到好工作——人生失败。

(3)自我分析：对非理性观念进行认识和纠正，重塑合理的观念。

＊质疑式：是否有事实依据；

＊夸张式：是否夸大或缩小；

＊价值式：这些情绪和行为是否有意义；

＊更新式：是否可以换个角度看，有没有其他可能。

(4)分析最坏的结果可能是什么。

(5)正视问题，消除忧虑，将自己的精力投入到如何改善事件的行动中去。

2. 回忆一件让自己印象深刻的积极事件，并把它写下来分享，梳理当时有哪些积极情绪发生，此刻回顾有什么感受。

本章重点检测

1. 情绪由_____、_____、_____和_____ 4 个部分构成。

2. 人类的 4 种基本情绪分别为：_____、_____、_____和_____。

3. 觉察情绪可以从_____、_____、_____以及_____ 4 个角度出发。

4. 任选 4 种消极情绪，总结其心理意义与功能。

5. 讨论并梳理至少 3 种可以发展积极情绪的具体方法。

第六章
积极关系

"他人很重要。"与他人建立亲密而持久的关系，是必修的人生幸福课。

接近性和外表吸引力决定我们最初被谁吸引，相似性和良好的个性影响长期吸引。

我们会喜欢那些喜欢我们的人。

完美的爱情是激情、亲密和承诺的结合。

爱他人是一种能力，健康的恋爱关系，建立在自知与自爱、尊重与利他、亲密与联结以及独立与依赖的基础之上。

"精神健康的人总是努力地工作和爱人，只要做到这两件事，其他事情就没有什么困难。"

——弗洛伊德

"每个人都有融入人群，与他人建立积极关系的需要。"这一点毋庸置疑。人是社会性动物，没有人能够离开他人独自生活。人类终其一生都需要面对的"适应"与"发展"两大人生课题都与人际关系密不可分。良好的人际适应力是在社会得以生存的核心素养，拥有积极关系是身心健康和幸福人生的重要方面和关键因素。

积极心理学关于幸福的 5 个要素中，积极关系无疑是最核心的要素。积极心理学创始人之一克里斯托弗·彼得森曾经被邀请用一句话来概括幸福研究的精髓，他给出的答案是"他人很重要"。这句话已经被奉为追寻幸福人生的金科玉律。

作为新时代青年大学生，你是否能够充分地被爱与爱人，拥有积极的人际关系？本章我们来讨论"爱他人"相关的话题，一起来学习如何建立和维护积极的人际关系，开启追寻幸福人生的"爱"的旅程。

第一节　人际关系概述

如果请你来描述一下你的人际关系，你会联想到哪些内容呢？

你可能会想到你身边的亲人、朋友、恋人、同学等"他人"，可能会用"好""坏""亲密""疏远"等词语来描述你们之间关系，可能会回忆起你和他人之间的各种"爱恨情仇"。如果任由你的思绪飘飞，你可能会想起更多的人和事。例如，想起前两天在社团遇到老乡，你们相谈甚欢，有种他乡遇故知的幸福感；也可能想起了前几天刷到文章，对自己"人际敏感"特征的质疑又袭上心头；又或者想起你正在苦恼如何更好地跟一个项目小组的伙伴沟通协作。

如此想来，人际关系的议题跟我们休戚相关，隐形于生活、学习、工作中与他人相处相交的过程，反过来影响我们生活的方方面面。每个人都有一套自己的"人际哲学"，同时这个议题又很复杂多层，总给人一种"不易看透"的深奥感。

这一节，我们先来看看心理学家是如何解读人际关系，探讨以下问题：什么是人际关系？不同视角的人际关系类型及特点？人际关系是如何建立和发展的？以及社会心理学里关于"人际吸引"的理论和研究。通过对理论知识的探讨，掌握人际关系的科学规律，从而帮助我们更好地把握自己的人际关系。

一、对人际关系的理解

人际关系包罗人类社会的方方面面，不同领域学者从不同的角度探讨"关系"理论。人际关系是社会关系的一个侧面，外延很广，大到不同角色的群体间关系，小到个体层面的亲子关系，涉及政治、经济、管理、文化等诸多方面。社会心理学家对人际关系进行了富有洞见的科学研究。我们来看看从心理学的视角，如何基于定义来理解"人际关系"。

(一)人际关系的定义

广义上讲，人际关系就是指人与人之间的关系，包括社会中所有的人与人之间的关系，以及人与人之间关系的所有方面。人类个体的生存和发展离不开社会交往，在相互交往的过程中结成了一张无形的人际关系网，我们每个人都是网上的一个节点，我们的一切社会行为都发生在这张关系网中。

从心理学视角对人际关系的定义：人际关系是人们在社会交往过程中结成的心理关系，表现个体间根据相互满足需要的程度而产生的心理上的亲疏远近。这里所说的"人际交往"主要是指人与人之间在心理和行为上的互动，侧重关注人的心理、情感的交流和沟通，同时，它是一个动态的过程。

从心理学角度来解析，人际关系也包含认知、情感和行为成分。认知成分反映个体对人际关系状况的认识，是人际知觉的结果。情感成分是与交往需要相联系的一种态度及情感体验，反映关系双方在情感上满意的程度和亲疏关系。行为成分是人际交往过程中双方外显的行为表现，如语言、手势、表情等表现个性和传达信息的行动因素，它是建立和发展人际关系的交往手段和形式。以朋友关系为例，"认识对方，以对方为友"，这是认知成分。相应的，这段朋友关系里一定有情感的因素，如相互的欣赏、喜欢、信任依赖，也可能夹杂着嫉妒、失望等复杂多样的情感。双方之间的互动都可以视作行为成分，如给对方的鼓励、帮助，甚至一个微笑或者生气的表情。

通过对人际交往基本定义和内涵的理解，可以得到以下启示。

第一，人际交往是建立关系的前提。良好的人际关系是建立在良好的人际互动基础上的，没有交往就没有人际关系。一些大学生在谈到人际关系的话题时会有这样的认知误区，认为只要我足够优秀，就会被人喜欢，就能拥有良好人际关系。但事实上，我们需要明白一个浅显的道理，"一个只关注自己的人是无法跟他人建立深切的联结的"。人际关系是自己和他人互动的结果，不局限在个人的认知、情感和意志的心理过程中。

第二，"亲疏"是描述人际关系的最基本维度。人与人之间关系变化发展有积极和消极两个方向，如果交往双方能相互满足对方的需要，关系会朝向积极方向发展，从而建立亲密关系；如果双方交往中不能相对平等地满足彼此的需要，关系中会产生冲突和矛盾，如果矛盾不能得到妥善解决，冲突长期存在或升级，可能会导致关系的破裂，甚至发展成敌对的关系。

第三，相互满足需求的程度决定了人际关系的质量。这里所说的需求不能片面理解为物质利益交换，更重要的是心理和情感层面的需求。人是一种复杂的情感动物，内在有各种不同层次的情感需求。马斯洛的"需求层次说"理论提到的安全需求、归属感需求、尊重和爱的需求、自我实现的需求无一不跟人际间的情感互动有关。大学生阶段的友谊，尤其注重给彼此提供高质量的情感价值。片面夸大经济物质利益交换的消极狭隘人际观不可取，也不是主流。

（二）个体人际模式的起源

心理学家提出了"依恋理论"来解释我们与重要他人之间的互动模式。依恋理论认为个体早期和其主要照顾者（主要是指妈妈）之间的依恋经验会从多方面影响个体在与他人的关系中的认知、情绪和行为，从而影响到个体成年之后的人际交往模式。英国心理学家约翰·鲍尔比是较早研究依恋理论的学者，他认为婴儿在母婴互动会形成一种人际关系的"内部工作模式"，也就是对自己和他人形成基本的认识和态度。当父母总是积极关注孩子并及时回应孩子的需求，婴儿就会感受到安全和爱，发展出"安全型依恋"，这种孩子通常比较爱笑，在人际交往中也更加主动；如果婴儿的需求总是不能被父母关注和满足，婴儿就无法发展出稳定的安全感，从而对外界充满怀疑甚至陷入绝望，进而发展出"回避型依恋"，对外界充满不安全感，在人际交往中也会本能防御；如果父母对孩子的照顾时有时无，婴儿不能确定照料者何时回应，就会采用各种方式引起父母注意，发展出"焦虑—矛盾型依恋"，在人际交往中表现得容易紧张或过分依赖。

总体来说，不同的依恋类型会影响孩子人际关系的形成和发展，如果孩子在早期的关系中体验到爱和信任，他就会觉得自己是可爱的、值得信赖的，在人际关系中也更加主动；如果孩子的依恋需要没得到满足，他就会对自己是否有价值、是否值得爱心存疑虑，在人际关系中则更容易回避。

依恋理论最早是从研究婴儿依恋开始，后来扩展到依恋类型测量和成人依恋类型对亲密关系影响等研究议题。事实上，依恋关系是个终生建构的过程，这一关系的建立并非一成不变，而是在与周围人际互动的过程中动态变化调整，即使成年之后，一个人的依恋模式也可以因为自我成长和积极关系的建立而发生改变，在积极的人际互动中去修正自己的"内部模型"，进而改善自己人际关系的"原始设置"。

（三）人际关系的类型

鉴于社会活动的复杂性和人际交往行为的多样性，人际关系的类型和形式也是复杂多样的，一如盲人摸象，各如其面。

从社会角色及关系的角度，人际关系包含亲子关系、夫妻关系、朋友关系、同学关系、师生关系、同事关系，等等。这是看待人际关系的一个横断面视角，呈现人与人之间的社会联结，对关系描述相对客观，受血缘、地缘、社会角色等非个人心理层面因素的影响。

心理学家主要研究人际关系另一个剖面，更侧重探讨人与人之间关系的主观情感因素，也就是人与人之间关系在心理距离上的亲疏远近。心理学视域下常见的几种人际关系分类举例如下：

根据关系情感表现不同，分为亲密关系、疏远关系、敌对关系等。

根据交往需求及动机不同，可分为工具性关系和情感性关系。情感性关系是指为了满足相互间情感交流需要形成人际关系；工具性关系是指为了相互协调达到某一目的而建立起来的人际关系。

根据双方在互动中的地位高低，分为支配性关系和平等性关系。

（四）中国传统文化下的人际关系模式

传统中国社会被认为是一个"关系本位"的社会，人际关系在中国人的社会生活中具有特别的重要性，中国人的人际关系模式与西方人有很大不同。心理学家杨国枢先生，根据亲疏远近，将中国人的人际关系分为家人关系、熟人关系和生人关系 3 类，这种分类的逻辑契合费孝通先生对中国传统人际关系"差序格局"的描述。将中国人际或社会关系网比作经典的"水波同心圆"，以自己为中心参考点，向外扩散的不同圈层分别是"自己—家人—熟人—生人"，由内而外亲疏有别。不同类别的关系中，遵循不同处世原则，如图 6-1 所示。

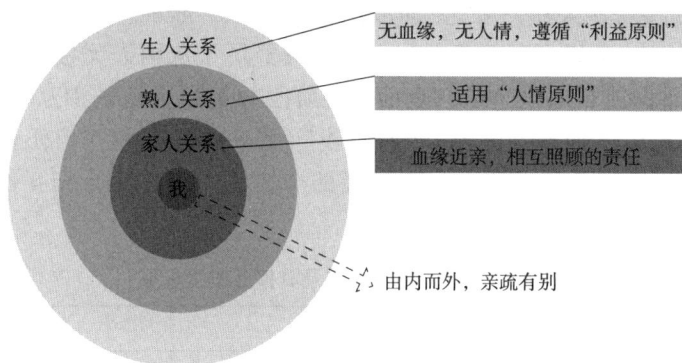

图 6-1 杨国枢—中国人人际关系分类示意图

家人关系指个人与父母、子女、兄弟姊妹及其他家人之间的关系。家人之间一般有血缘关系或姻亲关系，双方有相互照顾的责任，彼此不那么期待对等回报，有"按需索取、无须偿还"的特点，即遵循"责任原则"。对比西方的个人主义，在我们的传统中，家人之间是利益共同体，是高度融合的，人际边界感较弱。

熟人关系指个人与亲戚、朋友、师生、同事、同学、邻居及同乡等熟人之间的关系。熟人之间适用"人情原则"。中国社会是人情社会，符合熟人圈层的社交特点。每个"通情达理"的中国人，心里都有一本"人情账"，这次你帮了对方一个忙，相当于在人情账上记上一笔，有待来日偿还。这种"人情账"不是简单的金钱的互通账目，是一本可以包罗很多方面、隐于情感之中、不那么清晰、难以清算的"恩义账"。

生人关系指个人与那些跟自己没有直接或间接的持久性社会关系的人。生人之间无血缘关系，也不存在人情，计较利益得失，遵循"利益原则"，理性地交往。如果双方之间不存在利益关系，往往就采取公事公办的态度。例如，你去外地旅游，经常会听到有些地方的生意人有"宰客"的风评，这就是生人关系中不求"长久来往"，只顾眼前利益的"一锤子买卖"的典型表现。

同一个圈层的关系也会有亲疏程度的差异。一个大家庭里，父母对待子女也难以做到"一碗水端平"，兄弟姊妹之间有些关系亲近，也有些关系疏远甚至成了仇敌不相往来。在熟人关系和生人关系里也都有亲疏之别。这恰恰突显了"人情世故"的复杂性。传统的中国社会人际互动讲究"内外有别"，对待自己人和外人的态度有着明显的差别，越是被当作自己人越是得到优待，所以大家都会努力成为别人的"自己人"。按心理学的话语体系来讲，我们都有归属感的需要，融入群体能让我们获得安全感。

二、人际关系的建立与发展

当前的社会生活是高流动性、高信息化的，跟费孝通先生描述的"乡土中国"中以"血缘"和"地缘"关系为主的情形不同，我们的人际关系网络中，相当多的人是从"完全不认识"逐步发展成为不同亲疏远近的熟人或朋友，甚至爱人的。那么，人际关系是如何建立和发展的？遵循什么样的规律？哪些因素可能会影响到关系的建立？学者从不同的角度问答了这个问题，三个理论各有侧重。

(一)人际关系发展阶段模型

勒温格和斯诺克提出人际关系发展阶段模型(the stage model of relationship development, 1972)，该理论认为：良好人际关系的建立和发展经历了从两人无接触的"无关系阶段"到"注意阶段"(单向或双向)，再到"表面接触阶段"(简单交流较少互动)，进而随着互动变多，相互卷入程度加深，进入"亲密阶段"(密切交往，相互信任和依赖)的过程。他们用图解的方式说明了随着关系建立发展的个体之间人际关系相互作用水平变化情况，如表6-1所示。

表6-1　人际关系状态及其相互作用水平

人际关系状态	图解	相互作用水平
零接触		低
单向注意		
双向注意		
表面接触		
轻度卷入		
中度卷入		
深度卷入		高

(二)社会渗透理论

奥尔特曼和泰勒提出社会渗透理论(social penetration theory, 1973)，认为人际关系主要包括交往的范围广度和交往深度两个维度，一般个体之间从表面的沟通到亲密的沟通，需要经历定向沟通、情感探索、感情交流和稳定交往四个阶段。所谓"渗透"指的是人们在社会交往中自我表露的程度是由表及里、由浅入深逐步渗透的。这与勒温格的论述是基本一致的，说明了两个个体之间从不认识到成为亲密好友，经历了不同的人类关系状态，彼此相互作用水平由低向高发展，个体之间的情感作用影响由弱变强。

（1）定向沟通阶段。选择交往对象，打量对方，初步沟通，准备交往。闭上眼回忆一下，你这一天见到了多少人，算上各种社交媒体上留意过的，你会发现这个数字是惊人的，但是并不是所有人都算得上跟你有了人际连接或建立了关系。只有那些跟你有人际互动的人，才正式进入这个人际圈最外层。这个阶段你们之间的关系还比较疏远，有的可能是一起参加过社团活动，有的可能曾经有过事务上的联系，但交流较少，就像通讯录里那些"沉默"的联系人，属于这一圈的人数相对众多，一般不会刻意联系，如果在路上碰上了，可能会闲聊几句。

（2）情感探索阶段。试探性情感联络，进一步沟通，浅层自我暴露。这个阶段你们可以算得上是"熟人"，如同班同学、隔壁舍友，属于这个圈子的人数比较多，双方的沟通内容可能会涉及得越来越广泛，但较少涉及个人化的、私密的内容，交流多停留在事实层面。例如，可能会跟对方讨论放假时间、考试重点、班级活动安排或者请对方帮个小忙等，也可能小小的抱怨一下天气，但不太会跟对方吐槽自己的男朋友如何惹自己生气了。交往中仍然带着"人际面具"，顾及自己的表现。这个阶段是一个过渡期，彼此都在试探，看看是否可以跟对方建立真实的情感联系。

（3）情感交流阶段。建立信任关系，更深的情感卷入，广泛自我暴露。经过前期的试探性交流，跟熟人圈的一部分人相互了解已经足够多，安全感得到确立，关系正式进入"朋友"圈层。这个阶段双方的交流会更加自如，更少防御，相互提供相对真实的评价性反馈信息，提供建议和帮助，彼此间在情感上是相互在意和关心的，形成朋友之间的无形道义契约。如果这个阶段双方发生冲突导致关系破裂，会给彼此带来情感冲击和心理压力。

（4）稳定交往阶段。形成相对稳定依恋，共享私密的个人领域，深刻自我暴露，情感上相互依赖。这个阶段关系可以算得上是"挚友""闺蜜""兄弟"，彼此共享秘密，相互之间包容、理解，知道对方是什么样的人，基于对对方的了解和信任能够预测和解释对方的行为及动机，能够共同面对生活中的悲欢，甚至能共享生活空间和财产。实际生活中，能够进入这个核心人际圈，与之建立起这种"我中有你，你中有我"共融关系的人少之又少，往往是非常亲密的知己好友、恋人或家人。

（三）人际沟通的层次

人际沟通是指人们之间的信息交流过程，也就是人们在共同活动中彼此交流各种观念、思想和感情的过程。随着人际关系的建立，我们能看到人际沟通的内容和形式也有相应的变化，曾光和赵昱鲲在《幸福的科学》一书中将人际关系由浅入深分为 5 个层次。

1. 打招呼

人际沟通都是从打招呼开始的，这是最基础的沟通层次，基本内容是日常问候之类的浅层次交流。虽然基础，但是人际沟通中第一印象很重要，所以主动、礼貌地跟人打招呼以及热情友好地回应是建立良好人际关系的起点。有了不错的开始，后面的沟通相对也会更加容易。例如：

A："你好啊!""今天天气不错!""出去啊?"

B："你好!""嗯,是不错呢,终于晴了。""嗯,办点事去。"

2. 讲事实

讲事实是指陈述客观事实,进行信息交换,一般不加入个人意见,也不涉及关系的亲疏远近和情感偏好。打招呼和讲事实基本上属于沟通的安全区域。通常情况下,跟别人在讲事实层面沟通,基本不会引起人的反对和争论,除非遇到喜欢抬杠的人。如果在讲事实层面沟通都比较困难,那就是"话不投机半句多",多半也不会跟这个人有更进一步地深入交流。例如：

A："你是哪里人?""你今年上大几?"

B："我是陕西的。""我今年本科二年级。"

3. 谈想法

谈想法是指分享个人对于人和事的观点和看法。从谈想法开始,交流内容涉及个人化的信息,那就意味着双方的想法可能一致、可能相似、也可能相反,对方可能会同意或者反对你的观点,沟通就此脱离了安全区,真正意义上的沟通才开始,也正因此,我们才真正开始了解一个人。在这个层面的沟通,如果双方的价值观、想法、态度比较一致,可能会相谈甚欢,交流自然会越来越多,从而进一步发展友谊。如果双方的价值观、想法、态度差异较大,意见总是相左,进一步沟通成为朋友的概率就会减少。例如：

A："你觉得这个课程怎么样?""下学期你打算继续留在社团吗?"

B："我觉得挺不错的,老师上课的方式挺特别的,有很多小组讨论。"

"我觉得社团活动挺有意思的,小伙伴们人都挺好,我下学期会继续留部。"

4. 谈感受

只有经过前面几个层次的沟通,双方有了一定的了解,相互之间有了基本的信任,沟通中才会自然而然地分享感受。感受是个体更加内在和私密的部分,分享感受相当于暴露自己脆弱的一面。一般在公共场合,人们倾向于不表达或者少表达自己的感受。可以分享感受,意味着沟通进入比较高的层次,关系里才真正有了"信任、关心、理解、责任"的成分。同时,沟通过程中有了情绪张力,对于双方的情绪管理和表达能力都提出了挑战。例如：

A："最近你是遇到什么事吗?看你情绪好像不太好。"

B："也没啥,就是跟社团的同学发生了一些小误会,真是想不明白,怎么还会有那种人,太让人恼火了。"

5. 一致性

一致性代表人际沟通的最佳或完美状态。彼此敞开心扉,对所谈的内容产生共鸣,一种让人感觉相互理解、相互支持和信任的亲密体验,往往让人感到鼓舞、温暖和有力量。例如：

A："最近遇到一些事,挺让人心烦的,想跟你聊一聊……"

B："亲爱的,谢谢你告诉我你的故事,得知你这段时间过得这么艰难,我也很难过。虽然我不知道做什么能帮到你,但是只要你愿意说,我随时都愿意听。"

这种高级的共情式倾听和真诚的情感反馈在日常的沟通中很难得，所谓"知己一个也难得"，但是这种人与人之间的默契却是大家都渴望拥有的。本章第二节讨论如何建立和维系积极关系时，会具体介绍同理心(共情)和积极倾听的技巧和方法。

三、人际吸引法则

每个人都希望自己受人欢迎，那怎样才能提升人际吸引力呢？社会心理学家围绕这个议题开展了一系列的研究，揭示了人际吸引的法则。接下来我们就跟随研究者们的脚步，探究"接近性""外表""相似与互补""互惠"到底是如何影响人和人之间的好感度，促进人们进一步建立关系的。

(一)接近性吸引

社会心理学家发现我们对他人的喜欢受接近性因素的影响非常显著，正所谓"近水楼台先得月"。首先，接近性提供了交往的可能性，而相互交往是建立关系的第一步。所谓的接近性并不是单指现实空间上的接近。研究者们发现：对于人际吸引的影响，地理距离并不是关键，功能性距离即人们的生活轨迹相交的频率才是关键。试想生活里的关系现象：住在一层楼的同学(不是同班同学)虽然住得很近但可能相互不认识，而同一个社团里的同学却更有可能相互成为朋友。所以，如果你想要交到志同道合的朋友，那么至少你要能跟他人有交集，如经常去图书馆；或者参加一些有意义的活动；或者一起做某一件事。

其次，接近性让人们对相互交往有预期，而预期到彼此会有相处的机会，这就会增加好感。研究者们(1967)以明尼苏达大学的女生为被试进行实验，对被试提供关于两个女生(假设为 A 和 B)的档案，档案里对两个人描述相对中性和模糊，也就是说 A 和 B 从档案中的内容看没有本质差异。同时，告知被试，她们即将与其中的某位女生进行亲密交谈。随即询问被试对两名女生的喜欢程度。研究结论：被试报告更喜欢预期将要与自己见面交谈的那个人。其实，这种现象在我们的生活中比比皆是。试想一下：如果我们已经预料或知道必须与之交往，那么相比带着厌恶对方的心态勉强交往，喜欢对方才是更明智的选择。事实上，喜欢那些我们要与之打交道的人，能让我们的生活变得更快乐、更有成就感。心理学家们指出这种现象具有适应性的意义，人类天生就是偷懒的投机分子，而不是严格按照理性逻辑刻板活着的。

最后，接近性原则还体现在"曝光效应"中，即熟悉诱发喜欢，这一点在广告宣传领域被广泛应用。那些在你耳边重复播放过很多遍的广告词、音乐旋律再次响起的时候，你会不自觉地跟着念或者哼唱，或者自然联想起之前看到或听到它的场景。有一个有趣的实验说明：我们更喜欢自己经常看到熟悉的样子。研究者们给一些女大学生拍了照片，将这些照片做镜像处理，然后把两组照片呈现给本人及她们的朋友，询问她们更喜欢那一张。结果表明：本人更喜欢镜像变换后的照片，而朋友们更喜欢没有镜像处理的照片。对此结论的可能解释是：本人对镜像变换后的影像更熟悉，这是她经常在镜子中看到的自己的样子，而她的朋友日常更熟悉的则是正常的照片中的影像。由此，一个简单的获得别人好感的方法就是多多刷脸，增加曝光率。

(二)外表吸引

爱美之心人皆有之。外表吸引不仅表现在男女爱情吸引方面，在一般人际交往中，外在形象好的人往往容易给别人留下比较好的第一印象。而且在"晕轮效应"的影响下，外在形象好的人更容易获得积极的人际反馈，成为受欢迎的人。人类似乎天生就嫌丑爱美，很小的婴儿看见漂亮的小姐姐、年轻的阿姨会笑脸相迎，而对于胡子拉碴、衣着脏乱的流浪汉会露出害怕和躲避的表情。如此说，引发了你的容貌焦虑吗？一些年轻的大学生会过分地夸大相貌的重要性，因为自己的身高、相貌而自卑或陷入焦虑，导致在人际交往的时候过于被动或者过分敏感。事实上，相貌、身高、皮肤颜色这些只是外表的一部分，而且不是占主导地位的影响因素。外表吸引中更重要的因素实际上是一个人的精气神，是通过外表透出个人的礼貌谈吐以及品行。青年大学生应该客观地认识自己，接纳自己的相貌、身高等生理特点，注重自己的衣着、仪态、精神状况等个人形象管理。

我们的文化传统也向来更注重内在美，即人的性格品行。那么外表吸引和人格吸引到底哪个更重要呢？外表吸引往往是在人们刚刚认识尚且不熟悉的过程中作用较大，品行才能的魅力是比外表吸引影响更加长久的因素。简言之，外表吸引很大程度上影响你留给别人的第一印象，决定了你最开始被人喜欢的程度。人格吸引会影响到相处是否融洽和愉悦，从而决定了关系能否维系和长久。简言之，外表吸引决定了是否有"美好的开始"，而人格吸引决定了能否天长地久。如此说来，想要成为一个有魅力的人，外在形象管理和内在的品格锻炼都不能少，内外兼修方是王道。

（三）相似吸引和互补吸引

物以类聚人以群分。人与人之间的相似性也是人际吸引的重要方面。找一张纸，列一个好朋友清单，然后审视一下你和这些朋友的相似性。相信你会发现绝大多数朋友跟你是同类人。那些成为朋友的人，往往教育水平、经济条件、社会价值等方面都比较相似，如此看来友谊的世界里也是要讲"门当户对"的。

心理学家曾经对此进行研究，让17名互不相识的大学生同住在一栋宿舍楼，对他们之间的情感关系变化进行了长达4个月的跟踪调查。结果表明：相识之初，空间距离的远近决定了彼此的亲疏程度；但在实验后期，那些在信念、价值观和个性品质上相似的人，在研究结束时都成了形影不离的好朋友。对这个现象有两个解释：其一，相似导致正面强化。有相似价值追求、志向、兴趣爱好的人在一起，相互交融、相互欣赏和认可，会让人更加认同共同特质，从而增加对自己的肯定和欣赏。其二，满足安全和归属感的需要。相似的人更容易共同组成一个群体，在团体中能获得更强的安全感和归属感。

但是，有时候我们也会被那些跟我们很不一样的人吸引，这就是"互补吸引"。心理学家荣格认为：每个人都具有"显性"与"隐性"（影子）两种不同的人格；如一个很活泼的人可能潜藏着抑郁的一面；而一个很安静的人也可能内心躁动不安。当遇见一个展现我们"影子性格"的人时，人们内心会涌起兴奋的愉悦感，因为对方体现出我们所缺乏或压抑着的特质。所以，当交往双方的差异性刚好满足需要互补时，会产生强烈的吸引。

相似吸引和互补吸引看起来是矛盾的两种形式，其实二者并不冲突，辩证地看：一方面，人的心理需求是复杂多层的，相似性满足的是安全感、归属感、自我肯定的需要，而互补性满足的是内心渴望展现自己、希望被影响和可以被互补的需要；另一方面两者体现在不同方面，相似性主要是价值观、信念、个性品质的相似；而互补性主要表现在互动风格和性格偏好上，如有人喜欢拿主意做决策，而有人却讨厌比较性选择，依赖他人的建议，正好交往中形成互补。

(四)互惠吸引

孟子有言："爱人者，人恒爱之；敬人者，人恒敬之。"古代哲学家希卡托(Hecato)有言："如果你希望被别人爱，那你就去爱别人吧。"这就是人际关系最朴实的道理：人与人之间的情感是相互的，人们会本能地喜欢那些喜欢自己的人。以下从三个方面探究"互惠吸引"的心理机制。

其一，根据社会交往的公平理论，人们在社会交往中追求"公平感"，即努力让自己在人际关系中付出和受益相当，即在人际交往中也倾向于"投桃报李"。人们通常用正性情绪回应正性情绪，用负性情绪回应负性情绪。如果一厢情愿地喜欢对方而得不到回应，这种单方面的喜欢也很难持久，公平的关系才能更长久和稳定。其二，"被人喜欢"满足了人们归属、被爱和被尊重的需要，让人感到心情愉悦，而大家都会喜欢与那些让人心情愉快的人交往。这符合最基础的"条件反射"规律，人都是趋乐避苦的，与那些喜欢我们的人相处让我们感到愉快，对于让我们愉快的人和事，我们肯定会更喜欢。其三，对他人喜欢自己的预期会激发个人的积极表现，从而提升个人的魅力，进一步增强个人自尊。如果你内心是知道对方是喜欢你的，那么你在他面前就会表现出可爱、友善的一面，你们之间的互动往往也容易进入良性循环，从而增进你们对彼此的喜欢。

如此看来，想要被别人喜欢，最直接有效的做法是去喜欢别人。研究证明：一个人喜欢他人的程度，可以反过来预测对方喜欢他的程度。当然，这条法则的精髓是作用力是相互的，也是同性质的。也就是说，如果你讨厌着某个人，也就不要期待对方会喜欢你了。在日常交往中，希望你可以做那个勇敢地首先给出爱和喜欢的人。

第二节 积极关系与大学生成长

良好的人际关系不仅是大学生心理健康水平、社会适应能力的重要指标，更是其实现人生价值、体验人生幸福的基石。从发展心理学的视角来看，大学生正处在从青春期后期到成年早期的过渡期，有此阶段的心理发展任务，一方面中学阶段尚未完全建立的"自我同一性"有待发展完善；另一方面要发展亲密关系以对抗孤独。此阶段的心理发展任务与人际关系议题密切相关，青少年的自我认同感、自我价值感提升需要来自同伴关系的积极影响和支持，而且大学生阶段的恋爱及亲密关系的质量势必对其个人发展产生重要的影响。这一节，我们重点探讨大学生成长中的积极关系。

一、积极关系的重要性

"人"字的结构是相互支撑的，表现出人和人之间是相互需要的。我们都有和别人建立亲密而持久的关系的需要。人际适应的重要性至少体现在以下 3 个方面：一是生存需要，从生物进化论的角度，人是群居的，要获得生存，需要被群体接受和认同；二是心理需要，我们害怕孤独，害怕不被理解；三是社会需要，要成功，良好的人际必不可少。聚焦于大学生的心理健康与成长，积极关系对于身心健康、幸福感、培养心理韧性等诸多方面都具有极其重要的意义。

(一)积极关系与身心健康

"拥有积极的关系有助于身心健康"，这似乎是不证自明的道理。大量的心理学研究充分地论证了积极人际关系对于身心健康的重要影响。戴维·迈尔斯甚至将关系对健康和幸福的贡献当作"义理"（理所当然的道理）。

积极关系意味着更长寿。多项来自流行病学的调查研究发现：有广泛社会关系的人（包括配偶、朋友、家人、邻居、团体、社团、社会或宗教组织）比有更少社会关系的人更少患病，寿命也更长。通过访谈 2500 多位疾病治疗期的成年人，研究者们发现：社交活跃度较高的男性，在未来 10 年存活的概率比那些处在孤独中的人要高出 2~3 倍。大样本统计数据表明，缺乏社会联系所带来的健康风险超过了吸烟和肥胖这两个因素。如果我们被剥夺了积极人际联系，处于孤独的境地，出现健康问题的风险就会大大增加，孤独感会从根本上削弱你的健康。

从另一个角度来看，人际关系困扰是最常见的压力源和痛苦来源。消极的人际关系，如缺少社会联系、陷入冲突性的关系或者失去重要关系都可能使人产生孤独、抑郁、痛苦等消极情绪，从而对心理健康产生直接且重要的影响。很多研究表明，随着老年人社交的隔离和孤立，他们出现抑郁等心理健康问题的风险会急剧提高。

对于大学生而言，良好的人际关系对于精神心理健康来说至关重要。处于青年期早期的大学生，人际交往的需求极为强烈，人人都渴望被他人喜爱，希望交到志同道合的朋友，拥有优质的友谊，满足自己物质和精神上的需要。一般说来，具有良好人际关系的学生，大都能保持开朗乐观的心境，能客观认识自己和各种现实问题，积极应对学习、生活中的各种压力，形成积极向上的良好心态。相反，如果缺乏积极的人际交往，不能正确地对待自己和别人，心胸狭隘，目光短浅，则容易形成精神上、心理上的巨大压力，陷入自卑、自恋或人际冲突里，学习和生活也会受到负面的影响，严重的还可能导致抑郁、焦虑等心理疾病。

（二）积极关系与幸福感

积极心理学家归纳的影响幸福感的诸多因素中，积极关系必然是最重要的一项。积极心理学提出，想要收获人生幸福，那么就去"爱他人"，足见积极关系与幸福感之间密不可分。关于幸福感的测量和问卷调查也得出一致的结论：处在亲密而持久的支持性关系中的人，比缺乏社会支持的人，具有更高水平的幸福感；而且积极关系和社会支持对幸福感的有效预测具有跨文化的一致性。

积极心理学领域非常有名的格兰特研究揭露了关于幸福的秘密。1938 年哈佛大学开展了一项哈佛史上时间最长的人生发展研究，跟踪记录 268 名哈佛毕业生和 456 名贫困家庭的男孩的人生经历。后来研究又引入了斯坦福大学教授刘易斯·特曼对 1500 名学生的研究记录，其中包括 672 名女性。通过对这 2000 多人的人生记录进行研究，乔治·维兰特教授总结了成为人生赢家需要具备的 10 条标准，其中有 4 条是关于身心健康的，有 4 条与亲密关系及社会支持有关，仅有 2 条跟收入有关。由此，可以得到一条人生箴言：想要获得幸福生活，最重要因素的是"爱"，即与他人积极的情感联系。

（三）积极关系与心理韧性

个体心理韧性的培养和提升需要积极关系的滋养。一方面，拥有积极的关系，有爱人之心，内心有守护他人的意愿和责任感，人就会变得坚强而有韧性，更能勇敢面对生活的挑战、挫折和压力。哲学家尼采有言"知道为什么而活的人，便能够生存"。心理学家维克多·弗兰克尔是这句名言的坚定践行者，他的著作《活出生命的意义》讲述了自己在集中营的生活经历，并且基于对超越苦难的反思，开创了意义疗法。他在书里提到"对妻子的爱和思念是帮助他度过集中营艰难岁月的重要精神支撑"，在对意义疗法的阐释中，他强调"通过爱某个人，与之建立深切的联结，进而爱这个世界"，这是寻找人生意义的重要途径之一。如此看来，"为他人而活"也可以成为重要人生意义来源，支持一个人走过艰难岁月。

另一方面，积极关系对个体而言是非常重要的社会支持系统，也是影响心理韧性的重要因素。心理韧性，简言之就是从逆境、挫折、压力下恢复常态的能力。良好社会支持系统本身就是解决问题的重要资源。没有人能够不需要他人独自生活。大学生在生活和学习中可能会遇到各种压力或困境，受挫失意需要好友理解和陪伴，学业困难需要老师指导和同学互助……如此等等。个体越是能够建立积极社会联系，拥有高质量的人际关系，越说明他遇到应激事件能够得到周围人的情感支持和现实帮助，心理状态也能更快复原，也意味着心理韧性的水平越高。

"人生在世不如意之事十之八九。"诸多不易，要保持积极愉悦的身心状态，需要有一个坚强豁达的心。用专业术语来说，各种应激事件无可避免，压力和挫折会带来暂时的心理失衡，个体心理韧性就是调整心态恢复回到相对平稳的状态的能力，这是适应的过程。心理韧性与积极关系密切关联，积极关系为个体克服困难调整心态提供内在情绪动力，同时，积极关系为个体解决困境提供情感支持和现实资源。大学生正处在锻炼个性品质，提升个人心理韧性的重要阶段，需要有与他人建立积极关系的自觉，主动融入人群。

二、大学生成长中的积极关系建设

人生而有情，亲情、友情、爱情——这是支持我们度过人生苦难的宝贵财富。大学生的学习和生活离不开同学、老师和家人，这些对大学生而言非常重要的关系各自有不一样的特点，在不同的关系中，也有其不同相处原则。

（一）积极的同伴关系

积极的同伴关系对于个体身心健康发展至关重要，支持性人际环境有助于个体发展良好的适应能力、社会学习能力，培养良好的个性品质和积极向上的心态。同学关系是大学生最重要的人际关系，其重要性不容忽视。《2021—2022 中国国民心理健康发展报告》中关于大学生心理健康状况调查的报告表明：26.4%的大学本科生报告"与人交往有困难"（排除了"思念家人"和"恋爱困扰"等问题），这是重要的压力源。另采用 SCL-90 对大学生开展的心理健康状况调查结果显示："人际关系敏感"是仅次于"强迫症状"和"抑郁"的心理健康问题。大学生普遍反映存在"人际关系敏感"的困扰，认为自己在人际交往过程中，过分在意他人评价，担心别人不喜欢自己，说明学生有"融入社会，被他人喜欢和认可"的需要。

大学阶段同伴关系的积极作用至少表现在以下几个方面：第一，在人际互动中，通过别人的反馈不断扩充和修正自我认识，从而完善自我。关于自我认识的乔韩窗口理论阐释了通过了解别人眼中的"我"来增进自我了解的过程。第二，良好的同伴关系满足个体人际交往需求。与同伴间积极的互动，能够满足大学生自尊和价值感、被人理解以及认同、归属感等心理需要，是保持积极学习状态和良好情绪状态的保护性因素。第三，良好的同伴同学关系，作为一种人际资源，也是大学生获取知识和信息的重要途径。第四，在同伴交往中，树立正确的合作与竞争意识，提升社会交往能力，培养领导力，为未来适应职场提供实践经验。总而言之，大学是人际交往能力的试炼场，处理好与同学之间的关系，对大学生来说不仅影响大学期间学习生活状态、身心健康发展、心理韧性及性格品质的养成，建立良好而持久的同伴关系还直接或间接地影响到未来的人生道路。

开启大学生活就意味着进入一个新的人际环境，需要面临融入新群体并获得归属感的挑战。初入大学的学生对于这个挑战往往缺乏足够的心理预期，对于建立和经营大学的人际关系有一些认识上的误区，导致在度过了初识的"蜜月期"后，遭遇各种人际困扰和冲突时，感到挫败失意和不知所措。以成长视角来看，遇到挑战时感到不适是正常的，学着去应对这些困难、解决问题的过程本就是成长和提升的过程。一方面，大学生需要在"处理人际关系"这堂人生必修课上保持谦虚和开放的心态，切莫自以为是，要带着成长心态去应对这个挑战；另一方面，大学生也需要主动去学习和实践人际交往的方法和技能，努力与同学处理好关系。尤其是当遇到人际矛盾和冲突不要采取逃避的方式，而是要主动去化解矛盾，在实践中慢慢找到自己的人际边界，建立起自己的处事方式和原则。

（二）积极的师生关系

老师是学生的重要他人。中国文化一向推崇尊师重道，古语有云"一日为师，终身为父"。心理学的研究也提供了科学的佐证：良好的师生关系对学生课堂出勤率提高、批判性思维形成、学业成绩的提高、自尊水平的提升、积极动机的增加、社会联结和参与度的提升都有显著的积极影响。相反，具有冲突性或不良的师生关系对学生成长会带来巨大的负面影响。回想一下，相信大家个人的求学经历也是对此观点的验证。中小学阶段学生常常因为喜欢某个老师而爱上某个学科，进而成绩提高，也会因为老师的鼓励和表扬而增长自信和产生学习动机。

对大学生而言，在大学里遇到的老师，有的是学术和科研领域的权威专家，有的传道授业解惑的任课老师，有的是具有人格魅力或带给人思想启迪的人生榜样，有的是手握"成绩考核"、各类评审选拔大权的评分者……不管是哪一类，我们需要认识到学生和老师之间虽有人格尊严上的平等，但是在"上下位"关系方面，老师具有权威性，是上位者。得到老师的认可、器重和喜欢，拥有积极的师生关系，对于学生来说是巨大的鼓励和奖赏。

大学阶段师生互动的方式与中小学阶段有明显的差异。任课教师与学生之间的关系没有中小学紧密，课堂上的互动频率是不足以支持师生之间建立关系的，许多老师是叫不上学生姓名的。许多大学生跟班主任、辅导员的情感联结更多一些。因此，建立积极的师生关系更需要学生主动走近老师。

如何建立和维系积极的师生关系？其一，交往态度上尊重而不惧怕。大学生需要正确把握师生关系的定位，以尊重的姿态主动沟通，这是良好师生关系的基础。一方面要明白"老师不是特殊物种，而是人群中普通的一员"，克服畏惧权威的心理，主动交流；同时，做到亲近而不随意，尊重老师的威信。其二，行动上主动交流，多问、多请教、多反馈。绝大多数老师都是非常愿意跟学生探讨问题的。尤其是对于比较羞涩的学生，需要克服畏惧心理，抓住机会主动跟老师多交流。其三，师生之间的关系遵循基本的"互惠原则"。如果你怀揣一颗对老师的崇敬和喜爱之心，老师也是多半会以正向情感回馈你的。其四，对于研究生的导学关系，注意"合作心态"，克服依赖心理和不合理期待。

（三）积极的家庭关系

良好的家庭关系对个体的身心发展具有决定性的影响。前文阐释过个体人际关系模式的雏形就是形成于早期的依恋关系。"所有的爱都是指向相聚的，只有亲子关系指向分离。"这句通俗的话道出了亲子关系的本质。大学生处在青年期早期的发展阶段，"离家"不仅是为了追求个人发展在外求学的现实需要，更是内在寻求独立的心理发展任务。这个阶段的大学生需要发展出分化的独立自我，逐渐与原生家庭分离，发展亲密的同伴关系、亲密关系，努力在情感与经济上取得自主和独立。然而这个独立的过程不是一蹴而就的，绝大多数学生求学阶段的经济支持主要是由家庭负担的，而本科阶段年龄在18~24岁，心智尚不成熟，独立的价值体系、个性人格都有待进一步完善和发展，在外求学只是在形式上的"离家"，实际上仍有对家庭和父母的强烈依赖，需要家人的给予物质和情感的支持。

鉴于原生家庭对个体成长的重要影响，临床心理学中曾经出现过如下偏颇的言论"我过的不好，都是因为原生家庭问题"。理智的人一定能够读出这句话里"不愿为自己的成长负责"的甩锅心态。真正的独立是在承认原生家庭的影响存在的基础上，以更多的自主负责态度去改变和发展自身，减少负面影响，继承家庭给予的良好品质。"天下没有完美的父母，正如我们都不是完美的小孩。"因此，在建立积极的亲子关系上，大学生不是被动的接受者，也不应当一味期待和要求父母先做出改变，而是要身体力行，理解和接纳父母的有限性，主动沟通，成为那个主动为积极关系担责的"大人"。

在这个既"独立"又"依赖"的矛盾阶段，大学生应当如何以"成长姿态"建立积极的亲子关系呢？以下给出与父母愉快相处的3条建议：

（1）爸爸妈妈也是要"夸"的。人际交往的最基本的原则就是互惠，"喜欢是相互的"。每个人都有被爱、被尊重、被欣赏的需要，父母也不例外，与父母相处，也需要表达对他们的欣赏和尊重，试着发自内心地、真诚地去欣赏爸爸妈妈。相信当父母知道自己的孩子发自内心喜欢着他们，心里一定是喜滋滋的。

（2）表达时请记得"温和而坚定"。很多人抱怨父母不理解自己，总是管得很多，缺乏基本的信任。可以试着把自己的想法用温和而坚定的语气告诉父母，言语间透出的坚定和自信，会让父母明白"你长大了"，从而相信你可以承担自己的选择所带来的各种后果，如此父母才能安心的放手，支持你的选择和决定。

（3）不做倔小孩，有表达"歉意"的能力。一段良好的关系是能够容错的。因为亲密，所以与父母之间感情也很复杂，交织着各种"爱恨情仇"，那么"歉意""感到抱歉"也是其中一部分。可能你心情烦躁冲父母发了脾气，可能你没能如他们所愿选择他们想让你选的专业，等等。这个时候，道歉是正确的行动。开口道歉对我们很多人来说，都比较困难。道歉的重点是态度，要真心实意地承认自己做错了，真诚地表达自己的歉意。至于方式，可以选择对你来说可以做到，又足以表达歉意的方式。如果实在说不出口，至少能对他们多笑笑，多为对方做几件让对方高兴的事情，或者可以用写信、写卡片、准备小礼物的方式。

三、建设积极关系的方法

每个人的幸福体验都离不开关系的支持，人际关系的背后是显著的情感联结，积极的人际关系可以显著提升一个人的自信自尊，也更容易促进与其他人的积极互动。大学生正处于建立多种人际关系的关键时期，我们应该以更积极主动的姿态，引导大学生促进人际和谐，促进其人际交往中的良性互动。

（一）共情力与积极倾听

积极关系的基本前提是相互理解，那么共情力与积极倾听就像一对"孪生姐妹"，是我们发展积极关系需要具备的最重要的能力。

1. 共情力

共情力，也称为同理心，即设身处地地对他人的情绪和情感的认知性的觉知、把握与理解。共情力既是大学生应该努力提升的可迁移能力，也是一种积极心理品质。共情力对人际关系的建立十分重要，是人和人能够相互理解的前提，是正常运作人际关系的先决条件。在具体的人际交往中，人和人的关系通过沟通交流建立。调查研究中发现，沟通中的行为比例最大的是倾听，而不是交谈或者说话。在生活中，我们从各种沟通受挫或失败的经验中接受教训，也被各种耳提面命地指导："任何时候都不能自认为已经完全领会了对方的意图。唯有仔细倾听才不会产生疑问，从而远离诸多的不快与冲突。"最重要的一项沟通技能不是"漂亮"地说话，而是能够积极地倾听。

共情力与同情心不一样。共情力是设身处地想他人所想、移情式地体会对方的感受，尝试去理解他人的观点和态度，并将这个理解反馈给对方，本质上共情力是试图与他人建立联系的。而同情心虽然也对别人报以友善和安慰，但是心理感受上离对方很远，并不试图感同身受地理解，有点高高在上的冷漠意味，本质上是切断联系的。按照人本主义治疗的理解，共情力是一项治疗技术，也叫"反应性倾听"，需要具备两个必要条件：倾听他人+有所反应。具体而言，包括4个核心要素(步骤)：倾听自己的感觉；表达自己的感觉；体会他人的感觉；回应他人的感觉。

拓展知识

共情力与积极倾听

"我懂得你难过，而不指手画脚；我陪你哭，而不急于让你变成我所期望的样子。"理解你的感受、承认你的痛苦、鼓励你表达真实的感受并不过分期望你快快好起来。这句话很好地总结了"共情力"的要点：站在对方的立场，去了解对方的感觉、想法、行为，然后把这种理解表达出来，让对方知道你在努力靠近他、理解他。

在1970年前后，电脑还没有普及，有程序员根据人本主义治疗师的理论做了一个程序，叫Eliza(伊莉莎)，你可以把它想成现在的人工智能。这个程序能够跟你对话，而它对话的方式很简单，要么给你提出一些笼统概括的问题，要么将你说的话重新组织一下，重复给你听。

例如，你说"我今天很难过"。Eliza就回复说"噢，今天你很难过"。

再如，你说"我不喜欢吃巧克力，它让我发胖！"Eliza就回复说"巧克力会让你发胖，你不喜欢"。

这些回复听起来有点像人本主义大师卡尔罗杰斯的反应性倾听(共情)。看起来都是些正确的废话，却有着出乎意料的作用。实验者让一些人来使用这个程序，收集反馈。有趣的是，绝大多数人相信，这台电脑后面一定坐着一个这个世界上最理解他的人。

2. 积极倾听

"唯静默，生言语。"要聆听，必先静默。心理治疗的会谈技巧方面，"共情力"和"反应性倾听"(积极倾听)基本上有着相似的内涵。提到"共情力"概念时，更多从其内涵要义来理解，而提到"反应性倾听"或者"积极倾听"更多从沟通技巧和方法层面来讨论。"积极倾听"的要领包括以下几点：

(1)细心、用心、留心地聆听。

(2)不在心里想着如何给意见，不在内心胡乱地批评，而是努力去体验对方的感受和经历。

(3)不打岔、不辩护。

(4)遇到不明白的时候，可以好奇地询问"你的意思是这样吗?"或者"我不太明白，你的意思是?"让对方有机会去澄清。

拓展知识

常见的"非积极倾听"的方式

建议："我觉得你应该……"

比较："这算不了什么。你听听我的经历。"

说教："如果你这样做……你将会得到很大好处。"

回忆："这让我想起……"

否定："高兴一点，不要这么难过。"

同情："哦，你这可怜的人……"

(二)有效沟通

罗纳德·阿德勒和拉塞尔·普罗科特在《沟通的艺术》一书中指出：有效的沟通是指在大多数情况下维持或增进关系，并借此实现自己的目标。有效沟通不仅要求有效性，又同时要求适当性；也就是说，良好的沟通是一方面能够"留心他人"，同时能够"考虑自己"的一种平衡的技法。

关于如何与他人进行积极的沟通，美国著名的心理学家马歇尔·卢森堡博士提出的"非暴力沟通"给出了良好的示范。在《非暴力沟通》一书中，卢森堡博士首先强调：沟通的目标不是改变别人使他人的行动符合我们的利益。良好沟通是了解自己的感受、愿望，有意识地使用语言，既清晰诚实地表达自己，又要倾听他人，从而培育彼此之间的尊重、关注与爱。

1. 无效沟通的特征

生活中我们需要警惕无效的沟通方式，这些表达方式通常致力于满足某种愿望，却忽视对方的感受和需要，最终导致关系的疏远甚至伤害。以下是几种无效沟通的特征。

(1)强调道德评判。真正的道德应该是深植于内心的、自我恪守的道德规范准则，绝非是用来评判他人的。用自己的尺子来评判和规范他人，一旦别人不符合自己的标准就冠以道德批判，是人际沟通中普遍存在的误区，极容易破坏关系，引发对抗。

(2)与别人做比较。以和别人做比较的方式来指责和贬低，是亲密关系中普遍存在的互动模式。最典型的就是"别人家的孩子",看别人家的孩子的优点,挑自己家孩子的不足,在选择性的负面信息传递中,会对孩子的自尊心造成极大伤害,进而极大影响亲子关系。

(3)逃避责任。将原因推到别人身上,淡化自己应该承担的责任。例如,不直接表明自己的立场,而是借口"不得不""学校规定""老师说的"等,都是回避责任的表现,在人际交往中容易为他人带来不安全感。

(4)控制或强人所难。利用自己的特权把个人意愿强加在别人身上,强迫他人按照我们的期待生活,试图驯化对方。例如,父母威胁孩子或者打着"我都是为你好"的名义控制孩子等,长此以往,极容易激发亲子矛盾,轻则孩子拒绝沟通,重则引发冲突,严重破坏亲子关系。

2. 有效沟通的方法

卢森堡博士指出了非暴力沟通包含的4个要素:观察、感受、需要和请求。观察指的是任何基于描述视角产生的事实,如所见、所闻、所想、所回忆等;感受指的是所观察到的事实,带来的感受、情绪以及产生原因,情绪是进一步了解需求的重要路径;需要关注的是情绪背后有什么样的情感需求;请求指具体的期望和要求。参照这4个要素,在沟通中需要注意区分一些表达的细节。

(1)对事件的描述要注意区分观察和评论。观察是对所经历的事情,客观地进行描述,不能加上自己的主观臆断。这一点看似简单,实际却不容易做到,我们很多人都容易在说话的时候带着自己的个人评判。例如,朋友聚餐迟到了10分钟。

A:"你这个人真不守时!"

B:"你比约定好的时间晚到了10分钟。"

很显然,第一句话是评论,带有明显的评价和指责,第二句话是观察。

(2)表达感受时要注意区分感受和想法。例如,情侣之间吵架后。

A:"我觉得你根本不爱我。"

B:"你这样做,让我很难过。"

第一句是想法,不是感受。第二句是表达感受。体会和表达感受能更好地与他人建立联结。但很多时候我们并不习惯表达感受,因为表达感受会显得自己情感脆弱,而习惯用想法来掩饰感受。因此,我们需要刻意进行表达感受的练习,如建立属于自己的情感表达词汇库。这样有助于我们表达感受,达成双方的相互理解和体谅。

(3)找到感受的根源,看见需要。感受源自我们内心的需要是否得到满足,如果一个人生气了,可能是因为自己的某种需求没有得到满足,而不能简单地归咎于"别人做了什么"。我们要学习体察自己内在的需要,对自己的感受负责,而不是去指责自己或者他人。例如,先生答应回家和太太一起吃晚饭后因事爽约。

A:"我很生气。你答应我的事总是不遵守约定!"

B:"我很难过你没过来和我一起吃晚饭,我很想和你好好聊一聊。"

显然,两种表达中,第一句将自己的感受归咎于对方;第二句则表达了感受,同时明确说明了自己的期待。指责、批评、评论往往暗含着对他人的期待,间接表达了尚未满足的需求。但是,通过批评来提出主张,往往会引起对方的申辩或反驳。相反,如果我们明确表达情感需求,其他人就更有可能做出积极的回应。

（4）提出明确而具体的请求。如果我们的表达含糊不清或过分抽象、模棱两可，他人往往很难知道如何去满足你。在提出请求时，记得使用正向的语言，尽量说明"你希望对方做什么"，而不是带着抱怨地语气说"你不想要什么"。例如：

A："你总是不尊重我！"

B："我希望我们聊天的时候，你能放下手机，认真听我说。"

注意是提出"请求"而非"命令"。区分请求和命令的两条参考建议如下：一是如果请求没有得到满足时，提出请求的人进行批评和指责，这便是命令。因为请求是真诚表达自己的意愿，要允许对方有拒绝你的权力。二是如果想利用对方的内疚来达到目的，这便是一种隐形的操控或命令。

最后，我们将有效沟通的方法总结为一个积极沟通的万能句式："当我（看、听、想到）……我感到……因为我需要/看重……我希望你可以……"

以先生下班回家没有换干净的鞋子走进房间，踩脏了太太刚拖干净的地板为例：

＊客观描述事件："我看到你没有换鞋就进了房间。"

＊如实表达感受："我有点生气，也很难过。"

＊看见情感需求："因为我打扫了一下午很辛苦，希望你能体谅我。"

＊提出明确请求："下次回家请你记得换了鞋再进屋子。"

3. 主动建设性回应

主动建设性回应是一种主动的、有积极情绪反应的、有进一步交流的回应方式，在这个过程中你真诚地为对方感到高兴，并且把积极情绪表达出来。

加州大学圣芭芭拉分校心理学教授雪莉·盖博的研究表明，当好事发生时能否获得支持回应在关系中起着非常重要的作用。她将人们对他人发生好事时的回应分成四种：主动建设性回应、被动建设性回应、主动破坏性回应、被动破坏性回应（表6-2）。

表6-2　对他人好消息的4种回应方式

回应方式	主动的	被动的
建设性的	热情的支持	没什么精神
	眼神接触	反应迟缓
	真诚的态度	不上心地鼓励一下
	"太棒了！我就知道你行，给我讲讲你怎么做到的？"	"哦，挺好的。"
破坏性的	表示质疑	转移话题
	拒绝接受	忽略这件事
	贬低事情的价值	忽略说话的人
	"我觉得这不值得你高兴，以后说不定压力更大。"	"哦，对了，我下载了一个新的游戏特别好玩。"

一个主动建设性回应向人传递着两方面的信息：第一，我认可你这件事的重要性，认可你与这件事的关系，认可你的付出。第二，我看到了这件事对你的意义，对此我做出一些回馈和反应，从而展现出我与你的积极关系。

而一个被动破坏性的回应则可能传递出这样的信息：第一，你提到的那件事是没有什么意义的，无论是现在还是将来。第二，我不知道哪些东西对你而言是重要的。第三，我并不关心你的情绪、想法和生活。

雪莉·盖博的"主动建设性回应"提供了一个积极沟通的范式。当别人分享了一件好事时，我们以主动建设性方式回应，会促进关系的良性发展。

(三)提升自尊水平

对于人格尚在健全成熟期的青少年学生来讲，"爱他人"的能力是可待提升和培养的，应当以成长心态来进行积极的自我探索，磨炼个人人际品格。

美国心理学家托马斯·哈里斯在人际沟通分析理论框架下，提出四种不同的人际态度，基于个人对于自己和他人的核心认知及价值态度两个维度进行划分，对应的四个象限分别是："你好，我也好"；"你好，我不好"；"你不好，我好"；"你不好，我也不好"。富兰克林·恩斯特于1971年设计的OK图形，用于阐述相关理论。这里所谓的"好"(英文单词"OK")，其实是描述个人对于自己与他人的价值、正面特质、资源及潜能与生俱来的信心，这个核心价值观念会影响到个人的思想、感觉、态度和行为。

显然，具备"我好，你也好"心态的人会有比较坚实的自信，同时也觉得别人是可信赖的，这样的人往往能够跟他们以平等和相互尊重的方式沟通，人际交往状态是比较舒服的。具有"我不好，你好"的心态的人往往会比较自卑，容易压抑自己的感受和需要，容易屈从讨好依赖对方，其实这种交往方式不仅让自己委屈难受，也会让对方觉得不舒服有压力。而具有"我好，你不好"的心态的人往往会在交往中显得自大，以自我为中心，挑剔和指责别人，造成人际关系的冲突，处在不健康的自恋状态。具有"我不好，你也不好"心态的人比较悲观消极，敏感多疑，不自信，也不信任别人，缺乏安全感。

由此，积极的人际关系的内核是自尊自爱，并且能够爱他人。即一方面"相信自己是值得并应该被尊重的"，拥有坚定的自尊；同时"相信别人也是值得和应该被尊重的"，具备爱他人的能力。有了稳定的价值观内核，在交往过程中就能够秉持"不卑不亢"的姿态平等沟通。

(四)适当的自我表露

亲密的朋友是能够共担秘密的人。自我表露的程度是衡量关系的亲密程度的重要指标。自我表露(self-disclosure)是指向他人透露个人信息的过程。这个概念最早由美国人本主义心理学家西尼·朱拉德(1958)提出，他认为自我表露是个体自愿告诉另一个人关于自己的信息。有三个关键词能帮助我们理解自我表露的真谛：一是"真诚自愿"，强调分享信息的态度应该是真诚和自愿，这能让对方感受到被信任。二是"个人化的"信息，强调分享的内容应该是与个人真实相关的，如个人的经历、内心情感、态度、观点、立场等。三是"私密"程度。如果是老生常谈、人尽皆知的个人故事，有明显的自我展现的刻意，那么这个表露也会失去其情感价值，不值得关注了。

自我表露具有重要的社会功能，能增进个体的自我认识，有助于扩展信息交换以解决问题，促进人际关系的建立与发展，进而影响个体的身心健康。自我表露相关理论和研究结论也被广泛地探讨和应用，影响最广的议题是自我表露在亲密关系的建立和维持中所起的作用。前文已经介绍过的"社会渗透理论"就是以自我表露的逐步渗透来深入解读人际关系的建立过程的。这里我们从自我表露对亲密关系的影响方面补充几点说明。

1. 自我表露促进亲密感

柯林斯和米勒(1994)的一项综述研究研究表明：自我表露和喜欢的情感高度相关。首先，我们倾向于向我们喜欢的人进行自我表露，同时我们会更喜欢向我们表露私密信息的人，而且我们喜欢那些我们表露过的人。

有一项关于"45 分钟亲密谈话"的实验研究：实验组经过 3 轮每轮 15 分钟逐渐深入的自我表露谈话，对照组进行 45 分钟一般浅层的闲聊。实验结束后，自我表露组的被试报告了对谈话伙伴更高的亲密度。这一点也很容易被生活经验证实。当我们向某一个朋友谈论心事或者拥有了共同的秘密之后，我们的关系往往会加深。因此，恰当的自我表露也是促进亲密关系的策略。

2. 自我表露的层次

奥尔特曼和泰勒提出的社会渗透理论认为，自我表露作为一种沟通策略，有两个维度：一是广度，即话题的多样性。二是深度，即所讨论话题对于双方的意义（是否重要、个人化、私密程度等）。他们认为，随着人际亲密度的提升，个体自我表露广度和深度都会有所变化。

3. 自我表露的相互性

虽然我们一直在强调自我表露有益于建立亲密关系，但也需要了解自我表露应该切合时宜，循序渐进。关系是逐步深入的，过早地涉及太多的个人私密话题，可能反而会让对方感到压力、疑虑或不信任感，引发对方的焦虑和心理防御反应，从而吓跑对方。

人际交往中自我表露的程度是相互的。大家会默契地遵守"同等暴露水平"的原则。当你对他人的表露水平在第一层，正在谈论兴趣和爱好时，往往对方也会分享同等层次的话题。试想一下，如果对方突然给你说出一个很隐私的癖好，可能你的第一反应也会是感到突兀和不适，甚至感到被冒犯。同样，自我表露也遵循双方"平等交换"的规则。一般情况下，如果对方对你表露了私人信息，如"我这个人特别容易焦虑……"，往往你会感受到无形的压力，驱动你去分享关于自己的同级别的私人信息。如果你借用自我暴露这一规律使点小心机，下一次再和你想深入交往的对象聊天时，不妨悄悄地"小碎步"提升自我表露的层次，而不用一直干巴巴的提问。

当然，这一规则主要体现在逐步建立关系的过程中，对于已经很亲密的闺蜜、恋人并不是那么适用。亲密朋友间，自我表露的程度已经足够让你们对彼此有相当的了解，建立了相互信任关系，这时往往会根据对方能接受的水平、双方的需求、当下的情况等自如进行交流。例如，好友打电话来吐槽男朋友如何惹自己不开心了，可能这次的交流中你就负责扮演倾听者。如果刻板地遵循这种看似"相互对等"的交流，反而可能让人感到困惑和不适。

第三节　大学生恋爱与成长

根据埃里克森的"人生发展阶段理论"，成年早期（18~30 岁）的社会心理发展任务是处理"亲密"与"孤独"的冲突。大学生正处在成年早期，一方面寻求个体的独立自主，必然要从原生家庭相对分离，同时为了对抗伴随"独立"而来的"孤独感"，需要获得与他人建立亲密关系的能力。恋爱关系是人际关系中亲密等级最高的一种，而爱情也是需要两个人共同完成的一项课题。对大学生来说，恋爱为一门课程，大学选修，人生必修，每个人都应该接受爱的教育。这一节，聚焦于对于大学生来说恰逢其时的亲密关系课题——恋爱，探讨爱情的相关心理学理论，学习如何建设、维系好的爱情关系以及如何应对亲密关系中的挑战。

一、亲密关系与爱情

亲密关系指的是两个人之间存在深厚的情感联系、信任、理解和依赖，往往是我们与生命中那些最重要的人建立的关系，如父母、朋友、恋人、伴侣等，他们对我们的人生幸福感有至关重要的影响。毫不夸张地说，与重要他人的亲密关系足够滋养我们的人生，而没有建立起与重要他人深切的爱的联结，会让人虽然身处人群仍然觉得孤独无依。

(一)亲密关系的要素

心理学家在大量的研究基础上，提出将亲密关系与其他一般人际关系区分开来的六个方面的特征如下：了解、信任、关爱、相互依赖、共生、承诺。

1. 了解(knowledge)

亲密关系的第一个要素是了解或理解。亲密的朋友或恋人，他们对我们是什么样的人有比较透彻的了解，知道我们在乎的人和事，理解我们的人生选择和追求。自我表露程度是亲密程度的指标之一，两个人共同分享一些秘密或私人信息，往往意味着双方之间的关系达到了一定的亲密程度。

2. 信任(trust)

信任往往意味着你相信对方是认可你价值的人，也不会做伤害你的事情，对方不会在情感上否定、贬低或者伤害你的自尊。当我们在人前展现自己脆弱或者不完美的部分，意味着将自己置于可能被对方伤害的风险中，而分享给一个亲密的朋友或者恋人，更可能从他们那里寻求安慰、支持和希望。

3. 关爱(caring)

关爱意味着关心和在意另一个人的感受。在亲密关系中，彼此能感受到对方对自己的注意和重视，关心对方内心真实的感受，这一点也非常重要。尤其是当对方遇到不顺利或者糟心事时，我们会由衷地关心"发生了什么，对方感觉怎么样"，表示愿意提供帮助。另外，关爱也表现在对关系努力维持的具体行动上，如在对方需要时给予有效的支持等。

4. 相互依赖(interdependence)

具有亲密关系的人在生活中的互动往往彼此交织在一起，双方会在某种程度上依赖对方，满足各种心理、情感和社交需求等。当面临人生重大选择的时候，我们会重视亲人、恋人的期待和愿望，这是因为家人、配偶之间面对生活的挑战和压力，经济利益是共同的，这个过程也加深了彼此之间的依赖。

5. 共生(mutuality)

共生是指两个个体的生命空间的重叠感，也就是那种感觉到"两个人是一体"的感受，借用之前两个圆圈的比喻，就是代表两个个体的圆圈有相互的重合，两个人之间的共生感随着相互卷入和相互影响会有程度和重叠部分大小的变化。在两个人的关系里，当第一人称的称谓从"我"转换成"我们"，通常意味着关系发生了关键性的质的变化，两人之间的联结更紧密。

6. 承诺(commitment)

承诺也是亲密关系里不可或缺的要素，是长期维持一段关系的愿望或者意图。亲密关系中的双方需要对彼此做出承诺，表明他们愿意为这段关系付出时间、精力和资源。事实上，真正的亲密关系往往建立在生活的困境和失意之时，承诺意味着"不抛弃、不放弃"的选择和坚持，关系需要双方努力经营，这个意志过程就是承诺。

（二）爱情的定义

爱情是人际吸引最强烈的形式，是身心成熟到一定程度的个体对特定个体产生有浪漫色彩的高级情感。爱情有着明确生理基础，同时也指基于这种情感而产生的亲密的人际关系。

在中国人的语言里，表达"爱"是相对含蓄的，通常不是直接说"我爱你"，而是"我喜欢你""我中意你""我心悦于你"，等等。我们绝大多数人都明白在特定的语境里，"喜欢"等于"爱"，不会因为用词的不同而听不懂对方的表白。但是年轻人在寻找爱情的过程中，可能会困惑于"喜欢"和"爱情"之间的差别。有些人会搞不明白自己对一个朋友的喜欢到底是不是爱情；有些人则是质疑恋人跟异性朋友的关系是不是太过亲密了，担心对方移情别恋；又或者两个人对彼此的感情可能有些错位，一方认为只是喜欢，而另一方却觉得是爱情。

"喜欢"和"爱情"之间的关系是如此密切，又是如此复杂和难以分辨，让人迷惑。两者都是亲密关系的一种，都具有前文提到的亲密关系的 6 个要素，接下来，我们就两者之间的不同进行几点讨论。

一是亲密关系要素的程度不同。关于爱情，华东师范大学的哲学教授刘擎老师说："当人进入浪漫的爱情，得到的是彻底的、无限的、最高的承认。唯有爱情，是上天给的恩宠。"得到某个人的爱情，意味着你是对方心里最独特、最重要的、唯一的存在，这种被接纳和认可的深度和强度是远高于朋友之谊的。不仅如此，在亲密关系的其他要素上，两者之间可能都表现出不同的程度差异。

二是排他性的不同。虽然在朋友之间有时候也会有排他性，例如，当你看见好朋友跟其他人聊得火热，可能会有一丝丝的嫉妒心理，尤其是当你们之间的关系不如之前那么亲近的时候，但是这种排他性更多是人之常情，虽然有些不情愿但大多数情况下，你会说服自己要宽容。而且友谊可以扩大，所谓爱屋及乌，有时候你会通过朋友认识更多志趣相投的朋友。而在爱情里的排他性愿望则强烈的多，表现为"独占心理"，往往容不下第三者存在。

三是爱情的特别之处还在于它与性吸引相关，包含对恋人的迷恋和生理性欲唤起，这是其他亲密关系里不具有的。

除此以外，爱情还承载着社会功能。虽然时代在变化，现代人的恋爱观已经比较开放，分分合合也越发成为常态，但是在主流观点里，恋爱常常被看作是为走入婚姻做准备。而且从人类个体基因延续的生物本能看，爱情和友情起到的作用是不同的。基于爱情外延出的社会功能，恋人或爱人关系一般比朋友关系承载更多责任、忠诚、互帮的义务，恋人或爱人关系更有约束力，而友情与恋爱关系相比更松散和更容易解体。

总而言之，爱情比友情包含了更复杂的内容和情感，爱情一般比友情承担的责任更多，情感强度更强，排他性超强，并且爱情存在性亲密及社会责任。

心理学家鲁宾认为"爱情是个体对特定他人持有的一种特定态度以及特定行为"。并且区分爱情与喜欢的不同，指出爱情具有 4 个方面的不同特点：①高度依恋：形影不离、难舍难分；②高度关注：相互关心、相互帮助；③高度信任：完全信任，无保留的自我暴露；④高度独占性或排他性：不准他人介入。

(三)爱情三因素理论

关于爱情的心理学理论最著名的是斯腾伯格于 1986 年提出的爱情三因素理论。

1. 爱情三因素

斯滕伯格认为爱情包含 3 个基本的元素,分别是:亲密、激情、承诺。

(1)亲密。指彼此亲近的感觉,有意愿通过沟通、分享来促成相互理解、相互关心、相互支持的温暖的关系。亲密是爱的"情绪/感情"元素。

(2)激情。指强烈的情绪、兴奋以及生理唤起,常与性渴望、性吸引有关,如见到心仪之人心跳加速的感觉。激情是爱的"动机"元素。

(3)承诺。指伴侣间长期维系关系的有意识的决定。承诺是一种理性的抉择,表现为确立关系、忠诚、患难与共,在现实生活中往往缔结婚姻和维系婚姻等形式。承诺是爱的"认知"元素。

爱情的这 3 个因素既相互独立,又相互影响。例如,更高程度的亲密会导致更高程度的激情或承诺,更高程度的承诺有可能导致更高程度的亲密或激情。斯滕伯格认为"完美的爱情"应该是这 3 种元素的结合,双方之间应该在认知、情绪情感、生理层面上都能相互满足与肯定。这 3 种因素就像三角形的 3 个角,不同的爱情关系中 3 种因素的比例不同,这样就形成了各种不同形状和不同大小的爱情三角形。

拓展知识

不同类型的爱情

斯滕伯格进一步根据激情、亲密和承诺 3 个要素在爱情中不同的组合,提出了有较典型的 8 种爱情类型。如图 6-2 所示。

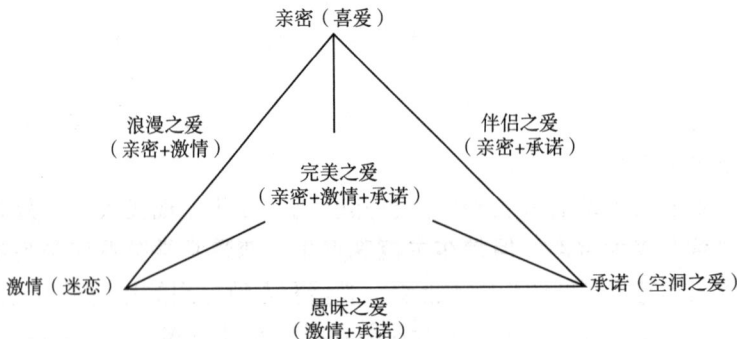

图 6-2 斯滕伯格爱情三因素理论

(1)"喜爱"=只有亲密。单纯的亲密感,没有激情和承诺,更像朋友,彼此有相互了解和理解,在一起感觉亲近,很舒服,但是缺少激情,也没有在一起厮守终生的意愿。虽然这种关系跟爱情不同,但是有良好感情基础,还是有可能发展成爱情的。

(2)"迷恋"=只有激情。只体验到激情,感觉到被对方强烈吸引,但实际对对方并不了解,也谈不上理解,也没有想过要长久在一起,更像是一时意乱情迷。如年少轻狂时的"一见钟情",或者旅行中偶遇的"旅途情缘"。

（3）"空洞之爱"＝只有承诺。双方之间没有感情，既没有相互的喜欢亲密，也没有性吸引，但是仍然维持着长期的婚恋关系。如为了某些现实的因素而勉强维系的关系（过去的包办婚姻、买卖婚姻等），在两人未能发展出亲密和激情的时候，就是空洞之爱，只有一纸婚书而已。另外，现在生活中人们享有婚恋自由，但是也存在一些婚姻从自由恋爱开始走到了"空洞之爱"，两人之间没有感情，只为了孩子或面子维持表面的婚姻。

（4）"浪漫之爱"＝亲密＋激情。有相互的喜欢，在一起有激情，甜蜜温情似蜜糖，这种爱情给人很美好的感觉，符合"浪漫"之名。有时候，这种浪漫之爱是恋爱中的某一个阶段，热恋中但尚未互相许诺或谈及婚嫁。又或者这种爱情不以结婚为目的，只注重爱的感觉和过程，不在乎结果。在大学阶段的恋爱，很多会因为现实条件的限制和环境变化以分手告终，恋人们也往往自我宽慰"只在乎曾经拥有，不在乎天长地久"。

（5）"伴侣之爱"＝亲密＋承诺。有稳定的相互支持、相互陪伴和维持关系的承诺，唯缺激情。俗话说的"搭伙过日子"合作式的婚姻符合伴侣之爱的特征。有人质疑，缺少了"心动"的感觉，这还算爱情吗？听了这个质疑，年轻人点头赞同，"对啊，没感觉了就是不爱了呗"。然而相伴多年的恩爱伴侣可能会宽和一笑，提醒说"还是太年轻啊！殊不知这种伴侣之爱才是成熟的爱。激情终会消退，更重要的是左手和右手之间的默契和陪伴"。对于老年夫妻来说，更体现了"陪伴是最长情的告白"。

（6）"愚昧之爱"＝激情＋承诺。没有亲密的激情顶多是生理上的冲动，而没有亲密的承诺不过是空头支票。

（7）"完美之爱"＝亲密＋激情＋承诺。这是爱情理想的样子，具备亲密、激情和承诺3种成分，而且都很充分，构成稳固的爱情三角形，通常表现为成功的婚姻关系，往往给人带来很高的满意度和幸福感。

（8）"无爱"。3个因素都不具备，那其实谈不上爱情或者亲密关系，属于一般人际交往中的普通关系。

2. 爱情的发展

斯滕伯格进一步提出，在爱情关系里，3种元素并不是一成不变的，随着时间的变化，亲密、激情和承诺的浓烈程度会各自发生变化。在爱情开始的阶段，激情会很快加强，双方之间有比较强烈的情绪唤起和性吸引，两人在一起会感到兴奋、愉悦，这是甜如蜜糖的"蜜月期"，但是好景不长，激情的程度很快就达到峰值，并在持续一段时间后，就迅速地减弱。相对激情来得快去得快，亲密感却是从开始一直稳稳地增加，随着俩人交往的加深，亲密感一直持续上升。而承诺开始阶段并不明显，随着亲密感的稳定持续增加，承诺感经历了阶段性的确认后，稳定保持在相对高水平的位置。

爱情三元素的变化给我们的重要忠告是：爱本身是需要学习的，不能单纯只讲"感觉"，还需要学习如何与人建立长久的温情、信任、亲密。真正美好的爱情需要能够建立在现实的基础上，将感情落到现实的生活中，有承诺和为爱做出的行动上努力的部分。所谓"爱不够，承诺凑"，这句所说的"爱"其实更多是指大家以为的"感觉"，是指爱情三元素的激情部分，而激情本身就是在开始的阶段帮助爱情快速升温的，对于关系的稳定和持久来说，亲密和承诺的作用更大。

好的爱情＝有感觉（激情）＋温情（信任、亲密）＋责任（现实和行动）

测一测

爱情三元量表（STLS-C）

请仔细阅读以下项目，判断每一条描述关系的句子有多符合你们的关系，在 1~9 之间勾选符合程度的数字，1 代表完全不符合，5 代表中等符合，9 代表极其符合。

项目	完全 不符合				中等 符合				极其 符合
1. 我与 Ta 关系融洽	1	2	3	4	5	6	7	8	9
2. 我与 Ta 关系亲密无间	1	2	3	4	5	6	7	8	9
3. 我与 Ta 能很好地沟通	1	2	3	4	5	6	7	8	9
4. 我与 Ta 深入分享我自己的个人隐私	1	2	3	4	5	6	7	8	9
5. 我从 Ta 那里得到了相当多的情感支持	1	2	3	4	5	6	7	8	9
6. 在需要的时候我能够依靠 Ta	1	2	3	4	5	6	7	8	9
7. 我发现自己在一天中经常想起 Ta	1	2	3	4	5	6	7	8	9
8. 在需要的时候 Ta 能够依靠我	1	2	3	4	5	6	7	8	9
9. 在我的生活中 Ta 非常重要	1	2	3	4	5	6	7	8	9
10. 我积极主动地为 Ta 的幸福着想	1	2	3	4	5	6	7	8	9
11. 我愿意与 Ta 分享我自己和我的财产	1	2	3	4	5	6	7	8	9
12. 我感到我真的能信任 Ta	1	2	3	4	5	6	7	8	9
13. 我对 Ta 给予了相当多的情感支持	1	2	3	4	5	6	7	8	9
14. 我感到我真的了解 Ta	1	2	3	4	5	6	7	8	9
15. 我感到 Ta 真的了解我	1	2	3	4	5	6	7	8	9
16. 我不能想象另一个人能够像 Ta 那样使我幸福	1	2	3	4	5	6	7	8	9
17. 没有什么比我与 Ta 的关系更重要了	1	2	3	4	5	6	7	8	9
18. 我与 Ta 的关系是非常浪漫的	1	2	3	4	5	6	7	8	9
19. 我不能想象没有 Ta 的生活	1	2	3	4	5	6	7	8	9
20. 我仰慕 Ta	1	2	3	4	5	6	7	8	9
21. 只要一见到 Ta 我就会很激动	1	2	3	4	5	6	7	8	9
22. 我把 Ta 看得很理想化	1	2	3	4	5	6	7	8	9
23. 我和 Ta 的关系中有着某种简直奇妙到不可思议的东西	1	2	3	4	5	6	7	8	9
24. 与任何其他人相比，我都更想和 Ta 在一起	1	2	3	4	5	6	7	8	9
25. Ta 常在我的幻想中出现	1	2	3	4	5	6	7	8	9

（续）

项目	完全 不符合				中等 符合				极其 符合
26. 当我看爱情电影或阅读爱情书籍时，我会想到 Ta	1	2	3	4	5	6	7	8	9
27. 我特别喜欢与 Ta 进行身体接触	1	2	3	4	5	6	7	8	9
28. 和 Ta 在一起时我感到很幸福	1	2	3	4	5	6	7	8	9
29. 我与 Ta 的关系是充满激情的	1	2	3	4	5	6	7	8	9
30. 我发现 Ta 很有个人吸引力	1	2	3	4	5	6	7	8	9
31. 我将一直对 Ta 有一种强烈的责任感	1	2	3	4	5	6	7	8	9
32. 我期望在有生之年对 Ta 的爱不会消退	1	2	3	4	5	6	7	8	9
33. 我不能想象结束和 Ta 的关系	1	2	3	4	5	6	7	8	9
34. 我认为我和 Ta 的关系是永恒的	1	2	3	4	5	6	7	8	9
35. 我认为我和 Ta 交往是一个正确的决定	1	2	3	4	5	6	7	8	9
36. 我知道自己是在乎 Ta 的	1	2	3	4	5	6	7	8	9
37. 我确信我对 Ta 的爱	1	2	3	4	5	6	7	8	9
38. 由于我对 Ta 的承诺，我不允许任何人介入我们两人之间	1	2	3	4	5	6	7	8	9
39. 我承诺要维持我与 Ta 的关系	1	2	3	4	5	6	7	8	9
40. 我不能允许任何事妨碍我对 Ta 的承诺	1	2	3	4	5	6	7	8	9
41. 我对我与 Ta 关系的稳定性有信心	1	2	3	4	5	6	7	8	9
42. 即使当 Ta 很难对付的时候，我仍然忠于我们的关系	1	2	3	4	5	6	7	8	9
43. 我认为我对 Ta 的承诺是坚定不移的	1	2	3	4	5	6	7	8	9
44. 我打算继续与 Ta 之间的关系	1	2	3	4	5	6	7	8	9
45. 我对 Ta 有一种责任感	1	2	3	4	5	6	7	8	9

评分标准：第 1~15 题代表"亲密"，第 16~30 题代表"激情"，第 31~45 题代表"承诺"。将你每组 15 题的得分相加得出 3 个因子的得分，因子得分说明在你的这份爱情中 3 个成分各自的高低程度。得分常模可参考表 6-3 的常模。

表 6-3　爱情三元量表（STLS-C）得分常模

因子 \ 因子得分	显著低于平均水平	低于平均水平	平均水平	高于平均水平	显著高于平均水平
亲密	92	102	111	120	129
激情	73	85	98	110	123
承诺	85	96	108	120	131

二、练习爱的能力

斯滕伯格的爱情三因素理论阐释了"爱情"是复杂的、流动的爱的元素的结合，然而"爱"的能力却不是生而有之的，爱情需要用心经营，"爱"的能力也是需要学习的，而且不是纸上谈兵式的学习，而是需要在恋爱中练习和成长。接下来，我们进一步讨论如何练习爱，建立亲密持久、健康的爱情关系。

（一）树立积极的爱情观

以下几种观念，你同意吗？

> 争吵具有破坏性。如果彼此深深相爱，就不会发生任何争执。有争吵就表示对方爱自己还不够深。
>
> 伴侣是不会改变的。如果对方曾伤害过你，毫无疑问还会再次伤害你。
>
> "爱我就应该要懂我！"真正彼此关爱的伴侣仅凭直觉就能知道对方的需求和偏好，根本不需要告知对方自己的所思所想。如果必须告诉伴侣自己的想法和愿望，那只说明对方爱自己还不够深。
>
> 美好姻缘天注定，根本无须努力来维护美满的夫妻关系。夫妻要么彼此脾性相投、快乐到老，要么格格不入、争执一生。所以重要的是"遇到对的人"。

以上的话反映了大学生对爱情的一些理解误区，即对于"爱情是什么？爱情如何发展？"的认知和假设。每个人对爱情的信念会直接影响自己爱情故事的发生和发展。心理学家认为，人们的思维方式有"固定型思维"和"成长型思维"两种，对应到对爱情秉持的态度，则是"宿命论爱情观"和"成长型爱情观"。

固定型思维的人认为"世界大部分事情是固定的、先天注定的、不会发生改变的"。因此，宿命论爱情观的持有者看待爱情的方式是：一边对爱情持有过于"理想化"的看法，觉得"真爱是命中注定，应该是完美和永恒的"，不能接纳亲密关系里有不如意的部分；同时逃避自己在关系里应该承担的责任，拒绝做出改变和成长。因此，他们的爱情往往是不切实际的、关系是脆弱的，一旦恋人间有了矛盾或冲突，他们往往会质疑真爱或指责对方，觉得"这不是真爱"或抱怨自己"选错了人"，等等，最终可能会导致关系的破裂。总之，宿命论者沉溺在追求"命中注定的童话般爱情"中，抗拒去经营爱情，他们中有的会主动进入一段又一段关系，寻求想象中的"真爱"；有的则是被动等待所谓的命中注定。"天道酬勤"在爱情里也适用。这种等着天赐良缘的想法和不必作为的懒人思维，难以收获让人满意和持久的关系。

成长型思维的人认为"世界上大部分事情都是变化发展的"。成长型爱情观的持有者对爱情有着相对贴合实际的看法，他们看重爱情，但不盲目夸大其"注定性"，他们相信爱情也是可以培养的，健康长久的两性关系，需要彼此磨合，共同努力；即便两人发生冲突，他们也仍旧相信彼此的关系是良好的。很显然，成长型思维的人是对待亲密关系更积极、更乐观、更负责的人，往往也会因为他们的乐意经营和维护亲密关系的积极行动而收获真实的幸福。

研究婚姻关系的专家约翰·戈特曼曾说"只要努力付出，几乎任何亲密关系都能取得成功"。而另一位研究亲密关系的心理学专家罗兰·米勒认为"亲密关系是需要经营和维护的，只有一种人不太可能拥有满意、持久的亲密关系——那就是懒惰的人"。

(二)建立健康的恋爱关系

爱情课题的独特魅力还在于其复杂莫测。爱情课题涉及诸多复杂的因素，双方各自是独立的个体，各有自己的性格、家庭关系、价值观、爱情观、个人未来发展规划等，因为相恋共同经营爱情，在经济、情感、生活学习等方面都是高度卷入的，关系中可能有"权利"之争，会计较付出与得失……总而言之，建立和维系亲密关系是极具挑战性的。但是，参与爱情课题也是自我成长的重要途径。建立和经营爱情的课题，有一些重要的关系议题值得探讨，把握好这几条原则，可以让寻爱之旅更顺利。

1. 自知与自爱

"唯有自爱方得真爱。"自尊是个体心理健康的核心，也是决定能否拥有美好的爱情的重要影响因素。"爱自己"的人具有相对成熟的自知，越了解自己，越清楚自己的人生方向，就越能在选择伴侣上做出正确的决定。爱自己的人也是自信的，拥有了这份自信，才能坦然接受他人的爱，更有能力去经营好关系。当然，好的爱情与自尊不是因果或先后关系，而是相互促进的。在好的爱情里，因为感觉到被人喜欢和重视，自尊水平会提升，好的爱情可以滋养自尊。在爱情里，首先要把握的原则是"爱自己"，如果一段关系总是让人感觉到"伤自尊"，那么需要警醒，重新审视这段关系的质量。

2. 尊重与利他

充分尊重对方，不带条件地对他人好是爱他人的核心要素之一。有人误解了"爱"的真谛，计较爱情里付出的多少，却忘了真爱是给予，而给予才能带来真正幸福。好的爱情是"对你好，我觉得很幸福"。积极心理学关于利他行为的研究表明：助人行为本身就是幸福感的重要来源，而不是助人带来的收益。注意，这里的"利他"是以充分尊重对方的意愿和需求为前提的，而不是以"为你好"之名强加给对方的牺牲和付出。

3. 亲密与联结

两个人之间的亲密感，需要双方的付出。好的爱情不是一成不变的既定结果，不是童话故事的结局，而是面向更广阔的未来和未知。在爱情里，双方都需要不断提升和发展自己，用更好的我，成就更好的我们。积极心理学给出了一些促进亲密的具体有效的方法，例如，用积极的眼光看待恋人、向朋友介绍自己的恋人的"优势故事"、相互分享3件幸事、表达对恋人的欣赏感激，等等。亲密关系中经常分享开心的、能引发人积极情感的事情，能更好地增加对关系的满意度和持久性。

4. 独立与依赖

舒婷的《致橡树》展现了一种爱情的范式：彼此独立又相互支持陪伴，依赖而不依附。恋人之间有深切的情感需求，彼此之间有相互照顾的责任，然而爱情里也要把握好分寸，有边界感，懂得"我是我，你是你，我们是我们"。过分依赖，期待恋人像父母一样照顾自己，或者过分疏离，在关系中总是拒绝对方靠近都是阻碍爱情健康发展的不利因素。学习去相信对方，能表达情感需求，需要帮助时能够依赖对方，坦然接受对方的帮助，这是练习亲密。同时，学习尊重对方，管理好自己的情绪，能够独立自主承担自己的生活，这是学习独立。这两种学习都是成长。

（三）掌握爱的语言

爱是需要表达的。如果没有表达，对方将无法感知到你的爱。盖瑞·查普曼在《爱的五种语言》一书中总结了亲密关系中 5 种爱的表达方式，并且指出如果恋人双方对爱的语言的解读或偏好不匹配，可能就会导致误会，造成分歧。爱是一种需要习得的技能，其中就包括学习用对方需要的语言来表达爱。这 5 种爱的语言分别是：

（1）肯定的言辞。由衷的赞美、表扬、言语支持、写下便条或书信，以及其他可以表达肯定和欣赏的方式。每个人都需要被人认可，被尊重，肯定的言辞能加深彼此的感情。恋人之间要多赞美，更多地给予正向反馈，不要吝啬赞美，不要把别人的付出当作理所当然。

（2）精心的时刻。指的是双方共享的美妙时刻和美妙回忆。在这段时间里面，把你的全部注意力都给予对方。与对方交流的时，保持目光接触，不要一边做别的事情，一边交流。

（3）赠送礼物。在重要的节日交换礼物是一件很有仪式感的事情，这种仪式感本身以及这件礼物都会成为彼此双方关系的黏合剂。礼物可以是具化的一件物品，也可以是抽象的精神层面的感受。礼物代表一种心意，是一种爱的表达。贵重与否不重要，重要的是心意。

（4）服务的行动。帮助对方做一些力所能及的事，提供让对方感到舒服的暖心服务。例如，协助完成作业、论文、修理计算机，帮忙丢垃圾，天冷的时候主动给对方倒一杯热水，等等。

（5）身体的接触。牵手、拥抱、触摸等身体接触能增加彼此之间的感情，是爱的一种体现，是爱的一种无声语言。

爱人之间常常会发生误解，以为自己偏爱的爱的语言也是伴侣所欣赏的。例如，如果你主要的爱的语言是赠送礼物，那么你很可能期望在特殊日子收到恋人的礼物，当然你会定期送礼物，并且认为对方会同样欣喜地接受。可是，有可能对方并不看重礼物，而是更倾向于精心时刻，而总是精心准备约会却忘记送礼。这样，你可能会因此而感到失望。

查普曼说这种情况经常在婚姻里发生："我们倾向于表达自己的爱的语言，当配偶不明白我们所传达的信息时，我们感到困惑。"理解了这一点，能够帮助我们在表达时候考虑到对方可能跟自己的不一致，避免不必要的误解。

拓展知识

建立亲密关系的方法

人际沟通专家丹·卡纳里和劳拉·斯塔福德认为维持亲密关系的活动的重要策略是"保持满足"，他总结了亲密关系建设的 10 个方法：

（1）努力的意愿。以"为悦己者容"的心态，持续提升和改善自己，积极为维护关系而付出努力。如从提升个人形象开始，也是在表达你对对方的重视。

（2）提高表达性。主动与恋人讨论如何提升关系，鼓励对方向自己表露想法和情感。

（3）表忠心。强调自己对关系的忠诚，表达自己对关系的乐观态度。

（4）共享朋友圈。互相融入对方的交际圈，并维系好与对方家人和朋友的关系。

（5）分担事务。公平地分担需要完成的任务，在必须完成的任务中分担属于自己的那部分。

(6)共同活动。花时间跟恋人待在一起，参与日常生活，发展共同的爱好，共度快乐的时光。一起吃饭、锻炼、学习、泡图书馆等。

(7)互相支持。主动寻求恋人的建议，当对方遇到困难的时候，主动安慰和帮助对方。

(8)冲突管理。发生矛盾或冲突，如果是自己有过失，要主动道歉；对恋人要有耐心，包容和谅解对方的过错，不要抓住小辫子就不依不饶。

(9)尊重。虽然恋人之间要坦诚，但仍然是独立的个体，学习尊重彼此的隐私和偶尔独处的需求，避免讨论对方不愿提及的话题。

(10)幽默。保持幽默，经常开友善的玩笑，促进积极情绪。

三、应对爱情中的挑战

我们都希望拥有完美的爱情，与恋人之间可以长久甜蜜，能够保持亲密无间的相互信任和支持。然而，这并不容易。"王子和公主"般美好的恋爱童话，需要经历现实的诸多挑战和考验。在前面学习了建立亲密关系的积极爱情观和方法论的基础上，我们进一步来了解可能会导致爱情中的"滑铁卢"事件的那些消极方式从而尽量避免之，学习有效化解冲突的策略，以及如何体面地结束一段恋爱关系。

(一)避免消极沟通方式

亲密关系研究的专家约翰·戈特曼和他的同事对婚姻冲突做了大量的研究，这些研究得出了一系列关于婚姻关系的有趣结论。其中重要的一条发现就是：相比于情感和爱的表达，负面的沟通模式更能预测婚姻的满意度水平和关系的整体质量。他们认为负面沟通模式会给关系带来毁灭性的影响，归纳了所谓的爱情杀手"末日四骑士"：

(1)批评。高比例的负面评价、话语和非言语交流多于积极交流。

(2)防御。把对方的评论和批评过度解读为针对自己或看轻自己，因此产生情绪化的反应。包括在心理预演一些防御性方案，如在心里赌咒"我再也不会接受它了"或者"下一次他/她再这么说，我就……"

(3)回避。用冷战惩罚伴侣，如沉默不语，拒绝回应，抑制愤怒、怨恨、受伤的感情，却又不说明自己生气的缘由，让对方感到受挫、愤怒。

(4)蔑视。通过言语以及非言语表示轻蔑、愤怒和拒绝，经常谴责对方的行为、动机和品格。

针对这"末日四骑士"，戈特曼建议用4种积极的沟通来替代，4位"白骑士"分别是：诉说(用一种更文明方式表达不满)、感激的氛围、愿意承担问题的部分责任和自我安抚。

另外，戈特曼的研究发现了婚姻的"魔法比率"，积极行为与消极行为比率是5：1的时候，是关系成功或失败的分界线。也就是说，要维持一段健康的关系，积极交流需要至少是消极交流的5倍。如果比率接近1：1，夫妻双方就很有可能离婚。所以对于消极沟通行为要保持警觉，因为一件不好的事所带来的伤害需要五件好的事来抵消。

同时，"魔法比率"也向我们提供了一个提高关系质量的方法——找到奖励伴侣的方法。只要恋人间的一些简单的积极互动——触摸、微笑、赞美、大笑、关心、体贴的语言等频繁地出现，达到消极言行的5倍，他们就能拥有愉快、积极的情感关系。不仅会避免很多冲突，而且也让冲突更容易处理。

（二）如何处理恋爱中的冲突

不论两个人多么相爱，冲突和矛盾都不可避免，并且两个人待在一起的时间越长，越是相互依赖，要协调的事情种类就越广泛，冲突就越有可能发生。一个人的愿望或者行为妨碍或阻止了另一个人的时候，就会发生冲突。戈特曼（1994）提出了处理亲密关系冲突的三个可操作性较强的具体建议。

1. 不回避问题

当两人出现冲突或矛盾时，采取不面对、不回应的态度确实能暂时平息冲突，但不能从根本上解决任何问题，反而有可能不断增加另一方的愤怒，并且降低双方的相互依赖感。理想的应对方式是在出现问题的当下即刻解决，如果暂时不能解决，可以与对方商议重新安排更方便的时间来讨论，并且双方要履行约定。随意冷战的方式是极具破坏性的。

2. 克制情绪化的言行

很多时候一个人对待恋人比对待其他人更加无礼，当处于糟糕情绪状态时尤其如此。有的人可能对此深有体会，自己的恋人对待其他人都很友好和气，可与自己在一起时就像变了一个人。随着时间的推移，发脾气或情绪化的行为会损坏恋爱关系。

3. 学会按"暂停"键

不要陷入负面情感相互作用的怪圈。当感到双方的争执越来越剧烈、相互责备越来越厉害时，要停止争执。可以试着休息 10 分钟，平静下来，做好准备，再回到原来的问题重新沟通，并为刚才的言辞道歉。

另外，在处理冲突时，还要注意沟通的艺术，一个具体的表达技巧是：多用"我讯息"，少用"你讯息"。"我讯息"重在自我心理感受的表达，以"我……"的形式表达自己的感受，而没有有价值的判断；不具"伤害性"。如："我很难过""我很累""我很担心"等。这种表达让人了解你的感觉及需求，也让他更容易理解你，接受你的说法，从而化解矛盾。"你讯息"内容着重以第二人称"你……"的形式表达自己的想法，是对他人或其他事物加以评判，有时会给人责备的感觉。如："你怎么能这样！""你太过分了！""你不应该……"这种表达，一方面无法表示出内心的感觉和需求；另一方面，会使对方感觉到评价、被操纵，从而产生抗拒心理。

（三）失恋与成长

当爱情不能进行到底，恋人要面临亲密关系结束的危机，如何处理分手也是大学生可能要面对的重大情感问题。

恋爱中的两个人为什么会分手？每一对情侣可能都有自己不尽相同的独版故事。答案可能涉及冲突不可调和、关系不平等、激情消退、有他人介入，甚至也可能有"现实利益考量""家人反对""异地恋"，等等，答案莫衷一是。这里我们跳过这个难以寻根究底的问题，直接从分手的具体操作和失恋后适应来讨论。

讨论的前提共识：第一，愿意积极地看待亲密关系，而不是简单用骂对方"渣"的方式来逃避面对关系中可能的问题。第二，承认分手对绝大多数人而言是不容易的，不武断地否认提出分手者可能的痛苦。

1. 分手的策略

如果你心里已经有了"分手"的决定，你会怎么做？是主动找对方说清楚？或是冷落对方等着对方提分手？怎样做才能更大限度地减少伤害？

莱斯利·巴克斯特（1984）通过分析大学生的分手过程，提出分手策略的两个基本维度：①"直接"与"间接"。即分手的提出者是不是直接表明了分手意图。巴克斯特发现：大多数情况下，人们倾向于使用间接策略，企图不用明说分手就结束关系。②"指向他人"与"指向自己"。指分手提出者尝试尽量避免伤害的倾向性。"指向他人"是指设法保护对方的情感，尽量避免使对方难堪或操纵对方；"指向自己"是指自顾自己的感受，自私地伤害对方情感。两个维度组合形成了四种分手策略，如图6-3所示。

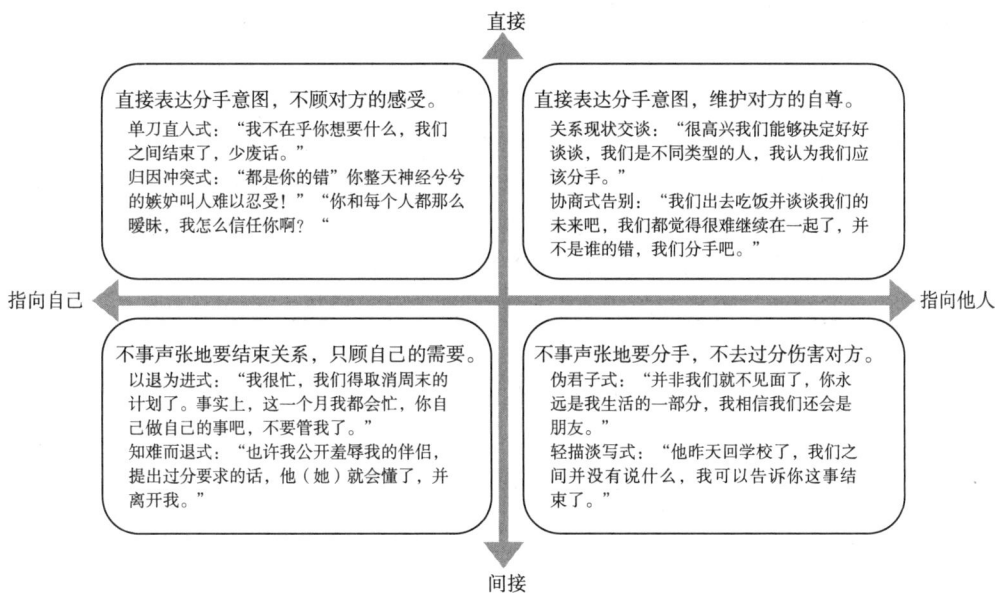

图6-3 巴克斯特的分手策略模型

（引自《社会心理学》，钟毅平，清华大学出版社，2020）

除此以外，Miller在《亲密关系》一书中总结了相关研究，针对恋人分手补充了几条研究结论，揭示了关于分手的另一些真相：

个体的不满是逐渐的还是突然发作的？只有约1/4的时候，某些关键事件突然改变了个体对自己关系的感受；而人们对亲密关系的不满更多是逐渐累积起来的。

结束关系是个人的还是共同的愿望？2/3的时候，只有一方想要结束关系。

个体退出亲密关系时是迅速的还是拖延的？多少情况下，人们在成功退出关系前都要伪装好几次。

是否有修复关系的企图？大多数时候，不会有正式的努力来修复关系。

总而言之，相对普遍的分手故事是：在关系中逐渐累积不满，带着矛盾犹豫的心情反复，一般不会言明分手的意图，也很少进行真正修复关系的尝试。如此看来分手的问题确实是一件让人难以面对的伤害性事件。

如果你不幸陷入一段即将分手的关系中，你更希望对方采用哪种方式分处理？比较而言，"直接、坦诚地表达分手的意愿，尽可能照顾对方感受"是相对比较体面的方式。研究表明：如果没有机会识别和讨论不满的原因，则会对彼此持有不太积极的情感，分手后也不太可能保持联系；而讨论这些困难的伴侣则要好得多。

由此看来，即便是最终关系走到了要分手的地步，充分的、坦诚的相互沟通，尽可能地关照对方的情绪也是很重要的，能帮助双方在分手过程中少受一点伤。

2. 失恋及调整

失恋是恋爱过程中断，在客观上表现为相爱的双方分离，在主观上表现为失恋者体验到悲伤、忧郁、失望等消极情绪及心理痛苦和压力。失恋会使人感到一种重要关系的丧失、一种身份的丧失，这需要一定的时间去面对和适宜。

（1）面对失恋，允许自己有负面情绪。失恋后经常出现情绪：巨大的悲伤，感到不公而愤怒，无奈失望，或者复杂的、反复纠缠的感受。面对自己的情绪，请对自己诚实，接纳和允许自己有负面情绪。要知道每一种痛苦的情绪可能都有它的功能和意义，例如，悲伤具有整合的力量，哭够了就有了继续前行的力量；愤怒让你保持人际边界，远离伤害性的关系；遗憾、自责，让你学会如何珍惜……总之，学会积极调整自己的情绪。

（2）失恋时，你要相信痛苦会过去。失恋会感到痛苦，但是多数情况下，这种痛苦感会随着时间慢慢缓解至消失。美国一项研究显示，人们可能过高估计了失恋给自己带来的痛苦。一项以大学生为被试的研究（Sharra & Emery，2005）发现：分手两周后，失恋带来的愤怒和痛苦感在减弱，再过两周后愤怒和痛苦感开始不明显；再过 1 个月后，力量和勇气也开始恢复。

（3）及时调整心态。请记住"爱情并不是生活的全部"，失恋不等于失败。要知道，面对所有的挫折、失意和痛苦，你至少可以选择自己的应对姿态，不要沉溺于痛苦。可以将下面的小贴士抄在纸条上，感到难过时，拿出来读一读，语言具有神奇的功能。

第一，爱是双方的决不能强求。第二，摘掉对方头上的光环。第三，提高自信心，相信自己的价值。第四，将人和感情分开，留下值得珍视的东西。

拓展知识

亲密关系的准则

莱斯利·巴克斯特曾要求俄勒冈州的 64 位男大学生和 93 位女大学生撰写课程论文，阐述他们结束恋爱关系的原因（Baxter，1986）。所有的案例中，受访者都是先提出分手的人，他们的叙述很有趣，让我们得以看到他们据以判断亲密关系的内隐标准。至少 10% 的文章都提及八个方面，它们看起来是亲密关系的一些特殊规定，这里称之为"关系准则"：它们描述了伴侣对我们及亲密关系所期望的标准，如果我们老是触犯这些准则，伴侣就会离我们而去。下面就是按提及频次依序列出的关系准则：

（1）自主。允许你的伴侣在亲密关系之外结交朋友和保持兴趣；不要有太强的占有欲。（37%）

（2）相似。你和伴侣应该有着类似的态度、价值观和兴趣；差别不要太大。（30%）

（3）支持。提升伴侣的自我价值和自尊；不要粗心大意或不够体贴。（27%）

（4）开放。真诚而又真实地进行自我表露；不要一言不发。（22%）

（5）忠贞。对你的伴侣保持忠诚和贞节；不要出轨。（17%）

（6）共处。拥有很多在一起的时间；不要夜不归宿或者跑出市区。（16%）

（7）公平。公正公平；不要利用和剥削你的伴侣。（12%）

（8）魔力。保持浪漫；拒绝平庸。（10%）

当然大学生们还会提及其他各种理由，但都没有上述八个方面频次高。

男性和女性在他们抱怨的频率上也有差别；女性比男性更多受到自主、开放和公平问题的困扰，而男性比女性更多地抱怨"魔力"的消失。一如既往，在评价个体自己的亲密关系时，女性比男性更倾向于实用主义。在解释伴侣关系失败时，男女两性通常关注于亲密关系本身，而忽略了他们个人和文化的背景。

（引自《亲密关系（第6版）》，罗兰·米勒，王伟平译，2015）

本章作业

1. 人际探索练习：我的人际圈。参考本章关于人际关系分类及建立过程的相关内容，完成个人人际关系现状的探索。

（1）画一画：准备白纸1张，请在白纸中间画一个五角星代表自己，在五角星外面画一个圆，圆的大小代表自己的个人心理安全"气泡"。然后，把你认为目前人际圈子里对你来说有影响的人，以圆圈为代表画在纸上，在圆圈里写下他与你的关系，圆圈之间的距离代表你跟这个人的人际距离。注意：与你有关系的人，可能不见得一定是你喜欢的。可以用不同颜色来表示你对这个人的感情色彩，或者用不同颜色的线条联结，代表你跟这个人之间的关系。

（2）命名：画好后，请大家审视一下自己的"人际圈"，给你的作品命名。

（3）思考和交流：你借此对自己有什么新的发现？有什么感触？或者困惑？如果你愿意，可以把的作品拿给朋友或者亲人看，询问他们有什么不一样的感触，跟他们讨论一下你的困惑。

2. 人际互动练习：主动建设性回应。

让你的朋友、同事或亲人告诉你一件最近关于他/她的好事，无论这件事的大小或重要性如何，只要是关于他/她的积极的事情，并且他/她在谈的时候感觉舒服就行。当他们分享时，用一种"积极的建设性反应"回应他们。你可以根据下面的提示来练习：

（1）保持目光接触，表现出你对他们要说的内容很感兴趣、很投入。

（2）微笑、欢呼（在合适的场合），来表达你的积极情绪。

（3）做一些热情的评论，如"这听上去真棒！""你一定很开心！""你的付出绝对值得！"

（4）问一些建设性的问题来进一步了解这件好事。例如，一个人告诉你，Ta申请到一个科创项目，答辩的时候获得了认可，你可以问问更多细节，这个项目是关于什么的，当Ta获得认可时有什么感受，等等。

（5）提出对这件事的积极含义和潜在好处的设想。如"我猜想有了这个项目成绩，你的保研指标稳了吧"。

建议每周一次，每次5~10分钟。刚开始可能会有一些不自然，但是经过刻意的练习，你一定可以熟练掌握这项技巧，从而帮助你的亲密关系更上一层。

本章重点检测

1. 随着人际关系的建立过程，人际沟通的内容和形式也有相应的变化，分 5 个层次：_____、_____、_____、_____、_____，交流由表及里，层层递进。

2. 非暴力沟通的四要素分别是_____、_____、_____、_____。

3. 斯滕伯格爱情三因素理论：好的爱情应该是_____、_____、_____的完美结合。

4. 提升个人人际吸引力的注意事项和方法有哪些？

5. 建立亲密关系的积极心理学方法有哪些？

第七章

挫折与抗挫力培养

【本章重点】

> 人生不如意者十之八九，挫折是一种常态。
> 心理弹性是帮助我们应对挫折、从困境中复原并在挫折中获得成长的关键能力。
> 高逆商的人能够在逆境之中看到希望，并从中寻找机遇。
> 挫折并不等于失败，放弃才是彻底的失败。
>
> 世上无难事，只怕有心人。
>
> ——中国谚语

挫折是每个人成长道路上不可避免的经历，它像是一面镜子，反映出我们内在的无助和恐惧。面对挫折，有人知难而退，也有人迎难而上，不同的应对模式为我们带来不同的人生结果。从积极心理学的角度看，挫折并非绝对的负面事件，而是个人成长和发展的催化剂，经历挫折后收获的经验才能根植于内心深处，其效果远胜于知识学习或讲道理等方式。也就是说，每个人最艰难的时刻，往往是其成长最快的时刻。

积极心理学对待挫折持积极的态度，它并不关注挫折事件本身，而是关注人们如何正面应对挑战，如何从逆境中学习和成长，以及如何发展积极的心智模式，从而减轻其对我们情感和行为的负面影响。同时，积极心理学强调感恩、幽默、希望、坚韧等积极品格，同时围绕心理弹性展开了深入的研究，并将其作为积极心理资本的重要部分，认为这些积极的心理特质有助于帮助我们应对挫折，从而提高我们的成就感与幸福感。本章节我们将从积极心理学的角度来学习和讨论挫折和抗挫力培养的相关内容，以帮助大学生从容应对挫折，并在挫折中学习和成长。

第一节　挫折与抗挫力概述

俗话说，"人生不如意者十之八九"，说的就是每个人在生活中随时都有可能遇到困难，挫折本就是一种常态。面对挫折，不同的人有不同的认知、感受以及应对方式，这种差异与个体的抗挫力息息相关。抗挫力也被称为抗逆力，是指个体在面对压力、困难或挫折时仍能保持正常功能并最终克服逆境的能力。它不仅仅是忍受痛苦的能力，更是一种从失败中复原并汲取教训，从而在未来遭遇类似困难时能更好应对的能力。抗挫力较强的人能更好地适应变化、处理压力和克服困难。大学生抗挫力的培养是一个持续的过程，涉及认知和情绪反应、学习有效的应对策略以及建立强大的社会支持网络等多重因素，抗挫力可以通过有意识地培养得以提升，是应对挫折时必需的支持和资源。

一、挫折的相关研究

在《辞海》中对"挫折"一词的解释是指人们在有目的的活动中，遇到阻碍人们达成目的的障碍，其核心释义是指挫败、阻挠、压制和失利的意思。挫折作为心理学研究的重要领域，可追溯到 20 世纪初。美国心理学家威廉·麦独孤在他的著作《社会心理学引论》中提出本能学说，认为个体受挫折而产生的种种行为均起源于本能，因此心理学领域的"挫折"具有更为广阔的含义。

积极心理学对挫折的研究聚焦于理解个体如何通过积极的方式应对挫折，以及如何从中成长和发展。挫折被视为个体成长的重要组成部分，一个核心的研究方向是如何培养个体应对挫折时的"弹性"，即抗挫力，其目标也不仅局限于帮助人们如何生存下去，更重要的是如何在面对生活的挑战时发挥最大潜能并从中获得成长。

(一)挫折的内涵

挫折(frustration)是指个体或组织在追求目标或面对困难时所遭遇到的障碍、失败或逆境。挫折是一种普遍现象，通常与目标、期望、能力、环境和其他外部因素密切相关，包含 3 个主要因素，分别为挫折情境、挫折反应、挫折认知。

(1)挫折情境。指个体在追求目标或面对挑战时遭遇到的困难、失败或阻碍。它可以是生活的各个领域，如工作、学习、人际关系或个人目标的追求中。

(2)挫折反应。指个体在面对挫折情境时所展现的情绪、心理和行为反应。它是人们对挫折情境的感受和应对方式的直接表现，包括情绪的变化、态度的转变以及行为的调整。

(3)挫折认知。指个体认知和理解挫折情境的方式。它涉及个体对挫折的看法、解释和思维模式。挫折认知在面对困难和失败时发挥着重要的作用，可以影响个体的情绪、态度和应对方式。

在这 3 个因素中，挫折认知是核心因素，它决定着挫折反应的强度。在面对同一挫折情境时，个体的认知评价不同，其情绪和行为反应也不同。如学生对待学习的态度，当考试成绩不理想时，有的学生认真总结反省，有的学生则感到无力和自卑，还有的学生则不以为然，之所以会出现不同的挫折反应，就是因为学生对考试成绩不理想这一挫折事件的认知不同。

(二)挫折的类型与特征

挫折是生活中常见且不可避免的现象，一方面它可能会对个体的情绪状态、思维模式、行为反应及其心理健康产生影响；另一方面，它如同一面镜子，反映出人们在面对困难和压力时的反应和态度。挫折的类型多种多样，可以根据挫折的来源、发生和影响程度进行分类，每种类型的挫折既有其独有的特性，也具有一些普遍的共性。处理挫折的关键在于如何评估这些挫折以及如何运用适应性策略来应对它们。理解和区分不同类型的挫折，了解其特征有助于我们更有效地应对挫折，促进个人的成长和适应能力的提升。

1. 挫折的主要类型

（1）内在挫折和外在挫折。根据挫折的来源可分为内在挫折和外在挫折。内在挫折是指来自个体内部的因素导致的挫折，如自我怀疑、缺乏自信等。外在挫折是指来自外部环境或他人行为所引起的挫折，如失败的投资、失业等。

（2）预期挫折和意外挫折。根据挫折的发生可分为预期挫折和意外挫折。预期挫折是指个体事先预料到的、有一定准备的挫折，如升学失败、比赛失利等；意外挫折是指突发且未预料到的挫折，如意外事故、突然丧失亲人等。

（3）大型挫折和小型挫折。根据挫折的程度可分为大型挫折和小型挫折。大型挫折是指程度较严重且对生活重要领域产生深远影响的挫折，如离婚、丧失工作等；小型挫折是指程度相对较轻且对生活影响较小的挫折，如考试得低分、朋友间的争吵等。

2. 挫折的特征

尽管不同类型的挫折有其各自的特性，但作为生活中的一种常态，挫折也有一些共性的特征，主要概括如下：

（1）普遍性。挫折是每个人都必然经历的普遍现象。无论是年轻人还是成年人、职业成功者还是新手，每个人在生活的不同阶段都会面临多种形式的挫折。

（2）多样性。挫折的形式多种多样，涵盖了生活的各个领域。它可以是个人目标无法达成，如学业进展不顺、职业发展上的困难、人际关系的挫败，或者是来自外部环境的不可控因素等。

（3）主观性。挫折的体验具有主观性，取决于个体对情境和结果的感知。同样的挫折事件，不同的人可能有不同的看法和反应，一个人的小挫折可能是另一个人的巨大难关，这取决于个体的期望、价值观和先前的经验。因此，面对挫折有明显的个体差异，有的人坚持不懈，百折不挠；有的人则情绪低落，一蹶不振。

（4）挑战性。挫折常常是一种挑战，是考验人的毅力、智慧和坚韧性的过程。挫折可以帮助人们成长、进步和提高自身能力，从而更好地适应未来的挑战和压力。

（5）对个体有继发性影响。几乎所有的挫折都不仅限于事件本身的影响，而是对个体有着继发性的影响，如挫折中常会伴有沮丧、焦虑、愤怒或羞愧等负面的情绪反应，这些情绪的强度和持续时间可以根据挫折的严重程度和个人的心理弹性而有所不同。在面对挫折时，人们可能会重新评估自己的目标和策略，而这会给人们带来积极的改变和成长。此外，挫折也会导致行为的改变，人们可能会因为一些挫折经历而放弃目标，或者找到新的方式来达成目标。

（三）挫折的相关理论

有许多理论涉及挫折和人们如何应对挫折，比较系统的心理学阐释主要属于动机理论范畴。关于挫折产生的机制有各种假说，如"挫折—倒退假说""挫折—攻击假说""挫折—固执假说"等。挫折与个人的抱负水平直接相关，具有双重性质，可以导致不同的行为反应。诸多相关理论中，最有影响力的理论是："需求层次理论""挫折攻击理论"和"习得性无助理论"。

1. 需求层次理论

马斯洛的需求层次理论主要是关于人的需求和动机，但它也可以用来理解人们在追求目标时可能遇到的挫折。

根据马斯洛的理论，人类的需求可以分为 5 个层次：生理需求，如食物、水和睡眠；安全需求，如身体、财产和就业的安全；社会需求，如友谊、家庭和性；尊重需求，如自尊、他人的尊重和成就感；自我实现需求，追求内在潜能的最大发挥和自我发展。

当人们在满足这些需求的过程中遇到阻碍时，他们可能会感到挫折。例如，如果一个人在寻求就业时遭到拒绝，他的安全需求可能会受到威胁，从而感到挫折。同样，如果某人努力获得同学的认可和尊重，但未能成功，他可能会在满足尊重需求方面感到挫折。

2. 挫折攻击理论

最早提出挫折攻击理论的是美国心理学家罗森茨韦克。他认为，人在遭遇挫折的时候产生 3 种不同的反应：①外罚性反应，即归责于外界。这种反应容易引起犯罪。②内罚性反应，即归责于自身。这类反应可能会导致自杀。③无罚反应，即不把责任归咎于自己或者外部环境。他的这些研究分析了个人遇到挫折后的可能反应，为挫折攻击理论的产生奠定了基础。

在此基础上，美国心理学家约翰·多拉德等人进一步发展了挫折攻击理论，他们认为，挫折是根据某种愿望进行有目的的行为时，由于内部或外部障碍，欲求的满足受到阻碍而产生的状态，而挫折总会导致某种形式的攻击行为。他们认为，当一个人的动机受到挫折时，为了缓解内心的紧张，保持心理平衡，必然要通过攻击行为来发泄内心的不满。尽管这些行为可以暂时被压抑、延迟、掩盖、转移，或者从人们此时此刻的目标偏离，但是它们并没有被摧毁。这两种理论都认为挫折和攻击行为之间存在某种联系，即挫折是引发个体攻击行为产生的必要因素。

3. 习得性无助理论

马丁·塞利格曼的习得性无助理论认为，当个体经历了一连串无法控制的消极事件后，可能会发展出一种学习性无助的心态。在这种心态中，个体可能会开始相信自己无法改变这些消极事件的结果，从而停止尝试，导致放弃、消极和抑郁。

习得性无助理论强调了认知评估在应对挫折和失败中的作用。个体如何解释和理解他们的挫折经历可能会影响他们的反应和应对策略。

拓展知识

习得性无助实验研究

1. 实验操作

（1）分组。研究人员将狗随机分成 3 组：可逃脱组、不可逃脱组、无束缚的操纵组。将不可逃脱组与逃脱组每只狗的头部两边各安上一个鞍垫，用以操纵电击。前两组的不同之处在于可逃脱组的狗有能力终止电击，而不可逃脱组的狗却不能，可逃脱组的狗受到电击后，能够通过挤压头部两边的鞍垫终止电击，而不可逃脱组的狗受到电击后，不管做什么，电击都不会停止，即没有终止电击的操纵权。

（2）操作。第一个实验阶段，可逃脱组和不可逃脱组的狗在 90 秒里同时进行 64 次电击；24 小时后，开始第二个实验阶段，三组狗都被关在装有灯的箱子里，箱子底部设置了电流。只要灯灭掉 10 秒钟后，电流就会通过箱子底部。因此，狗只要能在 10 秒内跃过隔板，就能防止电击，否则它将持续遭受电击，直到它跃过隔板或者等到 60 秒后电击结束。每只狗都进行了 10 次电击实验。

2. 实验结果

第一阶段可逃脱组停止电击所花时间迅速缩短，不可逃脱组在 30 次尝试后完全放弃；第二阶段中，可逃脱组能够主动跃过隔板逃离电击，不可逃脱组认为自己不能终止电击，不再主动尝试逃脱。

二、抗挫力的相关理论

积极心理学认为，挫折不仅仅是困难和失败，即使在逆境中，人们依然有能力体验和主动培养出积极的感受和行为，这种应对困难、增强适应性和促进积极行为的能力，就是抗挫力。

（一）抗挫力的内涵

抗挫力（resilience）是指个人应对困境、压力和挫折的能力。它是一种使人们能够在面临逆境时保持稳定、积极和具有适应性的心理素质。通过学习应对技巧、建立支持系统、培养积极心态和提升自我认知，我们可以增强自己的抗挫力，更好地面对生活中的挑战和困境。抗挫力主要由 5 个方面组成：适应性、坚韧性、自信心、社会支持、积极心态。

（1）适应性。抗挫力意味着个人能够适应各种不同情境和变化。这要求我们具备灵活性和应变能力，能够快速调整自己的思维方式和行为，以应对新的挑战和压力。

（2）坚韧性。抗挫力需要保持坚定和毅力，不轻易屈服于困难和挫折。坚韧性使人们能够持久地追求目标并面对挑战，即使失败，仍能积极寻找解决方案继续前进。

（3）自信心。抗挫力建立在对自己能力和价值的信任之上。拥有自信心意味着我们相信自己具备克服困难的能力，相信自己能够应对挫折带来的负面情绪和压力。

（4）社会支持。抗挫力不仅仅是个人内在的素质，也需要外部的帮助和支持。良好的社会支持可以增强个人的抗挫力，通过提供情感支持、鼓励和资源，帮助人们应对挫折并找到解决问题的途径。

（5）积极心态。抗挫力的重要组成部分之一就是积极心态。它能够帮助我们保持乐观和积极的态度，寻找问题中的机会，并相信未来的可能性。拥有积极心态可以改变我们对待挫折的方式，促进自我成长和发展。

（二）抗挫力的相关理论

抗挫力是心理学研究的一个重点领域，相关的研究及理论有很多，以下主要介绍自我效能感、归因方式、成长性思维、自我决定理论和成就目标理论与抗挫力的关系。

1. 自我效能感与抗挫力

自我效能理论（self-efficacy theory）由阿尔伯特·班杜拉于 1977 年提出。该理论指出个体对自己能力的信念和期望对其行为和成就会产生重要影响，即个体对自己能够成功完成特定任务的信心程度会影响他们的行为表现和结果。根据自我效能理论，自我效能感高的人，更愿意相信自己有能力达成特定的目标，也更有可能投入努力，在困难中坚持不懈地追求目标；而当个体自我效能感较低时，容易感到无助和缺乏动力，会更容易回避困难或将困难的处境放大，在面对困难时也容易放弃。换句话说，就是自信程度高的人，抗挫能力强；自信程度低的人，抗挫能力弱。

2. 归因方式与抗挫力

认知心理学认为，对事件发生的归因和解释，决定了我们应对的态度和行为。马丁·塞利格曼教授将人们的归因风格分为悲观和乐观两种方式：倾向悲观归因的人，对逆境的理解很可能是"我不行，我无能"，这些逆境是没办法去解决和应对的，甚至会有一个永久的、普遍化的理解："我这个人就这样了""我到哪都没办法""我总是无法掌控局面"，这是典型的悲观者心态。而倾向于乐观归因的人，对逆境的归因通常是外在的、暂时的和有限的。这些人认为逆境不会一直都在，它是暂时的，而且它带来的影响是有限的，不会导致灾难，并且他们认为，逆境并不是因为自己造成的，至少不完全是。

归因方式的不同使得人们在应对逆境时采取了截然不同的应对模式，悲观归因的人往往采取消极应对的策略，逃避或放弃，因此更加不可能摆脱逆境；而乐观归因的人应对逆境时则表现得主动和积极，也更加愿意采取行动，解决问题。

拓展知识

习得性悲观与习得性乐观

还记得前面塞利格曼教授用狗做的心理实验吗？他发现，持续性给狗不确定且不可控制的电击，若干次后，即便有机会逃离电击，狗也放弃了本可以逃脱的机会不再尝试逃离，同时，狗还表现出主动性下降和沮丧等特点。塞利格曼教授将这种现象称之为"习得性无助"。

习得性无助的一个核心特征就是极其缺乏掌控感。现实中，如果一个人在某些事情上多次努力却反复失败，就会形成"我不行，我无能，我无法掌控……"这类核心信念，这会极大削弱应对逆境时的主动性，并对逆境产生无力感，与之对应的典型行为就是回避和放弃，它很好地解释了为什么有些人在面临重大挑战时，会选择放弃或退出。

值得庆幸的是，人类的乐观同样可以后天培养和习得。习得性乐观不仅可以帮助人们摆脱抑郁症、提高成就和改善健康状况，同时也带给人们关于自我的全新认知，而这个过程最重要的是采用积极乐观的归因方式，将"永久性灾难"重新翻译为"短暂性逆境"，并更多关注积极的一面。

3. 成长型思维与抗挫力

斯坦福大学著名心理学教授卡罗尔·德韦克在《终身成长》里根据个体对能力发展的思维模式，提出了固定型思维和成长型思维的概念。该理论认为，个体在面对能力或天赋时，会存在不同的心态和观念，分别被称为固定型和成长型思维。持有固定型思维的个体认为，自己的能力和天赋是固定不变的，无法通过努力和学习来改变，对自己的能力和表现非常在意，因此会倾向于避免失败和表现不佳的情况，对挫折和批评非常敏感。这种心态会导致个体缺乏挑战和成长动力，在面对新的挑战时可能会感到焦虑和无力。固定型思维模式的人，只愿意做自己能力范围之内的事，希望确保自己成功，以掩饰自己的不足，因此不愿意尝试或探索新事物、新方法。当遭遇失败，固定型思维模式者会认为自己成了失败者，从一种不满意的行为转变成了一种标签化的身份，这样的思维模式使得他们极力回避可能的失败，面对逆境也更容易退缩。

与之对应的成长型思维模式的人，他们相信能力是可以通过努力、学习和实践不断发展和培养的，因此喜欢不断尝试新鲜事物，不断学习和成长，对自己的能力和表现较少关注，更注重不断尝试和不断进步，将挫折视为一种学习机会，能够从中吸取经验和教训，对批评和反馈也更加开放和包容。当他们遭遇失败，也能以开放的心态评价自己，不会轻易气馁和放弃。在成长型思维模式者看来，失败只是一个需要面对和解决的问题，强者会从失败和逆境中获得成长，让自己变得更强大，这也使得他们愿意积极主动地迎战逆境，不断冲锋直至胜利。

拓展知识

固定型思维与成长型思维对比

成长型思维和固定型思维对于个人的学习、工作、人际等方面都有显著的影响。大多数人同时存在这两种思维模式，或倾向于某类，那我们如何对自己的思维模式进行判断呢？对照以下表格，可以检验自己当下的情况是偏向固定型思维还是成长型思维。

	固定型思维	成长型思维
行为上：	回避挑战	迎接挑战
	喜欢待在舒适区	喜欢探索新事物
态度上：	讨厌变化	拥抱变化
	不接受批评	积极接受反馈
视角上：	关注局限	寻找机会
	毕业就不再学习	终身学习
信念上：	无力改变现状	一切皆有可能
	努力无用	失败无价

成长型思维理论认为，我们可以通过改变自己的思维来影响自己的行为和表现。在面对挑战和挫折时，固定型思维的人持悲观态度，容易放弃努力；而成长型思维的人会更加乐观和积极地应对，更有可能取得成功。

4. 自我决定理论与抗挫力

自我决定理论由美国心理学家德西和瑞安于 20 世纪 80 年代提出，该理论认为人类天生具有 3 种基本的心理需求，即自主性、能力感和归属感。该理论认为，当个体的自主性、能力感和归属感得到满足时，会更加自发地投入到积极行为中，面对挫折也更加积极乐观，从而取得更好的成果和体验更高的幸福感；当这些心理需求得不到满足时，个体可能会失去动力和兴趣，表现出消极的情绪和行为。因此，基于自主选择的事情人们会更加主动和负责，面对挫折时也不容易放弃；而能力感可以帮助人提升应对挫折的信心，不断尝试直至成功；归属感则提供了良好的人际联结与心理动力，使人们在逆境中得到鼓励和支持，坚持向前。自我决定理论为培养抗挫力提供了一个新的视角，在日常生活中，我们要重视满足每个人的基本心理需求，给对方更多的选择、信任以及支持，能有效促进积极的行动，提高应对挫折的能力。

拓展知识

人类最基本的 3 种心理需求

自主性：指个体对自己的行为和生活有自主选择的权利和能力，能够在自己的意愿和价值观的基础上做出决策，并承担相应的责任和后果。

关联性：指个体与他人之间的联系和互动，包括情感需求、社交需求和亲密关系等，这些联系和互动能够满足个体的社交需求，促进彼此之间的协作和支持。

能力感：指个体具有完成任务和达成目标的自信和能力，能够体验到自己的成就和发展，从而提高自尊和幸福感。

5. 成就目标理论

成就目标理论由安德鲁·艾略特等人于 20 世纪 80~90 年代提出。该理论认为人们在面对挫折时的反应取决于他们对成就目标的态度，关注的是个体在追求成就时所表现出的动机和行为。成就目标主要涉及两种不同的目标导向，即任务导向型目标和自我导向型目标。该理论认为，个体的目标导向会对他们的学习动机、行为和成就产生影响。

任务导向型目标是指学习者从事成就活动的目的是为了发展新的技能、提高自身的能力、理解和掌握新的知识，目的指向活动本身。这类目标的追求者通常致力于克服挑战、获取反馈和提升个人的能力，他们倾向于将努力和持久性视为成功的关键，关注个体的进步和自我提高。自我导向型目标是指学习者的成就行为目的是为了做得比别人更好，获得对于自己能力的有利评价，避免消极评价，目的指向他人。这类追求者通常更注重比较和竞争，他们努力追求超越他人、取得更好的成绩和表现来获取外部奖励和认可。

研究表明，任务导向型目标与积极的学习态度、深入思考和持久性相关，拥有更好的抗挫力。而自我导向型目标虽然在短期内可能激发竞争动力，但却可能对个体的学习和发展产生负面影响，如焦虑和回避，抗挫力水平也更差。

三、积极心理学的研究视角

积极心理学对抗挫力的研究主要聚焦于心理弹性，研究的重点不仅包括面对困难时的抵抗和适应能力，更侧重于个体恢复和调整的能力，以及从挫折中成长和发展的能力。

（一）心理弹性的作用

心理弹性的主要特征体现为个体在面临逆境和压力时，能够有效适应和恢复，甚至从中学习和成长的能力。心理弹性犹如一套个人的心理自我免疫系统，不仅保护自己免受困难与挫折的侵蚀，还能增加生命的动力，以勇气与智慧去探索未知的世界。具体而言，心理弹性包括5个方面的功能，这些特质互相交织、相互支撑，在个体的生命成长和发展中发挥着重要的作用。

（1）增强意志力。帮助个体在面对压力和挑战时，坚定自己的信念和目标，排除干扰，坚持不懈地追求自己的目标。

（2）提升自信心。帮助个体在面对困难和挑战时，相信自己具备克服难题的能力，从而更加勇敢和果断地应对问题。

（3）提高灵活性。帮助个体在面对不同的情境和挑战时，寻找适合自己的应对策略，并灵活地调整自己的行为、情绪和认知模式，提升应变能力。

（4）增加自我掌控感。帮助个体在面对挑战和压力时，保持积极的情绪状态和良好的身心状态，从而更加有效地应对问题。

（5）促进学习反思。帮助个体在面对挑战和困境时，总结自己的经验和教训，从而不断反思、学习和成长。

心理弹性并非一成不变，而是可以通过实践和学习得到提升的能力，是一种可发展的心理特质，通过日常生活中的实践、学习和锻炼可以得到提升和增强，类似于身体的肌肉可以通过锻炼变得更强壮，心理弹性也可以通过积极的实践和经验获得增强。心理弹性的可发展性强调个体在面对困难和挑战时可以主动地通过特定的方法和策略来改变自己，并逐步增强自己的心理抗压能力。

（二）心理弹性研究的观点

心理弹性作为心理学的一个重要概念，已经吸引了众多学者和研究者的关注。随着研究的深入，关于心理弹性的理论也日渐丰富。这些理论从不同的角度和层面探讨了个体如何在逆境中保持和恢复心理健康，以及如何从挑战中学习和成长。例如，有的理论强调个体的认知评估和应对策略在心理弹性中的作用；有的理论则侧重于社会支持和环境因素对心理弹性的影响；还有的理论探讨了个体的生理机制和神经基础在心理弹性中的角色。

1. 四因素模型

心理弹性四因素模型由 Peter Clough 和 Doug Strycharczyk 提出，是一种常用的描述和解释心理弹性的理论框架。该模型包括4个维度，分别是控制力、承诺力、挑战力和信心力，这4个因素共同构成了心理弹性的个体差异和表现。每个因素都对心理弹性的发展和表现起着重要的作用，它们相互关联、相互影响，共同促进个体在面对困境和压力时保持积极、坚韧和灵活的态度。

（1）控制力。指个体对自己生活的感知和掌控程度。具备较高控制力的个体相信自己可以对自己的行为和环境产生影响，他们积极主动地寻求控制和改变，而不是消极被动地接受和顺从。他们对自己的能力和选择有信心，并相信自己可以应对不可控的情况。

（2）承诺力。指个体对自己设定的目标和价值的坚持和承诺程度。具备较高承诺力的个体对自己的目标有强烈的责任和使命感，他们愿意付出努力和坚持不懈地追求目标。他们在面对困难和挫折时能够保持动力和决心。

（3）挑战力。指个体对挑战和困难的应对能力。具备较高承受力的个体更能积极面对挑战，愿意接受挑战并寻求解决方案，而不是回避或逃避。他们倾向于将挫折视为成长的机会，具备乐观的信念和积极的心态。

（4）信心力。指的是个体对自己应对困难和逆境的信心和能力。具备较高应对力的个体相信自己具备解决问题的能力和资源，他们对自己的技能和知识有自信，并相信自己能够有效地面对挫折和压力。他们能够从过去的经验和成功中获得信心，坚信自己可以应对未来的挑战。

2. 心智模型

心理弹性心智模型由 Kelly McGonigal 提出，强调个体的信念和心态对心理弹性的影响，该模型包括可塑性、意义和社会支持 3 个要素。心理弹性心智模型认为，个体的信念和心态对于应对逆境和保持心理弹性具有重要影响。通过培养积极的信念和心态，个体能够更好地适应变化、克服困难，并从中获取成长和发展的机会。

（1）可塑性。指个体对逆境和挑战的看法及其对困难的应对方式。在这种心智模式下，个体相信自己具备成长和改变的能力，将困难视为学习机会，相信通过努力和适应可以战胜困境。

（2）意义。指个体对生活经历和困境的解释和价值观。在这种心智模式下，个体能够从困难中找到积极的理解和意义，将逆境视为发展个人意义和目标的机会，从而增强心理弹性。

（3）社会支持。指个体在面对压力和逆境时得到他人的支持和联系。该模式认为，社会支持是心理弹性的重要因素，可以通过与他人分享感受、互相支持和寻求帮助来增强个体的心理弹性。

3. 应对与适应理论

应对与适应理论是由 Richard Lazarus 和 Susan Folkman 于 1984 年提出，强调人们在应对挑战和逆境时的认知和情感因素，认为个体对于压力和逆境的应对主要涉及认知评估和应对策略两个方面。其中认知评估是个体通过对环境的评估来判断是否存在压力或威胁，并对其进行解释和理解。而应对策略是基于对情境的认知评估，个体采取不同的应对策略来应对压力和逆境，可以分为问题导向型应对策略和情绪导向型应对策略。该理论认为，个体的认知评估和应对策略会对应对结果产生影响，有效的应对策略有助于个体适应和恢复，而无效的应对策略可能导致更多的压力和困难。

4. 核心价值观理论

核心价值观理论由美国心理学家 James Loehr 于 1984 年首次提出，认为个体的核心价值观对于其心理弹性和应对压力的能力有着至关重要的影响。该理论指出，核心价值观是个体内在最重要、最深层次的信仰和信念，是个体生命中最重要的目标和方向。这些价值观直接影响个体的行为、决策和心理状态，能够帮助个体在面对困难和挑战时保持坚定和积极的态度，增强心理上的抗压能力。核心价值观包括意义、真诚、责任、勇气四大要素，个体需根据自身情况和环境来审慎地制定和践行自己的核心价值观，才能最大限度地发挥心理弹性的优势。

（三）心理弹性的心理机制

心理弹性既存在个体先天生物特质的差异，也受到后天环境、教育与训练的影响，它应被视为个体先天与后天的"合金"。一般来说，心理弹性与适应性呈现为一种正相关，即弹性越大，表明个体对外界环境的调控能力越强，适应性水平越高。一个具有较高心理弹性水平的个体，其在认知、需求强度、情绪激活、应激方式以及人格特质等方面的综合品质均达到了对外界环境的最佳匹配、调控与适应，且能够以最有效的途径外化出来。

从一定意义上讲，个体心理发生、发展的过程，即是其心理弹性不断增强的过程，也就是其社会化和社会适应水平日趋提高与完善的过程。心理弹性是个体素质结构中的一个核心变量，同时也是个体人格与认知水平的一种综合体现。心理弹性主要有防御、复原、成长三大心理机制来实现相应的功能。

1. 防御机制

心理弹性的防御机制是指个体在面对压力、困难或挑战时，采用一定的心理策略和应对方式，以保护自己的心理健康和稳定。心理弹性的防御机制并非都是健康的或适宜的。每个人在面对困难时可能会有不同的防御机制倾向，但过度使用某些防御机制可能会对心理健康造成负面影响。在培养和发展心理弹性时，重点倾向于采用积极、灵活和适应性的防御机制，以更好地应对挑战和压力。

拓展知识

常见的防御机制

积极应对：这是一种积极主动的防御机制，个体通过寻找问题的解决办法、调整态度、寻求社会支持等方式来应对压力和困境。积极应对有助于个体面对困难时保持冷静、灵活和乐观，从而更好地应对和解决问题。

认知重构：这种防御机制涉及改变个体的思维模式和信念系统，以更积极、合理和有利于应对压力的方式来解释和理解情境。个体通过重新评估问题的严重性、看待挫折的意义和寻找积极因素等方式，改变负面思维，提升自身的心理弹性。

逃避与回避：这种防御机制是通过回避与压力相关的情境或问题，以避免直接面对和处理困难。个体可能通过转移注意力、逃避现实、沉迷于其他事物等方式来暂时减少压力的冲击，但长期使用可能会导致问题的积累和解决的延迟。

感情调节：这种防御机制涉及管理和调节个体的情绪反应。个体可能采用积极的情绪调节策略，如深呼吸、放松技巧、寻找情感支持等，来平衡和调节自己的情绪，以更好地应对压力和困境。

投射：这种防御机制涉及将个体内在的不满、焦虑或压力归因于外部因素或他人。个体可能倾向于将责任推卸给他人，从而减轻自身的焦虑和不适。然而，过度使用投射可能导致个人责任的回避和问题的解决能力的削弱。

2. 复原机制

心理弹性的复原机制是指在面对困难、压力和挑战后，个体能够从逆境中恢复并重建积极的心理状态和行为表现。心理弹性的复原机制可以帮助个体从困境中恢复，并重新建立积极的心理状态，增强应对逆境和恢复的能力。个体主要的复原机制包括以下 5 个方面。

（1）自我反思与学习。个体进行自我反思，从逆境中获取经验教训，并寻找改进和成长的机会，思考在面对困难时的应对方式和策略，并不断改进和调整。

（2）积极主动的态度。个体倾向于采用积极主动的态度来应对困难，接受现实，寻找解决问题的途径，并相信自己有能力克服困境。这种积极态度有助于个体在面对挫折后迅速转变思维，以更好地适应和恢复。

（3）社会支持。个体通常能够主动寻求和接受来自他人的支持，能够与他人分享困境、倾诉情感，并从他人的理解、鼓励和帮助中获得支持和安慰。社会支持有助于个体在逆境中复原，并重新建立积极的心理状态。

（4）良好的压力管理。个体能够有效地管理和减轻压力的影响，通过采取积极应对策略、使用放松和调节技巧，帮助自己恢复平衡和稳定的心理状态。良好的压力管理有助于个体快速从困境中恢复，并重新集中精力和意志力。

（5）自我照顾。个体注重自我照顾，关注身体和心理的健康需求，采取积极的生活方式，包括良好的睡眠、饮食、锻炼和放松活动，以提升自己的身体和心理素质。自我照顾有助于加速个体的复原过程，恢复身心健康。

3. 成长机制

心理弹性的成长机制是指个体通过经历和应对挑战、困境以及逆境，逐渐培养和发展自身的心理弹性。成长机制促使个体不断地挑战自我、学习适应、发展新的思维方式和建立强大的心理资源。

个体主要的成长机制包括以下 4 个方面。

（1）持久的目标追求。个体设定具有挑战性和可行性的长期目标，并持续不断地努力和追求这些目标，有助于培养个体的毅力和决心，增强面对困难时的耐力和动力。

（2）持续的自我挑战。个体不断寻找新的挑战和学习机会，扩展自己的舒适区，通过接受新的挑战并克服困难，锻炼应对压力和逆境的能力。

（3）积极的思维模式。个体努力培养积极乐观的态度，看待问题和困境时注重寻找解决方案和积极因素，有助于个体在面对逆境时更具弹性和韧性。

（4）适度的风险承受。个体愿意面对并承受一定程度的风险和不确定性，有勇气尝试新的事物以及面对可能的失败和困难，从而在逆境中锻炼和发展自己。

第二节　大学生抗挫力培养

良好的抗挫力是一个人心理健康的重要标志之一。因此，培养学生良好的抗挫力，使其以积极健康的心态去战胜挫折，既是学生个性发展的需要，也是提高全民族素质的需要。人人都有超越挫折的潜能，成功与否关键在于如何面对和应对挫折。随着社会竞争的日益激烈，当代大学生承载着社会的期望与家长的寄托，他们面临着各种困难和挫折，如学业与能力提升、自身发展等。如何坦然应对挫折，能否积极地面对生活压力，已经成为学生亟待解决的重要问题。这使得提高学生的抗挫力成为关键。

一、大学生常见挫折及其影响

大学生所处的阶段是一个充满变化和挑战的时期，他们不仅要面对学术压力，还要适应社交环境的变化、建立人际关系、规划未来职业发展等。在这个阶段，挫折是不可避免的。刚刚步入成年的大学生由于缺乏应对挫折的经验和技巧，挫折事件可能会对他们造成一定的影响，要引导大学生关注挫折的两面性，从成长和发展的角度引导大学生更加深入地理解和反思挫折，通过合理的引导和自我调适，挫折也可以成为促使大学生成长和进步的动力。

（一）大学生常见的挫折类型

结合不同学者对于大学生挫折类型的研究，常见的挫折类型可分为学习挫折、经济挫折、人际交往挫折、感情挫折及择业挫折5类。

1. 学习挫折

学业挫折感是指学生在学习活动中遭遇挫折情境而产生的消极情绪体验，它具有弥散性、持久性、两面性等特点。有研究表明，约17%的大学生经常或总是遭遇学业挫折情境，约22%的大学生产生了较强的学业挫折感。这说明，大学生的学业挫折感已成为影响他们成长发展的重要心理因素。

进入新的学习环境，大学生的自我期望往往容易与客观现实形成强烈反差，这容易带来学习上的挫折。这些挫折具体表现在三个方面：一是不适应所学专业的知识结构，对所学专业产生消极心理，对所学专业就业前景失去信心。二是不适应大学自由的生活方式，相对宽松的大学环境造成学习精力投入不足，学习任务错位导致学业失败。三是不适应新的教学和学习模式，逻辑思维能力和创造力不足，自信心受损造成学业失败。

2. 经济挫折

随着国家脱贫攻坚取得的伟大成就，因家庭经济困难失学的现象基本已经不会发生，但随着经济社会的发展，大学生经济挫折逐步产生异变，主要表现在：一是脱离现实条件的"时尚性追求"造成大学生经济挫折，部分学生盲目崇拜高消费、赶时髦，最后因无力追求"时尚"而产生自卑心理，造成性格上的严重缺陷。二是以虚荣心为中心的盲目攀比导致无法满足高额消费和支付昂贵的应酬开销，背负着沉重的经济包袱所产生的心理压力和思想负担，最终走上不归路。

3. 人际交往挫折

人际关系是否良好不仅是衡量大学生心理健康水平的重要指标，更是教会大学生为人处世，通往成功道路上的深厚基石。大学生的人际交往挫折主要表现在：一是期望值过高，交友的高期望值、高标准反而导致朋友少，人际交往遇到挫折。二是方向性有误，大学生对与谁交往、如何把握交往时机、维持怎样的亲密度等问题缺乏经验，导致人际交往受阻。三是自我为中心，人际关系中往往容易忽视他人的相关认识和了解，降低了人际交往的质量。

4. 感情挫折

情感是人世间无与伦比的、最珍贵的精神产物。大学生的情感挫折主要表现在：一是来自家庭的情感挫折，这些学生常常孤立自己、逃离集体、拒绝老师同学的善意关怀，长此以往造成心理上的压抑与苦闷。二是来自朋友的情感挫折，情感的波动造成矛盾，又因矛盾升级带来焦虑和烦恼情绪。三是来自异性的情感挫折，爱情的失意使人受挫后往往容易产生过激心理和行为。

5. 择业挫折

随着社会主义市场经济的深化改革，就业市场的竞争和压力也日益加大。一方面，职业期待与现实需求相矛盾，对职业及相应的待遇又期望过高，因而择业遇到挫折；另一方面，理论技能与社会发展相脱节，容易导致学生在择业屡屡遇到挫折时变得郁闷，失去自信心。

(二)挫折对大学生的影响

在大学生的成长过程中，挫折不可避免。来自学业、人际关系、生活适应、职业规划等多个方面的挫折可能会导致压力、焦虑，甚至产生一些消极影响，但如果大学生可以合理地面对和处理挫折，学会反思，积极调整，这些挫折反而会成为推动大学生成长和进步的重要力量。

1. 挫折的消极影响

挫折带给大学生带来的消极影响主要体现在两个方面，一是影响个体实现目标的积极性。个体在遭受挫折后，情绪会处于不安、焦虑、矛盾冲突等消极状态之中，对自己的能力会过低估计，而对各种困难则过高估计，对目标的达成缺乏信心，从而影响个体实现目标的积极性，逐渐地就会降低个体的抱负水平。二是降低个体的创造性思维水平。个体在遭受挫折后，会出现情绪紧张、苦恼、失望等消极反应。如果是重大挫折，还会引起情绪状态的巨变，甚至直接影响神经系统，造成大脑功能紊乱失。研究表明，长期、反复的挫折会导致消极情绪、消极自我认知以及逃避等消极行为。

(1)挫折带来消极情绪。2003 年，Akitsuki 等人让大学生在猜卡片游戏中分别经历 1 次，以及连续 2、3、4 次失败。结果发现，与 1 次失败相比，大学生在连续 4 次失败时的情绪更消极。挫折可能会引发多种消极情绪，不同的人可能会有不同的反应。常见的消极情绪包括沮丧、忧郁、焦虑、愤怒、无助感、失望等。

(2)挫折导致消极自我认知。挫折可能会影响大学生的自我价值感。当他们经历了失败或挫折后，可能会对自己的能力产生怀疑，自我评价下降。长期面临挫折的大学生甚至更可能出现焦虑、抑郁等心理健康问题。

(3)挫折导致回避或逃避行为。反复的失败会强化个体对"努力与结果不一致"的认识，使其对努力和坚持产生怀疑，从而减弱大学生的内在动机，使他们对学习和探索丧失兴趣。

总而言之，挫折对大学生的心理和社会功能有着显著的消极影响。因此，在教育和辅导中，应充分认识到挫折对大学生的影响，并采取相应的措施来帮助他们更好地应对挫折。

2. 挫折的积极影响

挫折不仅会带来消极影响，也会带来积极的作用，其关键在于大学生能够合理地理解和对待挫折，并从中汲取力量，实现自我提升和成长。我们应该引导大学生正确看待挫折，学会从挫折中寻找学习和成长的机会，将挫折转化为自我提升的动力。

(1)增强应对能力。"吃一堑，长一智"，经历挫折后，人们能够认真总结教训，探究出现困难和失败的原因，从而寻求摆脱困境和走向成功的途径。挫折会为我们提供经验，让我们从失败或者困难中汲取历史经验教训。挫折经历可以推动大学生学习并掌握更多解决问题的方法和策略，增强应对各种困难的能力。

（2）增强心理弹性，提高适应能力。心理弹性是个体的一种能力或品质，能够在应对挫折的过程中得以提升。通过面对和克服挫折，大学生的心理弹性得以锻炼和提升，有助于提高他们的适应能力，也有助于他们在未来更好地应对挑战。

（3）培养成长心态。"自古英雄多磨难，从来纨绔少伟男。"挫折虽然给人带来一定的压力，但这种压力也能够磨砺意志，使懦弱变为勇敢，使摇摆变为坚毅。挫折教会大学生如何从困难中吸取经验，帮助他们看到能力的可塑性，因而更倾向于通过学习来改变自己，提升能力，让学生在面对困难和挑战时更坚韧，进而培养他们持续成长和进步的观念。

（三）培养大学生抗挫力的意义

面对挫折而表现出的心理弹性反应，可以显现在人生的各个阶段。人类终其一生，都要面对各种挑战。在应对各种挫折时，如何能在相对较短的时间里恢复社会功能或适应水平，并继续保持健康发展态势，对大学生来说至关重要。一方面，当前复杂多变的社会环境以及日趋严峻的就业形势给大学生带来了更多的压力性事件；另一方面，现代社会快速变化的节奏导致了青年群体的目标缺失和不明确感。抗挫力作为当代大学生需要具备的重要能力，对于其在大学期间顺利完成学习任务、成长和蜕变，信心饱满步入社会具有重要的现实意义。

1. 有利于大学生全面发展

随着社会的跨越式发展，人类进入了情绪压抑的岁月，社会压力已经成为造成大学生挫折的关键外因。要想适应将来激烈的社会竞争，必须增强大学生的社会生存、竞争能力，而提升抗挫力是保障大学生能够正确对待生存和竞争的重要方面。大学阶段是人生发展的关键时期，良好的心理素质是高尚品格形成的基石，遇挫折而不惊慌的心态有利于大学生伟岸人格的形成和进一步发展。

2. 有利于推进素质教育改革

党的二十大报告中明确提出要"大力发展素质教育"。重视大学生素质的全面提高，就应使他们的思想道德素质、专业素质、心理素质、身体素质等诸多方面都得到综合培养、协调发展。抗挫力是大学生心理素质教育的重要内容，而在我国逐渐由应试教育向素质教育转变过程中，人们对素质教育理解存在偏颇，造成大学生心理健康教育，尤其是抗挫教育的严重缺失，造成了学生心理脆弱、不具备社会生存能力和竞争力等问题。因此，加强抗挫力培育是大学生能够适应生存以及未来发展的需要，更是我国素质教育改革的突破口。

3. 有利于和谐社会的建设

大学生抗挫力的提升，首先是大学生自身的和谐需要，能够正确认识自己，确立合理期望。其次是大学生与他人之间和谐的需要，能够正确处理学业问题、恋爱问题、人际问题等。再者是社会各系统之间的和谐需要。社会经济的多样性以及资源配置的合理性直接冲击着大学生的价值取向，抗挫力的提升能够引导大学生正视社会各方面出现的不和谐因子，处理好各类矛盾，避免出现极端功利化、世俗化的价值取向。最后，也是个人、社会与自然之间的和谐需要。抗挫力的提升有利于增强大学生的社会责任感，确保大学生积极健康融入社会，为社会事业发展贡献力量。

二、培养抗挫力的方法

逆境并非绝境，最重要的是如何看待以及有多大能力应对它们。因此，提高抗挫力尤为重要。一个人的抗挫力不仅关系到面对困境时的应对方式，还影响到个体的心理健康和整体幸福感。积极心理学从许多领域对抗挫力开展了研究，以下从几个方面来讨论培养大学生抗挫力的方法，帮助大学生更好地应对生活中的挫折和困难，并在逆境中汲取经验，实现自我成长和提升。

（一）提升自我调节的能力

要培养抗挫力，最关键的是自我调节能力的培养，也就是建立一种积极的自我态度，接纳并热爱那个真实的自己，主要包括提升自我接纳度、自我效能感以及自我掌控等，要对自己的情绪和反应方式有充分的了解。通过观察自己的思想、感受和身体反应，了解自己的需求和优缺点，以便更好地控制自己的情绪和行为，保持平衡和稳定。自我调节能力的提升会带来更高的自我效能感，进而帮助大学生更好地管理和调整自己的心理行为状态，以积极应对挫折和压力事件。

提高自我效能的四种途径

日常生活中，我们可以通过以下4种途径增强个体对自己能力的信心，从而提高他们在面对挑战和困难时的表现和成就：

①个人的成功经验。

②观察他人的成功经验。

③口头或书面的鼓励和支持。

④对能力进行适当的评价和反馈。

（二）发展成长型思维

成长型思维意味着要接受变化和挑战，对新体验及新挑战报以开放性态度，坚持对生活本身及学习新事物抱有好奇心和兴奋感，保持终身学习和成长。生活本就是一个不断变化的过程，各种变化和挑战无可避免，拥有成长型思维的大学生能够更加积极地面对学术压力、人际问题和未来规划的不确定性。在面对变化和挑战时，也可以培养灵活性和适应性，打破自我设限，调整自己的期望和目标，以适应新的环境和情况。成长型思维让我们以更积极的视角面对挫折，让我们更有勇气面对和迎接挑战。

培养成长型思维的步骤

第一步，接受： 每个人都有固定型思维的部分，即每个人的思维模式是成长型思维和固定型思维的混合，首先接受这部分固定型思维能够让我们更好地去应对调整它。

第二步，观察： 是什么激发了你的固定型思维，是在遭遇挫折时？是遇到了在某一方面比你优秀的人时？还是别的情况。

第三步，命名： 给固定型思维起名字，描述这个固定型思维具有什么特点。

第四步，教育： 不要强行禁止你的固定型思维，而是当它冷静下来时，尝试着问问自己"虽然我暂时不太擅长做这件事，但是我认为我清楚自己下一步要做什么。让我来试试"。

（三）确立目标，自我负责

目标感是个体对自己认为重要的、有价值的事情尽最大努力去做好的一种内部推动力量。确立明确且具有吸引力的目标是提高学生成就动机的关键。目标能为学生提供明确的方向和期望，使他们在学习过程中更加有目的和动力。一个好的目标应该是具体、可衡量、可实现的，同时也要具有一定的挑战性，能激励学生付出努力和坚持。通过目标的设定，学生可以清晰地知道他们的努力方向，以及如何规划和安排自己的学习，这也有助于提高他们的自我效能感和成就感。

确定目标的过程一定要基于学生自己的选择，这是他们为此负责的基础。在确立了目标之后，我们可以采取多种策略来提高学生的成就动机。例如，可以通过积极反馈或合理的奖励机制，肯定和鼓励自己的努力和进步。此外，也可以通过建立良好的学习环境和氛围，使学生感到被支持和理解。通过这些方法，可以帮助学生维持高水平的学习热情和动机，从而在学业上取得更好的成绩。

自我决定论在学习中的应用

自我决定理论强调自主性、能力感和归属感3种基本需求的重要性，尤其强调了自主动机在促进学生学习和发展中的重要性。

增强学生的自主性： 允许学生在学习过程中有一定的选择权，例如，选择研究的话题或项目；鼓励学生根据自己的兴趣和目标进行学习。

提升学习的胜任感： 看见学生的努力和进步并及时给予积极的反馈，有助于增加学生在学习中的自信心，强化其持续学习和攻克困难的动力。

建立良好的师生关系： 教师应该成为学生的指导者和支持者，而不仅仅是知识的传授者，确保学生在学习环境中感到被尊重、被理解和被支持。

（四）建立积极关系

寻求人际支持和帮助是培养抗挫力的关键。积极的人际关系在于"质"而非"量"。积极心理学研究证实，有着积极人际关系的个体，能够体验到温暖满足及安全感和亲密感。大学生应注意与同学师长等建立尊重信任的关系，遇到困难时能够及时倾诉，分享彼此的经历和感受，不仅能够缓解紧张情绪，还可以提升幸福感和满足感，有助于应对挑战和逆境。

拓展知识

提升抗挫力的路径

心理弹性可以通过学习和锻炼得到提升，以下是几个提升抗挫力的关键路径。

学习和成长： 抗挫力的发展是一个学习和成长的过程。通过处理挫折、面对困难和逆境，我们能够学到新的技能和策略，提高自己的应对能力，并逐渐培养出更强的抗挫力。

反思与调整： 在面对挫折时，反思和调整是发展抗挫力的重要环节。通过深入思考和回顾自己的反应和应对方式，我们可以识别出有效和无效的习惯，并进行调整和改进。

实践与训练：个人可以通过特定的实践和训练来培养抗挫力，包括积极面对挑战、寻找解决问题的策略、调整态度和情绪、寻求适当的支持和反馈等。通过不断地实践和训练，个人可以逐渐建立起更强的抗挫力。

环境和社会支持：环境和社会支持对抗挫力的发展至关重要。有支持和鼓励的环境可以激发个体的自信和动力，并提供必要的资源和指导。同时，得到他人的理解和支持也是发展抗挫力的关键因素。

三、在挫折中成长

大量心理学研究表明，许多人即使在遭遇创伤事件后，也能找到生命的意义，发现生活的新视角并增强个体的力量感。与经历挫折之后的创伤应激障碍相反，挫折也可以带来积极的结果，即创伤后成长。创伤后成长研究的主题是随个人挫折而来的成长及提高的可能。事实上，有相当数量的人，经历挫折后会认为这些挫折事件对他们而言是好事。尽管最初的挫折经历让人感到迷失方向和恐惧，但随着时间推移，尤其是积极应对挫折后，我们会更深刻的认识自我和生活，并重新理解生命中重要的事情。

研究创伤后成长的文献中所报告的积极改变

1. 看问题的角度发生变化

个体的自我力量感、自信及自力更生感得以增强。

更为深刻地意识到生命的脆弱性，当然自己也不例外。

把自己视为一个经历过创伤的幸存者而非受害者。

2. 人际关系的变化

家庭成员间的关系变得更加密切。

更多向他人表露情感且与他人更加亲近。

更为同情他人也更愿帮助他人。

3. 生活优先级的变化

更加明晰何为生活的重中之重。

从更深入及精神化的层面看待生活的意义。

从容地生活。

更少关注对于物质财富、金钱和地位的获取。

注：以上内容引自史蒂夫·鲍姆加德纳《积极心理学》。

(一)认识逆商

逆商指的是逆境商数(adversity quotient，AQ)，是由心理学家保罗·史托兹于1997年提出的概念。逆商是指个体应对逆境和困难的能力，用于评估个体在应对困难和逆境时的能力，并预测其在逆境中的表现和成功。逆商并非一种固定不变的指标，它可以通过培养和发展来提升，帮助个体提高应对逆境的能力，增强韧性和适应性。逆商的核心理念是个体的成功不仅仅取决于其智商(IQ)和情商(EQ)，更取决于他处理逆境的能力。逆商主要由逆境感知、逆境回应、逆境导向3个部分。

逆境感知指的是关注个体对逆境的感知和理解程度，强调个体如何看待逆境以及对逆境的态度和反应。逆境回应指考察个体在面对逆境时的行动和反应，关注个体的决策能力、行为选择以及应对策略的有效性。逆境导向是评估个体对逆境的态度和心理取向，强调考察个体是否具备积极面对逆境的心态和意识。

逆境在生活中普遍存在，每个人都会遭遇各种挫折，这个世界本来就充满各种不确定性，人们之所以害怕逆境，是夸大了逆境造成的影响。事实上，人们遭遇的绝大多数逆境都是暂时的，没有什么问题是无法解决的。逆境永远无法避免，我们只有相信逆境的暂时性和有限性，不畏惧，不逃避，接纳现实中的挑战，才可能有效应对它的挑战。

(二)积极应对逆境

逆境是生活的一部分，也许它会改变我们生活的节奏，却不可能毁掉生活，除非你沉迷其中。当你意识到这些，就会发现逆境对我们影响非常有限。面对不确定性，每个人都需要一些掌控感，这意味着我们需要思考：谁应该对这件事情负责？答案只有一个，就是你自己，你必须自己直面逆境，对这件事情负责。当你想通这一点后，把注意力转移到可控的行动上来，思考"当下我们做点什么，可以让事情变得好一些?"一个人知道下一步要做什么事的时候，就会获得力量感。所以克服逆境的有效方法，就是要做事，而且一定要做一些正向的、有意义的事。

拓展知识

宾夕法尼亚韧性项目简介

宾夕法尼亚韧性项目(Penn Resilience Program，PRP)是美国宾夕法尼亚大学心理学教授马丁·塞利格曼和他的研究团队开发的一种心理干预计划，适用于青少年和儿童。该项目旨在通过认知、社交支持和行为技能训练，帮助学生增强心理弹性和适应能力，有效地预防和缓解心理障碍，如抑郁症、焦虑症等。具体来说，该项目主要包括以下3个部分。

认知训练：该部分的目的是帮助学生培养积极的思考模式和态度，以及应对负面情绪的能力。

①认知重构　帮助学生发现负面思维方式，并通过重新评估这些想法，促进积极情绪的出现。

②乐观和感恩记录　帮助学生关注和记录生活中积极的事情，并培养感激之情，从而提升情感稳定性和积极情绪。

社交支持：该部分的目的是帮助学生建立良好的人际关系和社会支持网络，以增强适应能力和情感稳定性。

①社交技能培训　包括表达想法、倾听他人和解决冲突等技能。

②社交支持网络的建立　通过家庭、社区和学校等层面，建立学生的社交支持网络。

行为技能：该部分的目的是帮助学生培养更好的行为策略，以处理挑战和压力，提高适应能力和心理弹性。

①问题解决技能　通过系统性和有序的方法解决困难和挑战。

②情绪管理技能　包括放松技巧、深呼吸和冥想等技能，以减轻负面情绪和焦虑感。

③时间管理技能 帮助学生学会有效地管理时间和优先级，以避免过度压力和情绪紧张。

总的来说，宾夕法尼亚韧性项目是一种综合性的心理干预计划，涵盖了认知、社交和行为3个方面，旨在增强学生的心理弹性和适应能力，帮助他们更好地面对未来的挑战和机遇。

（三）利用逆境，转"危"为"机"

面对不可预测的未来，人类作为智慧的生命体，最大的优势就是具有反脆弱性。举个例子，一个玻璃杯摔到地上，会碎掉，因为脆而不坚；一个纸团掉到地上，只能维持原貌停留在地面，因为柔而不韧。但人不一样，人具有生命力，具有坚强的意志，能成长并发展出韧性与弹性，就像一个乒乓球碰到坚硬的地面，还能顺势弹起来蹦得更高。

真正的强者，在危难中也能看到机遇，他们以一种独特的视角，站在危机的反面来思考如何在逆境中获益。越是艰难的时刻，生命力也越是顽强，正所谓，苦难是人生的试金石，击垮弱者的同时会使强者更强。我们本来就拥有应对世界不确定性的能力，只有努力去克服"趋利避害"的本能，勇于直面逆境，才更可能解决问题，甚至可以转"危"为"机"，在逆境中获得新生。

拓展知识

提升逆商的小工具

L=Listen 倾听自己在逆境中的反应

身处逆境时，你是否会被焦虑和无助所包围？或是会积极寻找解决方法？倾听自己在逆境中的反应，以旁观者的角度来评判自己的反应，通过倾听自己的反应，你能够迅速且自发地觉察到整个低逆商反应或高逆商反应，从而来强化自己的优点，改进自己的缺点。这对于提高逆商来说至关重要。

E=Explore 探究自己对结果的担当

面对逆境造成的结果，你需要探究哪些是你不得不担当的责任，哪些是不必要担当的责任。在逆境中的人们往往会尝试逃避和推脱责任，但久而久之会造成四维度中担当力的下降，养成逃避的习惯。你需要扪心自问，眼前的这一切，是否需要自己亲自去改变？只有认清事实，你才会积极采取行动。

A=Analyze 分析证据

这是一个质疑的过程，通过对逆境的分析，我们会发现它并没有那么糟糕。可以从三个问题入手分析逆境：

有什么证据可以表明我无法掌控？

有什么证据可以表明此次困境一定会蔓延到生活的其他方面？

有什么证据可以表明此次困境必然会持续过长时间？

通常情况下，这些问题的答案都是否定的。通过理性的分析，我们会重拾对逆境的掌控感，从而放下焦虑，积极寻找解决方法。

D=Do 做些什么

经过前三个过程，你已经充分分析了自己在逆境中的处境，也调整好心态准备冲破逆境。此时就是你寻找真正解决问题方法的时刻了。你可以这样问自己：

我还需要什么信息？

我可以做什么来获得对形势的一点点掌控感？

我可以做什么来限制困境的影响范围？

我可以做什么来限制当前困境的持续时间？

当然，针对不同的问题，要结合实际，一步一步寻找解决方法，相信你一定会从容解决眼前的困境。

第三节　提升抗挫力的实践练习

抗挫力是衡量大学生心理健康水平和综合素质的重要指标，也是一种非常重要的心理能力。抗挫力高的大学生更能有效地应对生活和学习中的压力和挑战，更能保持良好的心理状态。具有较高抗挫力的大学生，在面对困难和挑战时，更能保持冷静，做出理智的判断和决策，显示出较强的问题解决能力。以下介绍几种有助于提升抗挫力的方法。

一、提升自尊水平

以下介绍一个自尊"香槟塔"的练习。"香槟塔"方法是借助宴会上人们用香槟酒杯搭成的塔形做比喻。如果把一个人的整体自我比喻成一座香槟塔，自尊就相当于底层的杯子，越往上越是一些具体的、容易看见的行为表现。抗挫力的培养，说到底首先需要提升自尊水平，但这个过程就像倒香槟酒一样，并不能直接从底层开始，而是要从最上层的杯子开始倒，最终底层的杯子才会被注满香槟，这里的香槟相当于我们在行动中获得的成功体验。因此，想要稳步提升自己的自尊水平，一是要不断积累成功的经验。二是要及时调整你对成功的期望值。以下是结合香槟塔原理来提升自尊的练习。

第一步：回忆生活事件

回忆一下，最近一个月，你在工作或者生活上发生了哪些事情，有哪些成功的体验或者满意的时刻？请至少列出一项。

第二步：注入香槟酒

把这些成功体验列出来，每条经验都可以赋一个分数，代表对自我肯定的程度。然后把它们看作香槟酒，从上到下注入香槟塔，我们知道香槟塔底层的杯子代表自尊，通过这一步你可以看出，那些成功经验是否足够滋养你的自尊。

第三步：调整期望值

请你重新调整一下期望值，将这些事情中的满意度和经验得分重新调整，看看能否往香槟塔里倒入更多的酒。

注意事项：光是积累成功的体验还不够，要注意及时调整对自己的期望值和满意度，避免受挫的感受降低自己的自尊水平。不苛求完美和努力行动对提升自尊来说同等重要。

二、以成长的视角看待

挫折往往伴随着痛苦和困惑，从成长的视角看待挫折，意味着要将挫折视为个人成长和学习的机会，将其转化为动力和智慧的源泉。这种视角有助于我们以更积极的心态面对困难，也更有利于我们从中吸取经验，不断进步和完善自我。事实上，挫折可以帮助我们认识到自己的不足和弱点，这是自我提升的第一步。在面对挫折时，人们会被迫跳出舒适区，这有助于提高个体的适应能力和解决问题的能力。最重要的是，挫折带来的经验、教训以及反思，是我们获取新知识和新经验的途径，有助于我们未来再次遇到类似问题时做出更明智的选择。所以，从成长的视角看待挫折，不仅可以帮助我们应对当前的困难，还可以促使我们不断成长和进步。以下介绍一个"挫折认知转变"的练习。

第一步：觉察挫折感
想一想最近一段时间里，你遇到了哪些挫折和困扰，你的挫折感来源是什么。

第二步：感受挫折
静下心思考，当你面对这些受挫的事件时，你会有哪些想法和认知。

第三步：重新认识挫折
请你将其中的任务干扰型认知(消极的感受和不舒服的体验)列举出来，并将它转变为任务导向型认知(积极的功能以及指向未来的部分)。梳理自己面对挫折事件时的认知状态。

注意事项：认知的改变绝非一蹴而就，要经常反复练习才可能发生。一点点纠正自己应对挫折时的消极态度，给自己一点时间，就肯定会拥有迎难而上的勇气与动力。

三、用优势应对挫折

发挥优势应对问题，是提升抗挫力动力最有效的方式。生活中大部分人都没有系统地思考过自己的优势，习惯于关注自己哪里不足，花很多时间和精力查缺补漏，这个过程其实让自己很受挫。相比之下，使用自身优势应对挫折是一种非常积极的策略，这意味着在面临困难或挫折时，换一个视角从自己的强项和特长来思考解决问题或缓解压力的方式，更容易促进行动。以下为大家介绍"优势盲区"和"优势充电"两个练习。

(一)优势盲区

1. 征集优势反馈

你可以直接复制下面这段文字，发到朋友圈或者直接发给家人、朋友、同学或同事们，向他们征集优势反馈："亲爱的！我正在学习《积极心理学》关于优势的研究，希望你能帮助我完成这次非常重要的自我探索练习，请你如实回答：在你眼里，我最突出的三个优势是什么？"

2. 梳理优势

把你收集到的优势反馈都列出来，并分为两大类：你知道的(明确的)和你从来没有意识到的(潜在的)，最终详细地整理一份自己的优势地图。

(二)优势迁移

1. 面对挫折

写下你最近遇到得让你感觉到不知所措、力不从心或是缺乏动力的一个挫折事件或场景。

2. 清点优势

对照你的优势地图清点优势,想想这个场景给你带来的困扰,思考如何运用你的优势去面对这些问题,把可能的方法整理下来。

3. 优势点兵

选择最可能应对这些问题的优势,告诉自己不再逃避这些困难,有意识地主动运用这些优势,扩大优势的应用范围并行动起来。

4. 注意事项

要注意从"不足"到"擅长"的思考模式转变,一念之间,感受截然不同。要时刻提醒自己,优势才可以帮助我们在挫折情景中依然能保持内心的活力,萌生继续前行的勇气与动力。

(三)提升逆商

心理学家保罗·史托兹在其所著的《逆商》一书中提出了帮助人们更有效地应对和管理逆境的一种工具——LEAD,分别指的是倾听(listen)、探索(explore)、分析(analyze)和行动(do)的缩写,LEAD工具的具体应用如下:

先准备一张纸,列出你当下所遇到的困境或挑战。

第一步:倾听

倾听自己的逆境反应。迅速觉察并记录下自己的情绪反应,包括自己的感受、思维和情绪变化的过程。

第二步:探索

探究自己对结果的担当。对于自己面临的困境或挑战,要明确自己的责任和担当,要勇敢地面对问题,不要逃避或推卸责任,而是积极寻找解决问题的方法和途径。

第三步:分析

分析证据。学习理性地分析自己面临的困境或挑战,不要被情绪左右。可以通过收集相关数据、与专业人士交流等方式来获取更多的信息,帮助自己更好地了解问题,并寻找解决问题的方法。

第四步:行动

制订行动计划。根据自己对问题的理解和分析,制订具体的行动计划,包括明确的目标、计划步骤和时间表等。要确保计划可行并且有足够的资源和支持,以便更好地实施和达成目标。

注意事项:在执行计划的过程中,要密切关注进展和变化,并根据实际情况及时调整计划。有时候计划可能不完美或者出现新的问题,要及时发现并解决,以确保计划的顺利实施。

本章作业

1. 请回忆自己所经历的一个重要挫折事件，梳理自己当时如何应对的，有何收获以及现在的感受。

2. 请结合自己当下面临的挫折挑战，练习《逆商》中介绍的 LEAD 工具，以文字的形式整理完成。

本章重点检测

1. 挫折由＿＿＿＿、＿＿＿＿和＿＿＿＿3 个部分构成。

2. 心理弹性的四因素模型的 4 个维度是＿＿＿＿、＿＿＿＿、＿＿＿＿和＿＿＿＿。

3. 心理弹性心智模型的 3 个维度是＿＿＿＿、＿＿＿＿和＿＿＿＿。

4. 心理弹性的功能是通过＿＿＿＿、＿＿＿＿和＿＿＿＿三大机制来实现的。

5. 应对逆境的 LEAD 四步法指的是＿＿＿＿、＿＿＿＿、＿＿＿＿和＿＿＿＿。

第八章
心理健康、精神疾病与危机干预

【本章重点】

心理健康的判断标准，并非是否存在负性情绪事件或情绪，而是如何应对这些问题。

科学的心理疾病观：不疑病、不耻病、会求助。

心理咨询面向的主要群体是心理正常的人，他们可能存在心理困扰或发展需求。

心理异常或存在精神疾病的学生应转介就医，遵医嘱治疗。

良医治未病，心理危机干预尤其如此，预防永远大于治疗。

尽管我们不能拯救每一条想要放弃的生命，但我们的确可以挽救一些可能早逝的青春。

——朋辈心理辅导志愿者

少年强、青年强则中国强，强健的体魄、阳光的心态是青年成长成才的重要前提。维护身心健康，是大学生成才和充实幸福生活的必要保障。大学生处在青春期到成年早期的过渡成长阶段，生活经验有限，心理成熟度不足；同时生活中充满了各种挑战，需要面对学业、情感、人际、升学、科研、就业等诸多压力。如此，内在应对能力有待发展，外在挑战和压力巨大，可见大学阶段的心理健康维护并不是一个理所当然、轻而易举的发展任务。如果应对不当可能会陷入焦虑、抑郁等情绪问题，严重的情况下甚至会诱发心理疾病。心理疾病往往会对个体的生活带来严重负面影响，而且与高自杀风险相关，导致人们往往"谈心色变"，对心理疾病讳莫如深。疾病的污名会妨碍个体和大众对心理疾病的积极预防和有效应对。本章节主要介绍心理健康与精神疾病的科普知识、常见的精神疾病防治和大学生心理危机干预三部分内容，帮助大学生树立科学的心理健康和心理疾病观，提高自助、求助和助人的能力，促进心理疾病的积极预防。

第一节　心理健康与心理问题

《全面加强和改进新时代学生心理健康工作专项行动计划（2023—2025年）》文件对当前青少年心理健康问题的严峻形势做了最新研判，指出"随着经济社会快速发展，学生成长环境不断变化,叠加新冠疫情影响,学生心理健康问题更加凸显。"当前大学生的心理健康状况需要高度关注,这似乎是不言而喻的共识。那么,心理健康到底怎么界定?如何科学看待心理问题?如何积极有效应对心理问题?

一、心理健康概述

案例:你觉得她/他心理健康吗?

小 A,男生,学习刻苦努力,成绩不错,个人生活打理得很好,但就是为人比较自我,不时因为小事与同学发生冲突,导致同学都不爱搭理他,他为此感到愤懑不已……

小 B,女生,每天按时上课、交朋友、社团活动、个人娱乐看似都很正常,但是对学习不上心,导致拖欠作业,考试挂科,多次学业预警,辅导员老师担心她可能会因为修不够学分而留级或被退学……

想要科学准确地回答这个问题,需要先澄清一下什么是心理健康?

(一)心理健康的概念

1989 年世界卫生组织(WHO)将 21 世纪人类的健康定义为:不仅仅是没有疾病,而是包括躯体健康、心理健康、社会适应良好和道德健康。心理健康是健康的重要组成部分,是幸福人生的基础。

何为心理健康?学界对"心理健康"并没有公认的一致定义。2016 年 12 月 30 日,国家卫计委、宣传部等 22 部委联合发布的文件《关于加强心理健康服务的指导意见》中指出:心理健康是人在成长和发展过程中认知合理、情绪稳定、行为适当、人际和谐、适应变化的一种完好状态。从"心理"两个字的研究范畴,心理健康是指人的基本心理活动的过程内容完整、协调一致,即知、情、行、意、人格完整协调,并且心理功能的外在表现良好,具备较好的适应和发展。

由此,衡量个体的心理健康状况,至少从以下两个角度来考察。第一种视角是"心理状态"视角,心理健康是一种由内而外、协调统一的良好状态。内部状态主要指"认知正常、情绪稳定、意志健全、个性完整协调"等心理活动是否运行良好,外部表现则要考察是否具有"良好的适应和发展",这是心理活动正常运行的结果状态。第二种视角主要关注个体的心理机能是否正常发挥,往往从认知、情绪、行为 3 方面的心理过程是否协调和正常发挥作用来考察心理健康状态。

根据定义,通俗一点理解,心理健康的人对自己、他人和环境具备客观合理的认知;具有正常且偏积极的情绪体验能力,该高兴时高兴、该悲伤时悲伤,能够有效调节自己的情绪;行为机能正常,能够做出恰当的行为反应并适应环境,同时心理健康的人能够适应变化以及具备良好人际适应。

结合上述界定,再看前文提到的小 A 和小 B 的案例,小 A 存在不良人际适应,小 B 作为一名大学生,其最主要的学业方面存在严重适应不良,两个人的状态都达不到理想的心理健康的标准。当然,存在心理健康的问题并不意味着他们就处在心理疾病状态。

(二)对心理健康的理解

个体的心理健康状况不是"是非题",简单地用"有或没有心理问题"来描述显然是不够严谨和科学的。评估个体的心理健康状况，首先应先区分"病与非病"的问题，即先评估个体的心理状态是正常的还是异常的，其次在"正常心理"的范畴内，区分"健康"与"不健康"。

心理健康状况是一个连续谱，具有相对性、复杂性、动态性、可逆性的特点。具体而言，可从以下几个方面来理解。

其一，心理健康状况是一个相对水平描述，从心理健康到不健康到疾病状态，没有一条泾渭分明的标准线，而是一种连续状态，不同水平之间存在过渡带。

其二，心理健康状况是一个复合变量，包含多个方面因素，不能用单一指标评估心理健康水平。如心情好并不足以说明心理健康。

其三，心理健康的状态不是固定不变的，而是动态变化和可逆的过程。当个体遭遇挫折时，可能会出现心理困扰，这些困扰是个体成长发展中必然遇见的，如果心理困扰能够在短时间内通过自身调整或者家人同学朋友的帮助得到解决，心理状态又会恢复到健康状态。

其四，心理不健康与有不健康的心理和行为表现不能等同。偶尔的失控行为或者低落行为不能就此认定其心理不健康。心理不健康是持续的不良状态，不是偶尔的异常表现。

（三）积极心理学对心理健康的界定

积极心理学作为一门研究人类强项、优点和美好生活的科学。它不仅关注个体的问题和困难，还强调个体的优点和潜能，致力于提高人们的生活质量和幸福感。在积极心理学的框架下，心理健康的界定不仅仅是没有心理障碍或疾病，还包括以下几个重要的方面：

（1）积极情绪。积极心理学强调积极情绪的重要性，如快乐、感激和希望等。拥有更多的积极情绪有助于个体更好地应对生活中的困难和挑战。

（2）积极关系。建立和维护积极的人际关系被认为是心理健康的重要组成部分。良好的人际关系可以为个体提供支持和帮助，增强他们的社会归属感。

（3）意义感。积极心理学认为，拥有生活意义是心理健康的重要标志。当个体感到自己的生活有目标和方向时，他们会感到更加满足和快乐。

（4）参与感。积极心理学认为，当个体能够充分发挥自己的优势和特长，投入对自己有意义的活动中时，他们会感到更加快乐和满足。

（5）成就感。积极心理学也强调个体的成就感。通过努力和坚持，实现自己的目标和愿望，可以增强个体的自我效能感和满足感。

（6）适应和应对能力。积极心理学还注意到个体的适应和应对能力。能够有效地应对生活中的压力和困难，是心理健康的表现之一。

通过以上各个方面的综合考虑，积极心理学对心理健康进行了全面的界定，强调不仅要减少负面的心理症状，还要培育和增强个体的积极心理品质，促使其朝着更加美好和幸福的生活迈进。

拓展知识

国内外学者提出的心理健康的标准

心理健康的标准是一种理想尺度，提供了衡量个体是否健康的标准，而且指明了提高心理健康水平的努力方向。

＊人本主义心理学家马斯洛的心理健康标准

马斯洛既强调人对自我、他人和现实环境的适应性，还强调了个人潜能的发挥，体现了人本主义积极的人性观，他从积极的角度定义心理健康的 10 个标准：

(1) 有充分的安全感。

(2) 能充分了解自己，并能恰当评价自己的能力。

(3) 生活理想切合实际。

(4) 不能脱离周围现实环境。

(5) 能保持人格的完整与和谐。

(6) 善于从经验中学习。

(7) 能保持良好的人际关系。

(8) 能适度地宣泄和控制情绪。

(9) 在符合团体要求的前提下，能有限度地发挥个性。

(10) 在不违反社会规范的前提下，能适当地满足个人的基本需求。

＊国内人本主义心理学者江光荣教授认为心理健康的标准

(1) 爱自己，有准确的自我认识，积极悦纳自我。

(2) 爱他人，能体察他人的感受和需要，能够建立适宜的人际关系。

(3) 爱生活、爱学习、爱工作，有活力，热爱生活和工作，乐于投入学习。

(4) 乐于改变自己，具有强烈的个人成长与发展的愿望。

(5) 身心和谐统一，内心世界与外界世界和谐统一，有较好的自我调节能力。

二、心理问题识别

"心理问题"其实是一个笼统的概念，在不同的语境下有不一样的所指，容易造成混淆和误解。有人提到"心理问题"时泛指所有的心情不佳、压力大或精神状态不佳，大方以此自嘲；而有人认为"心理问题＝心理疾病"，从而对此避之唯恐不及；也有人觉得心理问题包括所有的心理不健康以及精神疾病……偏颇或自以为是的理解可能会导致错误的应对策略。根据心理健康水平不同，可以将心理问题进行分级，从而采取不同的应对策略。以下，针对不同程度的心理健康问题进行分级介绍，以此普及心理健康科普知识。

(一)"心理异常"的判断标准

心理异常就是心理疾病状态，是指个体认知、情绪或行为等基本的心理活动机能紊乱，表现为个体内心痛苦、社会功能受损、行为异常或违反社会规范等方面。专业上一般用"精神障碍"或"心理障碍"来表述。判断心理状态是否正常有 3 类标准。

1. 生理学标准

异常心理与躯体疾病一样，有病理生理的改变。例如，抑郁障碍与体内神经递质的水平异常以及受体功能的改变有关；强迫症患者的强迫性思维和继发性焦虑可能与眶额皮质和前扣带回的高度激活相关。遗传生物因素对心理异常具有一定影响，但一般不是唯一的决定性影响因素。

2. 心理学标准

一般而言，区别心理正常和心理异常遵循 3 个原则。

（1）主观世界和客观世界相统一。如果一个人他看到、听到或想到客观上不存在或与现实不符的事物，如看到树上有个人（但实际并没有人）或认为有人监听自己的脑电波要害自己，这类情况就代表个体的主观世界和客观世界不一致，出现了幻觉和妄想。

（2）心理活动内在协调性。个体的心理活动可以分为认知、情绪和行为 3 部分，三者如果不协调一致，例如，个体面对本该高兴的事情但表现出与情境不相符的悲伤，或者本来应该是悲伤的状态却表现出异常的高兴状态，那么就表明该个体精神活动内在不协调。

（3）人格的相对稳定性。每个人的人格是区别于他人的个性心理特征的总和，而人格具有相对稳定性，所谓"江山易改，禀性难移"，如果一个人他在短时间内性情大变，如过去省吃俭用近期突然花钱大手大脚，且现实中没有令其改变的原因，这个时候可能存在心理异常。

心理异常的 3 个方面往往具有关联性，但只要有一个方面存在异常则提示存在心理异常的风险。

3. 社会学标准

心理异常的社会学标准指通过评估个体的行为是否符合社会规范和道德要求来判断心理状态的异常与否。如果个体不能按照社会规范和基本的道德要求处事，社会功能受损，行为对个体本身或他人造成严重困扰，妨碍个体正常生活，就说明存在心理异常的风险。

一般来说，评估是否存在心理异常需要结合 3 类标准综合研判。通常，对于大学生的异常心理表现而言，在排除脑器质性病变引起的疾病表现之后，主要是指罹患某种心理障碍，如抑郁症、双相情感障碍、精神分裂症等。注意，介绍异常心理的判断标准是帮助大家具备对心理疾病的敏感性，从而积极防治。精神病的诊断和治疗是精神科专科医生的职权，不要随意给人贴标签。

（二）心理问题的分类

如果个体不存在上述异常表现，或者困扰没有达到那么严重的程度，那么就属于心理正常的范围，或者先排除了心理疾病状态。心理正常可以区分为心理健康和心理不健康，而心理不健康状态又可以根据其问题严重程度分为 3 类，由轻到重分别是"一般心理问题""严重心理问题"和"神经症性心理问题"。具体区分标准可参考表 8-1 的内容。

表 8-1　心理问题水平的划分标准

分类	一般心理问题	严重心理问题	神经症性心理问题
心理冲突类型	现实因素，常型冲突	强烈现实因素，常型冲突	变型冲突
时长	持续 1 个月或间断 2 个月	间断或持续 2~6 个月	不到 3 个月
社会功能	轻微受损，效率下降	中度受损	严重受损
是否泛化	未泛化	泛化（不相关刺激也会引发）	

1. 一般心理问题

由现实因素激发，持续 1 个月或间断 2 个月，社会功能未明显受损，未泛化。例如，一个同学某一门课程期中考试不理想，想起这件事这位同学就会焦虑、紧张，上这门课会有些走神，总担心自己学不好期末会挂科，听课效率不高，但其他课程的课堂和原来一样比较专注，人际交往和生活等没受到影响，且仅仅是学业方面会困扰，也就是没有泛化。成绩不理想属于现实因素激发，即每个人成绩不理想都会失落难过，所以这种难过是常人可以理解的，是人遇到困难时的正常反应，学习效率、人际交往等属于社会功能，困扰仅在该门课程的听课效率方面，没有泛化到别的方面。

2. 严重心理问题

由强烈现实因素激发，持续时间长（2~6 个月），社会功能明显受损，泛化。如果一位同学期中考试成绩不理想，对于他来说是一个巨大的打击，那么可能就属于强烈的现实因素激发，这个强烈与否与个人的主观感受相关，抗挫力低的人对困难的耐受性较低，更容易受到负面现实因素的影响。回到这个例子，一位同学期中考试成绩不理想，这件事情困扰了他两个多月，导致他不仅上这门课效率下降，上其他相关课程的听课效率也下降了，人际交往也出现了问题，即痛苦情绪不但能被最初的刺激引起，而且与最初刺激相类似、相关联的刺激，也可以引起此类痛苦，产生了泛化。

3. 神经症性心理问题

一般把变形冲突、类神经症、神经症早期，或有严重心理问题但没有严重人格障碍者列入这一类。例如，一位同学最近 2 个多月总是担心自己洗手洗不干净，每天要洗十多次手，每次都要洗 20 分钟以上，别人很难理解他所谓的"洁癖"，因为这属于变型冲突。

常型冲突和变型冲突的区别：常型冲突与重要的现实生活事件和处境直接相联系，具有道德色彩，局外人完全可以理解。变型冲突就是涉及日常生活和工作中的琐事，一般人不会为此而苦恼，不具有道德色彩，局外人对当事人的困扰会感到十分不可理解。

以上三种心理问题属于心理正常范围下的心理不健康范畴，这类困扰可以寻求心理咨询师的帮助以防止进一步情况加重。

三、心理问题的应对策略

问题本身不是问题，如何应对问题才是真正的问题。大学生的心理健康问题日益凸显，备受关注，而关注和重视是为了更好地解决和应对。下面从树立科学的心理疾病观和"心理咨询求助指南"两个方面来进行探讨。

（一）科学的心理疾病观

心理疾病对个体带来的影响巨大，学生往往因为对此缺乏足够的认识，对心理疾病讳莫如深或讳疾忌医，这样不利于积极地预防和应对。新时代的大学生应当树立科学心理疾病观，做到"不疑病，不耻病"，同时能够主动掌握应对心理疾病的基本治疗策略，在需要的时候能够积极寻求专业帮助。

1. 不疑病

当我们面临学业压力或人际冲突等挫折时，可能都会陷入短暂的抑郁情绪状态中，有一些同学可能就会担心自己得了抑郁症，由此引发一些次级症状。要知道抑郁情绪和抑郁症不是一回事，抑郁情绪只是一种情绪类型，心理正常的人的抑郁情绪会通过自身调节得到缓解，如听音乐、散步、与朋友倾诉等，但抑郁症的抑郁情绪并不会随着情境的变化或注意力的转移而消失。另外有些人对心理疾病缺乏基本了解，例如，认为心理疾病无法治愈，盲目陷入悲观绝望的心态，放弃就医求治，这是不可取的。大学生应当主动了解心理疾病的相关科普知识，客观科学看待疾病，不盲目夸大疾病危害，也不刻意假装"没病"消极自欺。

2. 不耻病

心理疾病病因复杂，自觉维护身心健康不丢人。目前，大众对于心理疾病的羞耻感会高于普通的躯体疾病，有的患者会因为害怕被周围人知道而不积极寻求治疗，错过了最佳治疗期。这种害怕他人排挤或歧视自己的心理疾病的现象叫自我污名。自我污名会让患者陷入悲观、有痛苦情绪、自尊感下降、加重疾病的症状。

遭遇心理疾病的正确应对心态：一要正视心理疾病。与其他躯体疾病一样，心理疾病是由心理—生理—社会等因素影响而产生的机体不健康的状态，不应当被看成脆弱、无能、悲观和差劲。二要学会自我关照，树立康复的信心。通过运动、健康饮食等有利于康复的活动让自己更好地恢复。三要学会接纳，允许症状的存在，短期内学会带着症状认真生活。四要保持社会联结，懂得求助，求助是强者的表现，来自家人朋友的支持陪伴也有利于心理疾病的康复。

另外，如果周围有人患有心理疾病，不能污名化心理疾病和患者，如觉得对方矫情、懦弱等。没有人愿意生病，我们可以做的是给予患者更多的理解、关怀、接纳和倾听。每个人都可以主动学习心理疾病的相关知识，加强对心理疾病的科学认识，积极投身心理卫生知识的宣传与教育中。

3. 会求助

必要的求助是强者的行为。人群心理健康水平的分类分级（前文提到的连续谱）基本符合正态分布，也就是说人群中的大多数人都不可避免地会遭遇到阶段性的心理健康状态不佳。当受到心理问题的困扰或者情绪问题，自己调整无效时，拿出勇气向专业人员求助是明智的选择，这样有助于及早解决问题，帮助自己更好地生活。相反，那些讳疾忌医的人，才是真正可笑和不负责任的。

"会求助"还有另外一层意思，即"具备正确求助的技能"，能够以开放的心态接纳自己的困境，向"正确的人"寻求"合理有效"的帮助。针对不同的问题严重程度，考虑合适的应对策略。例如，如果你已经明显意识到自己精神状态不对，经过医生诊断为抑郁症，建议服药治疗，那么正确的求助方式是"遵医嘱进行药物治疗"，可以辅助接受心理治疗。如果拒绝专业医疗帮助，一味强求通过朋友陪伴、家人理解和自我调节来疗愈，可能会有贻误治疗时机。

（二）心理咨询求助指南

提到"心理咨询"，你脑海里第一时间闪现的想法和画面是什么呢？你认为心理咨询师是一个什么样的角色？或者你可能会有下面的这些疑虑？

> 心理咨询就是聊天……能有什么用？
> 心理咨询师会催眠或者读心术？
> 去做心理咨询的人，是不是都有"神经病"。

心理咨询是心理咨询师运用心理学的技术和方法，协助来访者解决心理问题或由心理问题引发的认知、情绪和行为问题。心理咨询的过程遵循"助人自助"原则，来访者是主体，咨询师协助来访者自己找到解决困难的办法。因此，"心理咨询过程一般会通过会谈来开展工作，但是绝不是日常闲聊，是专业助人工作"。当然，"心理咨询师有自己的方法流派或者技术，不是所有的咨询师都会催眠，也不存在神奇的读心术"。

心理咨询帮助的对象是心理正常的人群，疑似心理疾病需要到专科医院寻求诊断和治疗。因此，"寻求心理咨询帮助的人，往往是那些愿意为自己的心理健康负责，主动解决问题的人"。

1. 心理咨询的基本专业规范

（1）保密原则。除保密例外，咨询师须严格保护来访者隐私。

（2）避免双重关系。咨询师和来访者在结束咨询工作之前不得产生其他关系，如辅导员、班主任、任课教师等。

（3）不涉及疾病诊断和药物治疗。只有临床心理医生或精神科医生可以用药物进行心理治疗。

（4）关于收费。大学心理中心一般为学生提供免费心理咨询，社会心理咨询机构或医院开展心理咨询是按规定收费的。

2. 心理咨询的正确打开方式

第一，正确看待心理问题。心理咨询主要面向遇到心理困惑或者存在心理问题的正常人，它主要关注的是人的情绪和心理健康方面。

第二，有自助的意识和合理的期待。心理咨询师不是"包办解决问题"，而只是"协助者"，协助来访者重新自我认识、自我改变，并不处理来访者生活中的具体问题。只有来访者自己积极探索自我、寻求解决问题的方法，才能取得良好的效果。

第三，与老师坦诚交流。咨询老师会为你保密，同时，咨询老师会尊重每一个来访的学生，所以请来访者放下顾虑和成见，在咨询中坦诚与老师交流自己的情况。

第四，有自我改变的动机。要适应周围新的环境，必然要做出调整和改变，不要害怕改变，勇敢行动起来，从小小的尝试开始，让自己变得更好。

第五，坚持咨询，不要期待一次咨询就能解决所有的问题。心理咨询也得视具体的需要安排咨询的次数，一般来说，心理咨询每次面谈以1小时为宜，每周咨询1~2次，直到问题解决为止。来咨询的同学必须要抱定决心和信心，在心理咨询员的引导下，坚持到底，切忌半途而废！

拓展知识

心理咨询快问简答

(1)什么样的情况我需要心理咨询？

答：任何你想要变得更好的时候、任何你想要找个专业人士聊聊的时候以及任何你感到身处困境的时候。

(2)学校心理咨询收费吗？

答：免费，面向师生提供咨询服务。

(3)咨询师会为我保密吗？

答：会！严格遵守保密约定，排除特殊危机的情况。

(4)跟咨询师很聊得来，我们能加微信私聊吗？

答：不能，交心非交友。

(5)心理咨询要做多少次？

答：每周一次，每次 50~60 分钟，学校咨询一般在 8 次以内。

(6)心理咨询师能"治"好我吗？

答：效果取决于咨询师和来访者共同努力。

(7)咨询师会给我开药吗？

答：不会，咨询师没有诊断权，也不能治疗精神疾病。

(8)每次跟不同老师咨询吗？

答：不建议，频繁更换老师可能会导致咨询无法深入开展，但来访有权选择和更换咨询师。

第二节 大学生常见精神疾病

《2021—2022 中国国民心理健康发展报告》中关于大学生心理健康状况调查的报告表明：大学生抑郁风险检出率为 21.48%，中重度焦虑风险检出率 7.02%，轻度焦虑风险检出率达 38.26%。这些数据足以让我们警觉，大学生的心理健康问题值得高度关注。当然，基于对精神疾病科普常识的理解，抑郁风险的检出率是基于心理测评问卷调查的数据结果，并不能据此认为抑郁症的发病率有如此之高。但是，抑郁和焦虑风险的检出率逐渐升高的趋势必然带来相关精神疾病的高发病率。2019 年 2 月 18 日，黄悦勤教授团队在《柳叶刀·精神病学》上发表了关于全国性精神障碍流行病学调查报告，该报告显示我国成人精神障碍(不含老年期痴呆)终生患病率为 16.57%，患病率最高的为焦虑障碍(4.98%)，其余依次为心境障碍(4.06%)、酒精药物使用障碍(1.94%)、精神分裂症及其他精神病性障碍(0.61%)。

本节内容聚焦于大学生群体中常见的几类精神疾病，以案例为引，介绍抑郁障碍、双相情感障碍、广泛性焦虑障碍、强迫障碍、精神分裂症的基本识别和治疗的科普知识。

一、抑郁障碍

案例：为什么我总是如此低落？

薛其，大三，男。薛其学习成绩一直较好，但自大三学期开学返校后逐渐变得沉默寡言，情绪低落，虽每天正常上课学习，但平时很少与宿舍及班级同学交流，参加了一年多的科研项目突然放弃。以前喜欢和同学们打羽毛球，近期也感觉索然无味，晚上还经常失眠；前两天奖学金评定时，薛其因综合测评微小差异错失奖学金；某日凌晨，薛其情绪非常低落，宿舍同学问他怎么了，他回答说"觉得人来到这个世界上就是来受苦的，不知道人生的意义是什么，觉得活着特别累"之类的言语；当晚十二点左右，舍长发现薛其在朋友圈发布了一则消息"每天都很累很低落，无法微笑着见到明天的太阳；就这么结束吧，这个世界"。同学们觉察薛其可能有危险，凌晨紧急报告给辅导员。

案例分析

这是一则典型的抑郁障碍导致的校园心理危机案例。从校园安全管理的角度看，处理该案例的关键点在于：第一，评估学生是否有安全隐患，坚持生命第一原则，确保学生本人和周围同学的安全。第二，该案例表面看似是由奖学金评定引起，核心则是评估该生心理状况是否正常，要有精神疾病意识，判断是否需要转介就医。第三，因事发凌晨，又涉及安全隐患，属于重大突发心理危机事件，符合保密例外原则，辅导员需要立即到现场处理，并及时向领导汇报，还需要通知家长尽快到校协商。

案例启示

以上案例学生的症状表现应高度怀疑为抑郁障碍，抑郁发作经常导致当事人自伤自杀的高风险；鉴于学生当前表现，存在安全隐患且非常紧急，需要实施安全监护，并尽快就医评估诊断，根据医生建议在和家长详细商议后续干预措施。从大学生日常管理的角度，该案例带来以下启示：

第一，要有预防和识别危机的意识。该案例是由同宿舍同学发现后非常及时地报告辅导员，从而避免了严重心理危机事件的发生。因此，要建立一支以学生干部和宿舍长为主的朋辈心理互助队伍，并加强对这支队伍的培训，普及大学生常见精神疾病的基本知识，做到及时识别和发现疑似精神疾病的学生。

第二，要强化安全第一、生命第一的原则。师生均应掌握危机预警和干预的流程，具体处理中要注意家、校、医协作，共同守护学生身心健康和生命安全。

第三，要注意对重点学生建立档案。尤其是疑似精神疾病的学生要转介就医，以遵医嘱治疗为主，在校期间需要持续关注学生心理情况，定期回访直至安全危机解除。

(一)抑郁障碍的主要症状

抑郁障碍，也称为抑郁症，是一种常见的精神疾病，主要特点是持续的低落情绪、失去对日常活动的兴趣以及持续的疲倦感和自我意志减退；是由生物、心理和社会等多种原因引发的以情绪低落为主要临床表现的一类心境障碍。抑郁障碍的确切原因未知，但认为可能与遗传、生物化学、环境和心理因素有关。治疗抑郁障碍的方法包括药物治疗(如抗抑郁药)、心理治疗(如认知行为疗法和心理动力学疗法)以及生活方式的调整等。早期诊断和治疗可以有效地改善抑郁障碍患者的生活质量。

抑郁障碍可以影响个体的思考、感觉和行为方式，其具体的症状表现包括：

(1)情绪方面。持续的悲伤、低落或绝望感。

(2)行为方面。对以往感到愉快的活动失去兴趣，社会功能减退，睡眠和饮食习惯改变等。

(3)认知方面。思维迟缓，难以集中注意力，常伴有过度的自责和无价值感。

(4)身体方面。可能会伴有一定的躯体障碍，如头晕、胃痛和心慌乏力等，且这些不适无法通过治疗得到缓解。

测一测

抑郁自评量表(SDS)

抑郁自评量表(Self—Rating Depression Scale，SDS)是一种测评抑郁工具量表，其原型是 W. K. Zung 编制的抑郁量表(1965)，使用简便，广泛应用于临床。请您仔细阅读以下每一条的说明，对照自己最近一周来的感受，从四个选项中选择最符合您实际情况的一项。

1. 我觉得闷闷不乐，情绪低沉 …………………… ①很少 ②有时 ③经常 ④持续

2. 我觉得一天之中早晨最好 …………………… ①很少 ②有时 ③经常 ④持续

3. 老是莫名地哭出来或觉得想哭 …………… ①很少 ②有时 ③经常 ④持续

4. 我晚上睡眠不好 …………………………… ①很少 ②有时 ③经常 ④持续

5. 我吃饭像平时一样多 ……………………… ①很少 ②有时 ③经常 ④持续

6. 我与异性密切接触时和以往一样感到愉快 …… ①很少 ②有时 ③经常 ④持续

7. 我感觉自己的体重在下降 ………………… ①很少 ②有时 ③经常 ④持续

8. 我有便秘的烦恼 …………………………… ①很少 ②有时 ③经常 ④持续

9. 我觉得心跳比平时快了 …………………… ①很少 ②有时 ③经常 ④持续

10. 我无缘无故感到疲乏 ……………………… ①很少 ②有时 ③经常 ④持续

11. 我的头脑跟平时一样清楚 ………………… ①很少 ②有时 ③经常 ④持续

12. 我做事情像平时一样不感到有什么困难 …… ①很少 ②有时 ③经常 ④持续

13. 我坐卧不安，难以保持平静 ……………… ①很少 ②有时 ③经常 ④持续

14. 我对未来感到有希望 ……………………… ①很少 ②有时 ③经常 ④持续

15. 我比平时容易生气激动 …………………… ①很少 ②有时 ③经常 ④持续

16. 我觉得做出决定是容易的事 ……………… ①很少 ②有时 ③经常 ④持续

17. 我觉得自己是有用的人，别人需要我 …… ①很少 ②有时 ③经常 ④持续

18. 我的生活过得很有意义 …………………… ①很少 ②有时 ③经常 ④持续

19. 我认为如果我死了别人会生活得更好 …… ①很少 ②有时 ③经常 ④持续

20. 对于平常感兴趣的事我仍旧感兴趣 ……… ①很少 ②有时 ③经常 ④持续

计分说明：

(1)按症状出现频度评定，①、②、③、④依次计 1、2、3、4 分；第 2、5、6、11、12、14、16、17、18、20 题反向计分，即①、②、③、④依次计 4、3、2、1 分。

（2）评定时间为过去一周内，把每个题的得分相加为粗分，粗分乘以 1.25，四舍五入取整数即得到标准分(T)。

（3）抑郁评定的临界值为 T = 53，分值越高，抑郁倾向越明显。中国常模：分界值为 53 分，53～62 为轻度抑郁，63～72 为中度抑郁，72 分以上为重度抑郁。

（4）量表总分值仅作为参考而非绝对诊断结果，具体诊断建议去医院做专业评估。

（二）抑郁障碍的治疗要点

抑郁障碍作为一种常见的精神心理问题，已成为全球范围内人们普遍关注的课题。随着精神心理医学的发展，抑郁障碍的治疗方案日渐完善，取得了长足的进步，目前临床上主要的治疗方法包括药物治疗、心理治疗和物理治疗等。

1. 药物治疗

抑郁障碍的药物治疗已经相对成熟，目前一线选择的药物主要包括：选择性 5-羟色胺再摄取抑制剂，如氟西汀、舍曲林、帕罗西汀、西酞普兰等；选择性 5-羟色胺和去甲肾上腺素再摄取抑制剂，如文拉法辛和度洛西汀；去甲肾上腺素和特异性 5-色胺能抗抑郁药，如米氮平；去甲肾上腺素和多巴胺再摄取抑制剂，如安非他酮；5-羟色胺受体拮抗剂/再摄取抑制剂，如曲唑酮；褪黑素 MT1/MT2 受体激动剂和 5-HT2C 受体拮抗剂，如阿戈美拉汀，等等。

2. 心理治疗

目前临床应用最广泛的心理治疗方法主要是认知行为疗法(CBT)，以帮助患者识别和改变消极思维和行为模式。在儿童和青少年中，主要应用心动共济疗法(PMT)，通过改善亲子关系和家庭环境来治疗。此外，来自家人、朋友的支持对于抑郁症患者的治愈非常有帮助，通过倾听、理解、共情等方式帮助患者正确认识自我，增强治疗的信心。

3. 物理治疗

物理治疗主要包括电抽搐治疗和重复经颅磁刺激治疗等。电抽搐治疗是给予中枢神经适量电流刺激诱发癫痫，放电使患者短暂意识丧失，缓减抑郁症状，可快速控制自杀意念。重复经颅磁刺激治疗通过影响深部脑组织，如纹状体、海马体、丘脑等大脑皮质兴奋性和血流活动，改变脑内神经递质来缓减抑郁症状。此外还有迷走神经刺激，作为辅助治疗手段，可以调节患者情绪，以及将脉冲器植入脑内释放弱脉冲刺激脑内相关核团改善抑郁症状等。

需要注意的是，治疗抑郁障碍并非一蹴而就的过程，需要患者和医生共同努力，要综合运用各种方法。规律的作息、适当的运动以及来自社会和家庭的支持对患者康复有着积极的促进作用。治疗的过程应该充分相信医生，保持良好的医患沟通，根据患者的具体情况来制订个体化的治疗计划，不断调整和优化治疗策略，确保治疗的安全性和有效性。

二、双相情感障碍

案例：我的情绪如同过山车

小杰，大三，男生。小杰刚入校是比较沉默内向的，平时有集体活动都悄无声息地当观众。这学期开学以来，小杰仿佛变了一个人，变得比较爱表现，积极地参加竞选班干部，课堂总是主动发言，还会主动承担班级活动，但是做事情却虎头蛇尾的。舍友以为小杰以前不喜欢分享交流，现在变自信了，喜欢插话，每天很忙碌、精力充沛，晚上会滔滔不绝地找舍友聊天到凌晨，毫无困意。但这样的情况没有持续很久，刚过了一周多，小杰突然又变得很郁闷，还会默默掉眼泪，对自己的态度又变得非常消极，甚至觉得自己活得没有意义和价值，出现了自杀的想法。小杰的情绪总是这样时而异常兴奋，时而郁闷，周而复始，像过山车一样对比强烈，小杰内心也对此感到很痛苦。

案例分析

当小杰突然从沉默寡言变得自信昂扬的时候，常常给人一种错觉，认为这是心理状态变好了。有切身体验或者了解双相情感障碍的人会对这种突然的明显的情绪兴奋和情绪低落具有警觉。这可能是情绪出了问题，小杰呈现出的情绪异常的变化符合双相情感障碍的典型表现。

小杰在表现得过分积极活跃时，可能是处在躁狂发作中，精神活动过于亢奋。认知上会失去客观性，如会夸大自己的能力，觉得自己无所不能等；情绪感受上自我感觉良好，心情愉悦甚至过于兴高采烈；意志行为上也会表现异常，如过多的自我表现、参加竞选、参加各种活动，多话，不用睡觉也不感觉困倦，好像有用不完的精力等。而当小杰突然又变得沉默消沉时，可能是处在抑郁发作中，表现出抑郁障碍的相关症状。处在抑郁情绪中，可能会出现自杀风险。

小杰的情绪变化如果找不到明确合理的现实诱因，那么高度怀疑他是双相情感障碍，需要尽快到精神卫生医院进行诊断和系统治疗。而且小杰存在自杀风险，还需要进行自杀风险的评估，及时进行自杀危机干预。

案例启示

以上案例呈现了双相情感障碍可能出现的异常情绪行为表现，同时提示双相可能导致自杀风险，对此类问题需要及时的医疗救治和自杀危机干预。由此案例带来了以下启示：

第一，作为大学生或者未来社会高素质公民，需要学习和具备基本的精神疾病相关科普知识。当自己出现异常情绪行为时，能够主动就医配合治疗；而当身边的人出现双相情感障碍的症状时，要有疾病意识，积极帮助当事人就医，或主动报告给监护人辅导员，寻求专业帮助。

第二，双相情感障碍患者的自杀风险是普通人群的10倍，不能简单将它理解为情绪失调，要注意预防自杀。

第三，双相情感障碍是比较复杂的精神疾病，有许多不同亚型，不要盲目地胡乱给自己或他人贴标签，疾病的诊断和治疗要严遵医嘱。

(一)双相情感障碍的主要症状

双相情感障碍，也称双相障碍或躁郁症，从诊断分类角度来看，属于心境障碍的一种类型，是指既有躁狂发作又有抑郁发作的一类心境障碍，临床表现为分为抑郁发作、躁狂发作、躁狂和抑郁混合发作。

抑郁发作至少持续2周，临床表现参考上一小节抑郁障碍的内容。

躁狂发作至少持续1周，临床表现为"三高"：情感高涨、思维奔逸和活动增多。情感高涨的典型表现为患者自我感觉良好，愉快、自信、兴高采烈，偶尔会激动易怒，甚至会出现破坏性行为。思维奔逸的典型表现为患者头脑灵活，反应敏捷，联想速度加快，注意力容易转移，语速快且话多。活动增多的典型表现为患者觉得自己精力旺盛，大有所为，整日忙碌不停但虎头蛇尾，喜欢凑热闹，行为鲁莽不计后果（如危险驾驶或肆意挥霍钱财），感觉自己浑身有使不完的劲，睡眠需求减少，认为睡觉浪费时间，终日奔波而无疲惫感。此外，患者还存在夸大观念，如对自己的相貌、财富、地位和健康等夸大其词，认为自己自命不凡。

（二）双相情感障碍的治疗要点

鉴于双相情感障碍的病因复杂，多认为是生物因素、心理因素与社会环境因素诸多方面相互作用引发疾病。双相情感障碍有明显的家族遗传特征，生物因素是重要的致病因素，往往与某些易感心理基础素质和应激及社会环境长期交互影响导致发病。双相情感障碍是相对严重的精神疾病，病程迁延，容易复发。因此，综合、长期、系统性治疗非常重要，还需要家属共同参与预防复发。

1. 治疗方法

临床上，双相情感障碍发作期以药物治疗为主，以心境稳定剂为主，如锂盐、卡马西平、丙戊酸盐。

如果患者存在无法抑制的自杀念头，电休克疗法被认为是能够有效快速消除自杀想法的物理治疗方法。研究表明：电休克治疗对于严重自杀倾向一周内即可明显起效，比药物治疗需要 2~3 周起效要高效快速。许多人会对电休克治疗心存疑虑，担心电休克会导致大脑损伤，让人变痴傻或者脑子变笨。事实上，只有少部分患者会治疗后出现头痛、恶心或记忆力阶段性下降，轻度不用处理，自然改善，严重副作用对症治疗即可缓解，治疗疗程结束后，记忆力一个月内可恢复正常。在双相情感障碍症状得到控制的维持治疗期，心理治疗能够有效改善患者对疾病的应对能力，提升患者的心理素养，促进患者社会功能恢复，积极预防疾病复发。

2. 预防复发

双相情感障碍是一种难以快速根除的难治性精神疾病，因此患者和家属需要对疾病有清楚的认识，既对治愈康复有合理期待，不操之过急，不随意停药，同时又持有积极乐观的希望，充分遵医嘱，坚持系统治疗，有带病也能好好生活的觉悟。除了药物治疗和物理治疗在消除症状方面的主要作用，心理治疗和社会支持系统对预防疾病复发也具有非常重要的作用。

三、广泛性焦虑障碍

案例：总是紧张不安怎么办？

李星，大二，女生。半年多以来，李星会经常觉得自己有不明原因的紧张、感到压力大。离期末考试还有 1 个多月时间，这种情况越发糟糕，李星总是感觉有很多课程没有学习好，复习时间不够，近期还有一个科创项目要做实验，与此同时，她还是班干部和社团骨干，有许多班级和社团事务需要处理，这些事情让她总是感觉有压力、焦虑、烦躁，最近甚至都出现头痛、心跳加快、胸闷气短、吃饭不香、入睡困难、早醒、晚上多梦惊醒、白天坐立不安，即使想要放松也总是心神不宁，无法完全放松，想要好好复习也总是注意力无法集中，感到很累。李星向好朋友诉说苦闷，好朋友劝她放宽心，建议她转移注意力去看场电影或者玩几把游戏，但李星觉得看电影或者玩游戏也不能让自己放松，心里时刻紧绷着，感到不踏实，而且不学习的时候容易产生负疚感。

案例分析

李星的主要问题是难以摆脱的焦虑情绪，自诉主观痛苦感强烈，持续时间半年以上，自主调节无效，近期遭遇应激压力叠加，出现了头痛、胸闷等生理症状，也影响到了当前的学习和工作效率。李星的焦虑有泛化趋势，即便没有特别紧急的任务或者在可以放松的时候，仍然感到不可抑制的紧张不安。

从心理正常和异常的区分标准看，李星是具有现实感和自知力的，思维内容基本符合逻辑，但知情意行的内部心理过程不协调。认知层面，虽没有歪曲现实，但想法容易偏颇，容易夸大可能的负面后果，或者有灾难化的想法，注意力广度变狭隘和灵活性变低，无法从压力事件上转移。在负面认知的影响下，李星的情绪处于过度应激警觉状态，一直紧绷无法放松，导致其在行动层面无法采取积极有效的行为应对，进而激发焦急自责的负面情绪，形成"知—情—行"交互影响的不良闭环。

上述案例症状符合临床上广泛性焦虑的主要症状特征，在进一步排除身体病变的情况下，高度怀疑其为广泛性焦虑障碍，属于大学生常见精神疾病。

案例启示

当个体遇到压力事件，会有紧张焦虑情绪。适度的压力感会激活个体的应激状态，促进肾上腺激素分泌，使个体保持相对兴奋的状态，从而采取积极有效的应对行为，进而取得不错的学业或者工作表现，然而过度焦虑可能会让我们陷入情绪内耗中。李星的焦虑显然是过度且泛化了，产生了躯体不良反应。由此案例，对广泛性焦虑障碍及其可能的应对，有如下启示：

第一，焦虑是一种每个人都会有的情绪。大学生面临学业、人际、恋爱、就业、升学等诸多现实压力，感到焦虑是正常的，需要学会管理它们，以实际行动化解不安，积极预防陷入广泛性焦虑障碍的困境。

第二，广泛性焦虑障碍是一种精神疾病，需要就医，越早干预越好。大学生要主动关注个人的情绪状态，当觉察到自己长期处于紧张焦虑中无法调节时，要积极寻求专业人士的帮助。

(一)广泛性焦虑障碍的主要症状

焦虑障碍以焦虑症状群为主要临床表现，其特点是过度恐惧和焦虑以及相关行为紊乱。根据症状的急性或慢性特征，焦虑障碍可以分为广泛性焦虑障碍和惊恐发作。惊恐发作是急性焦虑障碍，不发作时无异常表现，发作时症状出现迅急，突然陷入极度恐慌，体验到濒死感或失控感，胸闷、呼吸困难、心慌发抖等，持续几分钟到数小时不等。幽闭恐惧症就是惊恐发作的特定表现。惊恐发作在大学生群体里发生的比例相对广泛性焦虑要少很多。

广泛性焦虑障碍是慢性焦虑障碍，表现为常伴有不明原因的提心吊胆、紧张不安，具有显著的自主神经功能紊乱、肌肉紧张和运动性不安，持续时间一般在6个月以上。临床诊断标准为至少6个月内的大多数时间存在如下焦虑的原发症状：

（1）情绪症状。在没有明显诱因的情况下，经常表现出与现实情境不符的过度焦虑和担忧，这种紧张害怕常常没有明确的对象和内容。如过分担忧将来的事情，忐忑不安、心神不宁、注意困难等。

（2）运动性不安。紧张性头痛、无法放松、坐立不安等。

（3）自主神经活动亢进。出汗、心动过速、呼吸急促、头晕等。

（二）广泛性焦虑障碍的治疗要点

广泛性焦虑障碍的病因尚不明确，可能与遗传因素、个性特点、认知方式、不良生活事件或教养环境、社会文化环境、躯体疾病等诸多因素有关。病因学上采用"生物—心理—社会因素交互作用"模型解释。相对于严重的精神分裂症、双相情感障碍，广泛性焦虑障碍对社会功能的影响相对较小，而且治疗效果和预后都比较良好。一般采用心理治疗和药物治疗。

1. 药物治疗

建议前往精神专科医院就诊。常见的治疗广泛性焦虑障碍的药物是有抗焦虑作用的抗抑郁药，如帕罗西汀、文拉法辛、度洛西汀、艾司西酞普兰等。

2. 心理治疗

认知行为疗法被证明是有效的治疗广泛性焦虑障碍的心理治疗方法。广泛性焦虑患者往往会过高估计事件的不良后果，会灾难化事情的结局，存在认知歪曲。认知行为疗法正是通过帮助患者改变不良认知并进行认知重建，从而改善情绪，引发积极有效应对行为。

另外，放松训练、正念冥想等心理治疗方法也能有效帮助患者缓解焦虑情绪和压力感。

四、强迫障碍

案例：我真的好怕被污染！

何宣，大三，女生。每天出门，她都要戴上口罩、帽子、围巾、手套，担心空气中有病毒会传染给自己，中午和晚上回宿舍后，会反复洗暴露在外面的头发和皮肤，洗衣服的时候总感觉洗不干净，别人花半小时可以洗完的衣服，她需要花两小时甚至更久，她知道其实这样洗没有必要，但就是担心外面的脏东西污染自己，在宿舍每天都要喷几遍酒精，消毒桌面、手机屏幕等。每次如果自己是最后一个走的人，她总担心门没锁好，走到楼下后，要跑上去再反复查看……何宣的生活和学习受到很大的影响，总是表现得紧张兮兮、神经过敏，她感到自己快要被折磨疯了，最终来到心理咨询室求助。

案例分析

此案例中描述的反复清洗、反复核对行为是典型的强迫行为。何宣明明知道自己这样反复清洗、反复检查没有必要，但就是在焦虑情绪的驱使下，采取了看起来能消除或减缓担忧的反复核对行为，实际上这是一种无效的应对，反而让何宣感到自己的生活脱离了自己的掌控，感到痛苦不堪。

咨询师经过会谈了解到：何宣成长在父母都是教师的家庭，从小在学业表现上很优秀，父母也对她报以高期待。何宣一直都是听话乖巧的孩子，对自己要求严格，有些完美主义倾向。高三学业压力较大的时候，也曾出现过类似的情况，如每天要收拾好几遍书包文具，尤其是考试之前，要反复核对十几遍。上大学以来，学习生活比之前丰富，自己的学业成绩还不错，这种情况好了很多。但是自疫情以来总是上网课，开始有点担心自己松懈了会跟不上，后来因返校就要考试开始出现强迫行为，而且愈演愈烈。

综合以上分析：一是，强迫行为是个体的非自愿行为，受焦虑情绪驱动，尝试通过强迫行为来缓解焦虑情绪往往是无效的。二是，强迫障碍可能与高期待高要求的教养环境、较高的自我期许、完美主义倾向性格特征、应激事件和社会环境有关。

案例启示

大学生心理健康状况调查结果表明：强迫倾向是最突出的问题症状，强迫症状的检出率远高于其他症状。大学生是一群容易对自己有高期待、有完美主义倾向的人。本案例的何宣深受强迫症状的折磨，从她的故事里可以得到以下启示：

第一，大学生要自主关心自身心理健康问题，主动学习维护个体心理健康的方法，注意调节对自己的不合理期待，培养理性平和的心态。

第二，强迫行为不是思想错误引起的，持久的压力环境和心理冲突需要引起警觉，尽早调整心理状态，积极预防强迫障碍。

第三，注意区别于日常生活中偶尔出现的核对行为，如果该行为对日常生活没有造成明显的影响，那就是正常范围内的表现，不必过分纠结是不是强迫行为。如果问题行为已经明显影响到生活、学习、人际等社会功能，或主观痛苦感强烈，则需及早寻求专业的心理帮助。

（一）强迫障碍的主要症状

强迫障碍是一种以反复出现的强迫观念和强迫行为为主要临床表现的精神疾病。多数患者认为这些观念和行为没有必要，但就是无法摆脱，因而感到焦虑和痛苦，而且强迫症状每天出现 1 小时及以上，会损害患者的生活、学习、工作、人际交往等。

强迫观念指反复闯入患者脑海的、持续存在的思想、观念、冲动和意向。这些观念对患者无现实意义，违反个人意愿或患者明知没有必要，想要去压制或者对抗，但无法摆脱而感到痛苦。常见的强迫观念包括：①强迫穷思竭虑，即对常见的事情、概念反复思索，钻牛角尖，例如，经常思考"为什么地球是圆的不是方的？"。②强迫怀疑，即对自己的言行反复怀疑，需要反复检查核对。③强迫联想，即由一个观念想到另一个观念，例如，看到钞票就想到有多少细菌。强迫意向指有一种强烈的内在冲突，让人去做自己本不愿意去做的事情，但不会转变为行动，患者会故意克制，但是内心冲突无法摆脱。如想站在高处往下跳。

强迫行为指患者通过反复的行为来阻止或降低强迫观念带来的焦虑感，这种行为往往无现实意义，强迫行为与患者担心害怕的事情之间的联系不合逻辑，如每天花几小时洗澡为了防止生病。强迫行为包含：①强迫检查，如反复检查门窗、煤气、作业等。②强迫洗涤，害怕受到污染而反复洗手、洗澡、洗盘子、消毒等。③强迫询问，不相信自己的所见所闻而反复询问他人来求证。④强迫计数，反复数台阶、记汽车牌号等，浪费大量时间而无法自控。⑤强迫性仪式动作，出现反复的、刻板的、过分程序化的仪式动作。如进门要先迈左脚，鞋子摆放方向代表吉凶祸福等，这些强迫性仪式动作会占患者一天中的数小时。

(二)强迫障碍的治疗要点

强迫障碍的病因未明,现有研究发现发病原因不仅与个性心理特征有关,同时也与大脑神经递质分泌失衡有关。因而,强迫障碍治疗的理想方案也是药物治疗与心理治疗联合进行,心理治疗辅助药物治疗的方式有利于强迫症康复。

1. 药物治疗

选择性5-羟色胺再摄取抑制剂对于强迫障碍治疗效果良好,常见的药物如氟西汀、舍曲林、帕罗西汀、西酞普兰等。

2. 心理治疗

有最多临床数据支持的对强迫障碍有疗效的心理治疗方法是认知行为疗法,主要包括暴露和反应预防。另外,森田疗法、支持性疗法也是有效改善症状的方法是值得推荐。暴露疗法是让患者想象或直接进入恐惧、焦虑的情境中,以迅速校正患者对恐怖、焦虑刺激的错误认识,并缓解或消除由这种刺激引发的习惯性恐怖、焦虑反应。对于案例中描述的强迫洗涤行为,可以让患者处在一个"脏"的环境中,皮肤接触"脏"的事物,患者发现"被污染后"结局并没有自己想象的可怕,因而减少了对"脏"的恐惧。

五、精神分裂症

案例:周围有人想害我

林平,大二,男生。某天辅导员发现林平晚归,待林平回宿舍跟他谈话的过程中,他发现林平有点怪怪的,口中念念有词,有点自说自话的感觉,语速较快,逻辑有点乱,一会儿又神秘兮兮地说要小声点,对面楼上的人在监视自己。舍友反映该生近期"性情大变",之前林平只是比较敏感,不太爱说话,近几日莫名对舍友恶言相向,声称舍友在说他坏话,商量着想要暗中陷害他,因此还跟舍友动起手来,幸亏被同学及时阻止。昨天在八楼的教室上课时,林平对邻桌的同学说,听到楼下有人在窃窃私语骂自己,自己快受不了了等,同学觉得他不太对劲,将情况报告给辅导员。

经辅导员约谈,发觉林平精神状态异常,思维混乱,对话没有逻辑,遂及时与家长取得联系。后经家长陪同就医,确诊精神分裂症,办理休学手续,回家进行精神疾病的治疗。

案例分析

林平出现明显的行为异常,讲话逻辑混乱说明他思维与语言的组织出现了问题,以至于使人难以理解,反映出林平可能有思维散漫、思维破裂等思维形式障碍;林平坚称舍友要害他、被人监控等,说明他可能出现了被害妄想等思维内容障碍;讲话语速快,过于兴奋激动说明他还有欣快的表现,这些表现都与精神分裂症的症状相吻合。

根据病与非病的三原则分析:林平的主观世界与客观现实不符,疑似有妄想、幻听症状;精神心理活动缺乏内在的协调一致,言谈内容和当时的情绪表现不匹配,莫名兴奋;性格突然有明显改变,从沉默寡言变得多话。另外,林平对自己的异常言行缺乏自知力,当被劝说就医时,坚称自己没有心理问题,拒绝求助。

综合以上情况,精神分裂症患者在症状的影响下,存在自我伤害和伤人的风险。针对林平的情况，需要监护人陪同，尽快就医进行系统治疗。

案例启示

精神分裂症属于异常心理状态，是比较严重和非常复杂的精神障碍，而且患者往往缺乏自知力，可能带来安全事故，因此需要老师积极科普疾病相关知识，提高疾病意识和识别能力。就林平的案例，可以得到以下启示：

培养和具备基础的精神心理疾病的科学常识非常重要。尽早识别可能的疾病发作状态，促进尽早就医，有利于社会功能的恢复，也是预防精神分裂症发作中恶性自杀自伤、伤人杀人等意外事件的最有效措施。

精神分裂症发作时，日常的说理教育往往是无效的，需要根据风险程度，进行安全监护。

精神疾病的发生可能会引起其舍友、同学的恐慌和创伤，因此要引导学生正确认识疾病，不歧视排挤患病学生，不能以谈"心理"为耻，减少病耻感和对疾病的焦虑和恐惧，做好后续的科普和辅导工作。

（一）精神分裂症的主要症状

精神分裂症是一组病因未明的重性精神障碍，多在青壮年时期缓慢或者亚急性起病，临床上往往表现为症状各异的综合征，涉及感知觉、思维、情感和行为等多方面的障碍以及精神活动的不协调。精神分裂症可能有以下五方面的临床表现：

（1）阳性症状。幻觉、妄想是精神分裂症的两个典型的阳性症状。幻觉指感知到客观上不存在的刺激，包含幻听、幻视、幻嗅、幻味、幻触，如听到有人骂自己、命令自己。妄想指有一些脱离现实的想法，包含被害妄想、关系妄想、自罪妄想、钟情妄想等，如上述案例林平认为别人监听自己的脑电波意图害自己。

（2）阴性症状。指正常心理功能的缺陷状态，包含意志减退（无所事事，对人生无追求）、快感缺乏（日常生活中无法感受到快乐）、情感迟钝（无法识别和理解他人的情绪，无法表达自己的情绪）、社会退缩（与家人亲友不互动，对社交无兴趣）和言语贫乏（说话少，内容空洞）。

（3）焦虑、抑郁症状。约80%精神分裂症患者会有明显的焦虑和抑郁情绪。

（4）激越症状。冲动性行为、攻击暴力行为和自杀。

（5）自知力。发病期无自知力，对自己的异常状态无意识，认为自己没有生病。

（二）精神分裂症的治疗要点

目前精神分裂症的病理机制尚不明确，一般认为生理、心理、社会因素对其发病均有影响。精神分裂症对个体正常心理功能具有破坏性影响，治疗的依从性相对较差。精神分裂症的治疗以抗精神病药物控制症状为主，可以辅助开展心理治疗和物理治疗。药物治疗作用不可以用心理治疗替代。

对于精神分裂症的治疗强调尽早使用抗精神病药物并做到足量足疗程治疗。精神分裂症的第一次发病是治疗的关键。一般认为首次治疗抗精神病药物的疗效最好、所需剂量也小，如果能获得有效治疗，病人复原的机会最大，长期的预后也最好。对于初发患者的治疗需引起大家的重视。精神分裂症药物治疗的疗程一般分为四个阶段：

1. 急性期治疗

急性期治疗，在用药治疗的前两周内达到有效剂量，直到症状控制，一般需要 6~8 周。本期的治疗目标是尽力减轻和缓解急性症状，重建和恢复病人的社会功能。

2. 恢复期治疗

巩固治疗，继续急性期治疗的有效剂量，巩固治疗一般要 3~6 月，本期的治疗目的是减少对病人的应激，降低复发可能性和增强病人适应社会生活的能力。

3. 稳定期治疗

即维持治疗。维持治疗的时间在当前尚没有公认的标准，但需要维持治疗却是大家所公认的，一般认为至少需要 1~2 年。

4. 逐渐停药或转慢性患者

经过系统治疗，确认症状得到稳定控制后，缓慢逐渐减量，直至停用。此阶段可辅以心理治疗，提高治疗依从性，帮助其恢复社会功能。

拓展知识

心理疾病的治疗认识误区及正确应对

心理疾病和生理疾病一样，尽早积极治疗能够获得更好的疗效，减少复发率。对于心理疾病主要以药物治疗和心理治疗为主。遵医嘱服药、定期复查、足量足疗程治疗有利于疾病的康复。

常见的误区：①药物副作用大，吃了会上瘾，拒绝服药。②相信药物的疗效，但担心用药太久不好，一旦病情好转就自行停药减药。③对药物有过高期待，希望药物有立竿见影的效果，感觉没有效果就会放弃服药。

正确的应对方式：①我们要与医生建立良好的治疗联盟，提高治疗的依存性，及时与医生沟通，参与治疗方案的制订，目前精神疾病的药物种类多、安全性好，即使有副作用也可以和医生沟通，在医生的建议下换药或减药。②就诊时要陈述事实，不要刻意隐瞒精神状况、既往史、家族病史、治疗史和用药情况等。③坚持足量足疗程治疗，在医生指导下安全用药，由于药物的起效时间不一样，个人的身体素质也有差别，所以药物起效的时间可能有差异，例如，抗抑郁药物一般服药 2 周左右起效。如果仍然觉得药物治疗效果不佳，应该与医生商讨后再换药、减药或停药。

第三节 大学生心理危机干预

"危机"一词有双重含义，既说明存在"危险"，又意味着"机会"。人类不可避免会遭遇各种生存与发展的困境、压力及挑战，可能会因此体验巨大的心理失衡，感受到悲观、绝望和无助，一时不知所措。这其实是个体面对艰难处境时正常的应激反应，也代表了人类脆弱的一面。所幸个体也同时具有强大的自愈能力，往往在迎接挑战、冲出困境的同时，提升了应对能力和抗逆力，变得自信、坚韧和成熟。这一节探讨大学生心理危机和朋辈心理辅导的相关知识，提升大学生心理危机的预防意识、互助意识，培养学生心理危机识别和应对能力，积极预防校园心理危机事件。

一、心理危机概述

案例：那些想"一死了之"的冲动时刻

小C，大一，男生，来自偏远的西部省份，从小父母对其要求严格，看重学习成绩。上大学以来，小C发现大学的学习跟高中不一样，觉得课程进度快，时间不够用，感到压力巨大。同时小C发现跟同学相比，自己的高考分数比他们差了不少，学习基础和学习能力也比同学差，自己刻苦努力也跟不上同学的进度，为此感到很受挫。心情不好时就躲到游戏里，形成恶性循环。临近期末考试，小C慌了神，觉得自己肯定会挂科，而父母肯定会责骂自己，对自己失望。越是担忧，越是无法安心复习备考，看着同学们都投入紧张的复习状态，小C更加煎熬，成天坐卧不宁，甚至产生了"如果真挂科了，我就从楼上跳下去"想法。

小D，大二，女生，父母都是高级知识分子，爸爸是高级工程师，妈妈医生，家教很严格，独生子女，小D从小乖巧懂事，与家人之间关系良好。上大学之后谈恋爱，与男朋友异地，几天前发现意外怀孕，小D告诉了男友，男朋友说会尽快请假过来陪她去医院进行人流。近两天，小D一直心神不宁，担心人流会导致身体损伤影响以后生育，更害怕家人知晓此事，陷入惶恐，不知道该怎么办，甚至想到"一死了之"。

这两个案例中，当事人具体境遇不同，但是心理行为有一些共同特征，两个人都遇到了对本人来说难以面对或解决的困境，陷入了担忧、害怕、无助的情绪状态，个体原有的应对机制失效，甚至出现自杀想法，这是典型的心理危机。

(一)心理危机的概念及特征

心理危机是个体面临突然或重大生活困境时所出现的心理失去平衡的状态，它是个体运用通常应对方式或机制不能处理所遇外界或内部应激时出现的一种反应。处在危机的紧急高压环境下，个体原有的心理平衡状态被打破，导致情感、认知、行为功能的失调，继而出现无所适从，严重时可能出现危及自身或他人生命安全的失当行为。

结合概念界定和上述案例，心理危机包含以下3方面要素：一是，应激事件或困难境遇对当事人来说是重大的，且一般来说会带来负面影响。二是，以往处理问题的方法以及社会支持系统或应对资源不足以应对困境。三是，处在心理失衡状态，有认知、情绪、行为功能的紊乱。特别强调，个体的主观认知在心理危机发生及应对中都是非常关键的因素。例如，考试挂科对小C来说是无法接受的，而可能对其他人并没有这么重要。而且个人对于自己应对能力的主观评估也非常重要，如果小D对于父母有更多的信任，主动去寻求理解和帮助，肯定能更有效处理好当前危机。

1. 心理危机评估参考标准

判断个体是否处在心理危机状态，经过专家归纳，可以参考以下几个方面的线索：①最近4~6周内出现负性生活事件。②对事件赋予了负性或消极意义，这受当事人主观评价影响，可能与实际并不相符。③产生混乱、解体的情绪以及失控感。④所做的努力是徒劳的，无法解决问题，不能积极地向前看。⑤缺乏或没有寻求社会支持。

2. 常见危机反应

心理危机的失衡状态，其心理行为表现与个体的应激反应类似，一般反应的强度较大，对个体社会功能的负面影响也较大。

(1)生理。心跳加速，血压升高，呼吸急促，头晕头痛，恶心，胃疼，腹泻，感到虚弱、麻木，手脚刺痛或有沉重感，过度惊吓反射动作，疲惫，食欲改变等。

(2)认知。认知狭窄，局限于问题和困难，看不到其他可能性、资源和希望。可能存在认知失调表现，如注意力或记忆力变差，理解困难，思考缓慢；对自己和世界的看法发生改变，对环境的警觉性提高，严重创伤性应激事件可能导致闪回、噩梦等。

(3)情绪。极端的负面情绪和情绪失调。例如，感到紧张、焦虑、恐惧、害怕、无助、低落、麻木冷漠、悲伤抑郁、内疚自责、生气愤怒以及失去信心和自尊感。

(4)行为。反常和易失控。具体表现如退缩或疏离他人，易受惊吓，回避，敌对或攻击，口语或书写有困难，与人容易发生冲突，饮酒、抽烟或服药过度，饮食习惯发生改变等。

3. 大学生心理危机的特点

高校心理危机通常是指那些可能影响学生生命安全或造成严重后果的危机事件，如自伤自杀以及伤人杀人等风险。结合大学生的特点，大学生的心理危机有如下 7 个方面特征：

(1)危险性与发展性并存。危机会使人陷入危险状态，会产生自我伤害、伤害他人、自杀或杀人等风险。但同时，如果个体能够调用自我的资源和社会资源，用适应性方式渡过危机，在危机中学会新的应对方法，危机也许会转化为一种机遇，涅槃重生，让当事人获得成长。

(2)选择的必要性。回避是应对危机的消极方式，而应对危机最好的方式就是选择做点什么。行动是对现实困境最有效的应对。

(3)普遍性与特殊性。普遍性指处在危机的个体一般都会面临崩溃，而特殊性指在相同处境中，部分人能够沉稳冷静地应对危机。

(4)复杂性。危机对人的影响是受生物因素、家庭因素、社会环境因素等交互作用的。所以即使面对相同的危机事件，个体间的反应也千差万别，因此面对心理危机，需要"一人一策"。

(5)突发性。部分心理危机具有突发性，如因不可控因素导致自然灾害、亲人离世、突发疾病或意外等。还有一些心理危机是累积下来突然爆发的，所谓"压倒骆驼的最后一根稻草"。

(6)隐蔽性。一部分个体内在感受不外露，外表看似平静，其实内心早就痛苦不堪，这类个体在意他人评价，也不愿意求助，所以当该个体发生危机时，周围人总是猝不及防。

(7)紧迫性。大学生的心智尚不成熟，耐挫力有待加强，遇到事情容易冲动行事。针对心理危机的紧迫性特点，当事人自身需要培养理性平和的心态，戒骄戒躁，遇事冷静沉着。而对于助人者，遇到潜在危机一定要尽快处理，最大限度地保障生命安全。

（二）心理危机的类型

有学者根据引发危机反应的应激源不同，认为有 3 种不同类型的心理危机，分别是发展性危机、境遇性危机、存在性危机。鉴于精神疾病容易引发自杀伤人等心理危机事件，这里将其单列一类，做补充介绍。

1. 发展性危机

埃里克森把个体心理发展划分为 8 个阶段，每个阶段都有主要的心理社会发展任务，当个体应对新阶段的任务时遇到困难，就会带来紧张和内心冲突，产生不同程度的危机。大学生主要面对的任务是建立自我同一性和建立亲密关系。结合大学生的特点，可能面临的发展型危机涉及生活适应、学业或科研压力、人际关系、恋爱情感、就业择业等。

2. 境遇性危机

由外部世界引发的危机，事件具有突发性或灾难性，如父母离异、亲人去世或患重疾、家庭破产、自然灾害、留级或延毕、论文发表受挫或其他对个体有重大意义的负性事件。前文小 D 的例子就属于境遇性危机。

3. 存在性危机

个体对人生重要议题的内部冲突，如思索人生的目标、生命的价值和学习科研的意义等。

4. 病理性危机

由精神疾病引发的心理危机，如部分抑郁症、双相情感障碍和精神分裂症患者存在自杀倾向。

了解危机的不同类型，能够帮助我们更好地理解处在危机中的人。当然，具体到某一个个体的心理危机可能是复合的，既有发展性的困难，又有应激事件的影响，不能将这个分类当作一个单一选项来理解。

（三）心理危机的影响因素

心理危机的发生是多种因素相互作用的结果，具有复杂性。一般认为，心理因素、社会文化因素、身心疾病因素、生物遗传因素、网络媒体等都会影响心理危机的发生。

（1）心理因素。主要包含处在危机情境中个体的情绪情感状态、行为功能和认知水平。身处心理危机中的学生在情感状态方面，会陷入持续的痛苦、沮丧、绝望等负性情绪，个性特点偏神经质，即情绪易冲动，神经过敏；行为功能方面，往往解决困难能力较弱，周围缺乏可以提供社会支持的同学朋友，对环境适应力较差，由于情绪易激惹所以会导致行为冲动盲目；认知水平方面，危机中的个体往往偏激、走极端，遇到困难存在宿命论的倾向，如我这次留级，一定会影响我考研或就业，这都是命运的安排，我这辈子就这样了；对待事物的看法比较消极，总是看到阴暗面，更多关注社会中发生的阴暗丑陋的事件，极少关注正能量的事件。

（2）社会文化因素。如亲子关系紧张、学业压力、人际矛盾、恋爱情感等带来的危机。心理危机还与宗教信仰有关，如果宗教严禁自杀，该宗教信仰者中自杀危机事件的发生率会降低。

（3）身心疾病因素。患有重大躯体疾病无法面对，或患有抑郁症、双相情感障碍和精神分裂症等存在自杀倾向的精神疾病。

(4)生物遗传因素。有自杀身亡的家庭当中，自杀率比没有自杀家庭的自杀率要高。

(5)网络传媒。自杀事件的细节不宜在网络媒体大肆渲染和公开，避免大众中有自杀倾向的个体产生模仿行为，如公众人物自杀可能会引发少部分粉丝采取自杀行为。

二、心理危机的识别与干预

心理危机干预是指针对处在心理危机状态的个体及时给予恰当的心理援助或者干预，帮助其尽快脱离困境的过程。危机干预是自杀预防的重要内容，是守护生命安全的工作。文明的社会中，人与人之间是相互守护的。当有人陷入危机时，身边人的危机意识和主动干预的能力至关重要，关键时刻能救人性命。对于大学生而言，除了要爱惜自己的生命，预防危机和积极应对危机以外，还承担着守护他人生命的公民责任，应当对潜在的心理危机信息具有敏感性，掌握基础的心理危机识别和干预的方法。

(一)心理危机识别信号

不同个体在面对心理危机的表现千差万别，有的人情绪激动、行为冲动；有的人悄无声息，独来独往。大多数处于危机中的个体都会发出求助信号，细心觉察就能捕捉到，心理危机识别也是有规律可循的。大学生常见的心理危机成因主要有家庭关系、人际交往、恋爱情感、经济压力、心理疾病、躯体疾病、学业压力和就业压力等。日常生活中，可以从言语、行为和处境3方面捕捉学生的心理危机信号。

(1)言语征兆。文字撰写讨论自杀、自杀计划、死亡及死后世界等有关主题，如在网络空间(微博、微信、QQ等)表达关于自杀、绝望或"无意义"等言论；在文章、诗句、日记上写关于自杀的言论；或在书本、作业、考卷、稿纸等地方，写与课程内容无关的关于自杀的言论。口头表达中透露自杀的想法，如电话交流、语音聊天、平时闲聊等提到"我想死""我很痛苦""日子很煎熬""活着没意思(询问活着的意义)""我觉得我就是别人的累赘，还不如死了……"。

(2)行为征兆。突然的结束行为，如告别、交代后事、写遗书、将个人财务交托他人保管，表达类似于"我走了以后，你们要……"；寻求自杀方法，到顶楼、窗边、河边观望；突然的行为改变，如突然请客吃饭、没来由表达感谢或离别；无法控制冲动，暴躁不安，情绪不稳定等。

(3)处境征兆(重大生活事件)。作弊被抓、面临退学或被辞退、影响毕业；被欺凌、被孤立；失去重要他人(分手、亲人朋友死亡)；周边人自杀；诊断重病；经济问题(贫困、诈骗)，担心自己成为他人的负担等。

(二)心理危机干预的理论

鉴于对心理危机的发生和影响因素的不同理解，学者们提出了各有侧重的不同视角的心理危机干预理论，这里介绍几种常用的理论，帮助我们理解心理危机干预的各种策略的可能的积极作用。

1.适应理论

个体的适应不良、消极认知模式和不良防御机制对危机起维持作用，当适应不良行为改变为适应行为时，危机才会消退。因此危机干预的重要工作是帮助处于心理危机的个体学会用积极、合理、坚强的方式去应对危机情境。如有学生因挂科怀疑自我，不愿主动求助同学，并想要结束生命。有效的干预方案是：促进学生意识到自己的认知是消极负面的，用较为合理的认知代替不合理认知，并鼓励学生要积极求助，勇敢表达自己的需求，从而增强学生对学业的自信心，通过求助他人来替代过去的不适应行为，从而走出危机。

2. 人际关系理论

如果个体对自己应对危机有足够的信心，也愿意相信他人并适当地求助，危机就不会持续太长时间。如果对自我的评价更多来自他人，缺乏对自己的掌控，危机就难以解决。人际关系理论的最终目标是让危机中的个体把握对自己的评价，掌控自己的命运，获得应对危机状况的能力。

3. 心理危机的树理论

心理专家徐凯文老师提出"树理论"，如图 8-1 所示，树根代表个体的家庭及依恋关系，如果个体在童年期受到伤害，存在不安全的依恋关系，就会破坏个体的"树根"，影响个体与他人建立良好的情感联结。树干包括两部分：浮出地面的是树干，主要代表了两部分内容，一部分是社会支持系统，即原生家庭之外的亲密关系，如朋友、恋人、同学等给予的支持和理解；另一部分是个体的理想、信仰和价值观，包含了个体对于自己生命意义的理解，个人的人生目标和自我肯定。树叶代表一个人的成就，树叶越茂盛，代表这个人成就越高、聪明能干、情商高，但是树叶越繁茂，并不代表树根和树干一定是健康的，这就好比一个很优秀的人也有可能结束自己的生命，说明这个个体内在的支持不够。阳光和雨露代表社会环境。

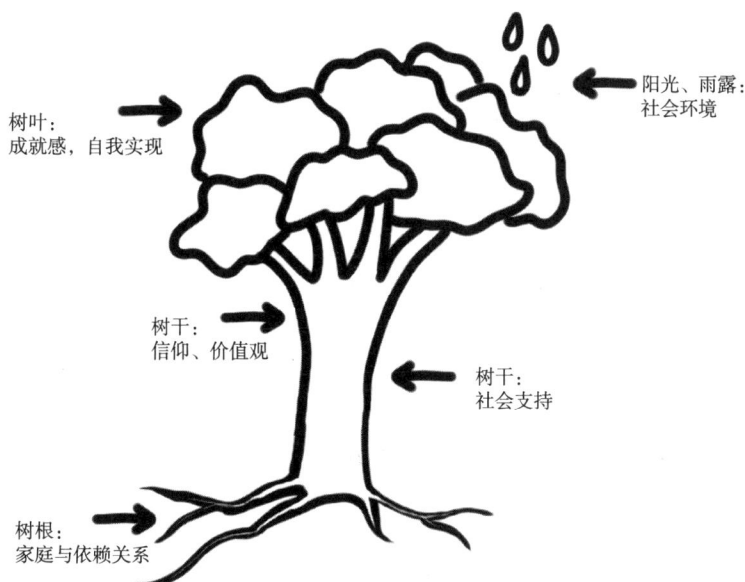

图 8-1 心理危机的树理论

(三)心理危机干预的方法

如果你的同学或朋友对你说他想自杀，只告诉了你，要求你为他保密，你会怎么做？为了能够正确处理这个难题，我们需要学习和了解心理危机评估及干预的基本方法和策略，从而具备帮助他人度过危机的能力。

1. 危机干预的原则

（1）生命第一原则。生命是个体最宝贵的东西。在危机干预中，抢救危机学生的生命与保障学生的生命安全是首要任务。此外，还需要加强生命教育，引导学生珍爱生命，尊重生命。

（2）预防为主原则。心理危机干预需要注重心理问题的早期发现和预防，及时进行干预，将危机事件的损失降到最低。

（3）主动干预原则。学生对于自己是否处于危机状态缺乏一个清晰的认知，因此不能只是等待危机学生主动求助，而是主动识别和干预。《中华人民共和国精神卫生法》（以下简称《精神卫生法》）第二十八条写道：疑似精神障碍患者发生伤害自身、危害他人安全的行为，或者有伤害自身、危害他人安全的危险的，其近亲属、所在单位、当地公安机关应当立即采取措施予以制止，并将其送往医疗机构进行精神障碍的诊断。

（4）保密性及保密例外原则。与学生的谈话内容由于涉及学生隐私需要保密，但对于自杀或伤害他人的部分则需要保密例外，这也是《精神卫生法》要求的对于危机事件的保密例外。

（5）科学性原则。心理危机干预需要结合大学生身心发展特点和规律，增强大学生对心理危机的理解，根据大学生常见的困扰有针对性地提前传播相关知识，如抗挫力提升、自杀危机识别、精神疾病识别、压力管理等知识。对于心理危机，学生应采用多种科学方法进行干预，包括心理咨询、心理治疗、药物治疗、家庭支持等，确保干预效果的科学性和可靠性。

2. 心理危机评估工具

如何快速评估危机情境个体的自杀风险等级？

徐凯文老师基于临床工作和心理危机干预经验，给出了一个简单易操作的评估工具。《自杀自伤评估表》采用三级计分，从自杀自伤计划、既往自杀自伤经历、目前现实压力、目前支持资源（反向计分）和临床诊断5个角度综合判断个体的自杀自伤风险，具体评分表详情见表8-2。注意：采用该量表针对具体项目打分时，如果无法判断是低水平和高水平，建议选2分高水平。

表8-2　自杀自伤评估表（徐凯文）

评估分数 / 评估内容	无	有（低）	有（高）
评估自杀、自伤计划	0	1	2
评估既往相关自杀、自伤经历	0	1	2
评估目前现实压力	0	1	2
评估目前支持资源	2	1	0
临床诊断	0	1	2

自杀风险评估及干预建议：

0~2分　可以回家，报告心理专业人员，需要观察随访。

3~4分　报告行政领导，报告院系辅导员，密切观察随访；24小时监护，24小时后再评估。可以通知父母。

5~6 分　报告行政领导，报告院系辅导员，密切观察随访；通知父母，送精神科门诊，或精神科会诊，24 小时监护，强烈建议住院。

7~10 分　通知父母，立即住院，严密监护安全。

拓展知识

自杀风险评估的 4P 模型

（1）痛苦（pain）：询问对方受到的伤害、严重程度和忍受程度。

"听得出来，当谈到……你很痛苦很伤心，在你最痛苦和伤心的时候是否有过自杀的想法呢？""真正想死的程度从 0~100 有多少？"

"0 是不痛苦，100 是最痛苦，你当下的痛苦有多少？"

（2）计划（plan）：如果对方回答有自杀的想法，要进一步询问是否有具体计划（时间、地点、方式和方式的可得性、已经做好的准备、目的）。

（3）既往史（previous history）：询问自杀未遂史（几次、时间、事件、获救后的感受）；了解对方重要他人的失去经历、亲友自杀史；询问对方躯体疾病、精神疾病诊断、睡眠饮食、急或慢性生活事件。

（4）附加情况（plus）（保护性因子）：有部分心理危机者处于自杀与不自杀的冲突中，这个时候可以询问他支持他活下来的是什么。

可能的活下去的理由是：当事人的社会支持、希望感、未完成的梦想、信仰、未来的计划、对自杀和死亡的恐惧、对挫折的耐受力、现实检验力（如抑郁症患者知道想自杀是抑郁症的症状）、对家人的责任等。保护性因子可以在后续的自杀危机干预中起到重要作用。

3. 心理危机干预策略

这里介绍经典的危机干预的 QPR 技术，又称为心理危机的"看门人计划"，QPR 分别指提问（question）、说服（persuade）和转介（refer）。

（1）提问技术。当老师和同学们在日常学习生活中捕捉到某个同学的危机信号，那么我们第一步要做的事情就是去询问对方评估风险程度。提问的环境最好是安全私密的。

内容方面，允许对方自由表达与自杀相关的任何内容。

提问方式方面，可以直接或间接询问危机学生是否有自杀的想法或计划。

直接询问："你现在有没有想要自杀？"

间接询问："最近你不开心以至于想结束自己的生命吗？"

如果对方回避，我们需要温柔且坚定地坚持询问。如果你无法进行自杀的提问，需要转介其他老师来完成这一工作。

（2）说服技术。指对处在心理危机情境中的当事人表达关心和灌注希望。处在心理危机情境中的当事人往往觉得无助、痛苦、孤单和绝望，作为当事人的舍友、同学、朋友、老师、家长等如果能专注地倾听、共情式地理解，直接表达对他的关心，可以减少当事人的无助感和孤独感。

表达关心："我知道在那样的情况下我们有时候会感到绝望。""我对你有些担心。"

灌注希望："只要我们一起想办法，总会有解决方法的。""就算真的不及格，也可以补考和重修。"灌注希望可以让处于危机情境下的个体看到解决问题的其他方法，减少内心的绝望感，如提供支持和帮助、为问题解决提供思路、缓解当事人的痛苦情绪。

（3）转介技术。如果老师或同学们发现自己无法帮助危机学生摆脱危机或者学生自杀风险高时，那么需要转介至他人或其他机构，如学院副书记、心理中心心理教师和精神专科医院。有自杀危机的个体需要立即转介就医、通知家长，如果当下当事人的危险性极高，需要24小时监护，防止自杀或伤害他人。

拓展知识

关于自杀风险评估谈话的认识误区

疑问1：直接询问自杀会不会诱导当事人自杀，例如，他本来不想自杀，我问完后反倒提醒了他？

答：已有研究发现，直接询问自杀并不会诱导当事人自杀，也不会增加当事人的痛苦和自杀的风险。

谈论自杀想法可以帮助当事人更客观地看待目前的问题，当事人会反思自己选择自杀的不合理性，而去思考其他应对困难的方式。当我们直接询问当事人自杀的想法时，对方会有自己的痛苦被听到、被看见的感受，会感到轻松解脱而非苦恼，从而内心痛苦和焦虑的减轻，伴随着希望的增加，放弃自杀的概率会更大。综合来看，评估和提问自杀风险本身可以降低当事人未来自杀的风险。

疑问2：是否可以对心理危机的当事人讲道理或否定对方的自杀想法？

答：心理危机干预不是说教。我们在提问的时候切记四个不要：

不要以评价和否认的方式谈论自杀，这是在否定对方的情绪和想法。例如，"你不会想要自杀，对吧？""你不会干傻事吧？""啊！你怎么会想要自杀呢？""自杀是不对的，是懦弱的表现！"

不要轻视对方的困难。例如，"这点小事儿也犯不着自杀吧。""我当年×××，我也没想着要自杀呀！""你不是在开玩笑吧？"

不要空洞的说教。例如，"人生这么美好，你要想开一些啊！"

不要让当事人产生内疚或罪恶感。例如，"你死了，对得起你父母吗？"

最后，回到这一部分提出的"朋友有自杀风险，求保密"的问题，建议如下：温柔而坚定地拒绝对方，并表达自己对他的担心，力所能及地给他资源、帮助他、倾听他，继续询问对方自杀的计划，用不激惹和恰当的方式告知其父母(或其他监护人)、辅导员，共同做好危机干预工作。

表达示例："听到你这么说，我真的很担心，你最近过得不容易吧。谢谢你这么信任我，但是我不能为你保密，因为我要帮助你渡过现在的困境，能多说说吗？你是有具体的自杀计划吗？"

三、朋辈心理辅导互助

朋辈即年龄相仿，在学习环境、生活环境及受教育程度等方面相似的群体，本章特指大学生同学之间的相互支持与帮助。朋辈心理互助主要包括朋辈示范和朋辈支持两个方面，朋辈示范指通过榜样示范来影响朋辈进行心理调整，朋辈支持则指直接提供心理辅导。朋辈心理助人者需要接受专业心理培训，对于一般心理困扰的同学，主要是通过谈心谈话协助受助者解决心理困扰，而对于有心理危机风险的同学，主要是识别和上报心理危机。在大学校园里，朋辈心理助人者主要以班级心理委员和宿舍长为主力，其他所有同学都可以积极参与，成为朋辈心理助人者的一员。

（一）朋辈心理辅导的意义与作用

朋辈心理辅导作为一种同龄人之间互助式的心理支持方式，具有天然的情感共融优势，是对有情绪困扰的同学提供情感支持的最佳人选；同时，由于朋辈助人者自己的主要角色就是大学生，同学之间容易建立良好的人际信任关系，也能及时发现身边同学的情绪状态变化，与心理咨询师相比，他们能第一时间发现心理异常的个体，在心理危机的识别和干预中发挥着重要作用，是心理危机干预的"第一道防线"。尤其对于不愿意主动求助心理专业人士，有病耻感或者很难信任他人的同学来说，朋辈心理互助的作用尤为突出。

1. 增强心理韧性，提高自我认知

朋辈心理辅导可以帮助个体增强心理韧性。通过与朋辈分享和交流，个体可以更好地理解和应对生活中的压力和挑战。朋辈之间的支持和鼓励也有助于个体在面对困难时保持积极的心态，进而增强心理韧性和应对逆境的能力。此外，同学之间表达和反思自己想法和感受的机会和空间较多，通过与朋辈的交流、讨论和反馈，个体可以更加清晰地了解自己的需求和期望，也可以帮助个体从不同的角度看待问题，有助于个体更全面地了解自己，进一步提高自我认知。

2. 有助于情绪和压力的及时疏解

朋辈心理辅导作为一种特殊的心理支持方式，以同伴间的相互理解、支持为核心，为个体在面对生活中的压力和挑战时提供了一种及时、有效的情绪疏解途径。首先，朋辈之间有着相似的生活经验和感受，更容易产生共鸣和理解。这种互相理解和支持有助于减轻个体的心理负担，让他们感到不再孤独，从而达到情绪的缓解和释放。其次，朋辈心理辅导提供了一个安全、非评判性的环境，让个体有机会自由地表达自己的感受、思考和疑惑。在这样的空间中，个体更可能打开心扉，释放内心的压抑和困惑，得到情绪的及时疏解。再次，朋辈心理辅导也可以作为一个桥梁，帮助个体联结到更多的支持和资源，如专业的心理咨询和就医支持等，为个体的情绪疏解和压力缓解提供更多的可能性。最后，朋辈可能有类似经历或者能够提供有用的应对策略和建议，这对于正陷入心理困扰的同学非常有帮助。

3. 在心理危机的识别和干预中具有独特优势

朋辈心理辅导在心理危机干预的各个环节都发挥着重要作用，特别是在识别和发现心理危机方面具有独特的优势。朋辈之间因为在日常生活中有更多的接触，彼此间的交流通常更自然和真实，可以及时了解到个体真实的思想和感受，更容易捕捉到情绪变化和心理问题的信号。作为发现心理危机的第一响应者，朋辈之间更容易相互联系，而且在危机时刻可以提供紧急的心理支持和指导，及时将识别和发现的心理危机信息传递给辅导员或心理中心教师等，确保有心理问题的同学得到及时和有效的干预。

因此，朋辈心理辅导在心理危机干预中起到了"哨兵"和"桥梁"的双重作用，不仅能及时识别和发现心理危机，还能有效地促使危机信息的及时上报和处理，确保个体能够得到及时和有效的心理救援和支持，有效弥补了当前国内专业心理教师紧缺的问题。

（二）心理委员的角色与工作职责

心理委员作为组织和个体之间的桥梁，承担着联络、沟通和协调的角色。他们不仅是传达组织信息和政策的使者，也是捕捉和了解个体心理需求的观察者。主要的工作职责包括以下几个方面：

（1）信息的传达。及时、准确地把有关心理健康的知识、政策和信息传达给每一个人。

（2）需求的了解。通过观察和交流，了解并收集个体的心理需求和困惑，为后续的心理支持和服务提供参考。

（3）活动的组织。组织和策划有关心理健康的活动，如讲座、工作坊、互助小组等，促进个体的心理健康发展。

（4）危机的应对。在面临心理危机时，能够提供及时、有效的支持和干预，或协调专业资源进行处理。

因此，朋辈心理助人者需要具备一些基本的心理技能和素质，主要包括：

（1）沟通能力。具备良好的倾听和表达能力，能够有效地与他人建立联系和交流。

（2）观察力。能够敏锐地捕捉到他人的情绪和需求，为相应的支持和帮助提供依据。

（3）协调能力。能够协调和整合各种资源，有效地组织和实施各类活动。

（4）心理素养。具备一定的心理知识基础，了解心理健康的基本原则和方法，能够应对常见的心理问题。

（三）朋辈心理辅导的基本原则与主要方法

1. 基本原则

朋辈心理辅导的基本原则包括尊重、保密和自愿，这些原则共同构建了一个安全、支持和尊重的辅导环境。在这样的环境中，被辅导者可以更加自由和安心地表达自己，探索和解决自己的问题。同时，这些原则也是辅导者在实施辅导时的行为准则和道德要求，遵循这些原则有助于提高辅导的质量和效果，也有助于维护和保护被辅导者的权益。

（1）尊重是朋辈心理辅导的基石。尊重被辅导者的个性和需求，保持无条件的积极关注。每个人都有自己独特的个性、经历和需求。在辅导过程中，辅导者应当充分尊重被辅导者的思想、感受和选择。无条件的积极关注意味着，辅导者应当在没有任何预设条件和偏见的基础上，真诚地关心和支持被辅导者。这种尊重和关注可以帮助被辅导者感受到被接纳和理解，从而更加开放地表达自己的思想和感受，也更愿意接受辅导和帮助。

（2）保密原则是建立辅导关系的伦理要求。要注意保护被辅导者的隐私，不泄露与辅导相关的任何信息。被辅导者通常会在辅导过程中分享一些私密和敏感的信息。除了一些涉及安全隐患的特殊情况下，辅导者必须保证这些信息的安全，不得在没有被辅导者的许可下向任何第三方泄露。这种保密的承诺可以帮助被辅导者建立信任，更加安心地参与到辅导过程中。同时，保密也是辅导者的职业道德要求，违反保密原则将会破坏辅导关系，也会影响辅导者的职业声誉。

（3）自愿原则强调辅导过程应当基于被辅导者的自愿参与和合作。朋辈辅导的进行基于被辅导者的自愿和合作。辅导者应当尊重被辅导者的选择，不能强求被辅导者参与辅导。只有当被辅导者自愿参与，辅导过程才可能是有效和有意义的。自愿原则也意味着被辅导者有权利在任何时候终止辅导。辅导者应当尊重这一权利，同时也可以通过沟通和调整辅导方法，努力满足被辅导者的需求，提高辅导的吸引力和效果。

2. 辅导方法和技巧

朋辈心理辅导作为一种非常实用和人性化的辅导方式，其中涵盖了多种辅导方法和技巧。比较常用的主要包括倾听、反馈和引导等。这些方法和技巧都基于对被辅导者的尊重和理解，旨在创建一个具有支持性的环境，帮助被辅导者自我探索和成长。

倾听是朋辈心理辅导中最基本也是最重要的技能之一。通过主动倾听，给予来访者充分的关注和理解，辅导者可以更加深入地理解被辅导者的感受和需求。在倾听的过程中，辅导者应该避免打断、评判或过早给出建议，而是要展现出真诚的关心和理解。这种非评判性的倾听可以帮助被辅导者感到被接纳和理解，也有助于建立起稳定和安全的辅导关系。

在辅导过程中，适时和恰当的反馈也是非常重要的。通过给予被辅导者合适的反馈，帮助他们理清思路，认识自我，更加清晰地认识自己的情绪和需求。反馈应当是基于对被辅导者表达的充分理解和尊重，避免表达个人的评判和偏见。通过有效的反馈，辅导者可以帮助被辅导者更好地了解自己，也可以引导被辅导者更加深入地探讨和反思。

引导也是朋辈心理辅导中的一个重要方法。辅导者可以通过提问和启发，引导被辅导者自我探索，找到解决问题的方法和策略。这种引导应当是开放式的，鼓励被辅导者自我思考和探索，而不是强加自己的观点和想法。通过引导，辅导者可以帮助被辅导者发掘自己的内在资源，增强解决问题的信心和能力。

3. 注意事项

朋辈心理辅导作为一种特殊的心理支持方式，其辅导者通常是经过一定培训的同龄人。在进行朋辈心理辅导时，应该注意以下几个方面：

（1）保密例外。要注意安全优先并具备一定的风险评估和判断能力。

在进行心理辅导时，虽然应尽可能保证被辅导者的隐私和信息安全，但在遇到可能导致自身或他人安全受到威胁的情况时，应当优先考虑安全，及时向专业人员或老师报告。这也要求辅导者应具备一定的风险评估和判断能力，对于存在实际危险的情况要迅速做出反应和行动。

（2）明确边界。明确自己的角色和能力边界，避免越界行为。

朋辈辅导者应明确自己的角色，他们是支持者而非专业心理治疗师。要明白自己的职责，确保辅导行为在合适的范围内进行。同时，朋辈辅导者还应了解并认识到自己的能力和限制，不要试图处理超出自己能力范围的问题。

（3）及时转介。对超出自己能力范围的问题，及时转介到心理教师或医生等专业人员。

辅导者应该充分了解可用的心理健康资源，如心理教师、医生或其他专业机构等信息。建立一个可以合作和互相支持的网络，以便在需要时可以迅速找到适合的专业帮助。

（4）自我保护。助人者要做好自我关照，避免因辅导工作而导致心理压力和困扰。

朋辈辅导者在辅导他人时可能会受到一些情绪的影响，因此他们应学会如何管理和调节自己的情绪。当辅导者感觉到自己承受了较大的压力或困扰时，应寻求专业的指导和帮助，保持自己的心理健康，以更加有效和安全地为他人提供支持和帮助。

本章作业

小组讨论：作为朋辈心理助人者，你认为心理危机干预过程自己最重要的职责是什么？你如何看待心理健康教育工作中的保密原则？评估自杀风险时最确切有效的方式是什么？请将以上三个问题在小组中充分讨论，每个人完成一篇心得体会。

本章重点检测

1. 心理正常与心理异常从_____、_____和_____3 个方面判断。
2. 抑郁障碍 3 大核心症状：_____、_____和_____。
3. 科学的精神疾病观主要包括：_____、_____和_____。
4. 大学生心理危机的主要类型有：_____、_____和_____。
5. 心理危机干预的 QPR 技术，Q 指_____、P 指_____、R 指_____。
6. 讨论：开展朋辈心理辅导的主要原则和注意事项有哪些？

第九章

优势发展与生涯规划

【本章重点】

大学生优势发展中的误区：关注短板并努力弥补短板误区；各项能力都优秀才是优秀；博学比精通更重要。

探索和发现优势：无限向往；一学就会；行云流水；表现卓越；乐在其中。

发挥和运用优势：选择优势领域；开拓优势之路；苦练优势；识别劣势，管理弱点。

唯有依靠优势，才能实现卓越。但大多数人穷尽一生去弥补劣势，却不知从无能提升到平庸所付出的精力，远远超过从一流提升到卓越所要付出的努力。

——彼得·德鲁克

你的优势是什么？这个看起来非常简单的问题，大多数学生都不能明确地回答。传统的教育让弥补短板的理念深入人心，我们总是更容易关注和了解自己不擅长什么。但是，弥补短板只能决定你的发展下限，发挥优势才能拓展你的发展空间。也正因如此，充分探索自己的优势并做好生涯规划是大学生非常重要的课题。

第一节　优势发展与生涯规划概述

故事发生在美国北维蒙特。在这个北美小镇上有一个叫马顿的年轻人，20岁出头，成天在小镇主干街道的店铺里游荡，无所事事。他的行为引起了街道店铺老板的注意，并对他十分反感。小镇上的许多人都认为马顿是一个行为散漫、精神颓废倦怠而且又没有责任感的人，甚至很多人预言马顿未来将一事无成。幸运的是，马顿遇到了南希，一位优秀的职业咨询师，她有多年的咨询经验，能够看透隐藏在人的外表、社会处境和标签下的本质。她认为虽然有些人曾经有许多负面的经历和消极的期望，但内心里依旧会保留一份追求美好的真实渴望，同时也会有自己独特的优势，只是尚未得到开发利用。南希非常尊重马顿，认真地对待他的梦想和希望，并尽力帮助他付诸行动。在南希的努力下，马顿结束了在小镇上那段不光彩的历史，最终成了一名优秀的企业家，实现了人生的蜕变。

认真回顾我们的身边，你会发现马顿的故事并非个例，这个案例告诉我们：每个人都可以改变，一个被充分思考和规划的人生梦想更可能被实现。

一、优势发展相关理论

20世纪60年代，人类实现了从制造业时代向知识经济时代的跨越。在制造业时代，其载体是机器、厂房等实体物质，人类更多的只是依附于机器，是以制造手段为基础的核心竞争力，其表现形式是硬数据带动软数据。而在知识经济时代，其载体是人类本身，机器只是依附于人类的工具，是以人本管理为基础的核心竞争力，其表现形式是软数据驱动硬数据。于是，人们开始关注人类的积极天性，并重新界定管理，希望能够找到"新环境下如何获得成功"的"普世规律"。在此背景下，管理学、心理学以及社会学等多领域的专家学者们都在各自的学科中进行了深入的探索，并取得了一定的研究成果。美国的管理学大师德鲁克经过研究率先提出：卓越的管理者都不是靠死磕弱势，而是在自己的长板上不断精进和发挥，才形成了无可匹敌的卓越成就。

（一）优势理论的提出

基于管理学的研究基础，被誉为"优势心理学之父"的唐纳德·克里夫顿提出了一个经典问题：如果我们关注人们表现优秀的地方会怎样呢？也就是说，传统观念下，人们都喜欢关注做得不够好的地方或失败的案例，以尽量减少犯错来控制损失，但这样做最好的结果无非是避免失败或者仅能达到平庸而已。如果我们想要追求成功和卓越，为什么不好好研究下那些已经取得成功的人士呢？基于这个思路，克里夫顿带领盖洛普科学家团队，用几十年时间，对来自世界各地不同文化背景下的各个国家、领域和行业超过25万名优秀人士进行了深入访谈和研究，试图找出这些成功人士共同的特点。

经过深入研究数百种工作的优秀业绩，盖洛普团队发现，这些不同岗位的优秀人士所体现的才干千差万别，走向成功的道路也有千万条，并没有发现什么可以总结出来的共同"特质或能力"。但这些完全不同类型的人，却可能在相同的领域中获得了卓越成就。而这些基于海量调研数据支撑的研究成果，提示人们走向卓越、获得成功的共同规律是：这些优秀人士都从事自己擅长的工作，在各自的领域中都充分发挥了自己的优势。盖洛普团队的研究甚至还得出了两个"反常识"的结论：

第一，人生而不同，很多东西很难改变，不要执着于弥补短板。第二，应该多发挥自己所长，做到这一点就很不容易。

由此，克里夫顿确立了优势理论的重要基石：专注于自身才干而非弱点，充分发挥和发展自己独特的优势，才可能最大程度发挥自身潜能，也更可能实现卓越成就，收获成功和幸福。

🎨 拓展知识

木桶理论与新木桶理论

木桶理论

"木桶理论"又称"短板理论"，由美国管理学家彼得提出。核心内容是：决定一个木桶能盛多少水，其关键因素并不是其最长的那块木板，而是最短的那块。也就是说，想要提高木桶的盛水量，就要想方设法增加"短板"的高度。"木桶理论"提出后，在企业、科研机构及教育等多领域内应用广泛。人们相信，从组织到个人，想要变得优秀，就要补足自己的短板，各方面能力全面协调发展，才能提高整体实力。在工业化时代，"木桶理论"的确非常有效，有其发展的科学性，但全球发展至今天的互联网时代乃至人工智能时代，这个理论生存的空间越来越小。在这种大背景下，"新木桶理论"应运而生。

新木桶理论

"新木桶理论"认为，在一定条件下，木桶最长的那几根木板也能决定它的容水量。当把桶倾斜，你会发现木桶的最大装水量往往决定于其长板(核心竞争力)。因此，"新木桶理论"认为，组织或个人的发展并不一定要执着于弥补短板，围绕自己的长板展开布局，更可能实现最佳成就。同时，"新木桶理论"强调要注重系统化和整体性思考，例如，水桶木板之间的组合以及缝隙等多种因素，都会影响盛水的最大容量(图9-1)。

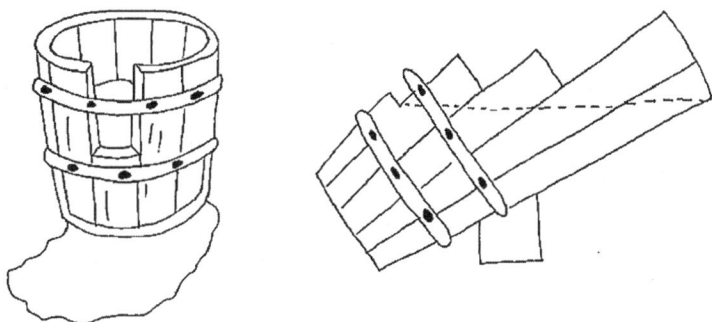

图9-1 木桶理论与新木桶理论

(二)优势理论的脑科学基础

美国著名脑科学家斯佩里的研究表明：人脑两个半球存在功能上的高度分化，左脑为理性型长于逻辑思维和语言功能，右脑则为感性型擅于艺术鉴赏与情感表达，左右脑之间的连接物质称为胼胝体。在日常生活中，尤其是在恋爱关系中经常会发生因为"男女有别"造成的冲突和矛盾。其"罪魁祸首"就是左右脑之间的胼胝体。男生的胼胝体就像钢筋水泥一样坚固，"隔音"效果特别好，常习惯于用单脑进行思考，因此就容易造成"一根筋"的情况。而女生的胼胝体就如同海绵一样充满缝隙，神经素可以在左右脑中"自由穿梭"，因此更容易结合左右脑的不同特点进行复合型思考，因此常常发生"心口不一"的现象。

最近几年，脑科学研究取得重大突破，科学家对大脑的思维功能分区已经形成共识。认为大脑可以分为知识智慧区(左前)、经验智慧区(左后)、创造智慧区(右前)、感觉智慧区(右后)四个主脑区，以及机械记忆区、情境记忆区两个辅助区。四个主脑区都各有自身优势，即称为"全脑优势"，但拥有"全脑优势"的人凤毛麟角，大部分人都具有1~3个主脑优势区。每个人的大脑各不相同，其优势区也是独有的，并随着年龄增长逐渐定型，形成特定的优势通道。因此，我们要用更加平和与积极的心态去看待自身优势，优势没有好坏之分，用自己最擅长的方式做事情并为之付出汗水，才能实现卓越人生。

(三)优势理论的主要观点

世界经济发展至今日,精细化分工成为发展的主要趋势,全球各行业合作的成本变得越来越低,当代的组织发展完全没必要精通一切,再伟大的公司也没必要面面俱到,而是只需将几块足够"优势"的长板做到极致,以及拥有"完整桶"的管理意识,依然可以成就卓越。例如,淘宝做好了交易平台,小米靠的是粉丝互动,而腾讯则拥有绝对优势比例的中国网民。这意味着个人或组织在发展壮大的过程中,与其高成本攻克某些"顽疾",远不如发展自己独特的优势更为现实。

1. 优势理论的核心理论

作为"优势理论"的创始人,克里夫顿认为:每个人都拥有才干,每个人总有一件事能够比一万人做得都好。"优势理论"的核心理念主要包括:①人不可能事事皆行,但可以人尽其才。②优势指的是做一件事持续性、近乎完美的表现。③弥补弱点可以防止失败,建立优势才能通往成功。④做自己擅长之事会让事情变得简单。

2. 优势理论关注的几个问题

优势发展的目标是帮助人们避免"为工作而工作"的陷阱,帮助个人或组织调整并发挥特长以求达到卓越。工作和成就是界定自我的重要标准,我们了解优势的机会越多,获益就会越大。发挥优势将大大提高决策的有效性进而成倍地提高绩效;更重要的是,还能掌握如何管理好自身之短,同时学会识别和培养自身所长。总之,优势理论是一个独特的视角,是一个开启每个人内在宝藏和全新世界的神奇旅程,它会深刻地影响个体、组织的发展和成长,进而改变全世界。现在,我们需要来讨论以下几个问题。

问题一:有错必纠,全球通病

我们先探讨以下情景:一艘执行紧急任务的轮船破了一个洞,该不该停下来修补呢?

观点1:支持立刻修补,毕竟这个漏洞可能会影响轮船行进的速度。

观点2:执行紧急任务,抢时间更重要,暂时不需要理会漏洞。

图9-2 一般弱点或致命弱点

不必纠结于哪种观点正确,回答这个问题的关键在于:我们是否应该先研究一下破洞的位置(图9-2)?

《汉语词典》中对弱点的解释为"不足之处",而优势理论的解读则为"弱点,妨碍出色发挥优势的因素"。船上的破洞正如人身上的弱点,面对不同的弱点,我们做出的决策、采取的行动,一定是有差异的。无论是个人还是组织,并非所有的弱点都要去弥补或纠正。换句话说,即便所有的弱点都被排除或纠正,也并不意味着完美无瑕,因为时间和精力都是最宝贵也最公平的资源,同时也是最昂贵的成本。事实上,弱点需要管理,但不一定需要弥补,而纠错仅仅能使个人或组织达到平均水平。因此,弥补短板也许可以帮助我们控制损失或者避免失败，但永远不会成就我们的卓越，发挥所长才是通往成功的最佳路径（图9-3、图9-4）。

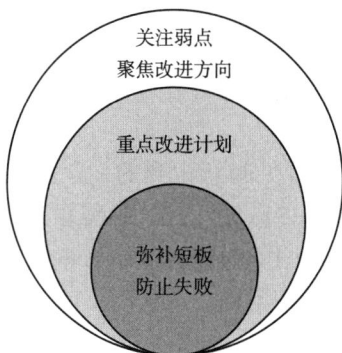

图9-3 发展的传统观念

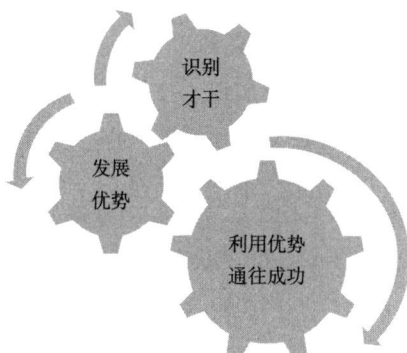

图9-4 基于个人优势发展的路径

问题二：有志者，事竟成吗？

"有志者事竟成"，但其核心信条并不是"成功全靠刻苦"，有方向的努力才是真的努力。我们生而独特，才华各异，并不是任何人都能做成任何事。如果我们关注弱点，通常就会以短盖长，明知是自己的弱点却硬去挑战，只会不断降低自我效能感，瓦解自尊。所以，"有志者事竟成"的前提条件是：智慧加持，正确决策，在正确的道路上精进。

未来时代的成功者，如果有一套共同的武器，那答案一定是"扬长避短，优势发展"。积极心理学家相信，通过研究和肯定正向的行为可以帮助人们增进心理健康。因此，心理学如果更多注重研究优秀的成功人士做了什么正确的事情，有什么益处，其影响力必然倍增。扬长避短的含义在于，我们无须盯着弱点不放，而是要管理好弱点，更要致力于发现和发挥优势。因此，足够了解自己，尤其是熟知自己优势的人自然是技高一筹。

问题三：精通一行还是平均发展？

先说结论，盖洛普团队对人类发展的研究表明：如果一个人精通一行，他就能根据知识的内在结构，去获得新的知识和理解。也就是说，一通百通，精通一行可以触类旁通。

从优势理论的角度讲，集中时间专攻一个目标，能最大限度地增强优势。而一旦精通一行，对其他知识的理解就可以根据自己的经验不断发展。就像我国古代著名的文学家苏东坡，作为北宋中期文坛领袖，他在诗、词、散文、书、画等方面取得很高成就，但同时他还是一名美食家。他一生担任多个官职均取得不俗的成绩，深受百姓爱戴，著名的西湖十景之一"苏堤春晓"中的"苏堤"，正是苏东坡为疏浚西湖而修筑的长堤。同样，达·芬奇的主要专长是艺术，但他的科学和文学由此派生。现代世界中这样的例子也比比皆是，中国工程院院士、清华大学钱易教授，出身于"一门六院士，半门皆教师"的钱氏家族，毕生致力于环保事业，而她最珍爱的身份是教师，坚守讲台60年，育人无数，被誉为清华"大先生"。还有现代企业家、华大基因CEO尹烨，他通过微生物了解世界，不仅热爱生命科学，还心系公益事业，是媒体圈、财经圈、科研圈甚至教育圈非常受欢迎的"名嘴"。

每个人的生命有限，精力有限，样样都做或贪多求全并非聪明之举；突出特长，精通一行，才是卓越之道。而世间的人和事，也往往是大道至简，一通百通，精通之后必然是触类旁通。

(四)优势理论模型

人类掌握的所有知识、技能，以及整合出的能力及素质，都将表现为个体独特的竞争力——优势，即一个人在特定方面持续地取得积极成果的能力。优势是一个人做事的底层能力，我们可以将人类的优势分为"水平面以上"容易被看见和意识到的"显性优势"，以及"水平面以下"不容易被觉察和发现的"隐性优势"(图9-5)。俗话说"师傅领进门，修行在个人"，前半句说的就是能够看到及标准化的"水平面以上"的能力，而后半句强调的则是每个人独特的天赋及行为模式，这些决定了一个人修行的不同，成就的不同。

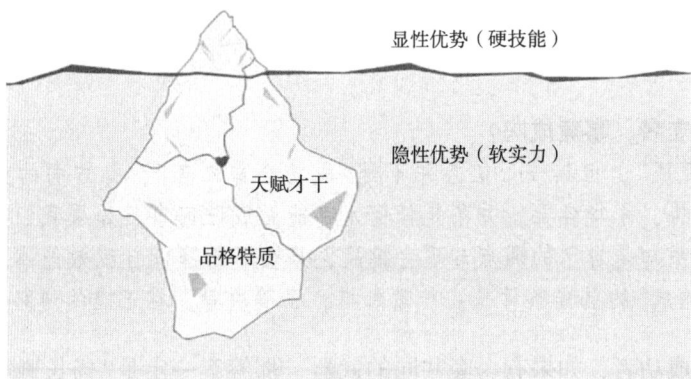

显性优势（硬技能）

隐性优势（软实力）

天赋才干

品格特质

图9-5　优势冰山模型

1. 显性优势

显性优势指可以掌握、展示以及具体检验的知识、技能或各类资源等，也可以称为"硬技能"。在这个层级上，优势就是指你擅长做的事情，这些优势可能是销售、钢琴、演讲、沟通或厨艺等。由于显性优势往往是外露的，比较容易被觉察和意识到，能够通过标准化的流程进行具体测试或量化，也可以进行规范化地培养、提升和运用，往往是我们获得机会的"敲门砖"。

2. 隐性优势

隐形优势指难于被觉察和意识到的优势，也可以称之为"软实力"。在这个层级上，优势是一种行为、思维和感觉的模式，它能产生高度的满足和自豪感。隐性优势的定义并不局限于掌握某种技能，而是包括了动机和动力，牵扯到自尊、持久和奉献等，具有通用性和可迁移性的特点。隐性优势深藏于一个人的内在深处，对一个人的思考、认知和行为模式起着巨大的影响，往往是成功的内在驱动力，是个人显性优势的底层逻辑。从积极心理学的研究成果来看，隐性优势可以从"品格特质"和"天赋才干"两个角度来理解。

(1)品格特质。指的是一种个体差异，并且在不同的文化中被广泛认可，具有普适性与稳定性。同时，品格特质表现出人类的积极天性，它们在道德上是有价值的，这种价值基于其本身，而非其可能产生的实际结果。品格特质是人类特有的积极天性，是人类优势的深层力量，既有先天基因的传承，也有后天指向道德层面的发展和成长，对一个人内在的心智模式、行为惯性、对外部世界的感知和价值观等都影响深远，是一个人走向成功非常强大、可靠的潜在力量。主要的代表成果为塞利格曼 24 项品格优势测评。

（2）天赋才干。指的是每个人自然而然反复出现的思维模式、感受或行为倾向，与兴趣能力和成就密切相关。它们与生俱来，在生命的底层不断涌动，影响着我们的选择，指导着我们如何去行动，也帮助我们在一些领域更容易拥有过人之处。不管我们是否意识到它们的存在，它们都默默地帮助我们塑造自己的世界。每个人都拥有自己独特的天赋才干，而它们的美妙之处在于其抱有巨大的潜力，支持我们不断挖掘出成功的潜能。你越了解它们就越能明白我们为何如此不同，以及我们应该如何运用它们将事情做得更好。主要的代表成果为盖洛普公司 34 项天赋才干主题测试。

（五）优势理论的本土化

优势理论起源于西方，其内容更侧重于西方人的价值观和情感体验，但是在理解美德实践和优势时，源远流长的东方文化更值得关注。西方的优势理论致力于确定人类的特质优势，认为这是通往幸福的重要途径。同西方类似，幸福的概念在东方文化中早已存在了几百年，东方学者认为幸福是一种包括超脱和开悟的精神状态。孔子是儒家思想的代表人物，其基本思想可以概括为"孝、悌、忠、恕、仁、义、礼、智、信"9 个字，他认为只有追求这些品质才能通往幸福。墨子是墨家学派的创始人，他主张"兼爱非攻"，提出"尚同尚贤"的政治思想，在墨子哲学里，平等博爱、天道酬勤、自强不息方能幸福。孟子同为儒家思想的代表人物之一，他主张"性善论"，他认为"恻隐之心、羞恶之心、辞让之心和是非之心"是人与生俱来的品质优势，这也是"性善论"的基础。当代国内学者也对幸福进行了大量本土化研究，认为中国传统的幸福观强调个体心灵的宁静和谐，中国文化中"乐"的内涵比西方心理学中幸福感的内涵要丰富得多。

积极心理学之父塞利格曼教授认为，西方社会进步的重要标志为充裕的物质条件，但中国更重视公民精神世界的丰盈。在中国传统文化中，孝道是一项非常重要的品格优势，但在积极心理学列出的美德中却并没有体现。再者，西方文化倾向于重视高唤醒性状态（如兴奋），而中国文化则重视低唤醒性状态（如平静）。西方文化倡导主客二分的二元思维，即"非黑即白、非好即坏"，这也是西方积极心理学产生的文化根基。而中国文化则主张"天人合一"的一元思维，认为万物皆在变化之中，不对事物进行绝对划分，拓展到心理学领域，即对积极情感和消极情感持平等并且包容的态度。这一中庸思想，对于积极心理学的辩证发展提供了可能。所以说积极心理学或优势理论并非西方独有，作为拥有五千年历史文化的文明古国，中华传统文化所蕴含的博大智慧更值得我们深入挖掘和传承学习。

二、生涯规划相关理论

三个工人在建筑工地上砌墙。

有人过来问："你们在干什么？"

第一个人没好气地说："没看见吗？砌墙！"

第二个人抬起头来笑了笑，说："我们在盖一幢高楼。"

第三个人边干活边哼着歌曲，他的笑容很灿烂："我在建设一座美丽的城市。"

10年后，第一个人在另一个工地上砌墙；第二个人成了工程师，坐在办公室中画图纸；第三个人，成了前两个人的老板。

以上故事中，三位建筑工人有着同样的起点，10年后却是完全不同的人生。对待同一份工作的不同认知，引领他们向不同的方向发展。你对自己的未来有怎样的认识和思考，你就会拥有怎样的未来，当我们对自己的生涯有明确的认知和愿景时，我们奋斗的方向才更加清晰和动力十足。

（一）生涯与职业生涯规划

近年来，随着素质教育的普及与发展，生涯教育逐渐走进人们的视野。目前，普遍被大家接受的生涯定义是舒伯的观点："生涯是人自青春期至退休之后，一连串有酬或无酬职位的综合构成生活事件的历程，甚至包括了副业、家庭和公民等人一生中的各种职业和生活角色。"生涯是个人终其一生所扮演的各种职业和生活角色的整个过程，生涯的发展是以人为中心的，由此表现出个人独特的发展形态。

生涯是一个动态连续的过程，而非静止的某一个点或某一个阶段，生涯伴随人的一生，如影随形。每个人的生涯都是独一无二的，人们的家庭、经历、所处环境、兴趣、价值观等因素共同影响着生涯的发展。每个人都是自己生涯的主动构建者，可以对自己的生涯进行规划，并通过行动改变自己的生涯发展。

1908年，美国"职业指导之父"的弗兰克·帕森斯针对大量年轻人失业的情况，成立了波士顿职业局，首次提出职业指导的概念。在随后的几十年，职业指导逐步受到了人们的重视，并迅速发展起来。随着职业生涯规划在国内的传播和发展，不同学者对其定义也有所不同。金树人认为生涯规划意味着"根据自己原来的样子，审时度势，随机应变，选择一种可以安身立命的生活方式"；洪凤仪认为"生涯规划是一个人尽其可能地规划未来生涯发展的历程，考虑个人的智能、性向、价值，以及阻力、助力，做好妥善的安排，期望自己能适得其所，而不是一颗摆错位置的棋子"；金科综合文献后将其定义为"个体在自我认识和环境分析的基础上，对各种可能的发展方向进行评估并做出生涯决定，而后制定和实施相应的生涯行动方案并在方案施行的过程中对各个环节进行实时评估和调整以实现生涯目标的过程"。

（二）主要的理论基础

关于职业生涯规划的理论，以下主要介绍舒伯生涯发展阶段理论、帕森斯特质因素理论、霍兰德职业类型论。

1. 舒伯生涯发展阶段论

美国著名的心理学家、生涯管理学家舒伯于1953年首次提出了"生涯"的概念，认为生涯的发展具有阶段性，生涯的组成不仅包括所从事的职业，还包括其在生活中所扮演的诸多角色。为了形象地描述生涯发展阶段与各角色之间的关系，舒伯用"职业生涯彩虹图"（图9-6）展示生涯发展的进程。在生涯彩虹图中，最外层表示"生活广度"，包括成长期（0~14岁）、探索期（15~24岁）、建立期（25~44岁）、维持期（45~65岁）、衰退期（65岁以上）。中间的各层代表"生活空间"，由人们在生活中所扮演的一系列角色组成，包括子女、学生、休闲者、公民、工作者、持家者等主要角色。

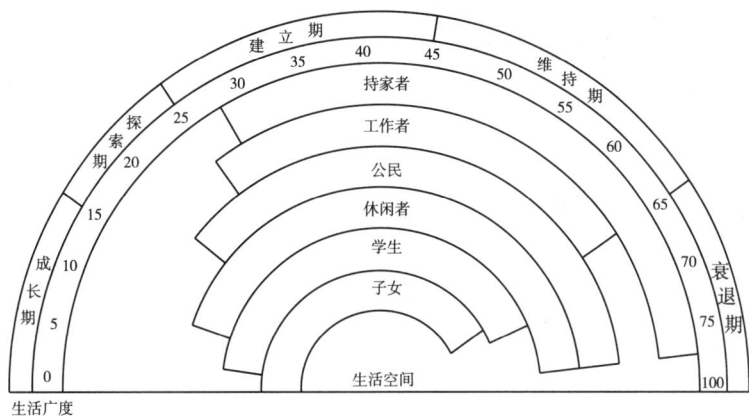

图9-6　职业生涯彩虹图

生涯发展阶段论不只关注职业的概念，认为是由子女、学生、休闲者、公民、工作者、持家者等角色共同构成了一个人的生涯。各个角色之间是相互作用的，一个角色的成功可能会为其他角色提供良好的基础。但是，如果为了某一角色的成功倾注太多精力，可能导致其他角色的失败。"平衡"是一种生涯成熟的表现，想要人生更加完美，就要做好生活中各种角色之间的平衡。

青少年正处于生涯发展阶段的探索期，这一阶段是个体职业生涯发展的最佳时期，他们对自身兴趣、性格、能力等特质有了一定的了解，再对其进行正确的教育和引导，能够帮助青少年更好地明确目标、促进职业生涯发展。

2. 帕森斯特质因素理论

帕森斯于1909年发表了著作《选择职业》，提出人与职业相匹配是职业选择的重点。他认为，个人都有自己独特的人格模式，每种人格模式下的个人都有其相适应的职业类型。帕森斯将个人的兴趣、人格、能力倾向、价值观等人格特征定义为"特质"，在工作中要取得成功所必须具备的条件或资格定义为"因素"，掌握自身"特质"及工作岗位所需的"因素"，将特质和因素进行结合匹配，能够得到更符合个体的职业。

根据特质因素理论，职业选择可分为3个步骤：①对自我进行深入探析，具体包括个人的兴趣、人格、能力倾向、资源等特质。②对工作所需要素进行充分了解，包括工作环境、能力要求、企业文化、发展前景、福利待遇等。③人与职业进行匹配，找到最适合个体特质的工作。

帕森斯认为职业与人的匹配可分为两种类型：一是因素匹配，即职业找人，是所需专门技术和专业知识的职业与掌握该技能和专业知识的择业者的匹配。二是特质匹配，即人找职业，拥有某方面特长或专业知识的人寻求适合自身的岗位。

3. 霍兰德职业类型论

美国约翰·霍普金斯大学心理学教授约翰·霍兰德于1959年提出了职业兴趣理论，从兴趣的角度出发探讨职业选择的问题。霍兰德认为，职业选择是人格的一种表现，这种人格特质反映在职业上就是职业兴趣。根据每个人不同的兴趣特点，将职业倾向分为现实型（realistic type，简称 R）、研究型（investigative type，简称 I）、艺术型（artistic type，简称 A）、社会型（social type，简称 S）、企业型（enterprising type，简称 E）、常规型

（conventional type，简称 C）6 种类型。每个人的职业兴趣都不是单一的某一方面，通常用最强的三种兴趣的字母代码来表示一个人的兴趣，这个代码就称为"霍兰德代码"（Holland code）。相对应的，职业环境也分为 6 种类型，其名称和性质与职业倾向的分类一致。

霍兰德用一个六角形的模型来描述六种类型之间的关系（图 9-7），其中存在相邻、相隔、相对三种位置关系，两种类型之间的距离越近，其人格特质和职业环境的相似度就越高。一个人的行为表现是职业类型与人的职业性向相互作用的结果，如果一个人的职业性向和职业类型比较吻合，那么他将来工作的满意度和成就感都会提高。这是在特质因素论的基础上发展起来的人格特质与职业类型相匹配的理论。了解自己的人格特质以及适合的职业类型，能够帮助人们更好地进行职业选择。值得注意的是，个体在职业选择的过程中并非一定能够选择与自己的人格特质完全匹配的职业，还会受到社会环境、家庭环境、所学专业等诸多因素的影响。

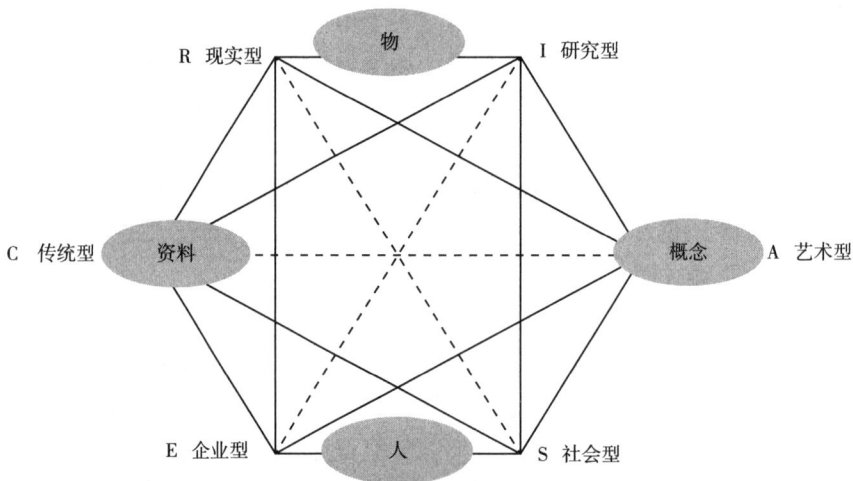

图 9-7 霍兰德的六角模型

拓展知识

霍兰德不同职业倾向的典型特征

现实型（R）

喜欢的活动：用手、工具、机器制造或修理东西。愿意从事实物性的工作、体力活动，喜欢户外活动或操作机器，而不喜欢在办公室工作。

职业环境要求：使用手工或机械技能对物体、工具、机器、动物等进行操作，与"事物"工作的能力比与"人"打交道的能力更为重要。

典型职业：园艺师、木匠、汽车修理工、工程师、兽医、足球教练员。

研究型（I）

喜欢的活动：喜欢探索和理解事物，喜欢学习研究那些需要分析、思考的抽象问题，喜欢阅读和讨论有关科学性的论题，喜欢独立工作，对未知问题的挑战充满兴趣。

职业环境要求：分析研究问题、运用复杂和抽象的思考创造性地解决问题的能力，谨慎缜密，能运用智慧独立地工作，一定的写作能力。

典型职业：实验室工作人员、生物学家、化学家、心理学家工程设计师、大学教授。

艺术型（A）

喜欢的活动：喜欢自我表达，喜欢文学音乐、艺术和表演等具有创造性、变化性的工作，重视作品的原创性和创意。

职业环境要求：创造力，对情感的表现能力，以非传统的方式来表现自己；相当自由、开放。

典型职业：作家、编辑、音乐家、摄影师、厨师、漫画家、导演、室内装潢设计师。

社会型（S）

喜欢的活动：喜欢与人合作，热情关心他人的幸福，愿意帮助别人成长或解决困难、为他人提供服务。

职业环境要求：人际交往能力，教导、医治、帮助他人等方面的技能，对他人表现出精神上的关爱，愿意担负社会责任。

典型职业：教师、社会工作者、牧师、心理咨询师、护士。

企业型（E）

喜欢的活动：喜欢领导和支配别人，通过领导、劝说他人或推销自己的观念、产品而达到个人或组织的目标，希望成就一番事业。

职业环境要求：说服他人或支配他人的能力，敢于承担风险，目标导向。

典型职业：律师、政治运动领袖、营销商、市场部经理、电视制片人、保险代理。

常规型（C）

喜欢的活动：喜欢固定的、有秩序的工作或活动，希望确切地知道工作的要求和标准，愿意在一个大的机构中处于从属地位，对文字、数据和事物进行细致有序的系统处理以达到特定的标准。

职业环境要求：文书技巧，组织能力，听取并遵从指示的能力，能够按时完成工作并达到严格的标准，有组织有计划。

典型职业：文字编辑、会计师、银行家、簿记员、办事员、税务员和计算机操作员。

【小练习】

兴趣探索

亲爱的朋友，你将获得一次免费度假的机会，在 6 个月的时间里可以不考虑自己的工作、学业、家庭等外界因素，在岛屿上自由自在的生活，请按顺序选出 3 个你最想前往的岛屿。

岛屿 R 是自然岛：岛上有良好的自然生态环境，保留了原始的热带植物林、动物园、海洋馆等。岛上居民有很强的动手能力，自己动手建筑房屋、种植蔬菜、培育花卉、打造器具，各种工具也都是自己动手完成的。

岛屿 I 是冥想岛：岛上的建筑物多处于偏僻位置，地广人稀、人迹罕见，这里的环境静谧而安逸,适合思考。岛上有很多博物馆、天文馆、图书馆等。岛上居民善于思考、喜欢学习、追求真知,喜欢和来自各地的哲学家、地质学家、心理学家、科学家等交流研究成果。

岛屿 A 是浪漫岛:岛上到处都弥漫着浪漫的气息,随处可见的音乐厅、美术馆、咖啡馆等彰显着艺术的气息。当地保留了原始的绘画、音乐、舞蹈,来自世界各地的艺术家都喜欢来这里寻找灵感,净化心灵。

岛屿 S 是友善岛:岛上的居民之间相互交流十分密切,他们相互帮助,相处融洽。岛上充满了人文气息,处处都让人感受到和谐和友善。

岛屿 C 是井然岛:岛上有完善的金融管理、户政管理、社会保障、地政管理系统,建筑充满了现代的气息,是进步的都市形态。岛上的居民善于创造和规划,冷静保守,处事井井有条。

岛屿 E 是富庶岛:岛上的经济十分发达,彰显着繁荣的景象,遍布着高级的饭店、高尔夫球场、俱乐部等,律师、企业家、经理人、投资者们在此交流,相互合作。

思考:你最想前往的岛屿是哪 3 个?你为什么会选择这 3 个岛屿?对这 3 个岛屿上的生活有怎样的憧憬?对即将遇到的人又有怎样的期待?这 6 个岛屿代表着霍兰德提出的 6 种类型,通过这个活动你能得到自己的 3 个霍兰德兴趣代码。

注:畅享度假是一种非正式评估的兴趣探索方式,是对兴趣类型的初步判断。有兴趣的同学可以通过霍兰德编制的"自我探索量表"(self-direc search,SDS)进行测评,以获得更准确详细的评估。

第二节　大学生优势发展与生涯规划的路径

传统教育理念经常提醒我们要补足短板以避免失败,但一个现实问题是:全力以赴真的能够补齐自己的短板吗?就像一副牌局,有些人一手好牌但因为放弃太早输掉比赛,还有一些人一手烂牌仍苦苦坚持最终输掉更多。优势就如同自己手中的牌,是否能认清"是好是坏""什么时候选择坚持""什么时候选择放弃",会直接决定牌局的结果。换句话说,成功需要努力,更需要将努力用在正确的方向上。

一、大学生优势发展中的误区

补足短板是从 0 到 1 的过程,而发挥优势则是从 1 到无穷大的过程。前者决定了成果的下限,人们所付出的时间、精力以及情绪成本难以估量,更甚者穷尽一生也只是修好了一个"固定容量的水桶";后者才会为你创造无穷大的机会与价值。反观我们的教育实践,在学生漫长的学业生涯中,一味追求各科成绩均衡优异,又将使多少天才折翼?以下是人们生活中经常产生的误区。

1. 关注短板并努力弥补短板

如果一个人在某个方面天赋异禀,那么他在这个领域的起点就比别人高,成长速度就会比别人快很多,如果在这方面投入时间去好好训练,自然容易形成优势;反之,如果把时间都贡献给自己比较弱势的地方,再多的投入也难以获得成就。每个人的天赋才干都需要通过后天的锻炼和加强才能形成真正的优势，这个过程本身就会弥补短板带来的损失，"扬长"才能有效"避短"。

2. 各项能力都优秀才是优秀

每个人生而不同，都有其独特和擅长的地方以及相对弱势的领域；同时，每个人的时间和精力都是有限的，不同阶段的学习任务和要求都不同。如果一味追求让每一项能力都保持同样的高度，在不必要的事情上花费时间，其实是对天赋才干的浪费，难以支持人们走向真正的优秀和卓越。

3. 博学比精通更重要

当下很多电视台都流行策划与"跨界"相关的电视节目，将"跨界"视为一种创新，不可否认"跨界"所带来的新鲜感可以很好地刺激观众神经，提升节目收视率。但我们要警惕"跨界"可能只是一种营销噱头，专业的事还是要由专业的人来干，用心做好一件事，就是人生最大的成就。回归教育本心，通识教育的目的并非是"博学"而是"熟知"，两者最大的区别就在于"博学"要求我们样样精通、成为卓越者；而"熟知"则是为了不让"无知"影响自身的优势潜能发挥，是我们通向成功的基石。优势理论也提出要走"一专多能零缺陷"的自我发展道路。所谓"一专"指拥有自己非常擅长的能力优势；"多能"指要多储备几项可以作为辅助优势发挥的能力；"零缺陷"指通过管理自己的弱点，让短板不要阻碍自己的优势发挥。

二、大学生优势发展行动指南

现实中，我们最大的遗憾并不是没有优势，而是未能发现优势。如何发现优势？并不是每个人都有机会进行科学全面的测评，但如果你留心观察，就会发现日常生活已经给你留下了很多线索。例如，当你看到别人在做某件事时，你心里也会有一种召唤感；当你完成一些事情，一种满足感或欣慰感油然而生；对于某类事情，你总是学得非常快，甚至能无师自通，行云流水般地完成；还有些事情，你总能做得比别人更好，或者乐在其中，期待还有机会去做，等等。我们会发现，许多事情我们学得比较辛苦或者比较慢，做的时候感觉也不太好；还有些事情，我们总是自愿、自发地去做，不用费多少工夫就能完成，并且总能做得还不错，在过程中也是轻松愉悦甚至感到满足的，这往往就是你的优势在发挥作用。

（一）探索和发现自己的优势

以下介绍几种在日常生活中发现自己优势的技巧。

1. 无限向往：倾听内心渴望

优势首先发源于内心，所以我们从倾听内心开始。你会被什么事情自然而然地吸引？你本能地对什么样的事情充满向往？哪些活动会让你的兴趣油然而生？渴望如同一块吸铁石，将我们引向一些事情，而且这个过程往往在我们很小的时候就已经发生了。就像有的人从小就喜欢表达，在陌生的场合也从不畏惧；还有些孩子在三四岁的时候，就已经表现出不服输的劲头；在游戏的过程中，你也会发现一些孩子独特的偏好，等等。这些都是内心渴望的指引，你可以尝试把它们一条一条写到纸上，标上序号，直到写不出来为止，然后试试找出它们的共同之处。

2. 一学就会：能够快速掌握一些技能

有没有哪些类型的技能或活动，你总是能迅速掌握，一件事情如果你总是一学就会，甚至常常会有一种"我天生就会"的强烈感觉，你就很可能擅长此行。这种"很快就会"的背后很可能是某些才干在发挥作用。例如，小 A 从小就很擅长表达，上学后她的阅读和写作也一直不错；小 B 则对数学和音乐表现出较高的天赋，他可以不费力气地做好计算题，或者唱出动听的歌。同时，在另外一些领域，我们则学得很慢，甚至努力了也不开窍，这就很可能是我们的劣势。你要做的事就是把那些自己很容易就学会的事情写下来。

3. 行云流水：本能地就会做好并融会贯通

有没有一些工作，你似乎本能地就知道该如何做好？投入这样的一些事情就如鱼得水，你总是能交出满意的答卷，并很快融会贯通与此相关的事情。这个过程，你也许能一气呵成地做好甚至体验到心流的感觉。例如，小 C 非常擅长归纳和整理一些数据、资料或者档案，他总是可以把各类文件整理得井井有条，哪怕是很多年前的资料，他也可以迅速准确地找到。不仅如此，他的办公和生活环境也是整洁有序的，再杂乱无序的东西交到他手上，也能很快变得条理分明。他甚至说，整理和收纳对他来说是一种享受。这些行为和思维模式的背后，很可能是他拥有的"纪律"才干主题在起作用。你可以把这些可以让自己行云流水地做好的事情写下来。

4. 表现卓越：感到满意并高人一筹

有没有什么事情你总是会获得别人的赞赏？或者哪些事情你总是做得特别棒？卓越的表现是一系列连贯的行为，而你心中并没有具体的步骤，完全是下意识的行为。也许你会忍不住想：我刚才是怎么做到的？例如，小 D 喜欢独自思考，想事情、做事情的效率都非常高；而小 E 则喜欢与团队充分交流分享，大家的差异性越大，讨论越激烈，就越是能激发他的灵感，碰撞出思维的火花。这些卓越的表现是优势的最明确标志。这些在现实中带给你内在的价值感，或者让你完成任务后对自己感到满意，甚至可以将它作为自己独特竞争优势的事情，通常也指向了你的某些优势，因此你需要把这样的活动或事情写下来。

5. 乐在其中：心满意足并期待再做

哪些事情完成后你会感到心满意足，哪怕只是一件小事？有没有什么事情让你感受到极大的快乐，觉得特别满足、幸福，你会期待它再来一次？有些事情，别的人会认为非常辛苦，也没有什么回报，而你却非常享受做这些事的过程，愿意主动请缨并投入其中。请把这样的事情记录下来。例如，小 F 喜欢忙忙碌碌，享受每天完成一件又一件事情的感觉；小 G 总是会关注细节，做事情不怕麻烦，希望能尽善尽美、精益求精，将匠心精神体现得淋漓尽致。这些行为的背后，也都有特定的才干在发挥作用。

才干是自然而然反复出现的、可以被高效利用的行为模式、思维或感受。透过一些事情或活动，我们可以找到每个人频繁出现或本能发挥的才干主题，这正是我们要识别和发展的天赋才干。在这些才干上投入更多的精力，我们更容易感到愉悦、满足，也最可能发展出自己独一无二的优势。

当天赋才干被有意识地发展为优势后，我们的行为也会呈现出以下显著特点：一是持续、稳定且可预测。二是出色、高超、近乎完美，比周围人做得好。三是轻松或不费劲。四是做起来兴奋而主动。五是容易产出成果。六是会反复发生。

（二）深入理解优势

1. 天赋才干

天赋之于人，就像水之于鱼，它让我们浑然不觉却不由自主地被吸引和驱使。顺应天赋时，你不仅会感到精力充沛，还会察觉到一个真实存在的自己。而当你追求自己真正想做或者热爱的事情时，你的世界会充满生机和活力，机会也会意想不到地降临。而背离天赋的逆向而行，不仅消耗你的能量，也会让你步履维艰。

2. 能力

能力和天赋是有区别的。天赋是一种原始的潜力，但如果想把它变成能力，则需要使用并磨炼它们。例如，人类拥有语言天赋，但是语言能力的形成需要交流的环境，如果小孩子在语言关键期没有与其他人进行交流的环境，天赋就无法转变为能力。因此，能力往往需要大量的引导和学习才能形成。毕竟，擅长数学的人很多，但成为工程师的很少；天生就唱歌好听的人，将来未必就是一个出色的歌唱家；从小就喜欢表达，也不一定就会成长为优秀的主持人。

3. 优势

所谓的优势，既需要顺应天赋，也需要发展为能力。发展优势需要发现自己的天赋才干，并在实践中不断投入和练习——这是一个先天潜能和后天磨炼相结合的过程。顺应天赋做事情，会更容易做好。但如果不加以磨炼，我们就永远不会知道自己能达到怎样的高度。

（三）发挥和运用优势

世界著名三大男高音歌唱家之一的鲁契亚诺·帕瓦罗蒂出生于意大利摩德纳市，他的父亲是一名面包师，也是当地颇有名气的业余男高音。帕瓦罗蒂天生就有一副好嗓子，五岁时，他就学会了用吉他伴奏唱民歌。十几岁时，父亲介绍帕瓦罗蒂到罗西尼合唱团，他便跟着合唱团在各地举行音乐会。

1955年，二十岁的帕瓦罗蒂一边向专业男高音歌唱家阿里戈·波拉学习唱歌，一边在保险公司做保险推销员，同时，刚从一所师范学校毕业不久的他还在一所小学做代课老师。

面临职业选择的帕瓦罗蒂问父亲：我应该当一名教师还是歌手呢？

父亲回答：你如果想坐两把椅子，就会从中间掉下去。为你的一生考虑，你必须选好一把椅子并坐稳。

所谓"条条大路通罗马"，走向成功的方式有很多种，最重要的是找到适合你的那条路；通往幸福的门也有无数扇，每个人手中都有数把钥匙，开哪个门其实并不重要，重要的是你用对了钥匙。因此，运用优势的过程中，要遵循以下几个原则：

1. 选择一个优势领域，不懈追求

有多项优势或许可以称为"聪明人的烦恼"。多才多艺是好事，但如果把有限的精力进行平均分配恐怕就有点浪费了，因为这很可能会造成"什么都会，样样不精"的结果。如果当年帕瓦罗蒂没有选择唱歌，也许他也可以成为一名不错的老师或者保险推销员，但只有在唱歌这件事上，他才更可能成为"世界三甲之一"。了解自己的天赋将会给你正确的发展方向，而不是一个盲目而简单的选择：这份工作或者那份工作。无论你现在处于什么样的年龄阶段或职业阶段，选择的路都并非一定要走到终点。找到实现自我最佳的路径，要从了解自己的天赋开始，在这条路上你所获得的满足，并非这条路尽头的结果所带来的，而是单单在这条路上行走就会获得。

2. 开拓自己的优势之路，行动起来

1921 年，斯坦福大学的心理学家特曼带领团队开始了一项"看着天才成长"的实验，他们对 1470 名经过智商测试认定的天才儿童进行了长达 90 多年的跟踪研究——这是世界上最长的纵向研究之一，也是历时最长的、深入研究人类发展的项目，特曼甚至因为该研究被誉为"终生跟踪研究之鼻祖"。研究者对这些天才孩子的家庭、教育、兴趣爱好、个人能力以及个性品格等进行了全方位的追踪调查。研究结果证明：有超常智力并不能保证有超常成就；成功者与平庸者的区别在于前者的"稳妥、远见、毅力、坚忍和渴望"，他们在自己的诸多优势中进行选择，并力求重点突破。不断尝试并确定优势发展的方向是要花时间的，因为你不可避免地需要做出各种选择，当然也包括放弃。因此，一旦你做出决定，就应该义无反顾地在自己的优势之路上奔向既定目标。也许在这条路上你也会经常感到恐惧，但相信自己，接受这种风险，你会在迎战恐惧的过程中锤炼自己的勇气和毅力，这就是"为自己所追寻的美好生活而奋斗"。

3. 苦练自己的优势，从做"从业者"到做"敬业者"

无论经历怎样的过程，如果你已经幸运地发现了自己的优势，就如同开启了自己内在的宝藏，已经打开了这些优势的开关，请务必不要停下来。著名心理学家埃里克森在专业特长科学领域潜心几十年，研究了一系列领域中的世界级专家人物，包括钢琴家、国际象棋大师、雕塑家、数学家、神经学家以及体育界中的奥运冠军等的职业生涯。他发现，不论在什么行业，提高技能与能力的最有效方法全都遵循一系列普遍原则，他将这种通用方法命名为"刻意练习"。而美国西北大学的本杰明·布卢姆博士也曾经介绍了一项题为"人才发展研究"的调查研究，该研究旨在判断在某个领域达到世界一流水平所需要的时间。研究的答案是 10 到 15 年。例如，肖邦国际钢琴比赛、柴可夫斯基国际钢琴比赛和范·克莱本国际钢琴比赛等顶级国际钢琴大赛的获胜者，从开始学琴到获得大奖，平均要用 17 年的时间。因此，杰出并非源于天赋，任何领域的登峰造极都源于"正确的练习"。一旦了解自身所长，人们就应反复苦练，将优势全力磨炼至卓越并适度发挥，这才是"从业者"和"敬业者"的本质区别。

4. 识别自身劣势，管理弱点

什么是弱点？优势理论将其解读为"阻碍你优势发挥的因素"。例如，小 H 的优势是沟通表达，因此他立志成为一名优秀的翻译，但小 H 的外语水平却不尽如人意，那这就是小 H 做这件事情的弱点。如果目标不变，他就必须努力提高外语水平，但如果小 H 对翻译没任何兴趣，也不会从事与外语相关的工作，那他的外语水平如何，就几乎没有什么影响。这个例子反映了优势理论对于弱点的态度：管理，而非一定要克服。如果这个弱点对你所做的事情没什么太大影响，那你大可不去理会。人的时间和精力是最宝贵的资源，擅长的事情集中精力去做，不擅长的事情少做为佳，事半功倍还是事倍功半，并不难选择。

(四)防止陷入天赋盲区和能力陷阱

一体两面指的是任何事物都具有两重性，要辩证统一地看待。才干本身并没有绝对的好与坏、利与弊，要从多个角度来理解才能看清其真实的面目。人们在某一种才干表现突出的同时，也存在才干盲区，例如，"行动"才干主题靠前的人，"审慎"才干通常就会比较靠后；"排难"才干主题靠前的人，"完美"往往排在后面；还有"前瞻"和"回顾"、"个别"和"包容"等都是如此。

过犹不及的意思是，事情做得过头与做得不够一样，都是不合适的。我们鼓励大家顺应天赋、发展天赋和运用天赋，但所有的天赋都应该适度发挥，发挥过度则会使人陷入能力陷阱。例如，"成就"和"排难"才干主题突出的人往往都是实干家，他们勤奋努力，喜欢做事，也容易成事，但他们容易关注事情本身而忽略与他人的关系和别人的感受，甚至为了达成目标忽视自己的感受。"追求"才干突出的人发挥过度，则显得过于喜欢抛头露面，以自我为中心；"完美"才干会帮助你精益求精，走向卓越，但发挥过度往往导致拖延甚至因为无法达到完美的标准而选择放弃。类似的还有"积极"过度会带来天真或想法简单；"战略"和"理念"过度容易导致空想太多，不切实际；"体谅"与"和谐"过度则容易忽略自己的感受，委曲求全，等等。

所有的天赋才干都没有优劣之分，它们都是我们的宝藏和资源。天赋和能力适度发挥，才可以发展为优势，支持我们走向卓越，收获成功和幸福。所以，无论你采用哪种工具来发现自己的优势，其目的都并非为自己贴上"行"或"不行"的标签。发现天赋、发展优势的意义在于：深入探索自己是一个怎样的人，自己的独特之处在哪里；自己有什么资源，做哪些事情会更擅长、更愉悦；自己存在的弱点或盲区在哪里，如何管理这些弱点并避免"踩坑"。同时，我们还要理解，人类是一种具有灵性的动物，各种天赋才干也绝非单独作战，它们在一个更大的系统内被整合，并与环境、关系等多个系统互动发生影响和作用。

三、优势探索与生涯规划的主要工具

目前，积极心理学在实践中被广泛应用的测评工具有两个：一个是塞利格曼和彼得森两位教授开发设计的 VIA 24 项品格优势测评，另一个是美国盖洛普公司开发的优势识别器。二者均以积极心理学为理论指导，但侧重点不同：前者侧重于积极的特质，研究人们最优秀的性格特点，突出其在品格与道德上的成长，并注重后天有意识的培养。该问卷是一项免费评估，可对个人的 24 项品格优势进行排序。盖洛普优势识别器则侧重于天赋本能倾向，其测评主要体现在个人才干和能力的运用上，注重思维与行为模式的倾向性，认为尽管人们的才干是天生的，却是可以被发展的。另外，在职业性格测评领域，MBTI 人格类型测试也被广泛应用。

(一)VIA 24 项品格优势测评与应用

品格特质是一种个体差异，它在不同的文化中被广泛认可，具有普适性与稳定性。同时，品格特质表现出人类的积极天性，它在道德上是有价值的，这种价值基于其自身，而非其可能产生的实际结果。品格特质是人类特有的积极天性，是人类优势的深层力量，既有先天基因的传承，也有后天道德层面的发展和成长，对一个人内在的心智模式、行为惯性、对外部世界的感知和价值观等都影响深远，是一个人走向成功非常强大、可靠的潜在力量。

作为积极心理学奠基人物，塞利格曼教授和彼得森教授共同研究出了 VIA 品格特质分类，包括 24 项品格优势，归纳为 6 种美德，即智慧、勇气、人道、正义、节制、超越，描述了人类具有的认知性、矫正性、人际性、社会性、防御性和超越性优势（图 9-8）。

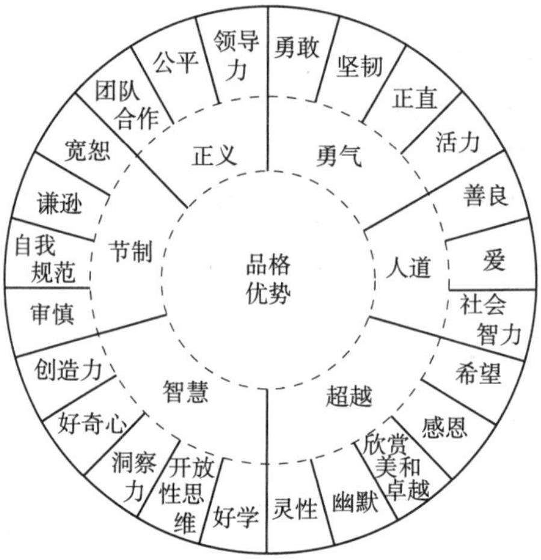

图 9-8　VIA 品格优势分类

1. 智慧优势

智慧优势主要指与获取和使用信息、为美好生活服务有关的积极特质，包括好奇心、创造力、开放性思维、好学和洞察力，这 5 种品格特质的共同之处在于认知优势特别明显。

（1）好奇心。指对所有经历的事情保持兴趣，包括积极地去认知、追求具有挑战性的机遇和寻求新的知识，分为感兴趣、寻求新奇感、开放体验 3 类。正是这种力量，驱使个人去发现和探索人类知识的边界。

（2）创造力。指个体运用自己所拥有的知识和奇思妙想，为生活、工作、学习中遇到的问题提出新奇而颇具效力的解决方法。从日常的聪明才智到被高度认可的开创性工作，具有创造力的人有着令人拍案叫绝的认识、思维和想象力。创造力往往在艺术表现和科学发现领域有显著表现，这种力量也适用于任何领域。

（3）开放性思维。指从不同的角度、方面去观察和审视正在思考的事情，综合考量各类情况并在必要时对自己的行为进行修正。思想开放的人能公平地对待证据，并从多个角度来对其进行检验，也可以改变观点。

（4）好学。指不断探索，对知识永远保持探求的热忱，包括热情地学习新的技能、话题和知识。热爱学习可以满足个体对事物的好奇心和追求感，使人们面对挫折和挑战时能够迎难而上，超越自我。

（5）洞察力。洞察力与聪慧不同，涉及更高层次的知识和判断。其掌握者可以清晰洞察某些事，并解决关于道德、生命的意义、社会的价值等的困难和问题，从而为他人提供明智的建议。有洞察力的人看待世界的方式会更具意义感。

2. 勇气优势

勇气优势指的是面对内外阻力努力达成目标的意志，包括勇敢、坚韧、正直和活力四种特质，它们共同的特点是具有矫正性，使人具备抵御诱惑和发生改变的动机。

（1）勇敢。指个体战胜恐惧、面对困难能够采取行动的能力。这种力量使人们面临威胁、挑战或痛苦时，不会畏缩不前。这种行为是自愿的，不管后果如何，勇敢的人会把正义放在更高的目标和道德上。

（2）坚韧。即坚持、毅力、勤奋，是个体面对困难时，能够意志坚强、坚韧不拔、持续努力实现目标所必需的精神力量。它需要奉献、专注和耐心，可以使个体不论面对何种困难都不轻言放弃，直至实现目标。

（3）正直。即不刻意隐藏自己，真实展现自己的想法、言语、行动，用最真实、真诚的方式呈现自己的能力。正直的力量体现在说真话上，这往往能让人感受到一种内在的归属感和舒适感，体验到一种真正的整体性。

（4）活力。即热情、热忱，是对生命力、激情和能量的欣赏，也是一种精力充沛的状态。它代表了生命力的旺盛以及压力的减少。生命的活力让人体验到精神和物质领域的双重满足，有活力的人往往对生活抱有更多的激情和探索的欲望，能够从生活中获取滋养自己的活力因子。

3. 人道优势

人道优势指的是关心他人的积极特质，用来处理一对一的关系，主要包括爱、善良和社会智力3种特质，其共同特点是具有人际性。

（1）爱。是一种伴随着浪漫、性和情感吸引的神秘力量。有爱的人会更加依赖、珍惜、信任和自己保持亲密关系的人，并甘愿为之奉献。这种力量使人们能够信任他人，并使他们在做决定时优先考虑关系，他们对自己与他人的相处和自己的奉献感到深深满足。

（2）善良。指的是对他人的恩惠和善行，其收获并非得到个人的利益，而是在给予和帮助他人的行为中得到快乐和满足。

（3）社会智力。即情感智力、人际智力，是个体意识到自己和他人情感或意图的能力。不管社会形势如何，他们都可以精准觉察到人际关系中的微妙变化和情感改变，并试图让每个人都感到舒适和有价值。拥有社会智力优势的人对他人的感觉很敏感，对自己也很诚实，且通常善于培养健康的人际关系。

4. 正义优势

正义优势与个人和群体及社区之间的最优互动有关，主要包括团队合作、公平和领导力和3种特质，其共同特点是具有广泛的社会性。

（1）团队合作。即社会责任、公民精神，是群体为了共同的利益而聚集，并朝着同一发展方向努力时，所显现出来的自愿合作和协同努力的精神。有这种力量的人会忠于自己的组织，愿意为旁人做出个人牺牲。团队合作能力体现在社会归属感和公民责任意识上，好公民不是盲目服从的，他们会努力改变自己的群体以变得更好。

（2）公平。是基于广泛的道德和法律观念呈现出的没有偏私的价值判断能力，它按照平等和正义的普遍理想来对待每个人。公正的人不会让他们的个人情感偏离道德规范，而是依赖于一套广泛的道德价值观做判断。真正的公平既包括对道德准则的尊重，也包括对他人的关怀和同情。这种力量适用于社会各阶层，适用于从日常生活互动到国际问题的解决等方方面面。

（3）领导力。是激励、指导和协调团队成员实现共同目标的能力。领导者在社会互动中占主导地位，但有效的领导需要倾听其他群体成员的意见和感受。拥有这种能力的人能够帮助团队以一种有凝聚力、高效和友好的方式实现目标。

5. 节制优势

节制优势指的是那些使我们免于过激的积极特质。节制优势在一定程度上是通过一个人对于行为的意志定义的，它可以使行动减缓，但并不会使之完全停滞。例如，宽恕可以使我们免于陷入仇恨，谦逊则可以使我们远离自大等。节制优势主要包括宽恕、谦逊、审慎和自我规范4种特质，其共同特点是具有防御性。

（1）宽恕。指的是可以接受失败或他人犯错，并抛开怨恨或复仇的诱惑，给予他人第二次机会的心理能量。它与仁慈有着相同的道德和情感基础。

（2）谦逊。指的是让自己的优点和成就为自己代言。有这种力量的人不会缺乏自信，只是会避免寻求公众对自己的关注。谦逊的人对自己的局限性和自己错误的观点是诚实的，并且愿意听取别人的意见和建议。

（3）审慎。指的是朝着未来目标的方向，对错误和风险进行改正和规避的能力。审慎的人不承担不适当的风险，并会在做出短期决定时牢记长期目标；审慎的人监视和控制他们的冲动行为，并预测他们行为的后果。审慎并不是吝啬或胆怯的同义词，而是以一种聪明有效的方式来实现人生目标。

（4）自我规范。也称自律，是为了达到目标或达到标准而对自己施加控制的过程，是个体控制自我的能力。这种力量既可以用来抵抗诱惑，如节食者避免吃甜食，也可以是行动，如早起锻炼。

6. 超越优势

超越优势指的是涉及个人之外的、与更庞大宇宙的一部分或者整体形成联系，从而为人们的生活提供意义的特质，主要包括欣赏美和卓越、感恩、希望、幽默和灵性五种特质，其共同特点是指向了生命的超越性（非物质性）。

（1）欣赏美和卓越。指的是发掘生活中美丽与优秀的能力。懂得欣赏的人，对周围的场景和人们充满热爱、感到敬畏。他们喜欢观察身体上的美、别人的技能和才能，以及一切美好事物。他们能够在生活的各个领域都发现美，这种力量让人们在日常生活中也能体验到满足感。

（2）感恩。指的是发自内心地对生活中美好事物的认识和感激。感恩的人需要时间来表达感谢，并思考他们在生活中得到的一切。感激可以指向一个人、一件事或一个群体，也可以只是单纯地表达对他人的欣赏和善意。

（3）希望。即乐观，是对未来美好事物的期待，或对要实现的目标的笃定。充满希望的人相信，他们所做的努力将会收获成果。这种力量使人们期望自己和他人都能做到最好。

（4）幽默。指的是对烦闷生活进行调节的能力，包括享受大笑、友好的戏弄和给别人带来快乐。有这种能力的人在很多情况下都能看到生活的积极面，找到快乐的事情，而不是让逆境打倒。幽默不一定是讲笑话，而是一种有趣的、充满想象力的生活方式。

(5)灵性。是理解人在人类全景中的位置，涉及一个人在更大范围内的知识，它可以包括但不限于精神信仰和实践。灵性是潜藏在我们身体内部不易被察觉的事物，它会帮助人们直面逆境，让人们超越平凡经历去触及一些本质的存在。

（二）盖洛普优势识别器（2.0版）测评与应用

你为什么会做出某个选择？你为什么会喜欢某些事情？你为什么对一些特定的领域更加擅长？万物皆有因，这是你的天赋才干使然。天赋才干，指的是每个人自然而然反复出现的思维模式、感受或行为倾向，与兴趣能力和成就密切相关。它们与生俱来，在生命的底层不断涌动，影响着我们的选择，指导着我们的行动，也使我们在一些领域更容易拥有过人之处。每个人都拥有自己独特的天赋才干，而它们的美妙之处在于拥有巨大的潜力，支持着我们不断挖掘成功的潜能。越了解它们就越能明白我们为何如此不同，以及应该如何运用它们将事情做得更好。

全球权威的咨询、民调机构——盖洛普公司，历时数十年对来自世界各地不同文化背景下不同国家、领域和行业超过25万名优秀人士进行了深入访谈和研究，并开发了专业的优势测评工具——优势识别器，以帮助人们发现并描述这些天赋才干。盖洛普优势识别器（2.0版）共有177组题目，354条描述，被试者根据自己实际情况作答，完成后会有一份详细的才干主题报告及行动指南。在这份报告中，测试者可以清晰地看见34项才干主题排序、分布领域以及标志性优势才干主题是哪些（图9-9）。

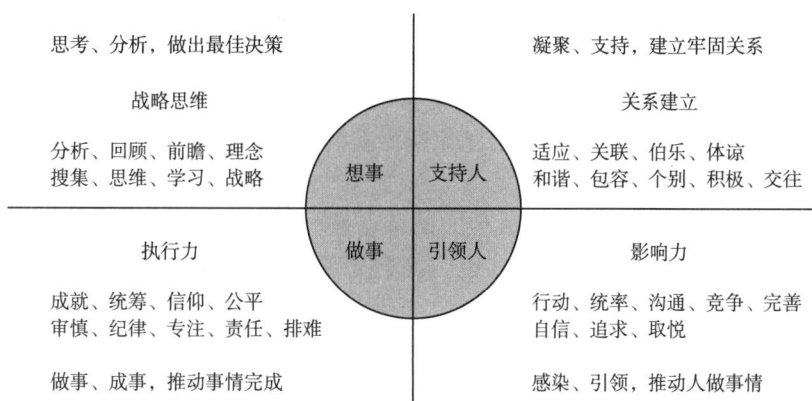

思考、分析，做出最佳决策　　　　　　凝聚、支持，建立牢固关系

战略思维　　　　　　　　　　　　　**关系建立**

分析、回顾、前瞻、理念　　　想事　支持人　　适应、关联、伯乐、体谅
搜集、思维、学习、战略　　　　　　　　　　和谐、包容、个别、积极、交往

执行力　　　做事　引领人　　　**影响力**

成就、统筹、信仰、公平　　　　　　　　　行动、统率、沟通、竞争、完善
审慎、纪律、专注、责任、排难　　　　　　自信、追求、取悦

做事、成事，推动事情完成　　　　　　感染、引领，推动人做事情

图9-9　盖洛普34项才干主题

1. 执行力领域

执行力领域主要指与做事及完成事情相关的天赋，包括成就、统筹、信仰、公平、审慎、纪律、专注、责任及排难9个才干主题。其核心是做事、成事的能力。

（1）成就。拥有成就才干主题的人最大的特点是"碌碌有为"。他们大多勤奋、努力，内驱力极强并有明确的目标导向；他们享受每天忙碌并有所作为的满足感；他们会在有限时间内完成更多的事情，以使自己获得极大的价值感。

（2）统筹。拥有统筹才干主题的人最大的特点是"指挥有度"。他们像天生的指挥家，善于合理安排现有资源以产生最大功效；他们享受事情出现变化后自己还可以调整并重新运作起来的满足感。

（3）信仰。拥有信仰才干主题的人最大的特点是"坚定不移"。他们拥有某种经久不变的核心价值观，并由此形成明确的生活目标；他们坚定的信仰，能让他们离梦想更近一些。

（4）公平。拥有公平才干主题的人最大的特点是"规则统一"。他们愿意恪守共同的准则，每个人都拥有平等的机会；他们认为制度要明确，每个人按照约定的准则来行事；他们支持论功行赏的原则，让每个奖项都实至名归；他们言行一致，讨厌搞特殊化，更讨厌滥用权力。

（5）审慎。拥有审慎才干主题的人最大的特点是"深思熟虑"。他们需要时间思考，信奉做事要"三思而后行"，"思量"和"计划"对他们而言都很重要；他们喜欢设想困难并在行动前慎之又慎，力求事情万无一失。

（6）纪律。拥有纪律才干主题的人最大的特点是"有条不紊"。他们做事井然有序，有章有法；他们擅长通过制订并遵守计划来管理资源，即便是生活物品也要安排得井井有条；遵守秩序才能让他们获得掌控感，有了规章制度和框架流程，他们才能够更有效地去执行任务、完成工作；他们属于自律型的人，给人的感觉通常是一丝不苟，严格遵守纪律和规则，比较整洁，也很守时。

（7）专注。拥有专注才干主题的人最大的特点是"贯彻始终"。他们的目标感明确，方向清晰；他们喜欢先确定重点，再着手行动；他们在做事情时喜欢享受高效、专注的状态；他们往往在短时间内就可以进入心流状态，特别适合在短期内打攻坚战。

（8）责任。拥有责任才干主题的人最大的特点是"言必有信"。他们信奉的价值观是诚实、忠诚，一旦做出承诺，无论大小，他们从感情上就觉得有义务跟进目标并将其完全落实。他们信守承诺，不会让人失望，并非常努力地履行自己的责任，别人也知道可以依靠、信赖他们；他们的这种自觉性、要把事情做对的动力以及无可挑剔的道德标准，让他们有了值得信赖的好名声。

（9）排难。拥有排难才干主题的人最大的特点是"以问题为导向"。他们善于发现问题并解决问题，是排除故障的行家里手。他们善于发现问题的成因，善于找到解决办法；他们喜欢发现问题，也擅长从他人身上的事情本身看到各种各样的不足。因此他们给人的感觉就是，对自己和对别人都是各种不满意，有点挑剔。

2. 影响力领域

影响力领域主要指与感染人、引领人和推动人做事情相关的天赋，包括行动、统率、沟通、竞争、完美、自信、追求及取悦8个才干主题，其核心是感染人、推动人的能力。

（1）行动。拥有行动才干主题的人最大的特点是"说做就做"。他们迫切地需要将想法化作行动，以推动事情发生。在团队中，他们往往是事情的启动者和促成者，他们很少拖延，坚信开始才是成事的第一步。

（2）统率。拥有统率才干主题的人最大的特点是有"大将风度"。他们运筹帷幄，指挥若定；他们立场鲜明，直言不讳，从不轻易随大流，敢于领导和发号施令；他们在危急时刻，非常负责，擅长控制局面，率领他人前进；他们似乎天然地就能给人传递一种信息："这事儿听我的。"

（3）沟通。拥有沟通才干主题的人最大的特点是"言辞达意"。他们善于将想法付诸言辞，是极佳的交谈者和生动的讲解者；他们不仅在言语上善于表达自己的想法，还具备妙笔生花的能力；他们具备深入浅出的能力，能把抽象的理论讲得通俗易懂、富有趣味又引人入胜；他们喜欢分享，乐于向他人传递自己的想法、观点和感受等。

（4）竞争。拥有竞争才干主题的人最大的特点是"争强好胜"。他们天性要强，做事喜欢比较，乐于享受取胜后无与伦比的满足；他们陶醉于竞争的喜悦中，他们的世界中没有银牌，总要力争第一；越是在竞争的环境中，他们"我想赢"的心越强烈。

（5）完美。拥有完美才干主题的人最大的特点是"精益求精"。他们信奉"没有最好，只有更好"的价值理念；他们专注于激励个人和团体追求卓越，相信"人外有人，天外有天"，强中自有强中手；他们追求的往往是一种"最大化"的状态，尤其关注自己长处的发展；他们崇尚强者，对自己的目标定位并非优秀而是卓越，会选择性地把时间、精力或金钱投资在自己已经做得很好的部分。

（6）自信。拥有自信才干主题的人最大的特点是"成竹在胸"。他们勇于决策，也敢于承担风险；同时，他们对自己的长处、能力和判断力有着笃定的、不可动摇的信心。

（7）追求。拥有追求才干主题的人最大的特点是"不同凡响"。他们希望自己在别人眼中出类拔萃；他们渴望被承认，希望自己在别人眼中显得非同寻常，渴望别人赞赏自己，认可自己的重大价值与贡献；他们期待自己可以站在舞台上，得到大家的掌声，并且观众越多越好，他们乐于享受在聚光灯下的感觉；他们会做那些持续地对他人有积极影响的事情，并在这类事情当中找到方向感、价值感。

（8）取悦。拥有取悦才干主题的人最大的特点是"社交达人"。他们能够在人际交往中打破坚冰，喜欢结交新人并博取其欢心；他们能自然地与人交往，可以为社交场合带来生气和活力；他们拥有一种特殊的能力，能赢得人心，把别人争取过来，使他们走出自己的角落；他们关注社交的广度而不是深度，他们相信没有陌生人，只有还未见面的朋友，他们是天生的社交家。

3. 关系建立领域

关系建立领域主要指与凝聚团队、支持人做事相关的天赋，包括适应、关联、伯乐、体谅、和谐、包容、个别、积极及交往 9 个才干主题，其核心是凝聚人、支持人的能力。

（1）适应。拥有适应才干主题的人最大的特点是"随机应变"。他们倾向于"随大流"，随遇而安；他们信奉的理念是活在当下，顺其自然；他们乐于享受当下的美好，渴望在允许灵活应变的工作上发挥自己的能力。

（2）关联。拥有关联才干主题的人最大的特点是认为"万物关联"。他们相信因果，深信世间并没有巧合，凡事皆有因；他们与其他人事的联结往往是靠感受而非理性的思考。

（3）伯乐。拥有伯乐才干主题的人最大的特点是"慧眼识人"。他们善于赏识并发掘他人的潜能，知人善任；他们能够察觉任何细微的进步，并给予对方积极的反馈，自己也乐在其中；他们擅长引导他人思考自己能做什么，并支持他这样去做。

（4）体谅。拥有体谅才干主题的人最大的特点是"善解人意"。他们能够设身处地地感受到他人的情感，擅长共情和理解别人；他们不需要刻意去思考或决策，但往往会让人感到被看见和懂得；与有体谅才干主题的人在一起时，会感到非常舒服。

（5）和谐。拥有和谐才干主题的人最大的特点是"求同存异"。他们信奉"和而不同"的智慧，渴望与其他人达成共识，避免冲突；他们讨厌和回避冲突带来的负面影响，在团队中，他们就像调停者或润滑剂；他们擅长在差异中寻找共识，有时候甚至愿意放弃个人利益，做出妥协和让步，以求得整体的前进。

(6) 包容。拥有包容才干主题的人最大的特点是"一视同仁"。他们期待每个人都能融入集体，让大家有归属感；他们关心那些被忽略的人，不会差别对待任何人；他们非常重视团队的凝聚，渴望拥有多元化和相互理解的团队，并努力让团队进行良性的互动。

(7) 个别。拥有个别才干主题的人最大的特点是"人尽其才"。他们天然地对每个人的独特之处兴趣盎然；他们无法接受用一刀切的方式来对待每个人；他们是最好的"选角导演"，能够看见并支持个体去发挥他们的独特性。

(8) 积极。拥有积极才干主题的人最大的特点是"乐观向上"。他们天性乐观，笑容可掬，这使得他们自带喜感又极具感染力；他们就像行走的小太阳，浑身充满能量，身边的人都乐于跟他们相处；他们总是千方百计地使每一件事都生机勃勃，激动人心；即使遇见什么挫折，他们也会不失时机地捕捉幽默或自嘲，他们坚信生活无比美好，工作充满乐趣。

(9) 交往。拥有交往才干主题的人最大的特点是喜欢"亲密关系"，他们更愿意建立"一对一"式的亲密交往；他们注重朋友的质量而非数量，喜欢建立真诚、信任和持久的关系；他们的朋友往往是交往时间长、关系深、亲密等级较高的熟人发展而来的，他们多喜欢稳定的人际环境。

4. 战略思维领域

战略思维领域主要指与思考事情、做出决策相关的天赋，包括分析、回顾、前瞻、理念、搜集、思维、学习及战略 8 个才干主题，其核心是思考事、决策事的能力。

(1) 分析。拥有分析才干主题的人最大的特点是"逻辑严谨"。他们喜欢探究事物的来龙去脉；他们对数字敏感，注重逻辑，条理分明；他们理性客观，会就事论事，喜欢用数据和事实说话，注重科学严谨地进行调查分析，然后形成真知灼见。

(2) 回顾。拥有回顾才干主题的人最大的特点是"追溯从前"。他们通过回顾过去来了解当前，喜欢从过往经历中寻找经验和力量；他们喜欢看一些历史书籍、人物传记等，并感慨"历史总是惊人的相似"；他们享受复盘的过程，常常审视过去，看清犯错的原因，以免再犯。

(3) 前瞻。拥有前瞻才干主题的人最大的特点是"相信未来"。他们十分憧憬和期待未来，并富有远见，对未来的前景和规划感到心潮澎湃；他们坚信前景美好，用希望鼓舞人心，经常被称为"梦想家"或是"有远见的人"。

(4) 理念。拥有理念才干主题的人最大的特点是"奇思妙想"。他们创造力和想象力十足，常常有一些天马行空的想法；他们喜欢思维上的挑战，天生擅长创意类工作；他们的工作或生活需要一些小变化，也会为周围的人带来许多新鲜感；他们的视角别致而独特，总是有一些出其不意或让人耳目一新的想法和主意。

(5) 搜集。拥有搜集才干主题的人最大的特点是"搜罗整理"。他们喜欢搜集、整理各种各样的信息、资料或物品；他们的电脑和硬盘里会分门别类地储存很多资料和信息；他们很可能不认同"断舍离"这样的价值观，对他们来说，充足的信息与资源非常重要。

(6) 思维。拥有思维才干主题的人最大的特点是"思考反省"。他们善于思考，勤于自省，敏于探讨；他们喜欢深度挖掘，着迷于事物的本质和底层规律；他们需要并享受独处的时间，不喜欢肤浅的对话；他们信奉"向内探索，才能向外行走"的理念，这使得他们不断成长进步。

（7）学习。拥有学习才干主题的人最大的特点是认为"学海无涯"。他们有旺盛的求知欲和好奇心，渴望学到更多新知识，不断成长和进步；他们讨厌止步不前或自以为是的人；他们享受求知的过程而非结果，并且本能地感到"学习让我快乐"；拥有学习才干的人，通常都是活到老，学到老的。

（8）战略。拥有战略才干主题的人最大的特点是"足智多谋"。他们的思维快而灵活，擅长化繁为简，从复杂抽象的事物中凝练框架和规律；他们经常会在头脑中进行复杂的思维推演，就像是全局导航，能快速侦察各种可能并选择最优路径；他们做出的决策通常是最佳决策；他们受不了那种头脑死板、不爱思考或规规矩矩的人，也受不了一件事情只用一种方法去做；战略才干主题可以和其他所有才干主题搭配，不断修正方向和路线，使其他才干主题的发挥事半功倍。

（三）MBTI 人格类型的测评及应用

著名心理学家荣格认为，人的心理活动有思维、感情、感觉和知觉这 4 种基本功能，可以将人划分为 8 种人格类型。美国心理学家伊莎贝尔·布里格斯·迈尔斯和她的母亲在此基础上加以扩展，形成 4 个维度，并编制成了《迈尔斯—布里格斯类型指标》（Myers-Briggs Type Indicator，MBTI）。该理论系统地解释了人们的天资差异，描述了由外倾—内倾、感觉—直觉 4 种主导心理功能，与思维—情感、判断—感知 4 种辅助心理功能组合在一起形成的 16 种人格类型及其特征，介绍了它们对个体学习、工作和人际关系等产生的影响。

作为有史以来使用最广泛的人格类型测试工具，MBTI 可以帮助测试者评估自己的人格类型，了解自己的人格优势和劣势，从而突破自我发展的瓶颈和人与人之间的性格壁垒，增进彼此之间的理解，在互补的基础上最大化地实现个人和团队的潜能，以成功完成既定的目标。

1.4 个维度

（1）注意力方向（精力来源）。

①外向型（E）　外向型人格会在他人身上获取动力，享受各种各样的工作和快节奏的生活，并且很擅长于同时处理多重任务。

性格特点：热情洋溢；生机勃勃；擅于表达；语速快、嗓门高；注意力容易分散；喜欢人多的场合；擅于关注问题的广度。

②内向型（I）　内向型人格通常喜欢独自工作或者在小群体中工作，更倾向于深思熟虑，并且喜欢单线程处理事务。

性格特点：冷静、谨慎；稳重；不愿意主动表达；语速慢、语调平稳；注意力很集中；擅于关注问题的深度。

（2）认知方式（如何搜集信息）。

①实感型（S）　实感型人格是很现实的人，他们喜欢聚焦于事实和细节，并将常识和过往经验应用于实际问题的解决中。

性格特点：留心细节；谈话目标清楚、方式直接；思维连贯；喜欢从事实际性的工作；对身体敏感。

②直觉型（N）　直觉型人格倾向于关注各种可能性和大局，容易观察到事物的模式，

重视创新，并会寻求问题的创造性解决方案。

性格特点：关注总体、未来；谈话目标宏观、方式复杂；思维跳跃；喜欢从事创造性工作；精力集中于自己的思想。

（3）判断方式（如何做决定）。

①思考型（T） 思考型人格倾向于使用逻辑分析做出决策，客观地权衡利弊，重视诚实、一致性和公平性。

性格特点：行为冷静、公事公办；很少赞扬别人；语言平实、生硬；坚定、自信；人际关系不敏感。

②情感型（F） 情感型人格比较敏感，有协作意识，并会根据自己的个人价值观以及他人将如何受到其行为的影响来做决定。

性格特点：行为温和、注重社交细节；习惯赞美别人；语言友善、委婉；犹豫、情绪化；尽量避免争论和矛盾。

（4）生活方式（如何应对外部世界）。

①判断型（J） 判断型人格倾向于有条理、有准备，喜欢制定并坚持计划行事，并且能够自在地遵守大多数规则。

性格特点：正式、严肃；保守、谨慎；习惯做决定、有决断；急于完成工作；遵守制度、规则与组织；外表整洁、环境干净。

②感知型（P） 感知型人格更喜欢他们的选择具有开放性，喜欢能够顺其自然地行动，喜欢灵活地制定计划。

性格特点：随意、自然；开放、灵活；做事拖拉、不愿意做决定；喜欢开始一项工作；常常感觉到被束缚；着装以舒服为标准、不在意环境。

2.16 种职业性格类型

（1）INTP 发明家（具有创造力）。热衷于思考而非社交活动，安静、内向、灵活、适应力强。讲究合理性，喜欢具有理论性的和抽象的事物，对于自己感兴趣的领域有超凡的集中精力和深度解决问题的能力。有时会有点挑剔，多疑，批判分析他人，自以为是。

（2）INTJ 思想者（富有想象力和战略性）。独立而极具个性化，能很快洞察到外界事物间的规律并形成长期的远景计划。相信自己的眼光，漠视众人的怀疑，有专一性和果断性。在实现自己的想法和达成自己的目标时有创新的想法和非凡的动力。一旦决定做一件事就会开始规划并直到完成为止。

（3）INFP 医治者（诗意善良）。理想主义，好奇心重，具有洞察力，适应力强，灵活。对于自己的价值观和自己觉得重要的人非常忠诚。希望外部的生活和自己内心的价值观是统一的。寻求理解别人和帮助他们实现潜能。希望自己的工作被他人认可，喜欢独立工作或在能发挥创造性的小团体里工作。

（4）INFJ 辅导者（安静而神秘、鼓舞人心）。喜欢独立工作，寻求思想、关系、物质等之间的意义和联系。对人有很强的洞察力、同情心。有责任心，坚持自己的价值观。在目标的实现过程中有计划而且果断坚定。

（5）ENTP 发明者（聪明好奇）。喜欢与他人一起从事需要非凡智慧的活动，具有战略眼光，多才多艺，具有分析型思维和创业能力。不喜欢例行公事，很少会用相同的方法做相同的事情。

(6)ENTJ 指挥者(富有想象力且意志强大)。喜欢与他人一起工作,具有逻辑性、组织性、客观性、果断性,喜欢管理工作,善于做长期的计划和目标的设定,有天生的领导能力。

(7)ENFP 奋斗者(热情、有创造力、爱社交)。热情洋溢、富有想象力,理想主义者,能很快地将事情和信息联系起来,然后很自信地根据自己的判断解决问题,总是需要得到别人的认可,也总是准备着给予他人赏识和帮助,灵活、自然不做作,有很强的即兴发挥能力,言语流畅。

(8)ENFJ 教育者(富有魅力、鼓舞人心)。热情、为他人着想、相信灵感、有责任心,非常注重他人的感情、需求和动机,善于发现他人的潜能,并乐于帮助他们实现潜能,能成为个人或群体成长和进步的催化剂,忠诚,对于赞扬和批评都会积极地回应。友善、好社交,在团体中能很好地帮助他人,并有鼓舞他人的领导能力。

(9)ISFP 创作者(灵活、富有魅力、热爱新鲜事物)。安静、友好、敏感、和善。享受当前。喜欢有自己的空间,喜欢能按照自己的时间表工作。对于自己的价值观和自己觉得重要的人非常忠诚,有责任心。不喜欢争论和冲突。不会将自己的观念和价值观强加到别人身上。

(10)ISTP 实验者(大胆而实际)。灵活、忍耐力强,是个安静的观察者,直到有问题发生,就会马上行动,找到实用的解决方法。擅于分析事物运作的原理,能从大量的信息中很快地找到关键的症结所在。对于原因和结果感兴趣,用具有逻辑的方式处理问题,重视效率。

(11)ISTJ 检查者(实际且注重事实、一丝不苟)。安静、严肃,通过全面性和可靠性获得成功。注重实际,有责任感。决定有逻辑性,并一步步地朝着目标前进,不易分心。喜欢将工作、家庭和生活都安排得井井有条。重视传统和忠诚。

(12)ISFJ 保护者(专注而温暖)。安静、友好、有责任感和良知。坚定地致力于完成他们的义务。全面、勤勉、精确,忠诚、体贴,留心和记得他们重视的人的小细节,关心他人的感受。努力把工作和家庭环境营造得有序而温馨。

(13)ESFP 表演者(精力充沛而热情)。外向、友好、接受力强。热爱生活、人类和物质上的享受。喜欢和别人一起将事情做成功。在工作中讲究常识和实用性,并使工作显得有趣。灵活、自然不做作,对于新的任何事物都能很快地适应。学习新事物最有效的方式是和他人一起尝试。

(14)ESTP 倡导者(精力充沛、善于感知)。灵活、忍耐力强、实际、注重结果。觉得理论和抽象的解释非常无趣。喜欢积极地采取行动解决问题。注重当前,自然不做作,享受和他人在一起的时刻。喜欢物质享受和时尚。学习新事物最有效的方式是通过亲身感受和练习。

(15)ESTJ 监管者(管理能力无与伦比)。实际、现实主义,果断,一旦下决心就会马上行动。善于将项目和人组织起来将事情完成,并尽可能用最有效率的方法得到结果。注重日常的细节。有一套非常清晰的逻辑标准,有系统性地遵循,并希望他人也同样遵循。在实施计划时强而有力。

(16)ESFJ 供给者(极具同情心、总是热心提供帮助)。热心肠,有责任心,重视温馨和谐的人文环境,喜欢和他人一起精确并及时地完成任务。事无巨细、尽职尽责地执行。

能体察到他人在日常生活中的所需并竭尽全力帮助。希望自己和自己的所为能受到他人的认可和赏识。

第三节 优势发展与生涯规划实践

本节是基于团体辅导的理念，开发设计了四套不同主题的活动实践方案，通过团体内成员的互动和交流，引导个体在团体中观察、学习和体验，以促进自我的成长。内容涉及优势探索、优势选择、优势与职业发展、优势发挥与团队协作等不同领域，同时附有开展活动所需的物料以及图表等，教育者可将其作为课堂的教学环节或后的实践环节参考和借鉴使用。

一、优势探索

发展心理学家埃里克森认为：个体在青少年时期面临的主要问题和困惑是自我同一性混乱，具体表现在自我认识不全面、不客观，由此导致了自我认知偏差、自卑等问题。因此帮助青年认识自我、了解自我十分重要。积极心理学认为要从更主动和积极的视角对学生进行引导和干预，这个过程最关键的一步是帮助学生发现和探索自我优势。

【小练习】

我的优势名牌

发现和探索自己的优势是一个非常愉悦和鼓舞人心的历程。以下练习可以帮助学生更深入地探索自我，了解和认识自己的优势，从而建立真正的自信，为在未来的学习、生活中有意识地发展和运用这些优势奠定基础。具体步骤如下：

第一步：请在纸上画出自己的手掌轮廓，在掌心处写上自己的名字，5 个手指上依次写下最能代表自己且比较满意和欣赏的特质或能力。

第二步：6~8 人一组，在小组中分享自己的这些特质，并选择 1~2 个特质具体说明。

第三步：小组成员依次分享后，将各自的优势图在小组中传递，相互补充完善自己认为对方具有哪些优势。

第四步：每个人综合自己和他人评价，选定自己最认同的 5 个优势，依次写下来，做成自己的"优势名牌"留存。

第五步：小组成员依次用以下 3 句话总结分享自己的优势名牌。

▶ 我认为我是一个_____的人；

▶ 小组同学们认为我还是一个_____的人；

▶ 我的感受是：_____。

二、优势选择

很多时候，选择比努力更重要，正是无数次的选择决定了我们的人生方向。优势选择不仅是一个概念，更是一种思维和行为的模式。人生一小部分是由你做了的事情所决定，但大部分是由你做精做好的事情决定的，而决定你能做精做好一件事情的，就是优势。因此，明确和发展自己的优势，用优势理念辅助自己的成长，才是极简的强者思维。请记住，找到自己的优势，是成就你卓越的关键。

【小练习】

优势拍卖场

借助优势拍卖场角色扮演活动，可激发学生探索和了解自己的优势，强化对自我独特优势的理解和思考，帮助学生对自己的天赋才干进行全面、深入的探索和梳理。同时引导学生理解每个人的天赋才干是有限的，但并没有好坏之分，每个人的优势生而不同，每种优势都有其独特的价值和意义，鼓励大家在生活学习中有意识地发挥运用，将其发展为自己真正的竞争优势。具体步骤如下：

第一步：每人5张卡片，分别写上自己最满意、最欣赏的优势；同时给每位同学5000优势币作为优势购置资金。

第二步：6~8人一组，在小组中依次介绍自己的拍卖品(优势)，标定底价。

第三步：每人一次拍卖机会，竞买次数不限。小组成员轮流当拍卖家，按照拍卖的规则竞卖或竞买自己想拥有的优势，优势一经拍卖，概不退换。

第四步：小组内分享拍卖成果，思考并交流如下几个问题：

▶ 与初始阶段相比，你的优势和财富有哪些变化？

▶ 为何竞买或竞卖某些优势？是否后悔拍卖中的选择？

▶ 总结自己最突出的优势以及对自己的价值和意义。

第五步：分享未来的学习生活中，自己将如何运用拥有的优势？

三、优势与职业发展

明确自己选择哪些优势重点发展，对大学生的自我成长与职业生涯规划有着重要意义。想要得到正确的结果，就要在正确的方向上做正确的事，而正确做事的第一步并不是努力，而是发现和建立优势。建立优势是向内探索，职业发展则是向外成长，向内探索越深，向外成长就越好。

【小练习】

知己善用，我的职场我做主

了解了自己的主要优势和职业性格倾向，还要思考如何将这些能力巧妙地搭配使用，让自己的优势真正能够充分发挥，助力职业发展、成就职业梦想。以下是优势与职业发展的组合练习，主要步骤如下：

第一步：每人在A4纸上写下自己最感兴趣、最心仪的某个具体的职业。

第二步：说说职业背后的故事，小组中依次分享自己对该职业的理解，小组成员共同梳理每个职业可能面临的挑战以及需要具备的核心能力。

第三步：结合主题一和主题二的优势探索，分享可能帮助自己应对这些职业挑战的优势，并具体分析这些优势过去曾怎么帮助到自己。

第四步：梳理每种优势携带的资源，分析它们将如何帮助自己在职场中胜任。

第五步：将以上4步的探索整理到图9-10，明确这些优势如何助力自己的职业发展；多回顾这些优势并与它们进行积极的对话，感谢它们过去对你的帮助。

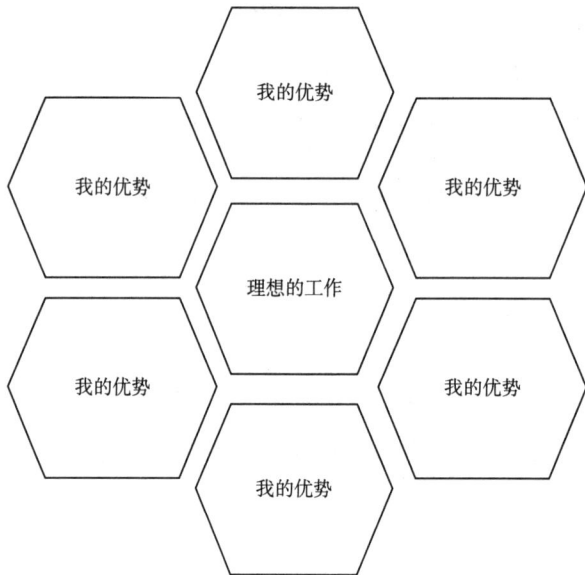

图9-10　理想的工作 VS 我的优势

四、优势发挥与团队协作

"独木不成林，一花难成春"。任何一个团队都是由独立的个体组成，团队的力量既取决于个体的力量，更取决于个体协作后的整体发挥。一个优秀的团队，鼓励每一个人都能够围绕团队既定目标，找准最适合自己优势发挥的位置，相互协作，用更好的自己成就更好的团队。

【小练习】

完美团队与优势宝藏

该练习适用于团队建设与协作，借助团队的优势探索促进团队成员彼此间积极的沟通与理解，凝聚团队力量，明确自己在团队中的最佳角色位置，倡导成员用最好的自己成就最好的团队。主要步骤如下：

第一步：全班分为6~8人一组，每个人将自己最突出的3种优势写出来。

第二步：结合自己的优势在小组中依次分享，团队协作时你对自己哪些方面的表现最满意？你可以为团队做出哪些贡献？

第三步：分析交流小组成员最突出和集中的优势，共同设计创作团队优势图并命名，要求作品能够体现本组成员的主要优势特征(图9-11)。

第四步：依次在全班介绍本组作品与团队突出特点及优势，分享活动感受。

图9-11 团队优势图

本章作业

结合本章内容，完成"我的生涯档案"。

我的生涯档案

学号：_____ 姓名：_____ 班级：_____ 日期：_____

一、我的优势探索

1. 你的VIA 24项品格优势排序是：

_____、_____、_____、_____、_____、_____、_____。

2. 你的盖洛普标志性才干(前5项)是：

_____、_____、_____、_____、_____。

一句话描述你自己的优势：

_____

3. 你的MBTI偏好类型是：_____、_____、_____、_____。

一句话描述你自己的职业兴趣：

_____

写下你最感兴趣的3种职业类型：_____、_____和_____。

二、确定职业清单

根据以上的探索，在下面空白处列出你最想继续了解和探索的职业。

_____ _____ _____

269

（续）

三、目标设立与行动计划

1. 我的生涯目标：＿＿＿＿＿＿＿＿＿＿＿＿＿＿＿＿＿＿＿＿＿＿＿＿＿＿＿＿。

2. 我拥有的资源：＿＿＿＿＿＿＿＿＿＿＿＿＿＿＿＿＿＿＿＿＿＿＿＿＿＿＿＿。

3. 当下的行动计划：＿＿＿＿＿＿＿＿＿＿＿＿＿＿＿＿＿＿＿＿＿＿＿＿＿＿。

本章重点检测

1. "优势理论"的核心理念主要包括：＿＿＿＿＿、＿＿＿＿＿、＿＿＿＿＿和＿＿＿＿＿。

2. 隐性优势可以从＿＿＿＿＿和＿＿＿＿＿两个角度来理解。

3. 舒伯用"职业生涯彩虹图"展示生涯发展的进程，生涯彩虹图中包括＿＿＿＿＿、＿＿＿＿＿、＿＿＿＿＿、＿＿＿＿＿和＿＿＿＿＿5个时期。

4. 霍兰德根据每个人不同的兴趣特点，将职业倾向分为＿＿＿＿＿、＿＿＿＿＿、＿＿＿＿＿、＿＿＿＿＿、＿＿＿＿＿和＿＿＿＿＿6种类型。

5. 塞利格曼教授和彼得森教授研究的 VIA 24 项品格优势分类，可归纳为＿＿＿＿＿、＿＿＿＿＿、＿＿＿＿＿、＿＿＿＿＿、＿＿＿＿＿和＿＿＿＿＿6种美德。

6. MBTI 人格类型分类的 4 个维度分别是：＿＿＿＿＿＿、＿＿＿＿＿＿、＿＿＿＿＿＿和＿＿＿＿＿＿。

第十章

幸福的方法

【本章重点】

幸福的真相：金钱买不到幸福；成功者未必幸福，但幸福本身就是一种成功；幸福是有意义的快乐。

幸福的法则：以感恩之心回顾过往；以希望之心面对未来；以乐观之心把握当下。

幸福的密码：丰盈精神，运用优势；付出努力。

人类生活的目的，无论是现在还是将来，永远都是幸福。

——列夫·尼古拉耶维奇·托尔斯泰

幸福是一个永恒的话题。毫无疑问，幸福是这个世界上最宝贵的东西之一，人人都渴望拥有幸福。在不同时代、文化以及个体差异的影响下，人们对幸福的定义和追求方式也有所不同，尽管世人眼中的幸福千差万别，但数千年以来，人类对幸福的追寻从未停止。两千五百多年前，中国的孔子周游列国十四年传播儒家文化，致力于实现以"仁爱"为核心的生活理想；大约一个世纪以后，古希腊的柏拉图在《理想国》中提出了幸福的基本思想，并对什么是幸福、怎样获得幸福等问题进行了全面系统地阐述。在人类文明发展的历史进程中，几乎所有普世哲学体系中都会涉及对人类幸福的思考和探讨，很多著名思想家和哲学家也对幸福有着独到的见解，但幸福到底是什么？时至今日，依然仁者见仁，智者见智。

第一节　心理学视角下的幸福

与几十年前的人们相比较，我们享受人生的机会增加了许多，但事实上我们并没有比他们生活得更快乐。即使置身于现代极尽丰富的休闲娱乐中，依然有很多人觉得生活无聊。而随着社会经济水平的不断发展，人们对幸福的观念也逐渐从物质富足、社会地位和享乐转变为积极的情感和人际关系以及自我实现等方面，尤其关注个体的精神实践以及对更有意义生活的追寻。在追求幸福的过程中，人们对心理学的需求似乎从未像当今社会这样迫切。

2022年6月发布的《世界精神卫生报告》(以下简称《报告》)显示，在新冠病毒大流行的第一年，全球抑郁症和焦虑症等常见精神疾病的发病率大约增加了25%以上。《报告》指出，世界上约有八分之一的人患有精神障碍，其中，焦虑症和抑郁症是最常见的精神障碍。中国《2022年国民抑郁症蓝皮书》(以下简称《蓝皮书》)公布的相关数据显示，目前我国患抑郁症人数9500万，每年大约有28万人自杀。《蓝皮书》同时提到，抑郁症发病群体呈年轻化趋势，18岁以下的抑郁症患者占总人数的30%，5成抑郁患者为在校学生，41%曾因抑郁休学。青少年抑郁症患病率已达15%~20%，接近于成人。还有研究认为，成年期抑郁症在青少年时期已发病。

尽管世界上大多数国家都正在变得越来越富有，但一个令人遗憾的结论是：在物质生活水平不断提高的同时，抑郁症和其他精神疾病的比例也随之飙升；非常富裕的人群也可能只比普通人幸福一点点；财富对人们幸福感的提升可能并没有那么卓越的功效。为什么明明拥有很多东西，却并没有感到更幸福？越来越多的人试图在心理学中寻求答案。

一、心理学对幸福的研究和理解

为了探寻幸福的真谛，心理学家投入了大量的时间和精力，试图通过科学的研究了解幸福的本质，帮助人们过得更幸福。在检索和梳理关于"幸福"主题的心理学研究中，我们惊讶地发现，过去几十年间，心理学似乎更关心另一件事——心理问题。中文文献检索显示，2000年以前对"幸福"相关的研究成果几乎是空白；2000年后，关于"幸福"主题的研究文献逐年增多，这与积极心理学的发展几乎是同步推进。尽管传统心理学并没有系统全面地研究"幸福是什么"，但却对"不幸福"开展了大量的研究，这些辛苦累积的有关心理问题与痛苦的成果，为"如何获得幸福"做出了卓越的贡献，并在探索"幸福"和"不幸福"的时光交织中，奠定了积极心理学发展的基础。

(一)幸福倾向

人们都感受过幸福，对幸福也都有各自的认知或讨论，但却缺少一个完整的理论来帮助我们全面深入地理解它。英文幸福(happiness)一词源自冰岛语里的happ，在中世纪英语中，happ表示"幸运"或"机会"的意思。加上名词后缀"-ness"，形成了用来表示"幸福状态"的词汇。这个词强调了与机会、运气和好运相关的幸福感，表达了一种积极、满意和愉快的心理状态。但幸福是否只能凭借运气来获得呢？心理学试图给出更科学、有力的答案。

1. 幸福倾向的哲学起源

幸福倾向是个体追求并获得幸福的方式。个体追求并获得幸福的方式不同，有人以追求感官上的满足和愉悦而感到幸福，也有人以过有意义的生活而感到幸福。关于幸福倾向的起源，可以追溯到快乐论和完善论两种经典的幸福哲学观点。

快乐论将幸福定义为享受生活及其乐趣，认为幸福可通过追求快乐和避免痛苦而得以实现，是伴随个体欲望满足的积极情绪状态。快乐论强调个体感官和情感上的满足，将快乐视为幸福的最终目标，更多关注自我欲望的满足。完善论则认为，幸福与个体的成长和完善有关，主要强调个体的自我实现和追求卓越。完善论的幸福观强调，只有有意义的活动才能给人们带来真实、持久的愉悦体验，更多关注帮助他人；如果单纯以追求快乐来实现幸福，则容易使人沦为欲望的奴隶。亚里士多德在著作中对完善论的幸福观有详细的描述，认为幸福意味着自我实现，意味着表达和实现自我内在的潜能，在此过程中，我们的天赋、需求、所持的价值观指引着我们的生活。

快乐论强调快乐和愉悦感，完善论关注个体的自我实现和有意义的生活。然而这两种形式的幸福有大部分的重叠，因为在自我实现的过程中，大部分都会产生享乐的愉悦感受。享乐的快乐与那些能使人感到放松、兴奋、满意或愉快的活动相联系，会让人们忽略了时间，并忘记个人层面的种种问题。完善性的愉悦则与那些能创造个人能力感和价值感以及成长性的活动有关。总的来说，心理学对幸福的研究认为，快乐观和完善观之间主要是互补而非冲突的关系，两种幸福观要比单纯一种观点对幸福感的理解更全面和充分，综合考虑这些观点可以帮助我们对幸福有更全面的理解。积极心理学的研究旨在关注如何达到二者的有机融合，进而在实际生活中寻求更深层次的满足：既有个人的幸福和生活满意度，也有个人的意义、成长和积极功能。

2. 幸福倾向的相关研究

积极心理学奠基人之一彼德森等总结了 3 种幸福倾向：快乐倾向、投入倾向和意义倾向。快乐倾向反映了快乐论的幸福观，持有快乐倾向的个体在追求幸福的过程中会最大程度地体验积极情绪，避免消极情绪，通过寻求即时感觉满足而获得幸福。投入倾向源自心流的相关研究，持有投入倾向的个体将注意力高度集中在活动上，甚至感觉不到时间流逝，在专注于体验活动中获得幸福。意义倾向则反映了实现论的幸福观，持有意义倾向的个体通过从事实现自己潜能并给生活带来意义的活动而获得幸福，通过发挥潜能而成为更好的自己。从与自我的关系上看，3 种幸福倾向存在不同。持有快乐倾向的个体认为幸福是自我欲望的满足；持有投入倾向的个体则会全身心投入到活动上；持有意义倾向的个体关注自我的展现和提升，更多帮助他人。从时间维度上看，快乐倾向者的幸福是即时的积极感官体验；投入倾向给个体所引发的心流体验通常发生在活动之后；意义倾向所引发的快乐则更为持久，能使个体持有较长时间的幸福感。投入倾向与意义倾向更接近，都属于实现论的幸福观。个体的投入倾向和意义倾向关系密切，二者存在较高相关性。因而，意义倾向和投入倾向常被合并起来。

不同的幸福倾向都能促进幸福感。已有的研究证实，相对于快乐倾向，投入倾向和意义倾向得分高的个体报告了更高水平的生活满意度；投入倾向和意义倾向之所以给个体带来持续好处，是因为它们给人们建构了持久的资源；而快乐倾向只是带来了短期的情绪改善。

3. 幸福倾向的影响机制

意义倾向有助于个体建立社会联系和提供人生目的，进而发展出与自我相关的目标。例如，在意义倾向的影响下，大学生学习更为投入，学习策略更多样化，学习毅力更强，更可能表现出良好的学习行为，取得更高的学业成就。同时，追求意义的个体具有更强的情绪调节能力，会促使青少年产生更多的亲社会行为。投入倾向也是如此，它使个体全身心专注于某一活动，增强个体的能力感和自尊，有助于个体发挥自身才能、挖掘自己的兴趣、获得更多的心理资本，从而获得幸福。而快乐倾向不会导致任何持久资源的开发，它所带来的只是短期的情绪改善，即时或短期的快乐需求并不能给个体带来实质性的资源建构。甚至还有研究发现，快乐倾向与青少年的网络成瘾相关。因此，投入倾向和意义倾向更能使个体通过建立技能和心理资源来实现有价值的目标。

大学生的幸福倾向具有年龄特殊性。18~25 岁的大学生处于成年早期，也是人生建设的初期，他们将经历一系列重要的发展与变化，如不断扩展自己的社交圈、价值观念的冲击与重构、定位自己的社会角色等。与此同时，他们的心理、认知以及人格发展尚未成熟，对待生活的方式比较盲目，对人生的期待也正处于探索阶段，尚未形成明确稳定的幸福观，因此，积极的心理教育引导尤为重要。

(二)主观幸福感

国际积极心理学的领军人物埃德·迪纳是幸福科学的开拓者，多年来一直致力于主观幸福感的研究。迪纳教授一生有 330 多篇公开发表的论文，其中关于主观幸福感的约有 250 篇，在主观幸福感的理论和测量以及影响因素等方面做出了卓越贡献。1984 年，迪纳教授发表了一篇题为"主观幸福感"的文章，将主观幸福感定义为生活满意度和积极情绪体验，是幸福感的一个重要组成部分，但过去的心理学研究忽视了这一点。主观幸福感反映了个体对于自身生活质量的主观评价，直接评估了个体对自己生活的快乐度和满意度，能够清晰地体现个体对这些事实如何评价以及如何感受。在不同的成长经历、生活期待以及价值观的综合影响下，不同个体对相同境况的反应可能完全不同。影响一个人幸福水平的因素非常复杂，而主观评价有助于我们从个体自身的角度解释这些"客观事实"，对幸福进行测量是评价人们生活质量必不可少的要素，与经济指标和社会指标一样重要。因此，个体对生活满意度的主观评价是幸福研究中非常核心的部分。1985 年，迪纳和他的学生发表了生活满意度量表，这是目前世界上使用最广泛的幸福感量表之一。

迪纳教授及其团队还曾专门对中彩票大奖的人群进行了一项有关幸福感的研究，结果表明：人们中大奖之后的幸福感大约只能持续 3 个月，便很快返回至中奖前的水平。物质上的成功(也可以理解为金钱和财富)与幸福的相关性非常低，除必需品之外，拥有的更多并不会提升幸福感。迪纳教授对幸福的相关研究引出了一个有趣的问题：如果金钱不能直接买来幸福，那么什么能带来幸福？2005 年 1 月 17 日，美国《时代》周刊出版了一期以幸福科学为主题的封面文章，其中说道："心理学界关于幸福最有代表性的研究，是美国著名社会心理学家埃德·迪纳和他的同事完成的。在长达二十五年的研究中，他们发现一般人所热切追求的生活目标，如高收入、高学历、年轻、美貌，甚至日照时间等对幸福感的实质贡献很小，而起最大作用的是和谐友好的人际关系，至爱亲朋的关怀，温暖的社会支持以及适当的关系交往技巧。"

主观幸福感拓展了幸福的研究视角，不再仅仅局限于狭义的快乐观和短期快乐，其定义主要是：满意的生活、拥有积极的情感体验和相对较少的消极情感体验。幸福包含这三个彼此相关但又各自独立的成分。迪纳指出，发展出更细化的、更被普遍接受的主观幸福感的测量手段，是积极心理学发展的一项重要任务。如果基本生活条件得到满足，客观上的物质条件对幸福感的影响就变得非常微弱；那么，影响幸福和不幸福的因素就必然要包含一些心理和主观的因素。而基于对幸福水平差异的个体特质和状态的考察，或许可以解释关于幸福的研究中非常重要的两个问题：什么是幸福？什么样的人更容易获得幸福？这也是积极心理学研究的主要问题。

二、积极心理学对幸福的研究

积极心理学被视为国际心理学界的第四次浪潮，被誉为一门"幸福的科学"，它采用科学的方法来研究"如何让人活得更幸福"。近二三十年，积极心理学的发展势如破竹，关于幸福的研究成果在全世界范围内受到重视。这与心理学学科领域的不断拓展，以及当今世界所处的时代紧密相关。

塞利格曼指出，我们的富裕程度是 40 年前的两倍，但是我们患抑郁症的可能性是 40 年前的 10 倍。无论何种阶层，人们普遍都能理解"金钱买不来幸福"，但同时也对"如何拥有幸福"心存困惑。什么是真正的幸福？如何能拥有真实、持久的幸福？传统心理学并没能充分回答这些问题，这也是积极心理学在这个越来越富裕的时代蓬勃发展的主要原因之一。

(一)基本目标与理念

积极心理学主要研究目标之一是如何使大多数人获得幸福，积极心理学家们用大量令人信服的实验和调查数据告诉人们，幸福是可以学习和培养的，而积极心理学已经掌握了许多科学有效的方法来使人更幸福，也让幸福感更加真实和持久。塞利格曼教授在《真实的幸福》一书中曾经提出了一个引人深思的假设：如果可以装一个"经验体验性机器"，一生中任何你想要幸福的时候，它都可以刺激你的大脑并带给你幸福感，你是否想使用这种机器？绝大多数人的回答是否定的，因为每个人想要的是真正的幸福，而非外源性、暂时的幸福感。而真正的幸福感必须来自自我的确认，即自己努力后内心油然而生的愉悦和满足。事实上，人类发明了许多捷径以获得暂时的快乐体验，如毒品、酗酒、物欲放纵、游戏以及赌博等。而这些捷径根本无法带给我们真正的幸福，缺乏精神上的丰盈，空虚的心灵只会在没有意义的寻欢作乐后更加沮丧，虚度一生的遗憾和后悔会让老年之时的我们在自我谴责中黯然离去。因此，幸福作为积极心理学领域研究的核心主题，其基本目标是帮助和指导人们解决以下两个问题：我们如何可以获得幸福？以及我们如何迈向更深层次的幸福？

基于这样的愿景，积极心理学对幸福的研究有许多界定和拓展。积极心理学认为，幸福(包括心理健康)的界定绝非是没有不幸或没有疾病。用下面的坐标轴可以(图 10-1)表示人生的状态，从左至右表示"不幸福"到"幸福"的历程。假设一个人的生活状态是不抑郁、没有许多压力、生活中无须面对重要挑战或失败，也没有与家人或朋友分离等问题，这样的生活是否就可以定义为"幸福"呢？严谨地说，这样的状态似乎只能定位在"零点"，显然这并不等同于"幸福"，这仅仅意味着你没有"不幸福"。没有消极事件，但缺乏积极事件的"零点状态"并非幸福和美好生活的追求目标，它顶多只能被视为这些目标的起点。

众所周知，传统心理学对"零点以下的生活"研究颇多，包括压力、消极情绪、创伤以及人格障碍等，已有的研究告诉我们，这些问题会带来许多痛苦甚至精神疾病，但并没有告诉我们，哪些资源会促进健康和幸福。积极心理学则将研究的重点内容定位在"零点之上"的一切，并试图找到充分的证据来对幸福和健康做出科学的描述(图 10-1)。

痛苦   幸福

————————————————————————————→
              0
传统心理学   积极心理学

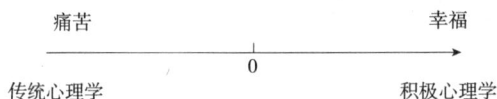

图 10-1　传统心理学与积极心理学研究内容对比

(二)对幸福的解释

积极心理学家提出了幸福的模型和理论，从不同角度解释了幸福的内涵。塞利格曼在相关的研究中强调了积极情绪、投入、人际关系、意义与目的以及成就的重要性，为幸福的基本要素提供了理论基础，并推动了积极心理学的发展和应用。

1. 幸福与美好生活

基于文化和发展因素，塞利格曼结合快乐论和完善论观点的主要成分，解释了 3 类幸福倾向下的美好生活：愉快的生活、投入的生活和有意义的生活。

(1)愉快的生活。愉快的生活强调积极情绪和体验对于幸福和健康的重要性，主要包括大量积极情绪、少量消极情绪以及对总体生活的满意度。积极情绪能够扩展我们的生活视野，建构身体、心理和社会资源。因此，通过发展积极情绪能够提升生活满意度。而借助一些基于内在乐趣而带来快乐的活动，也能有效减少紧张、焦虑和抑郁等消极情绪，对提升幸福感有重要意义。

(2)投入的生活。投入的生活指的是主动投入到能够实现自我需求和价值的生活追求中。如果这个过程能够发挥个体的优势，这类活动对个人来说将变得格外有意义和令人满足。投入可以带来胜任感和目标感，以及每个人都渴望的自由、价值感以及归属感。同时，反映个人价值观和能力感的目标也能促进幸福感。这里的关键在于投入目标的选择，良好的自我觉察和理解可以帮助个体区分"好"目标和"坏"目标。

(3)有意义的生活。投入和意义关系密切，如果一项活动对个人来说没有意义，那么就很难保持对该活动的投入。塞利格曼相信，有意义的生活让我们超越个人的生活兴趣，帮助我们与更深远的事物建立联系，而深远和超越的意义更令人满意和持久，并且对个体的美好生活感受非常重要。例如，欧阳修笔下的"酒逢知己千杯少，话不投机半句多"，面对不同的人和在不同的情境下，同样的活动可能有不同的意义。而人类正是广阔深远和持久生活目标的意义寻求者，有意义的生活是个人满意和健康生活的重要基础，而无意义感很可能伴随深深的不幸福和情绪困扰。

在《真实的幸福》一书中，塞利格曼概括了幸福的 3 个核心要素：积极情绪、投入和意义。衡量它们的黄金标准是生活满意度，书中提出积极心理学的目标是提高人们的生活满意度，并将其称之为幸福 1.0。这一版本中的不足之处在于：积极情绪、投入和人生意义并不能包括人们所有的终极追求。

2. 幸福人生五要素

在幸福 1.0 中，幸福由生活满意度来决定或定义。此后数年，塞利格曼在《持续的幸福》一书中提出了积极心理学的"登月计划"，即在全世界的成年人中，有 51% 的人可以在 2051 年实现蓬勃人生，并提出了幸福人生的五个要素：积极情绪(positive emotion)、投入(engagement)、人际关系(relationships)、意义和目的(meaning and purpose)以及成就

（accomplishment），这就是幸福 2.0。同时，塞利格曼还认为，积极心理学的主题是幸福 2.0 理论，衡量的黄金标准应该是人生的蓬勃程度，积极心理学的目标是使人生更加丰盈蓬勃（图 10-2）。

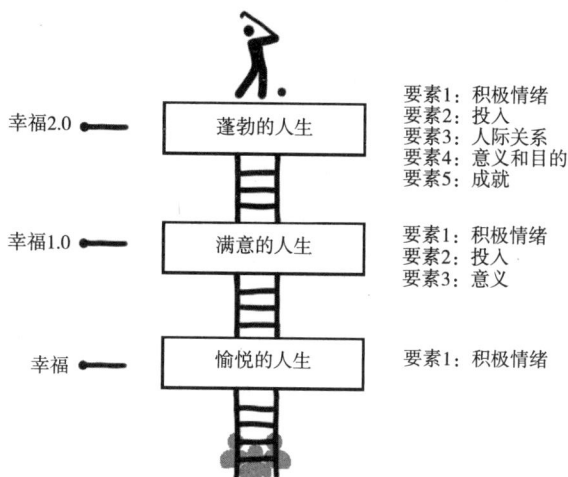

图 10-2 对幸福的解释

（1）积极情绪（positive emotion）。在幸福 1.0 和幸福 2.0 理论中，积极情绪都是幸福理论的基石。但幸福 2.0 中，主观幸福感或生活满意度并非积极情绪的核心，而是积极情绪的因子之一，除此之外，积极情绪还包括喜悦、感恩、乐观、温暖以及平和等诸多快乐或愉悦的情绪。

（2）投入（engagement）。投入只能靠主观评估和回顾，需要有明确的目标和自我控制感。投入的过程通常没有思想和感情，甚至不包含积极情绪。例如，在心流状态时，积极情绪在事后回忆时才会浮现，但在投入的当下并没有情绪，也没有意识。意识和情绪可以矫正你投入的轨道，但当你全身心投入时，你并不需要意识和情绪的矫正，因此，专注地投入有助于建构个体的心理资本。

（3）人际关系（relationships）。积极心理学创始人之一克里斯托弗·彼得森曾用两个字来描述积极心理学讲的是什么：他人。积极的时刻通常都与他人有关——你最开心的时刻、最自豪或感到美好的事情以及你对自己最满意的时刻，生活中的闪光点通常不会是你感到孤独的时刻。积极的关系是人生低谷时最好的解药，这是因为只有在关系中，我们才能感到爱人或者被人爱。积极的人际关系对幸福带来正面的影响，因为它满足了我们内心深处对归属感的需要。

（4）意义和目的（meaning and purpose）。意义指归属和致力于某样你认为超越自我的东西。意义有主观的成分，人们对自己的快乐、狂喜或舒适的感觉不会有错。但意义并非单纯的主观感受，往往是一个人的终极追求。例如，你坚持原则，你不会因为贪图利益或维护私人关系而购置质量低劣的产品，哪怕拒绝会得罪领导，甚至让你感到痛苦，失去一些重要的机会，但你依然无所畏惧地坚持自己的原则。拥有明确的目标和意义会促进个体内驱力的发展，甚至为之付出一些代价也在所不惜，因为它促使你变得更加勇敢并获得更高的自尊体验，有助于促进幸福。

（5）成就（accomplishment）。成就往往是一项终极追求，很多人都会热衷于此，哪怕它不能带来任何积极情绪、意义。生活中以赢为中心，为了赢而赢的现象并不少见，尤其常见于对财富的追求。有些人甚至会为了赢而采取一些特殊的手段，如作弊，因为他们无法接受"输"，因为"输"意味着一切都完了。塞利格曼将成就作为幸福的一个元素，在书中做出了明确的解读：其短暂的形式是成就，长期的形式是"成就人生"，即把成就作为终极追求的人生。追求成就人生的人，经常会完全投入到他们的工作中，也常如饥似渴地追求快乐，并在胜利时感受到积极情绪（虽然它们很短暂），然后继续追求下一个成就目标，他们无法忍受碌碌无为的一生，甚至一天也不行。塞利格曼还专门强调：把成就人生加进来，表明了积极心理学的任务是描述人们追求幸福的实际方法，而非为了规定这些方法；是为了更好地描述人类在自由状态下会选择追求什么而非推荐成就人生这条路径。

幸福2.0理论认为幸福是一个概念，并解释了幸福人生的五个元素，这些元素的英文缩写是PERMA，它们构成了幸福的5个支柱，其基石则是品格优势。幸福2.0理论是多维的，既有主观成分也有客观成分，每个元素对于幸福都有贡献，但并不能单独定义幸福。这一点非常重要，因为幸福2.0理论是为了提高生活的蓬勃程度而非幸福总额。

（三）幸福的真相

很多人会认为，只有拥有了自己没有而又想要的东西才算是幸福。正如在一个饥肠辘辘的人眼中，幸福或许就是饱餐一顿；一个求职不顺的人认为拥有一份满意的工作就是幸福；面对青春期叛逆的孩子，父母会认为拥有一个学习好又听话的孩子才是幸福；失去了一条腿的残疾人会认为身体健全才是幸福；而刚刚失恋的姑娘则觉得恋人回心转意才是幸福……人们的幸福似乎靠对比才能体会，幸福似乎永远都在别人的人生中。随心所愿后，人们真的就能获得幸福吗？这样的幸福又能持续多久？幸福的真相，到底是什么？

1. 幸福与金钱

有人说，幸福离不开丰厚的物质基础，也正因如此，很多人终其一生都在努力追求和积累财富。住豪宅、开跑车，也许就是很多人梦想中的幸福。金钱的确可以带给我们物质上的安全感，但这样的日子只能叫舒适的生活，并不等同于幸福。对于金钱和幸福的关系，只有少数人会认为金钱可以买到幸福，人们普遍相信生活中有很多比金钱更重要的东西。但在现实生活中，大多数人都会相信金钱能让我们提升生活质量，无论是何种收入水平的人似乎都有一个普遍的信念：金钱会增加幸福感。人们在认知上理解金钱不能买到幸福和快乐，但在行为中却表现了相反的行为。

美国著名社会心理学家戴维·迈尔斯在其相关研究中，详细描述了最近几十年间，美国人的物质财富和心理健康之间逐渐出现的发展不一致的现象。迪纳和塞利格曼也在文章中提供了详细的统计证明，自20世纪50年代后，美国人的人均收入已经增长了3倍，消费也随之快速增长，但大规模的民意调查结果却显示，美国民众的生活满意度几乎保持不变。而更加令人惊讶和失望的是，心理健康统计数据显示，与物质财富增加相伴随的是苦恼和精神疾病的增加而非减少。迪纳和塞利格曼估计，过去50年里抑郁症的发病率增长了10倍，并且发病年龄从30岁左右降低到了青少年时期。这一现象在我国也同样适用，随着我国国民收入的不断提升，抑郁症等精神疾病诊断率逐年攀升，根据最新的中科院心理研究所和社会科学文献出版社联合发布的《中国国民心理健康发展报告（2021—2022）》显示：14.8%的青少年存在不同程度的抑郁风险，需要进行有效干预和及时调整，且这一比例高于成年群体。在成年人群中，青年为抑郁的高风险群体，18岁至24岁年龄组的抑郁风险检出率高达24.1%，显著高于其他年龄组。对不同收入水平和幸福感的研究显示，贫穷国家中收入和幸福感的相关显著，而富裕国家中两者相关则不显著。借助金钱对幸福感的影响研究，我们似乎可以得出以下结论：金钱的缺乏会让你痛苦，但是金钱的充裕不一定能让你感到幸福。

金钱对幸福感的影响只能用"微弱"二字形容，但迪纳和同事在另一项研究中发现，幸福的人似乎能挣到更多的金钱。这个结果基于13676个大学新生从入校到毕业后十几年的纵向研究得出，与那些不太快乐的学生相比，入学时最快乐的学生在工作后能够挣到更多的钱，拥有更高的工作满意度，并遭受更少的失业经历。

拓展知识

经典研究：彩票中奖者和事故受害者

1978年，心理学家菲利普·布里克曼和同事们进行了一项经典的心理研究。他们选择的两组研究对象均为数月到数年前生活发生了重大变动的人：一组是伊利诺伊州的彩票得主，奖品范围在5万美元到100万美元；另一组是灾难性事故中的受害者，已截瘫或四肢瘫痪。在实验采访中，对他们分别进行一对一访谈，询问他们当下的幸福感，以及对事件发生前和未来一两年中幸福感的评估。除了这些问题以外，这两组还对日常活动中获得的快乐打分，如与朋友交谈、看电视、吃早餐、听了笑话大笑或接受赞扬。和预期的假设一样，遭遇事故的个体认为他们遇见了极度消极的事件，而彩票中奖者则把中奖描述为非常积极的事件。但研究结果却让人们大吃一惊：平均来说，中奖者给日常幸福感的分数是3.33分（满分5分），事故受害者的分数是3.48分。仅是对于当下的幸福感，中奖者（4分）的确比受害者（2.96分）的分数高。而对未来预期的整体幸福感，事故组打出了4.32分，高于中奖组预期的4.20分。研究团队发现，中了彩票的人并不比其他人更幸福，而事故受害者尽管当下更不幸福，对未来幸福感的预估却和普通人无异。布里克曼等人总结："在当下、过去和未来的幸福感方面，彩票中奖者和对照组之间没有显著差异。"而事故受害者和对照组相比，对过去的幸福感评分显著更高，对当下幸福感评分显著更低，但两者对未来幸福感的预估没有显著差异。布里克曼等人就这项研究发表了一篇经典论文——《彩票赢家和事故受害者：幸福是相对的吗？》，作者写道："即便遭遇重大不幸，但事故受害者并没有人们预料的那么不幸福。"

研究揭示了一个结论：无论是幸运中了彩票的人，还是不幸遭遇事故的人，尽管在短期内他们会感到极其幸福或不幸，但是经过一段时间后，他们的幸福感都会回到原先的水平。尽管用今天的标准看来，这项研究的样本量少得可怜，方法上也有缺陷，但它仍然具备强大的影响力。在学术界，这篇论文如今已经被引用超过3000次；对于大众而言，它传递了一个简洁有力的信息：金钱买不到幸福。

2. 幸福与成功

在生活中,幸福和成功经常被混为一谈。通俗地理解,成功就是达成预期结果或所设定的目标,通常被定义为在某个领域取得目标或成就。成功其实是一种积极的感觉,是目标达成后一种自信的状态和一种满足的感觉。从心理学角度来看,幸福与成功之间存在着一定的关系,但它们并不完全等同或必然相关。幸福和成功可以被看作是两个独立但有时相互影响的概念。

个人目标是积极生活的源泉,它与个体的幸福和快乐紧密联系。目标导向可以激励人类的行为,因此成功带来的满足感和自豪感可以增强个体的自尊和自信,从而对幸福感产生积极影响。然而,成功本身并不保证幸福。有许多成功的人在追求成功的过程中感到压力和焦虑,他们可能为了追求目标而忽略了其他重要的生活领域,如家庭、社交关系和个人健康。这种忽视又可能导致心理健康问题和幸福感的下降。

目标是获得幸福的必需品,但它并不是全部,并不是所有目标的达成都会让我们变得更幸福。例如,一个喜欢唱歌而非钢琴的孩子,在父母的安排下被迫练琴,尽管最后他顺利通过了钢琴考级,幸福感也并不会比自由歌唱更多些。幸福感通常与个体基本的心理需求满足相关,那些符合个人需求、价值和自我感的目标才可能增加幸福感,而那些与个人需求不匹配的目标,即便达成也可能对幸福感没有影响,甚至降低幸福感。这是因为当人们能够自主选择和追求他们认为重要的事物,并在个人能力的基础上不断成长和发展时,他们才有可能体验到幸福感。此外,如果一个目标不是被自由选择的话,即使与个人需求匹配,也不一定会增加幸福感。例如,许多高薪的职业都会符合我们的价值需求,但只有我们自己选择的职业才会让我们带来最强烈的成就感和满意感。正如村上春树所言:这个世界上真正的成功只有一种,就是用自己喜欢的方式过一生。

不可否认,成功的确可以为幸福感提供一定的支持。当个体的努力促使自主选择的目标达成,满足了他们的自主性和成长需求时,成功可以成为幸福感的来源之一。然而,成功本身并不是幸福的必要条件。即使没有取得显著的成就,个体仍然有可能通过满足其他基本需求和建立积极的人际关系来体验幸福感。从这个角度来说,一门心思地追求成功或者胜利,尤其是当这种成功的目标指向物质主义时,反而会降低个体幸福感,许多研究已经证明:越重视与物质主义相关的目标达成,个体会表现出更多的身体疾病和焦虑症状,这些人是精神疾病和抑郁症的高危人群。

因此,幸福与成功之间的关系是复杂而多维的。成功可以在一定程度上促进幸福感,但它并非是幸福的唯一来源。正如人们所说:成功者未必幸福,但幸福本身就是一种成功。

3. 幸福与快乐和意义

有人说,幸福是简单的快乐。严谨地说,快乐只是一种情绪,它源自欲望的满足。也正因如此,快乐有很多捷径可以实现,例如,给小孩子一颗糖果或者让他看动画片,他马上就能开心起来;还有很多成瘾行为也是这个道理,如沉迷游戏、酗酒、赌博甚至吸毒,都可以在短期内让人获得巨大的愉悦感,但这些转瞬即逝的感官愉悦,显然都不能称为"幸福"。

从心理学的角度来看,幸福、快乐和意义是心理学中经常讨论的 3 个重要概念。它们在一定程度上相互关联,但又具有一定的差异。首先,快乐通常指的是一种暂时的情感状态，即短暂的愉悦感或高兴的情绪体验。快乐可以由一系列积极的生活事件或刺激引起，如与朋友相聚、参加娱乐活动或获得物质上的满足。它是一种短期的情感反应，与特定的外部因素直接相关。幸福感与快乐有所区别，它更倾向于描述一种长期的主观生活满意度。幸福感是对整个生活的整体评价，包括个人的情感状态、满足感、自我认同和对生活意义的感知。它可以受到许多因素的影响，包括社交关系、人生目标的实现、自我成长和积极情感的经验等。幸福感更加稳定，并且不会因为短期的喜悦或困难而显著波动。与快乐和幸福感相比，意义感更关注个体对生活的深层理解和目标的追求。意义感涉及对自己的存在、人生目的和价值观的思考。当个体感到他们的生活具有意义时，他们更可能体验到持久的幸福感。意义感的来源可以是从事有意义的工作、建立深厚的人际关系、追求个人价值观或为他人做出贡献等。意义感能够超越短暂的快乐，给予人们更长远、持续和有意义的生活体验。

需要注意的是，幸福、快乐和意义是个体主观体验的不同方面，每个人可能对它们的重要性和定义有所不同。有些人可能更注重追求快乐和瞬时的愉悦感，而另一些人则更注重寻找生活的意义和目标。意义和快乐，就像短期利益和长期利益一样可以互相促进，当我们对自己的行为心存使命感的时候，我们将获得更大的快乐；而在我们从事的工作中寻找快乐，也可以加深其意义感。真实的幸福感通常兼具快乐和意义二者内容的重叠，简言之，幸福是有意义的快乐。

4. 幸福与内在自我和谐

美国心理学家德西和瑞恩认为，人们追求的行为和目标内容主要包括内部目标与外部目标两类，内部目标指的是个体内在成长的趋向性，如自我接纳和亲密关系等；而外部目标是指物质的奖赏或社会认可等，如财富、权力和地位等。追求内部目标与人们的基本心理需求紧密相关，可以帮助人们达成自我和谐，容易带来较高的幸福感。而追求外部目标多与欲望的满足相关，过度追求甚至会引起焦虑、抑郁等心理问题。也就是说，如果我们把目标重点放在自我和谐上，我们将会更快乐。

所谓的自我和谐目标，指的是发自内心最坚定的意识，也可能是你最擅长、最感兴趣或最想要做的事情。这些目标必须是自己主动选择而非被强制附加的；必须是根植于内心深处的底层价值而萌发的愿望而非为了炫耀；追求这些目标，并不是因为他人觉得你应该这么做，而是因为它对你而言有深层的意义并且能够带给你快乐，是基于内驱力的推动，这就是我们俗称的"天赋"和"使命"，积极心理学将其称之为"优势"。

自我和谐目标确立的基本前提是基于自由、自主的选择。那些不得不做的事情，不仅无法带给我们幸福，还会让我们陷入情绪和精力的空耗。因此，提升幸福感很重要的一点便是在生活和学习工作中，都尽量遵循内心真实的感受，增加自己真正想要做的事情并减少不得不做的事。沙哈尔在其《幸福的方法》一书中给我们介绍了他当年毕业时哲学系教授奥哈德·卡米给他的一些建议："生命很短暂，在选择道路前，先确定自己能做的事。在这些首先做的事中，做那些你想做的；然后再细化，找出你真正想做的；最后，把那些你最想做的事付诸行动。"并将其形象化为 4 个圆：最外层的圆圈所包含的是"我"能做的，最里面的圆圈所包含的是"我"最深切的渴求和期待。他建议我们追求最想做的，因为它代表了"我"最真实最幸福的选择。用中国著名的思想家、哲学家王阳明先生的观点总结：幸福的真谛在于"知行合一"。

三、幸福的感知与测量

幸福是一个复杂又多维的主观体验，因此如何准确地感知和测量幸福一直是一个挑战，也是积极心理学研究的焦点之一。

(一)幸福感的主观性和多维性

幸福感是个体主观体验的一种，每个人对幸福的感受和定义可能存在差异。因此，幸福感的感知必须从个体的认知和情感状态角度着手，尤其是在一定时期内对生活及相关领域满意度和情感维度(快乐感)的认知评估与测量。生活满意度具有长期性和稳定性，被视为是一种特质；而快乐感具有情境性和可变性，被视为一种状态。此外，幸福感是一个复杂的概念，除了认知和情感维度，还受人格因素、文化因素、社会支持以及价值观和目标达成等多个维度影响，在测量幸福感时需要整合考虑这些不同维度的影响因素。

幸福感是积极心理学的研究前沿和核心概念，也是大众心理健康评估的重要指标。在理论研究的基础上，心理学家围绕幸福感这一概念的多种维度，不断探索幸福感的内涵与结构，促进了幸福感测量指标体系研究的发展。

(二)常用幸福感量表

测量幸福感的量表有多种，随着幸福感的研究越来越多，幸福感的内涵也不断丰富和拓展，研究者从不同角度对幸福感评估的指标体系进行界定并开发了相应的测量工具。下面介绍几个常用的量表。

1. 心理幸福感量表(Ryff's Psychological Well-being Scales，RPWS)

Ryff 的心理幸福感量表广泛应用于评价个体的心理幸福感水平，是积极心理学领域最具有代表性的幸福感自评工具。国内已有成年人、大学生等修订版本，各项指标均符合心理测量学标准。Ryff 通过实证研究提出心理幸福感六维模型：生活目标、自主性、个人成长、环境控制、良好人际关系和自我接纳。生活目标指个体对日常生活的意义感、目标感和方向感；自主性旨在评估个体目前的生活是否与个人信念相符；个人成长指个体对自我才能与潜能的培养与发挥；环境控制指个体对自身所处环境的掌控性；良好人际关系指个体与重要他人的人际交往情况；自我接纳指个体对自我优势与局限性的认识与接纳程度。

Ryff 最初研制的心理幸福感量表包含上述 6 个维度。不同国家或地区的研究人员大多根据本国文化在 84 题版 RPWS 的基础上进行本土化，形成了不同版本的心理幸福感量表。中国台湾学者 Li Ren-Hau 对 84 题版 RPWS 进行汉化后，形成了 18 个项目的中文版 RPWS。

该量表采用 6 级计分法，1~6 分别表示完全不符合，相当不符合、有点不符合、有点符合、相当符合、完全符合。总分越高，表明个体心理幸福感越高。

【小练习】

心理幸福感量表(RPWS)

指导语：请你根据自身经验与以下陈述相符合的情形来勾选，各题由完全不符合到非常符合共 6 种程度，在最符合你情况的一项上画√。

题目	完全不符合	相当不符合	有点不符合	有点符合	相当符合	完全符合
1. 我喜欢和家人或朋友聊天和分享个人话题	1	2	3	4	5	6
2. 人们形容我是个肯付出的人，愿意花时间在别人身上	1	2	3	4	5	6
3. 我知道我可以信任我的朋友，而他们也知道可以信任我	1	2	3	4	5	6
4. 我对自己的主张很有信心，即使与多数人的共识不同	1	2	3	4	5	6
5. 我不是那种会屈服于社会压力而表现某些行为或思考方式的人	1	2	3	4	5	6
6. 我以自己认为重要的价值来评论自己，而非依照别人的标准	1	2	3	4	5	6
7. 总的来说，我认为我能够把握自己的生活	1	2	3	4	5	6
8. 我能管理好日常生活中该做的事情	1	2	3	4	5	6
9. 我通常能管理好个人财务与事物	1	2	3	4	5	6
10. 我认为有新体验来激发自己如何看待自我及世界很重要	1	2	3	4	5	6
11. 对我而言，人生是持续学习、改变和成长的过程	1	2	3	4	5	6
12. 我欣喜自己看事情的观点逐年改变且成熟	1	2	3	4	5	6
13. 我喜欢为未来制订计划，并努力实践	1	2	3	4	5	6
14. 我会积极完成已制订的计划	1	2	3	4	5	6
15. 我不是那种对人生毫无目标的人	1	2	3	4	5	6
16. 当我回顾过往，对于大多数事情的结果我感到满意	1	2	3	4	5	6
17. 整体来说，我认为自己有自信而且积极	1	2	3	4	5	6
18. 当我和身边朋友相比时，我觉得自己还不错	1	2	3	4	5	6

注：良好人际关系：1~3；自主性：4~6；环境控制：7~9；个人成长：10~12；生活目标：13~15；自我接纳：16~18。

2. 殷盛感量表(Flourishing Scale，FS)

殷盛感量表是由 Diener 等人编制的单因子量表，共 8 个项目，分别从能力、投入、意义和目的、乐观、自我接受、人际支持、他人的幸福和被尊重八个方面来描述人类的功能。殷盛感量表采用 7 级计分(1 代表"非常不同意"，7 代表"非常同意")。

中文版的殷盛感量表有代表性的是段文杰等人编制的修订版，保留了原量表的全部项目，并在不同群体中验证了量表的信度和效度，结果都表明中文版的殷盛感量表适用于中国文化背景。此外，Tong 和 Wang 在中国澳门地区居民群体中的修订版，同样保留了原量表的所有项目。

该量表的所有项目均为正向计分，总分范围为 8~56 分，平均分范围为 1~7 分。采用总分或平均分两种计分方式，得分越高，表明个体的殷盛感水平越高。

【小练习】

殷盛感量表(FS)

指导语：请仔细阅读以下 8 个句子，选择适当的分数以代表你对各个表述同意程度。

题目	非常 不同意	不同意	有点 不同意	中立	有点 同意	同意	非常 同意
1. 我的生活有目标、有意义	1	2	3	4	5	6	7
2. 我的社会关系富有支持性且我能从中受益	1	2	3	4	5	6	7
3. 我对日常生活既投入又感兴趣	1	2	3	4	5	6	7
4. 我积极为其他人的快乐和幸福做贡献	1	2	3	4	5	6	7
5. 我有能力做到那些对我重要的事情	1	2	3	4	5	6	7
6. 我是一个好人并过着好的生活	1	2	3	4	5	6	7
7. 我对我的未来感到乐观	1	2	3	4	5	6	7
8. 别人尊重我	1	2	3	4	5	6	7

3. 简短版旺盛感量表 (Brief Inventory of Thriving，BIT)

旺盛感量表有综合版和简短版两个版本，是由 Su 等人编制。其中，综合版旺盛感量表(CIT)共 18 个维度，每个维度有 3 个项目。此处介绍简短版旺盛感量表，该量表共描述了幸福感的 10 个方面，分别是生活满意度、积极情绪、支持感、归属感、意义感、投入、自我价值、自我效能、成就和积极。采用 5 级计分，1 代表"完全不同意"，5 代表"完全同意"。

国内已有学者对旺盛感量表进行了中国文化下的验证修订。Duan 等人对简短版旺盛感量表的修订保留了全部项目，并将其运用于中国大学生和社区居民群体中。

简短版旺盛感量表全部项目均为正向计分。测量指标是维度总分或平均分。总得分或平均得分越高，表明个体的综合幸福感水平越高。

【 小练习 】

简短版旺盛感量表（BIT）

指导语：请仔细阅读每句陈述并选择适当的分数(1~5)来表示你的同意程度。

题目	完全不同意	不同意	中立	同意	完全同意
1. 我的生活有清晰的目标	1	2	3	4	5
2. 我对我的未来感到乐观	1	2	3	4	5
3. 我的生活进展顺利	1	2	3	4	5
4. 多数时候我感觉良好	1	2	3	4	5
5. 我所做的事是值得并有价值的	1	2	3	4	5
6. 我正在实现我的多数目标	1	2	3	4	5
7. 只要用心我就能成功	1	2	3	4	5
8. 我对我的社区有归属感	1	2	3	4	5
9. 我从事大多数活动时感到精力充沛	1	2	3	4	5
10. 这世界上有欣赏我的人	1	2	3	4	5

第二节　通往幸福的道路

每个人都关心幸福，向往幸福，但并不总是知道什么是幸福，如何获得幸福。事实上，通往幸福的道路有无数条，但面对太多杂念、牵绊以及诱惑，如果内心没有对幸福清晰的理解和坚定的追求，人们极易迷失在幸福道路的选择上。积极心理学以科学的研究向人们传递了一个结论：通往幸福的路，没有一条是捷径，也没有一条叫作"欲望"。通往幸福的道路往往是"乱花渐欲迷人眼"，但大道至简，我们依然可以在积极心理学的指导下，梳理出一些"幸福的康庄大道"。

一、发展心流体验

心流是一个心理学概念，被誉为快乐的源泉。心流是一种高度专注和投入的心理状态，它给予人们深刻的满足感，是幸福感的重要来源之一。以下将介绍心流的概念、构成要素以及在日常生活中如何获得心流体验。通过学习和实践，指导大家有意识地发展心流体验，提升生活幸福感。

(一)心流的概念

你是否曾经埋头钻研某个问题，忘了时间？

你是否全情投入一项工作，忘记了自己？

你是否凭借勤学苦练获得的技能，搞定一项高难度工作？

如果你有过上面类似的经历，那么可以确定的是你已经感受过心流体验。心流的概念首次由积极心理学家米哈里·契克森米哈赖在其经典著作《心流：心理学的最高境界》中提出，指的是当人们沉浸在当下着手的某件事情或某个目标中时，全神贯注、全情投入并享受其中而体验到的一种高级精神状态。在心流状态下，所有的精神能量都聚集于一点，展现了一种自我忘却和自我超越的状态，个体对时间的感知消失或感觉时间流逝得很快，同时体验到强烈的愉悦和满足感(图 10-3)。

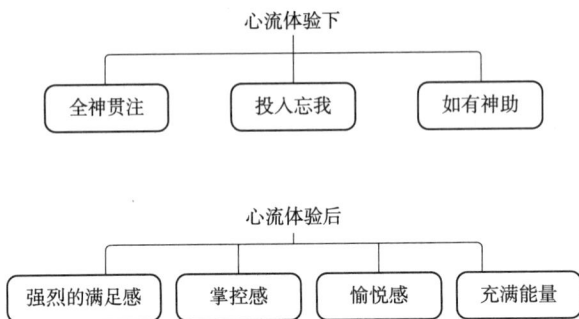

```
                    心流体验下
        ┌───────────────┼───────────────┐
   ┌─────────┐     ┌─────────┐     ┌─────────┐
   │ 全神贯注 │     │ 投入忘我 │     │ 如有神助 │
   └─────────┘     └─────────┘     └─────────┘


                    心流体验后
      ┌──────────┬────────┴────┬──────────┐
┌──────────┐ ┌────────┐ ┌────────┐ ┌──────────┐
│ 强烈的满足感 │ │ 掌控感 │ │ 愉悦感 │ │ 充满能量 │
└──────────┘ └────────┘ └────────┘ └──────────┘
```

图 10-3　心流体验

米哈里是一位杰出的心理学家和人文主义者，他致力于研究人类如何在活动中获得满足感和成就感，从而深化对个体幸福感的理解。在长期的研究中，米哈里发现了心流体验与个体幸福感紧密相关，他认为心流不仅是一种高效的工作方式，更是一种高级的生活方式。经常体验到心流的人，能更自如地掌控自己的注意力，也更容易自得其乐。

心流的概念在心理学领域引起了广泛的兴趣和研究，并被认为是实现个人幸福感和生产力的重要路径之一。心流理论认为，心流状态不仅提供了积极的心理体验，还与个体的心理健康、创造力和高效性等方面密切相关。在工作环境中，心流可以提高个体的工作满意度、产出和工作绩效；在学习中，心流可以促进深度学习和知识获取；在运动和艺术领域，心流有助于技能的提升和创造力的增强。因此，研究心流有助于理解人类心理体验的本质以及个体如何在各种活动中实现幸福感和成就感。

(二)心流的构成要素

要实现心流体验，需要具备一定的条件。心流的构成要素主要包括 4 个：清晰的目标、高度专注、挑战与技能平衡和即时反馈。

1. 清晰的目标

心流体验首先需要确定清晰的目标。目标的设定应该具有明确的方向和可度量的结果，这样个体可以衡量自己的进展并获得成就感。此外，设定具有一定挑战性和吸引力的目标，适度的挑战能保持兴奋感，可以更好地激发动力和专注力。

2. 高度专注

心流状态要求个体高度集中精力和意识，排除外界一切干扰和杂念，全身心投入到目标并完全融入当前的活动中，这是心流体验最关键的一步。目前积极心理学关于专注力的研究成果证实：冥想和正念等形式可有效提升个体专注力。

3. 挑战与技能平衡

要想获得心流体验，个体必须在任务的挑战性和操作者的技术能力中建立起平衡，如果任务太难或太简单，心流都不会出现。进行的活动应具备一定难度，难度以略高于个体当前的技能水平，但不超出个人技能范围为宜，这样可以激发个体的动力和兴奋状态，保持其持续的挑战感和成就感，又不至于超出能力范围而导致挫败感。这种平衡状态可以推动个体不断提升技能。

4. 即时反馈

心流体验需要即时明确的反馈。即时反馈是促进心流的重要因素，个体需要获得关于自己行为和表现的及时反馈，以调整行为和提升表现。反馈可以来自内在的感觉，也可以来自外部环境和他人的评价。即时反馈可以帮助个体调整自己的策略和行动，进一步提升自己的能力和效果。

以上四种要素相互作用，共同构成了心流体验的基本要素。当个体在追求具有挑战性目标的活动中，高度集中注意力，在经历挑战与技能平衡的过程中实现目标，并获得即时反馈时，就能进入心流状态。了解心流的构成要素有助于个体在日常生活中寻找和培养心流体验。在心流状态下，个体会对时间的感知几近消失，达到一种物我两忘的境界，并从中体验到高度的满足感和幸福感。

(三)如何获得心流体验

为什么同样坐在电脑前，游戏能让人乐此不疲甚至成瘾，而工作令人觉得无聊和疲惫呢？为什么做自己喜欢的事情，即使很辛苦我们也可以专注数小时却不知不觉？在心流状态下，我们的思想渐渐变得有规律，指向性变得清晰，所有的注意力都集中在当前的任务上，所有的心理能量都往一个地方聚焦，那些跟任务无关的念头都被完全屏蔽，各种冲突、杂念以及混乱无序都消失得无影无踪，而你的大脑却在高速运转，像一支纪律严明的军队，井井有条地组织起来，高效地完成一个清晰明确的目标。心流状态往往给我们带来某种特殊的巅峰体验，也容易产生巅峰表现。在日常生活中寻找心流体验是一个积极的探索和实践过程，以下是一些方法和策略，可以帮助个体在日常生活中产生心流体验。

1. 做一些能激发你内在动力的事情

主动去发现和寻找那些能激发自己兴趣和激情的活动。了解自己的优势和爱好，无论是艺术、音乐、运动、手工艺、阅读还是其他领域，尽可能尝试并找到那些真正能吸引你的活动或任何你觉得愉快的事情。这些事情通常不是为了实现外部目标，也没有太多功利性，但你仍愿意享受其中。专注于这些真正能激发你内在动力的事情，更有可能完全沉浸其中并达到心流状态。

2. 挑战自己，但不要太多

适当挑战自己，尝试去完成一些具有一定难度的任务，并在此过程中磨炼和提升自己的技能水平。人们在进行熟练且没有挑战的活动时，容易感到倦怠；但如果挑战难度过高，而你又是新手，那你很可能会放弃这项任务。

3. 在安静的时间里，专注和集中注意力

对大多数人来说，并非任何时刻都容易进入心流状态。安静的环境和状态较好的时候比容易瞌睡的午后更容易让人产生心流状态。每个人都有不同的安静时间或能量高峰时

段，找到自己最适合的节奏。同时，个体需要培养专注力和集中注意力的能力，尽量减少干扰因素，创造专注的环境。如采用冥想、正念、书写和阅读等实践来帮助自己获得内在精神世界的稳定感，这样会更容易进入心流状态。

4. 避免垃圾心流

心流状态会产生高度的充实感和兴奋感，甚至会达到忘我的境界。但许多成瘾行为也会让人有这样的感受并沉溺其中。例如，沉迷游戏无法自拔，对其他事情则提不起兴趣，这就是"垃圾心流"，它并不能满足一个人成长的需求。避免垃圾心流最好的方式就是要明确自己的人生目标，并追求自己的人生意义和价值，唯有如此，才能让心流不断升级，个体的自我在这个过程中也会变得越来越丰富，并获得真实的掌控感。

发展心流体验可以有效提升个体的满足感和幸福感。达到心流状态就像其他任何事情一样可以熟能生巧。因此，我们要掌握心流的一些规律和方法，在工作和生活中有意识地发展心流，让心流成为一种习惯，从而让幸福的道路有更多可能。

二、探寻人生使命

积极心理学认为，人要寻找自己活着的意义，与更广大的普遍世界的联系，即寻找使命感。每个人来到这个世界上都肩负了自己的人生使命，遗憾的是，有的人一辈子也不清楚自己的使命为何，稀里糊涂地过完一生；有的人则在人生的某个阶段意识到自己的使命所在，开始认真思考自己的人生意义并践行使命，这些是比较幸运的人。寻找人生使命意味着我们要感受内心的需求和召唤，找到真正让我们感到满足和充实的东西，与之建立更加真实和深入的连接，并在使命引领下朝着个人成长和发展的方向前进。

有人这样形容发现使命之时的喜悦：人的一生中有两次生命，一次是肉体的诞生，一次是自我意识的觉醒。每个人都无法选择自己的第一次生命，但幸运的是，每个人都有权利遵循使命去生活。发现自己使命的那一刻正如重生般的喜悦，那是心灵成长的方向，也是通往幸福的道路。正如斯蒂芬·茨威格在《人类群星闪耀时》所言：一个人生命中最大的幸运，莫过于在他人生途中，即年富力强时发现自己人生的使命。那么，你的人生使命是什么？如果你并不清晰，那你如何去探寻自己的人生使命？

(一)倾听自己

思考一下：你活着是为了什么？你想怎样过一生？借助大学学习，你的人生将通往何方？

在漫长的一生中，认识谁并不重要，重要的是你要知道自己是谁，想要去哪里。这些问题回答得如何，决定了你一生将如何度过；而在你的身体里，欲望和自我谁是主人，则决定了你如何回答这些问题。漫长的人生路途中，每个人对幸福的理解不同，对人生的价值追求也各不相同，重要的是要真实地倾听自己内心的呼唤，不受外界的干扰，坚持追求真正让自己感到舒适和满足的东西并为之努力奋斗，只有这样才可能获得真实持久的满足和幸福。因此，在追寻幸福的道路上，如何通过倾听自己内心的声音来寻找个人的使命，包括意识到自己的价值观、激情和才能等，并将其与目标和行动相结合，是寻找人生意义的关键步骤之一。我想成为一个怎样的人？我真正喜欢和擅长的又是什么？我能为这个世界带来怎样的影响？当下我可以做点什么？……只有通过更好地倾听、理解自己内心的需求和渴望，才能与自己和他人建立深入的联系，朝着自我实现和内心满足的目标实现前进。

（二）准确定位自己

探寻幸福的道路不仅仅是寻找快乐和成功，而是追求更深层次的满足感和意义，这些都需要在充分的自我探索基础上不断提升自我认知能力，才能对自己进行准确定位，了解自己的个性、价值观、能力、兴趣、优势和不足等，并充分发掘自己的潜力。

1. 自我觉察与内省

有意识地问自己一些关键问题，如"我真正关心的是什么？""我最擅长的是什么？""我希望对世界做出什么样的贡献？"，等等。这些问题可以引导你思考自己的价值观、兴趣和目标。此外，要经常回顾自己过去的经历，特别是那些令你感到满足和有成就感的时刻。思考你在那些时刻做了什么？哪些事情你认为做得正确？为什么会让你感到充实以及这些经历对你的人生意义是什么，等等。这些步骤可以帮助你深入地思考和了解自己，从而为准确定位自己的人生使命打下基础。这是一个持续的过程，需要耐心和自我探索。

2. 追寻个人热情

人生使命通常与个人的热情和意义紧密相关。要探索自己的内心，我们可以去寻找那些引发内心激情和快乐的活动、主题或领域。主动尝试一些新的事物和体验，以探索自己感兴趣的领域，帮助自己扩宽视野，发现自己的热情和潜力。这些过程可以帮助我们找到一项真正有意义并能激励自己的事业或目标。

3. 发现个人优势

积极心理学强调发掘和发展个人的优势和天赋。通过不断学习和探索来扩展自己的知识面和技能，深入了解自己的个性特质、技能和兴趣，可以从中发现自己的潜力和兴趣，更好地认识自己的优势，并将它们与人生使命相结合。此外，还可以借助各种性格及职业测试或优势测评来全面科学地了解自己的性格类型、职业兴趣和优势等，从而更好地进行自我探索。

（三）寻找人生意义

寻找人生意义是一段个人化的旅程。每个人的道路都是独特的，关键在于持续地自我探索、反思和行动，只有这样才能找到那个与个人价值观和激情相契合的意义感。"幸福学之父"泰勒·本·沙哈尔教授认为：真正的幸福感只能在自己认为有意义的事情中获得。这里的"意义"指的是内心赋予自己的价值和使命。想要获得幸福，就必须要有意义感的驱动，每个人都会对那些自认为有意义的事情特别执着。意义更多指向精神层面的追求，它会对人的外在行为产生重大影响。意义和目标有所不同，意义通常是利他的，可以让世界变得更加美好；而目标往往是一个具体的结果，需要借助各种手段达成。意义有一种永恒的特性，带来的延续价值可以超越个体的一生；而目标则受到时间的限制，一旦达到就可能消亡，或者被其他目标取代。因此，由意义驱使的人生往往被赋予内在的使命，唤醒了人们巨大的内驱力，使得人们即使在困境中也能身心安稳，对未来抱有美好的憧憬和期待，再艰难的时刻，人们也总是能活得"热气腾腾"。归根结底，意义源自对生活的尊重和热爱，源自对当下的正心诚意。

1. 建立有意义的人际关系

人际关系是人生意义的重要来源之一。大学生应该建立积极、互惠且有意义的人际关系。通过与他人的连接和合作，相互的分享和体验中，大学生可以感受到彼此的支持和鼓励，共同追寻更大的人生意义。

2. 追求个人成长和自我实现

积极心理学强调追求个人成长和自我实现的重要性，指导大学生设定明确的目标，并鼓励他们不断发展和提升自己的技能、知识和才能。通过积极的努力和学习，大学生可以实现个人成长，同时为自己的人生赋予更大的意义。

3. 寻求与他人的共同利益

积极心理学非常倡导利他思维，鼓励大学生关注他人和社会的福祉，树立"利他即利己"的价值观。通过服务他人、参与社区工作或社会改革活动，大学生可以找到与他人共同利益相结合的价值点，更全面地探索和发现自己的人生意义。

4. 基于意义的行动

将自己的人生使命转化为具体的行动计划，并逐步实践这些行动，才能真正实现个人意义和目标。积极的行动才能帮助我们不断成长、发展和实现自己的使命，而这个过程也将不断提升个人的价值感和满足感，并最终获得真正的幸福。

三、遵循幸福法则

幸福既不能用金钱换取，也并非偶然获得，而是遵循一定法则而来。在这一部分，我们重点介绍幸福的3个重要法则，分别是以感恩之心回顾过往、以希望之心面对未来和以乐观之心把握当下。这3个法则共同构成了一种积极的生活态度和心智模式，帮助我们在人生的旅途中更好地面对挑战、追寻幸福。

（一）以感恩之心回顾过往

在漫漫的人生旅途中，既有美好时光也有艰难时刻，这些经历共同构成了我们的过去。美好时光可能滋养我们的生活，成为努力向上的养分，也可能让人停留在舒适圈，裹足不前；同样，艰难困苦可能摧毁一个人的精神意志，也可以催人奋进，在应对困境中获得成长。经历本身并没有好坏对错，但不同的人却收获了截然不同的感受和结果，其根源在于心智模式的差异。

感恩是一种品格优势，也是一种情绪状态，还是一种能力。以感恩之心回顾过往，一方面可以从过去发生的事件中汲取美好，获得满足感。回忆那些温暖的瞬间，不仅可以唤起美好的回忆，还能给我们带来正面的情绪体验。感恩过去的喜悦和拥有，对过往的美好心存感激和欣赏，能够在心灵深处滋养我们，使我们更加珍惜当下的生活；另一方面，感恩意味着宽恕，过去的就让它过去。如果一味关注过去的困境与不幸，如同常常翻开伤口查看，并不利于愈合。将不幸的事情视为暂时性和特定性的，不要夸大其词或念念不忘。我们要学会积极地复盘，一旦从成长的角度去审视过去的经历，就可以帮助我们将思维模式进行积极转向，因为过去的经历正是每个人成长的催化剂。事实上，我们从困难和失败中学会了更多东西，所遇皆成长。

（二）以希望之心面对未来

"希望"本身就是一剂良药，可以自助，也可以渡人，同时希望还能点燃更多的希望。积极心理学的相关研究证实：在困境中依然能生出希望的人，表现出了更高水平的心理韧性和适应力。能够对未来生出希望感的人，更愿意直面问题，生活中做出改变的可能也更大。人类就是这样一个奇妙的存在，即使未来充满了巨大的不确定和不安全感，也完全可以滋长出对未来积极的渴望，这就是希望，它充满了生命力。

与感恩一样，希望既是一种品格优势，也是一种能力。希望指向未来，给人们信心和鼓舞，相信未来可以变好。对未来充满希望，让人们有勇气应对当下的困境。相信自己的未来可以靠自己去创造，是激发人们行动和改变的动力。拥有希望之心，可以让我们保持积极的态度面对困难和挑战，而不是让消极情绪主导我们的思维。它是我们前行的动力，让我们坚信在困境中也有机会找到解决问题的途径。这种积极心态不仅有助于改善心理健康，还能为未来的成功奠定坚实的基础。希望是人类独有的竞争优势之一，它帮助人们在憧憬未来中获取信心和力量，以应对当下的种种不如意；希望就像黑暗中的一束光，照亮人们的至暗时刻，催人奋进，赋予人们力量以重整旗鼓前进。

（三）以乐观之心把握当下

关于乐观有两种看法：一是把乐观看作一种人格特质。二是将乐观看作一种解释风格。塞利格曼认为，乐观的人把消极体验归因于外部的、暂时的、特殊的因素；悲观的人则是归因于内部的、稳定的和普遍的因素。乐观的解释风格会认为自己的失败只是暂时的，我只是这件事没有做好。他们会积极寻找改变现状的方法，而不是一味地沉浸在悲伤中。悲观的解释风格则容易给自己贴上"我总是这么差"的消极标签。但这两者并非一成不变，在塞利格曼看来，乐观是一种可以习得的能力。心理学许多研究表明，乐观有助于身心健康，与幸福感获得也有密切的关系。乐观还可以让人在完成目标的过程中更加主动，坚持得更长久。

乐观的重点在于关注好的方面，积极把握现在，做些可以确定的事情让当下变得更好，是实现自我成长和幸福的关键。乐观的态度让我们避免陷入消极的想法和习惯，积极主动地接受挑战去实现自己的目标。同时，乐观的心态也能削弱生活中的恐惧和焦虑，增加生活中的愉悦感和满足感，更积极地关注当下的美好，而非不如意的事情。当然，我们所讲的乐观并非盲目的乐观，而是一种弹性的乐观，一种审时度势的乐观。以乐观的态度把握当下可以掌控的事情，做些可以确定的事情，不仅可以让生活变得更加轻松，也能有效获得掌控感，增强幸福的能力。

感恩帮助我们发自内心地感激和欣赏过去的美好，避免陷入不幸的困扰；希望则赋予我们一份期待，从对未来的憧憬中获得前行的动力；而乐观使我们以积极的心态把握当下，不再畏惧眼前的阻碍去积极行动。一个人能够从过去和未来中汲取力量，并专注于当下的行动，这样的道路正是幸福大道。将每一段人生阶段都过得满意，便是幸福最简单的法则。

四、解锁幸福密码

积极心理学认为，幸福是一种能力，可以通过练习而获得，要想拥有幸福，就要充分调动内在力量和资源，提高认知水平，让幸福看得见摸得着。通俗地说，幸福是一门科学，在通往幸福的道路上，我们要探寻底层的规律，破解"幸福密码"，才会在幸福之路上畅通无阻，以下从积极心理学的视角介绍追寻幸福的具体路径。

(一)丰盈精神：在精神发展和使命感召中奔赴幸福

精神发展是指在知识、能力、态度、价值观等方面逐步形成完整、健康、积极向上的心理状态和精神面貌。这是一个系统性的过程，既涉及知识、技能、思想等方面的发展，也包括了心理、情感和意志等方面的发展，是一个人内在世界的反映，也是其价值观和人生观的体现。大学生是社会文明和进步的推动者，承载着社会的期望和责任，其自我价值的实现不仅仅是对自己人生的追求，还包括对社会和全人类的贡献，是在发展自我的过程中推动社会的进步和发展，是一种更高层次的价值实现。大学生应不断追求精神上的发展和丰盈，在使命感召中获得更高层次的自我认同和满足感，进而实现自我成长与人生价值的升华，获得真正的幸福与成功。

大学生处在人生发展的重要阶段，将经历许多重要变化和挑战，如果精神层面的发展受到阻滞，会感到内心空虚、缺乏动力和方向，使生活没有热情和目标感，进而衍生出许多其他问题。如最常见的自我认同度低，严重的甚至会出现抑郁、焦虑等心理问题；还有一些大学生缺乏人生的目标和意义感，过分关注外在的物质追求，忽视内心的价值追求，进而导致价值观摇摆与混乱，降低了对道德规范与准则的遵从，更容易产生消极的态度和行为；而一个精神丰盈的人往往会获得更高的自我认同感，也更容易发展出积极的认知和行为。

拓展知识

如何理解当前大学生群体中存在的"躺平"与"摆烂"行为？

"躺平"其实是一种隐形的抵抗，指的是选择主动放弃努力，回避竞争，并美其名曰追求"低欲望"的生活方式。从精神发展层面思考，"躺平"现象的出现反映了一些年轻人对当前自我状态的不满、无力感以及回避和放弃的态度。"摆烂"则是一种故意表现出不负责任、不尽职尽责的态度和行为，他们试图通过降低他人对自己的期望，以减少自身的压力。事实上，"躺平"和"摆烂"行为的养成并非一朝一夕，如果简单用传统的说教方式教育或禁止是不会奏效的。它们都是年轻人在面对现实压力时所采取的一种消极应对策略，这两种现象在一定程度上反映了社会竞争、压力以及精神发展受阻对年轻人心理健康的影响。其核心因素是缺乏人生的目标感和意义感，从而导致了内驱力的缺失。"躺平"和"摆烂"可能会给个体带来短暂的心理舒适感，但长期沉浸于这种消极心态和行为中可能会对个体的成长、发展和生活质量产生负面影响。

(二)运用优势：做自己热爱的事情更容易体验到幸福

优势理论认为，优势最初源于天赋、使命或热爱，不知不觉中引导着人们去追寻，并借助后天持续投入和反复的刻意练习发展形成。优势会支撑一个人走向卓越，这个过程通常具有以下特征：愿意投入时间和精力，即使这些事情非常普通甚至没有任何回报；追求极致，做好了有满足感，做不好还想再做；这个过程经常让人感到发自内心的喜悦和满足。人一生中如果能够找寻到自己的热爱和使命才会持续去投入热情，才能形成自己的优势并在此过程中获得真实的幸福。

袁隆平是"杂交水稻之父"、中国工程院院士、"共和国勋章"获得者，这位从田野重重稻浪中走来的科学家，几十年来致力于杂交水稻技术的研究与推广，是世界上第一个将水稻的杂交优势成功地应用于生产的科学家，他用一粒种子改变世界，为我国粮食安全乃至世界粮食供给做出巨大贡献。

半个世纪来，袁隆平逐梦的脚步从未停歇，而梦中的"禾下乘凉"，则是他认为最幸福的时候。年近 90 之时，袁隆平依然怀揣对事业的热爱奔走在稻田，是一个不折不扣的追梦人。面对记者"您怎么理解幸福"的提问，袁隆平答道："每个人都有自己的幸福，幸福感也来自很多层面，而我自己最大的幸福就来自于我所从事的杂交水稻事业。能为社会、为人民做一点好事，我觉得这就是我最大的安慰。"

这便是袁隆平院士对幸福最朴实的回答，一定是源于真正热爱的事情，才会这么享受奋斗的过程！袁隆平不仅是一代科学大师，也是一座精神富矿。他用自己的经历诠释了"热爱""卓越"与"幸福"，而他的"幸福观"，也应该成为大学生成长中的一面镜子。袁隆平的卓越人生，就像他最热爱的种子一样，深埋在后人心间，令人从中汲取力量，传承使命。唯有热爱可抵荒芜与万难，唯有热爱可伴岁月漫长，奔赴山海。热爱，是幸福的主要力量。

（三）付出努力：通过努力获得的愉悦和满足才会真实和持久

一般而言，幸福是一个人对自己生活状态持续感觉满意的心理感受，既与资源占有、物欲满足相关，也与主观认知、情绪感受相关。积极心理学经过大量的实验和研究得出了以下结论：不管目标本身有多诱人（如获得一份满意的工作、得到提拔或者彩票中大奖等），其本身带来的快乐最多不过数月。只有通过努力获得的愉悦和满足，内心才能真正确认为幸福感，而轻松得来的东西则无法通过内心的筛选，只能给人短期内的快乐。也就是说，达到目标本身能够获得的快乐并非真实的幸福，这些快乐的感觉是很有限、很短暂的。如果盲目地一直追着这些目标，最终只会发现自己奔波一生，回首过往却并没有可以留存的满足和成就感，无法感受到幸福。那真正的幸福到底在哪里？积极心理学给出的答案是：在努力和奋斗的过程中，才能获得真正的幸福。

奋斗并不直接等于幸福，奋斗的过程往往是艰辛的，但奋斗的确可以让我们感受到幸福。"琢之磨之，玉汝于成"，没有经历艰辛的过程就不会获得真正宝贵的东西。当你通过艰苦卓绝的努力终于达成自己的目标，你体会到的感受和凭空而来或借助一些捷径所获得的是截然不同的，而懂得奋斗的人往往是精神最为富足的人，也是最懂得幸福、最享受幸福的人。正因如此，幸福成为人们毕生追求的最宝贵的东西，它给了每个人公平的机会，赋予了所有人通过努力去创造的权利。没有人生而幸福，但你永远都有幸福的权利和机会。

习近平总书记也曾多次论述"幸福不会从天而降""新时代是奋斗者的时代""奋斗本身就是一种幸福"等重要观点，深刻指出了幸福的来源和真谛：幸福是奋斗出来的。正如党的二十大报告所明确提出的：青年强，则国家强。当代中国青年生逢其时，施展才干的舞台无比广阔，实现梦想的前景无比光明。广大青年要坚定不移听党话、跟党走，怀抱梦想又脚踏实地，敢想敢为又善作善成，立志做有理想、敢担当、能吃苦、肯奋斗的新时代好青年，让青春在全面建设社会主义现代化国家的火热实践中绽放绚丽之花。

第三节　幸福实践

　　幸福学之父沙哈尔博士在借鉴哲学家、经济学家、心理学家和生物学家的基础上，提出了一个多维度、多方面的幸福变量，主要包括五个要素，构成了通往幸福的五条实践路径：精神幸福(spiritual wellbeing)、身体幸福(physical wellbeing)、心智幸福(intellectual wellbeing)、关系幸福(relational wellbeing)和情绪幸福(emotional wellbeing)，首字母缩略词SPIRE。以下是围绕 SPIRE 五个元素开展的幸福实践，每一个练习都可以有效地帮助我们提升生活幸福感。

一、精神幸福

　　幸福感是一种由内而外萌发的喜悦和满足。专注于自己的感受，丰盈精神生活，是追求幸福的第一要义。所谓精神幸福，是指人生充满意义感，内心深处的满足感和宁静状态，它与个人的意义感、价值观、信仰和人生目标密切相关。人们在追求精神幸福时，常常会寻求内在自我的和谐与心灵的宁静。

【小练习】

设定幸福目标

　　一个明确和清晰的目标更有可能被实现。在追求幸福的道路上，你有没有深入地思考过以下问题：你想要的幸福生活具体内容是什么？你为什么追求这样的幸福？以下练习可以帮助你发现自己内心真正的需要，进而设定出明确具体的幸福目标，具体步骤如下(图 10-4)：

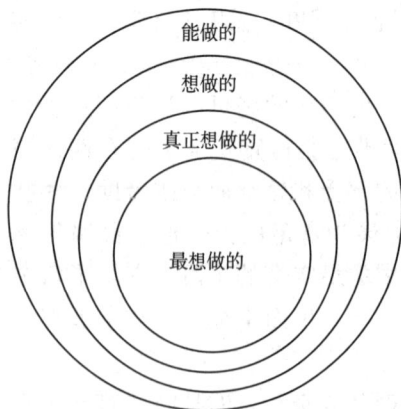

能做的

想做的

真正想做的

最想做的

图 10-4　发现内心真正的需要

　　第一步：客观深入地梳理和分析自己，确定自己能做的事情，并逐一写下来。

　　第二步：从以上能做的事情中，找到你想做的几件事情。

　　第三步：继续细化，锁定你真正想做的事，这些事通常是你感兴趣或擅长的。

　　第四步：锁定当下具有可行性且自己最想做的事，付诸行动。

　　第五步：将这个最后的目标明确清晰地写到纸上，思考并整理出至少三个你决定这么做的理由。将这些理由写下来，在行动的过程中，你可以经常查阅这个目标和理由，或者与你的好朋友分享、谈论这些内容，不断强化行动的内驱力，去做，去实践，去成为。

二、身体幸福

与精神幸福相对应的，是身体幸福，这里指的是生理健康和活力的状态。身体健康是一切幸福的基础。人们经常说，身心合一，心灵和身体不是两个分离和独立的实体，而是相互联系和相互依存的，二者共同影响着我们的能量、生活和心理状态。身体的放松有助于积极的心理发展，而身体的压力或疲惫会消耗心理能量。为了充分发挥我们的潜能，我们需要关注和重视日常生活中的饮食、运动锻炼和休息等，促进身体健康以提升身体幸福感。

【小练习】

幸福生活好习惯

身体健康离不开健康的生活习惯，有意识地发展一些健康的活动并持之以恒，可以让身体更加健康有活力。

1. 早睡早起

如果没有早起，也许你不知道生活还有另外的模样。坚持每天在清晨 7 点钟以前起床（6 点钟会更好），为自己的个人生活寻找一点额外的专属时光。去清晨的户外运动或者读书，或者在初升的太阳下散散步，不要小瞧醒来的第一个小时，利用好这一时段，可以很好地唤醒一夜沉睡的身体，为身体充电，并让我们保持精力充沛和心情愉悦，工作和学习也会变得更加高效。同时，由于起得早，困得也更早，早睡便成了日常，不需要刻意便能养成早睡早起的好习惯。

2. 好好吃饭

好好吃饭是对身体最好的负责。一日三餐是健康身体非常重要的影响因素，给自己每天好好吃饭的时间，静下来专心享受身心在食物中的放松和愉悦。同时，对三餐的饮食要有节有度，少吃加工食品、油腻食物以及各种快餐，尽量选择健康的绿色蔬果和鱼蛋奶等优质蛋白，多样化营养搭配，这是我们身心放松和能量补充最关键的环节。

3. 运动锻炼

运动锻炼对人身体健康素质的促进作用已经得到人们的共识，越来越多的研究表明，运动锻炼可有效促进多巴胺的分泌，对应激提供了一种情绪调节或生理对抗，从而帮助个体变得放松和愉悦。心理学相关的研究表明，在健康的人群中，运动锻炼与主观幸福感之间呈现正相关，除了身体健康和情绪愉悦，运动也为人们提供了积极的人际互动环境和支持。因此，发展一项自己喜欢的运动并定期开展，是提升身体素质和主观幸福感的有效路径。

4. 正念放松

心理学相关的研究已经证实，定期进行正念练习，可以帮助我们慢下来，并有效缓解焦虑和压力，提高个体心理适应能力。以下是一种非常便捷的正念放松方法——呼吸练习。通过调整呼吸节奏，帮助练习者集中注意力、放松身心并提高自我觉察。以下是呼吸练习的详细步骤和操作技巧。

（1）环境。找一个安静的环境，室内或室外均可。确保你不会被打扰，坐下或躺下。

（2）姿势。用你舒服的姿势，可以坐着、站立或躺在床上；保持背部挺直，但不要过于用力；轻轻闭上眼睛，这样会让自己更容易专注于呼吸。

（3）注意呼吸。将注意力转向你的呼吸。第一步：用鼻孔慢慢地吸气，让你的腹部向外鼓起，可将手轻轻放在腹部，感受腹部的运动。吸气时，要注意慢慢地、深深地吸气，仿佛在闻一朵美丽芬芳的花朵。第二步：在吸满气后，稍作停顿，保持这种充满空气的状态几秒钟。第三步：用嘴巴缓慢地呼气，同时轻轻地收紧腹肌，感受腹部回缩。呼气时，可以想象朝着不远处燃烧的蜡烛缓缓吹气，火苗被吹斜却没有熄灭。

（4）数息。为了保持专注，在呼吸时可以配合数息。吸气时，心里默默数"一"，呼气时数"二"。深呼吸五组数到"十"后，重新从"一"开始。

（5）观察杂念。在练习过程中，你可能会注意到有杂念出现在你的头脑中，这是正常的。重要的是不要对这些杂念加以判断，也不要试图驱散它们。只需注意到它们的出现，然后轻轻地将注意力带回到呼吸上，并重新开始数息即可。

（6）持续时间。重复以上步骤，每次练习进行 5～10 组深呼吸。在练习期间，专注于你的呼吸，将注意力从焦虑和压力转移到身体的感觉上。

（7）结束练习。在练习结束时，先停止数息，然后慢慢地将注意力扩展到你周围的环境。留意你听到的声音、感受到的温度和身体的感觉。然后慢慢睁开眼睛，逐渐恢复正常的呼吸节奏。

正念呼吸练习最大的优点是不需要特殊的环境或设备，可以在任何地方、任何时间进行，方便大多数人在日常生活中实践。每天坚持做几组正念呼吸练习，可以逐步提高练习的质量和效果，帮助我们更好地应对各种压力和情绪困扰，进而促进身体健康。

三、心智幸福

在精神幸福和身体幸福的基础上继续向内探索，来到心灵深处叩问自己：我对自己满意吗？我将如何评价自己？我是否能够掌控自己的生活以及未来？心智幸福是指发展一套积极的认知和思维模式，包括感恩、乐观以及希望等多种积极特质的交互影响。培养心智幸福需要学会正面思考、接纳自己和他人，并学会从困境中寻找成长的机会。积极的心智有助于我们更好地应对挑战和压力。

【小练习】

积极赋义

积极赋义指的是从惯有的问题模式转向有意识地积极转化，是一种资源取向的视角，可以帮助人们用更积极的认知方式看待问题，更注重问题的功能意义和个体拥有的资源。通过转换视角，从积极方面对当前问题进行重新描述，引导人们更积极主动地承担责任和行动。

例如，"畏首畏尾"的积极赋义是"小心谨慎、考虑周全"；"多疑"的积极赋义是"自我保护意识强、富有批判精神"；"一个青春期的孩子不听父母的话"的积极赋义可以是"一个正在长大，开始有自己想法的孩子"；"一个因为偷偷买口红而跟妈妈发生争吵的女孩"，也可以是"一个很关注自己形象并敢于尝试的女孩"等。

大家可以尝试按以下步骤练习积极赋义：

第一步：记录一件让你感到困难或不舒服的事情。

第二步：试着从积极的角度重新去定义或解释这件事情。

第三步：拓展至少三种不同的积极解释。

第四步：让其他小伙伴给你补充他们的想法。

四、关系幸福

幸福感最主要的预测指标不是金钱、声望或者成功，而是亲密关系，即我们在关系互动中的数量和质量。关系幸福是指与他人建立良好关系和社交网络时获得的满足感，而群体的支持会让人更有安全感。人际关系的质量直接影响着我们的幸福感和情感状态，支持性的、安全亲密的关系可以带来更多的快乐、满足，以及归属感和幸福感。需要强调的是：健康的人际关系是幸福生活的核心，但人际关系不仅仅指我们与朋友、家人或同事的关系，我们与自己的关系也极为重要。

【小练习】

积极档案

积极档案指的是搜集和整理自己过往的积极体验、积极事件、获得的成就以及高光时刻等资料并予以保存，经常翻阅、回顾和分享这些美好时刻，提醒自己在过去取得的成功和他人对自己的肯定，从而增强自尊自信，对未来保持积极乐观和希望。主要流程参考如下：

第一步：准备收集材料所需的工具，如相册、文件夹、便签、画板等。

第二步：回顾并整理过往美好的回忆，将积极的感受重温，如快乐的童年时光、温暖的友情和亲情、自豪的高光时刻等，通过照片、文字或视频等形式将这些时刻整理并分类存放，如按照类别、时间顺序或重要性等。

第三步：从这些美好回忆中反思和总结自己优秀的品质或能力，把它们用文字、图表或者图画等形式做成优势标签，整理好后贴在醒目的地方。

第四步：每天抽出一点时间，提醒自己关注生活中的美好。在面对挑战和困难时，通过观看、阅读或回忆这些积极档案，提醒自己看见自己的资源和优势，保持积极的心态，增强信心和勇气。

最后，注意定期更新积极档案，添加新的高光时刻和美好回忆等相关资料，以保持档案的新鲜感和吸引力。同时，鼓励大家每周主动与朋友、家人或同学交流，互相倾听和支持，积极维护人际关系的稳定和亲密。

五、情绪幸福

情绪在幸福的主观感受中起着重要作用。它直接影响我们的思想和行为，同时也是我们思想和行为的结果。情绪幸福是指积极的情绪体验和情感表达，涉及情感的识别、表达和调节，有助于增强情感稳定性和情感体验的积极性。情绪幸福最主要取决于人们如何以健康的方式发展积极情绪（如喜悦、感恩和满足等）以及如何减少消极情绪（如悲伤、嫉妒和愤怒等）。

【小练习】

感恩日记

感恩是积极心理资本中的一个重要方面，它是指个体对自己所拥有的、所经历的以及所得到的一切心怀感激的情感和态度。感恩不仅是一种积极的情感体验，还是一种积极的心理状态和行为方式，可以帮助个体保持积极心态和心理健康。研究表明，感恩不仅可以降低负面情绪，减轻抑郁和焦虑症状，增强生命意义感和幸福感，还可以促进身体健康和免疫系统的正常功能。以下是由积极心理学之父马丁·塞利格曼教授提出的一种培育感恩特质的方法，也称"幸福训练"。这个练习非常简单便捷，主要步骤如下：

每天写下一份感恩日记，记录当天所经历的三件让你感到开心和满足的事情，事情本身可大可小，其核心在于培养发现生活日常中的美好、促进积极情绪体验和表达的能力。

第一步：建立你的亲密关系圈，如家人圈、宿舍圈或朋友圈等。

第二步：每天晚上睡前，回忆自己今天感到喜悦或温暖的瞬间，将这些小美好记录下来，并在圈子里与大家分享，每天三件即可。

第三步：彼此自由表达感受，美好的分享与真诚的反馈将会进一步滋养彼此的关系。

第四步：至少坚持记录和分享三周时间，以有效提升幸福感。

不要小瞧这个练习，这些看起来不起眼的小事饱含着我们对美好生活最真实的向往。在繁华之中，它让我们懂得珍惜；身处逆境，它又让我们心生希望。当我们习惯去记录这些简单的日常，为自己留存珍贵的《感恩日记》，坚持发现和分享美好，就可以更加关注和认识自己身边的积极体验。研究结果显示：连续开展3~4周，可以明显减少负面情绪，帮助个体培养积极情感，进而提高对生活的满意度和幸福感。

通过关注精神幸福、身体幸福、心智幸福、人际幸福和情绪幸福，我们可以全面提升自己的幸福感和生活满意度。这些方面相互交织，共同构成了一个幸福、健康和有意义的生活。通过以上这些小练习，我们可以有意识地拓展提升幸福感的多种路径，并使其成为我们生活的一部分。

本章作业

1. 个人作业：以"我想分享的幸福"为主题，完成不少于600字的幸福回忆。
2. 项目作业：以宿舍为小组完成"幸福计划"的制订与实施。

本章重点检测

1. 积极心理学奠基人彼德森等人总结了 3 种幸福倾向：_____、_____和_____。

2. 对幸福感影响最大的因素是：_____、_____、_____以及_____。

3. 塞利格曼提出了幸福人生 2.0 版的 5 个要素，分别是：_____、_____、_____、_____和_____。

4. 心流的构成要素主要包括 4 个：_____、_____、_____和_____。

5. 幸福学之父沙哈尔提出了一个多维度、多方面的幸福变量，主要包括 5 个要素（首字母缩略词 SPIRE）：_____、_____、_____、_____和_____。

6. 如何发展心流体验？

7. 幸福的 3 个法则是什么？

参考文献

阿尔伯特·埃利斯，2014. 理性情绪[M]. 李巍，张丽，译. 北京：机械工业出版社.

艾略特·阿伦森，2007. 社会性动物[M]. 9版. 刑占军，译. 上海：华东师范大学出版社.

保罗·艾克曼，2008. 情绪的解析[M]. 杨旭，译. 海口：南海出版公司.

保罗·史托兹，2019. 逆商[M]. 石盼盼，译. 北京：中国人民大学出版社.

伯恩斯，2006. 抑郁情绪调节手册[M]. 汤臻，译. 北京：中国轻工业出版社.

蔡圳阳，张江华，胡小清，等，2023. 大学生朋辈心理互助及其基层工作体系的构建[J].
创新与创业教育，14(4)：141-145.

达蒙·扎哈里亚德斯，2021. 心理韧性手册[M]. 罗君，译. 北京：电子工业出版社.

戴维·迈尔斯，2016. 社会心理学[M]. 11版. 侯玉波，乐国安，张智勇，等译. 北京：
人民邮电出版社.

戴艳军，郑呈杰，2023. 关于立德树人之"德"的哲学思考——以私德、公德、大德的厘清
与扩展为线索[J]. 思想理论教育，531(7)：55-61.

丹尼斯·库恩，John O. Mitterer，2014. 心理学导论——思想与行为的认识之路[M]. 13
版. 北京：中国轻工业出版社.

道格·斯特里查吉克，彼得·克劳夫，2017. 心理韧性[M]. 周义斌，蒋苤菁，陈霖婷，
译. 北京：北京理工大学出版社.

邓丽芳，郑日昌，2003. 大学生的情绪向性、表达性与心理健康关系的研究[J]. 心理发展
与教育(2)：69-73.

菲利普·津巴多，罗伯特·约翰逊，安·韦伯，2022. 普通心理学[M]. 8版. 傅小兰，
译. 北京：人民邮电出版社.

冯秀军，王先亮，2023. 新时代中国共产党关于爱国主义的理论创新[J]. 思想理论教育导
刊，293(5)：94-101.

弗雷德里克森，2010. 积极情绪的力量[M]. 北京：中国人民大学出版社.

符丹，2023. 大学生积极心理发展与自我成长[M]. 西安：陕西师范大学出版总社.

傅小兰，2015. 情绪心理学[M]. 上海：华东师范大学出版社.

盖世洲，李蔚娅，王倩，2016. 当代大学生生命意识缺失现象与对策探析[J]. 思想理论教
育导刊(6)：127-129.

龚放，2018. 回归大学之道[J]. 高教发展与评估，34(2)：41-44.

郭震，杨莹，张梦圆，等，2018. 幸福倾向及其对幸福感的影响：机制及发展[J]. 青年研
究(6)：1-9，91.

郝伟，陆林，2022. 精神病学[M]. 8版. 北京：人民卫生出版社.

胡天助，贺升杰，黄艳霞，2016. 大学本质属性的变迁研究[J]. 黑龙江高教研究，262

（2）：27-29.

黄达人，2015. 大学的根本[M]. 北京：商务印书馆.

江光荣，2020. 大学生心理健康素养[M]. 长沙：湖南师范大学出版社.

姜松梅，2020. 延迟满足：理想实现过程中的自我调控[J]. 东华理工大学学报（社会科学版），39（4）：365-369.

克里斯托夫·安德烈，弗朗索瓦·勒洛尔，2015. 恰如其分的自尊[M]. 周行，译. 北京：生活书店出版有限公司.

克里斯托弗·彼得森，2021. 打开积极心理学之门[M]. 侯玉波，王非，译. 北京：机械工业出版社.

肯尼思·金斯伯格，玛莎·贾布洛，2017. 抗挫力[M]. 胡宝莲，译. 海口：南海出版公司.

李亚文，杜立婕，2004. 优势视角——社会工作实践的新模式[M]. 上海：华东理工大学出版社.

里克·汉森，2020. 大脑幸福密码：脑科学新知带给我们平静、自信、满足[M]. 叶杨宁，译. 北京：机械工业出版社.

里克·汉森，2020. 复原力[M]. 王毅，译. 北京：中信出版社.

梁舜薇，赵静波，赵久波，2017. 心理健康课程对大学生情绪及寻求心理帮助态度的影响[J]. 中国健康教育，33（8）：745-748.

刘海燕，闫荣双，郭得俊，2003. 认知动机理论的新进展——自我决定理论[J]. 心理科学，26（6）：1115-1117.

罗兰·米勒，2015. 亲密关系[M].6版. 王伟平，译. 北京：人民邮电出版社.

罗纳德·B·阿德勒，拉塞尔·F·普罗科特，2017. 沟通的艺术：看入人里，看出人外[M]. 黄素菲，李恩，王敏，译. 北京：北京联合出版社.

马丁·塞利格曼，2010. 真实的幸福[M]. 洪兰，译. 沈阳：万卷出版公司.

马丁·塞利格曼，2012. 持续的幸福[M]. 赵昱鲲，译. 杭州：浙江人民出版社.

马建青，2013. 大学生心理健康教程[M]. 杭州：浙江大学出版社.

马喜亭，冯蓉，2021. 辅导员应对大学生心理危机指导手册[M]. 北京：高等教育出版社.

马晓羽，葛鲁嘉，2017. 积极心理学的问题澄清与反思——以更加辩证和价值中立的视角[J]. 西南民族大学学报（人文社会科学版），38（11）：205-210.

马歇尔·卢森堡，2014. 非暴力沟通实践篇[M]. 梁欣琢，译. 南京：江苏人民出版社.

马歇尔·卢森堡，2021. 非暴力沟通（修订版）[M]. 刘轶，译. 北京：华夏出版社.

美国精神医学学会，2022. 精神障碍诊断与统计手册[M].5版. 张道龙，译. 北京：北京大学出版社.

米哈里·契克森米哈赖，2017. 心流[M]. 张定绮，译. 北京：中信出版社.

米歇尔·N. 希奥塔，詹姆斯·W. 卡拉特，2021. 情绪心理学[M].3版. 周仁来，译. 北京：中国轻工业出版社.

彭聃龄，2004. 普通心理学[M]. 北京：北京师范大学出版社.

彭凯平，孙沛，倪士光，2022. 中国积极心理测评手册[M]. 北京：清华大学出版社.

乔纳森·布朗，玛格丽特·布朗，2015. 自我[M].2版. 王伟平，陈浩莺，译. 北京：人民邮电出版社.

任俊, 2010. 写给教育者的积极心理学[M]. 北京: 中国轻工业出版社.

申继亮, 2007. 大学生心理健康教育读本[M]. 北京: 高等教育出版社.

史蒂夫·鲍姆加德纳, 玛丽·克罗瑟斯, 2021. 积极心理学[M]. 王彦, 席居哲, 译. 上海: 上海人民出版社.

泰勒·本-沙哈尔, 2013. 幸福的方法[M]. 汪冰, 刘骏杰, 译. 北京: 中信出版社.

汤姆·拉思, 2012. 盖洛普优势识别器 2.0[M]. 常霄, 译. 北京: 中国青年出版社.

唐纳德·克利夫顿, 葆拉·纳尔逊, 2012. 放飞你的优势[M]. 方晓光, 译. 北京: 中国社会科学出版社.

王长青, 2017. 大学生职业生涯规划与发展[M]. 南京: 南京大学出版社.

王琼, 亓伊静, 胡伟, 等, 2022. 社会拒绝与大学生抑郁情绪的关系: 情绪觉察的中介作用和微信亲子沟通的调节作用[J]. 心理科学, 45(5): 1159-1165.

王松云, 汪海彬, 李月春, 2012. 大学生情绪觉察能力及其与人格的关系[J]. 上海青年管理干部学院学报(2): 4.

王文鹏, 王冰蔚, 2011. 高校学生心理健康教育与指导[M]. 北京: 清华大学出版社.

魏锐, 刘坚, 白新文, 等, 2020. "21 世纪核心素养 5C 模型"研究设计[J]. 华东师范大学学报(教育科学版), 38(2): 20-28.

伍庸伯, 严立三, 2016. 儒家修身之门径《礼记·大学篇》[M]. 北京: 商务印书馆.

向继友, 甄飞扬, 2021. 大学生生命教育路径创新略探[J]. 学校党建与思想教育(13): 89-90.

肖贵清, 车宗凯, 2023. 立德树人是新时代高校的根本任务[J]. 山东师范大学学报(社会科学版), 68(2): 1-10.

杨国枢, 2004. 中国人的心理与行为: 本土化研究[M]. 北京: 中国人民大学出版社.

姚斌, 2014. 大学生心理健康与自我发展[M]. 北京: 北京师范大学出版社.

叶华松, 2011. 大学生生命教育[M]. 杭州: 浙江大学出版社.

叶华松, 2011. 生命哲学视野下的大学生生命教育研究[J]. 中国高教研究(5): 71-73.

俞国良, 2023. 发挥朋辈咨询在大学生心理健康教育中的作用[J]. 中国高等教育(10): 42-45.

袁芳, 2019. 新时代立德树人的生成逻辑[J]. 思想理论教育(5): 101-105.

曾光, 赵昱鲲, 2018. 幸福的科学——积极心理学在教育中的应用[M]. 北京: 人民邮电出版社.

张哲玮, 2022. 基于 TA 漠视理论的大学生生涯规划辅导策略的初步研究[D]. 上海: 华东师范大学.

赵新凭, 2015. 大学生生涯规划与职业发展[M]. 北京: 北京大学出版社.

赵煜鲲, 2022. 无行动, 不幸福[M]. 沈阳: 万卷出版有限责任公司.

钟毅平, 2020. 社会心理学[M]. 北京: 清华大学出版社.

周宏, 安晓鹏, 刘孝群, 2018. 大学生积极心理学[M]. 上海: 上海交通大学出版社.

周岭, 2020. 认知觉醒[M]. 北京: 人民邮电出版社.

周文霞，潘真，魏仕龙，等，2022. 常怀感恩，持续发展：感恩对人力资源从业者可持续职业生涯的积极作用[J]. 中国人力资源开发，9(10)：64-75.

周雅，2014. 积极的情绪[M]. 江苏：江苏凤凰教育出版社.

朱永新，2022. 拓展生命长宽高[M]. 北京：商务印书馆.

BURGER, J M, 2022. 人格心理学[M].8 版. 陈会昌，译. 北京：中国轻工业出版社.

C.R. 斯奈德，沙恩·洛佩斯，2013. 积极心理学：探索人类优势的科学与实践[M]. 王彦，席居哲，王艳梅，译. 北京：人民邮电出版社.

HOWARD S FRIEDMAN, MIRIAM W SCHUSTACK, 2011. 人格心理学：经典理论与当代研究[M]. 北京：机械工业出版社.

KENNON M SHELDON, LAURA K, 2010. Why positive psychogy is necessary[J]. Journal of personality and social psychology, 34：321-330.

MASLOW A H, 1954. Motivation and personality[M]. New York：Harper and Row.

RICHARD K JAMES, BURL E GILLILAND. 2017. 危机干预策略[M].7 版. 肖水源，周亮，译. 北京：中国轻工业出版社.

RYAN M NIEMIEC, ROBERT E MCGRATH, 2022. 品格优势：六大维度解析品格的奥秘[M]. 北京：电子工业出版社.

SELIGMAN M E P, 1998. Building human strength：psychology's forgotten mission[J/OL]. APA monitor online.

SELIGMAN M E P, 2011. Flourish：a visionary new understanding of happiness and well-being[M]. Free Press.

SELIGMAN M E P, 2021. Agency in greco-roman philosophy[J]. The Journal of Positive Psychology, 16(1)：1-10.

SELIGMAN M E P, CSIKSZENTMIHALYI M, 2000. Positive psychology：An introduction[C]. American Psychological Association.

TAYLOR S, 2000. Psychological resources, positive illusions and health[J]. American psychologist, 55(1)：99-109.